上海市哲学社会科学规划课题（2006BFX005）
上海市教育委员会重点学科建设项目（J51103）

发展中国家十国竞争法研究

Fazhanzhong Guojia Shiguo Jingzhengfa Yanjiu

林燕萍 等著

北京大学出版社

图书在版编目(CIP)数据

发展中国家十国竞争法研究/林燕萍等著.—北京:北京大学出版社,2010.1

ISBN 978-7-301-15823-4

Ⅰ.发… Ⅱ.林… Ⅲ.发展中国家-市场竞争-经济法-研究 Ⅳ.D912.290.4

中国版本图书馆CIP数据核字(2009)第167376号

书　　　名:发展中国家十国竞争法研究

著作责任者:林燕萍　等著

责 任 编 辑:徐　音　丁传斌　王业龙

标 准 书 号:ISBN 978-7-301-15823-4/D·2417

出 版 发 行:北京大学出版社

地　　　址:北京市海淀区成府路205号　100871

网　　　址:http://www.pup.cn

电　　　话:邮购部 62752015　发行部 62750672

编辑部 62752027　出版部 62754962

电 子 邮 箱:law@pup.pku.edu.cn

印　刷　者:北京汇林印务有限公司

经　销　者:新华书店

890mm×1240mm　A5　18.25印张　441千字

2010年1月第1版　2010年1月第1次印刷

定　　　价:40.00元

目　录

第一章

经济全球化与发展中国家的竞争法

乌拉圭回合以来的多边贸易进程已经反映了世界贸易体系的一些重要变化,这些变化既沿袭了 GATT/WTO 规则下贸易自由化的轨迹,也反映出现行贸易体制存在的潜在危机。这些危机大多与发展中国家利益落空后出现的种种发展问题有关。[①] 发达国家错误地认为,20 世纪 80 年代以前,发展中国家在 GATT/WTO 中基本上扮演着"搭便车"的角色,这体现在"特殊和差别待遇"、"授权条款"等规则之上,这种局面现在已到了改变的时候。乌拉圭回合对发展中国家来说是一个重要的转折点,从此它们身不由己地被卷入世界贸易体系,并被要求承担更高和更广泛的义务,这实际上已经大大超出了发展中国家最初参加谈判的出发点和承受能力。从 20 世纪 80 年代开始,一些发展中国家已经意识到经济改革的重要性,先后启动了以促进市场经济构建、完善市场机制等为目标的一系列改革。与此相适应的是创造市场经济发展所需要的法律环境,其中也包括相应的竞争政策与竞争法的制定。在这一时期,发展中国家纷纷制定了本国的

① 发展中国家的预期利益无法在现有世界贸易体系中得到实现。发达国家并没有兑现当初的承诺,这使发展中国家在农业、纺织品领域的预期利益落空。例如,在纺织品部门,虽然乌拉圭回合协定实施已多年,但是发展中国家并未得到巨大的自由化收益。因为发达国家选择了"最终负担"的实施方法(即多数纺织产品只有到十年过渡期的最后才被解除配额限制),而且迄今为止挑选出来作为自由化的纺织品的绝大多数产品在过去并没有得到实际的限制。此外,对发展中国家的劳动密集型产品和原材料深加工产品的关税升级和关税峰值大量存在,反倾销、反补贴和保障措施等单边措施的使用更是日趋严厉。

竞争法，如泰国《贸易竞争法》(1999)、蒙古国《禁止不公平竞争法》(1993)、印度尼西亚《禁止垄断行为和不公平商业竞争法》(1999)、巴西《保护竞争法》(1994)、印度《垄断与限制性贸易行为法》(1969)、《越南竞争法》(2004)和埃及《保护竞争及禁止垄断行为法》(2005)等。可以说，这一时期是发展中国家竞争法立法的繁荣阶段。而这种繁荣，很大程度上是发达国家对发展中国家竞争法理念和法律输出的结果。因此，我们仅从法律上研究发展中国家竞争法的特点似乎意义不大，因为这些条文与发达国家的法律非常相似，有些甚至相同。事实上，发展中国家与发达国家法律背后的经济基础、市场环境，以及相关的法律文化相差很大。研究发展中国家的竞争法还必须从这些国家现有的政治、经济、文化等领域入手，从发展中国家自身的特点研究竞争法的制定和实施。此外，我们还必须看到这样一个事实，即发展中国家在其迅速发展过程中普遍存在如何进行可持续发展的问题。我们知道，大部分发展中国家在取得独立后，在发展民族经济、改变贫穷落后面貌、缩小同西方发达国家的经济差距等方面，取得了巨大成绩。一些发展中国家实现了经济“起飞”，甚至创造了“奇迹”。但是，无论是“进口替代”发展战略，还是“出口导向”发展战略，大都是走西方发达国家经济发展的道路。经济增长是社会发展的基础，但有增长不一定有发展。为了避免“有增长无发展”的现象，世界各国都把可持续发展作为国家宏观经济发展战略的一种重要选择。发展中国家在这方面的问题可能更多，也更严峻。因此，研究发展中国家的竞争法必须从国际经济大背景下分析，而不能简单地研究这些国家的法律、法令，以及相关的法条解释。

第一节 发展中国家竞争法的制定与发展权利

近年来,发展中国家对贸易自由化所导致的不平等、边缘化、贫穷、环境恶化和社会安全网络等问题产生了种种忧虑。因此,它们主张贸易自由化的性质、时间选择、次序安排、范围界定和政策配合必须从属于发展目标,必须承认发展中国家享有充分的政策空间,并在不同的政策方案中有选择的自由权。20世纪80年代末掀起的经济全球化浪潮使发展中国家面临新的选择,竞争政策逐渐成为发展中国家接受的一项重要的经济政策,并且也与发展中国家自身的发展权利相联系。20世纪90年代以后经济全球化已经蔓延到大多数国家,一方面,很多发展中国家意识到独立于全球经济之外独立发展已经不可能了;另一方面,进入全球化后市场竞争中出现的反竞争行为又无法得到制止。WTO框架下打开大门的发展中国家难以抵御发达国家的贸易自由化,而跨国公司在发展中国家的反竞争行为又因为发展中国家没有竞争法而不受约束。在这种背景下,发展中国家开始重新思考政府与企业和市场的关系,启动了以促进市场竞争、完善市场机制为目标的经济自由化改革。① 发展中国家认为,在走向市场经济的过程中坚持发展权利是至关重要的。从现有国际经济结构看,实现发展中国家的发展权利至少应包括以下两方面内容:

第一,发展中国家要坚持自己的发展权利,平等地在世贸组织下获得贸易利益。这就需要重新考虑贸易政策的国内模式,而不是一味地设想迅速自由化对发展中国家有利。例如,对于进口自由化问题,应采用一种新的方法使发展中国家拥有自主权。否则,进口扩大将导致发展中国家原本软

① 参见盛浩:《发展中国家的竞争政策》,载《中国流通经济》2007年第6期。

弱的工业受到致命的打击。同样,发达国家必须在对发展中国家有重要意义的出口领域更迅速地实现自由化,因为发展中国家仍然被不公平地限制进入纺织品、农业品领域。如果发达国家在这些领域对发展中国家提供更好的市场准入机会,发展中国家将拥有更多的机会扩大其出口,从而增加其对进口自由化的获利能力。事实上,能够获得发展的前提条件首先是发达国家与发展中国家之间相互尊重,建立合作的信心,并给予发展中国家更好发展的机会。

第二,世贸组织应立足于将可持续发展作为工作重点,帮助发展中国家在经济全球化过程中迅速崛起。贸易本身不应当是目的,而应当是实现平稳、和谐、可持续发展的手段。因此,世贸组织应当以满足世界人民的物质的和非物质的需求为目的,而不能迎合一部分发达国家的要求。为此,世贸组织应建立一种更合理的运作机制,以便鼓励和促进世界经济的进一步平衡,同时还要考虑到发达国家与发展中国家在生产和贸易能力上的巨大的不平衡。事实上,拥有较强的生产力的国家,与生产能力较弱的国家相比,由于其生产单位有效率,能进行全球竞争,故更能承受自由贸易。因此,应当给予后者更大的机动权,使其国内生产企业得以维持生存。同时,世贸组织应改革现行的管理体制,构建更多参与、更具包容性的磋商方法和决策程序,这些改革将有利于发展中国家实现其发展目标。

国际社会应该达成这样的共识:世贸组织应将发展目标作为工作指南,其任务和运作应围绕发展这一基本目标展开。对发达国家来说,发展是一种锦上添花,而对发展中国家来说,发展是为了解决生存问题。许多发展中国家之所以加入世贸组织,就是为了分享贸易自由化带来的利益。对它们来说,“发展扭曲”远比“贸易扭曲”更有害。因此,世贸组织应端正工作方向,使所有成员就WTO《马拉喀什宣言》中认定的“可持续发展”目标达成实质性的共识。此外,在多边贸易体系中应当承认发展中国家的国家发展战略,并促其实施;应当援助发展中国家,以满足其对国内储蓄、生产投资、科技发展以及本国生产力建设的需求,包括加强其本土工业、农业等方面的需求。只有加强国内生产力建设,弱国才能改善出口业绩,并从贸易体系中真正获得利益。

对于大多数发展中国家来说,发展理念是至关重要的。贸易自由化并不必然导致更具竞争活力的市场,也并不意味着经济能迅速发展。自由化的过程有可能会加速一些国家的竞争法的制定,但仍然还有不少国家不具备制定竞争法的条件或执行竞争法的能力。[①] 诚然,发展中国家制定竞争政策和竞争法是十分必要的。但竞争法的制定应融入发展理念,考虑本国的经济发展和法律文化。笔者认为,以下几方面问题值得我们思考:

其一,在发展中国家中,一些属于不可自由贸易的领域占有非常重要的份额。例如,食品、电力、法律、金融以及其他服务贸易等。因为这些部门不能或仅能非常有限地向国际市场开放,自由化的过程也很难影响与此有关的市场结构和企业行为。

其二,自由化进程必然使得许多发展中国家取代或关闭大量的当地中小型企业,导致国内市场被一些外国公司支配。自由化可以在全球层面和国家层面上导致寡头的市场垄断,国际卡特尔可以通过价格固定或地理市场分配协议划分市场。如此,一个十分奇怪的现象是,进口商和外国公司会发现成为国内反竞争法的调整对象比参与竞争更有利可图。

其三,自由化的进程打开了发展中国家的市场,导致在发

---

① Carlos M. Correa 认为,许多发展中国家是在 20 世纪 90 年代以后才制定竞争法的,有的虽有法律但缺乏竞争法的执法经验,有的根本就不具备执行能力。See Carlos M. Correa, Competition Law and Development Policies, Competition Laws in Developing Countries, Towards WTO Competition Rules—Key Issues and Comments on the WTO Report (1988) on Trade and Competiton.

展中国家内外国分公司不断增多,形成垄断势力。这促进了关联公司间的商业行为和垂直集中管理商业行为的使用,以此阻止新原材料输入来源或新的分销渠道的进入。其结果是,这些外国公司即使可以获得具有竞争优势价格的当地原材料供应,也宁愿选择其他分支机构的或外国的原材料。这种商业行为尽管不违反当地的采购要求,但对发展中国家并不有利。

其四,发展中国家在对产品和服务市场进行自由化的时候,尽管扩大和加强了对知识产权的保护,但这种力度显然不能与发达国家相比。在这个过程中,发达国家往往会根据TRIPS协议单边施加压力,增加发展中国家的执行难度。

可见,对发展中国家来说,市场自由化并不保证能产生竞争市场;相反,它却可能促进反竞争行为的产生。① 因此,发展中国家必须选择适合的竞争政策和符合国情的竞争法。作为一种发展理念,发展中国家要正确处理贸易自由化与竞争的关系,从本国实际情况出发,注重竞争政策的导向作用,逐步完善竞争法律制度。发展中国家应吸取教训,因为“自由化并不意味着更好的竞争,国家调控和促进国内工业化也并不必然导致缺乏竞争。竞争政策和发展之间的关系可能取决于该经济的特定环境,特别是市场规模和现有的工业底子”②。

第二节　发展中国家竞争政策的定位与竞争立法

事实上,有一个问题始终困扰着我们:哪一种竞争政策适合于发展中国家?20世纪90年代以后经济全球化的深入

① 关于自由化与竞争的关系,Correa 指出,“liberalization does not necessary lead to more competition markets, as evidenced by the high concentration prevailing in some developing countries after liberalization”. See Carlos M. Correa, Competition Law and Development Policies, Competition Laws in Developing Countries, Towards WTO Competition Rules—Key Issues and Comments on the WTO Report (1988) on Trade and Competiton.

② Ibid.

使发展中国家无法独立于全球经济竞争之外独自发展。由于急于发展经济,发展中国家照搬发达国家的已有做法或依赖发达国家的援助(包括经济和法律),开始在缺乏市场经济土壤的环境里制定竞争法。“发展中国家竞争法的创立在很大程度上以西方反垄断法经济学理论为基础并普遍受到经济合作与发展组织(OECD)其主要贸易伙伴的影响,有些发展中国家竞争法的立法过程还有发达国家竞争政策专家的直接参与。”[①]到了21世纪,经过十多年的实践,一些已经制定竞争法的发展中国家并没有真正体会到竞争法对市场经济的积极作用,它们对如何实施竞争法仍然束手无策。于是,发展中国家开始关注竞争政策的定位与实施竞争法的能力建设问题,关注竞争法与推动市场经济的关系,关注引进的竞争法如何融入本国的法律文化。由此就产生了发展中国家竞争政策与竞争立法的重新定位问题,以寻找竞争法与国情的“适合度”。这里用“适合”是为了避免使用“好”与“坏”这样的字眼,因为竞争政策原本就没有好坏之分。在一国有效的竞争政策并不能照搬到另一国,即使照搬也不可能产生同样好的效果。这样的例子在各国实践中比比皆是。

关于竞争政策的选择,我们可以引入拉丰[②]提出的“次好理论”,这一观点很适合发展中国家。拉丰说,在经济“最好”的国家里,竞争无疑是非常好的事情。在这些国家,理想的状态是,假定所有的市场都有大量的市场参与者,无公共货

---

① 盛浩:《发展中国家的竞争政策》,载《中国流通经济》2007年第6期。

② 让-雅克·拉丰(Jean-Jacques Laffont)教授是国际上最负盛名的新规制经济学的创立者之一、法国图卢兹大学产业经济研究所所长,曾任世界经济计量学会主席和欧洲经济学会主席。拉丰教授是一位享有国际盛誉的经济学家和教育家。作为经济学家,拉丰教授在激励机制设计、产业组织、公共经济学和信息经济学等诸多领域都作出了卓越的贡献。作为教育家,拉丰教授创办了法国产业经济研究所(IDEI)。如今,IDEI已经成为经济学界公认的世界第一的产业经济学研究中心。拉丰教授传播经济学的热情并不局限在法国,他尤其关注发展中国家发展过程中制度变革所带来的激励问题。

物、无外部因素、无信息的不对称、无自然垄断、完全竞争的市场、充分合理的经济因素、良好的司法系统确保合同的履行,以及只要一次性分配转移就可以获得任何理想的再分配由于发展中国家离这种理想的状态是如此遥远,因此在这些国家里并不总是要鼓励竞争的。①

根据拉丰的理论,如果竞争均衡的某些条件被破坏,一种"次好"解决方案将会给竞争带来种种约束。正是这些约束是颇为棘手的难题,因为它受到现实的扭曲以及这些扭曲是否能够通过其他方式补救尚不确定。上面所说的"次好结构"对于发展程度的考虑来说显然是太狭窄了。这部分是因为发展中国家竞争政策的目的不仅仅是促进竞争,而且更在于促进经济的发展。因此,在某些情况下要限制竞争,而在另外一些情况下却要鼓励激烈的竞争。为了不断地提升人民的生活水平,发展中国家需要不断投资以促进生产力的快速增长。而不断投资又要求即使不是高回报率也是合理回报率的收益,以维持私营部门的投资意向。这样的考虑导致竞争时常太多而不是不足。如果导致价格战争、利润急剧下滑,竞争就是太多了,由此有可能减少公司投资欲望。在现实中,在市场不完善和缺少市场的国家,特别是发展中国家,也同样要求政府对投资决定加以协调以防止生产能力过剩。因此,发展中国家不能承受极度竞争,而必须以最佳的竞争程度或者以适当竞争与合作的调配进行运转,以达到其经济长期快速、持续发展的目标。事实上,竞争政策不是唯一的对所有发展中国家一概适宜的万能政策。正因为此,笔者认

① 在拉丰教授看来,"最好"(the first-best)的国家是那些经济发达的国家;而没有达到这一水准的国家只能退而求其次,"次好"(a second best)或许是最合适它们的。"in the case of many developing countries the institutional deficit is so large, the government are so corrupt and ineffective that it may do more harm than good to establish a competition policy at all."引自 Multilateral Competition Policy and Economic Development, A Developing Country Perspective on the European Community Proposals,2003。

为，发展中国家应该用“次好理论”选择合适的竞争政策。因此，发展中国家竞争政策的定位，首先要考虑的是：如何体现国情？如何在贸易自由化过程中不迷失方向？事实证明，乌拉圭回合所签订的诸多协议中有些协议并不适合发展中国家的国情，由此引起的执行问题又使发展中国家再次陷入困境（这部分内容在前面的分析中已经阐明）。人们有“早知今日何必当初”的感慨，有迷失方向找不到方位的困惑。这些教训应该吸取。其次，还要考虑竞争政策的“世情”，学习国际规则。相对于“国情”来说，“世情”是经济全球化的大背景和国际经济发展趋向。不了解世界经济的发展轨迹，不遵守国际经济交往规则，一个国家就很难融入世界经济大循环之中，也很难被其他国家接纳。适合“世情”就必须考虑被国际社会普遍接受的竞争规则，将这些作为本国竞争政策的一部分内容，[1]并学会使用这些规则。再次，发展中国家的竞争政策应以发展为核心，明确发展目标。全面的发展目标应被置于国际政策与国内政策制度的核心，这些目标应着眼于发展中国家自身摆脱落后、谋求发展的需要，如维护国家主权、工业化、收入分配平等、技术进步、经济安全、食品安全、农业生存、公共健康等。为了达到以上目标，发展中国家必须最大限度地减少全球化的负面冲击，争取在自由化中享有特殊的发展权利，采用适当的限制竞争措施以有利于既定目标的实现。发展中国家应意识到，自由贸易并非是国际贸易制度的唯一宗旨，它是达到满足人们物质生活的一种手段。因此，竞争政策中也可以体现“竞争性贸易保护主义”，以便在开放

① 如 Ajit Singh 所说，对发展中国家来说，最重要的问题是：哪一类竞争政策最适合其自身的发展？这一政策至少要包括以下三点：1. restrain anti-competitive behaviour by domestice privatized large firms；2. limit abuses of monopoly power by mega-corporations created by the international merger movement; 3. promote develpment。See Ajit Singh, Competiton and Competition Policy in Emerging Markets, International and Developmental Dimensions, G-24 Discussion Paper Series, No. 18, Sep. 2002.

市场中适当地保护本国企业，避免本土市场完全被外国竞争者占领。

第三节 发展中国家竞争法的意识与竞争文化

如果说选择“次好”竞争政策是“外因”的话，那么，竞争文化的培育就是一个“内因”问题。从长远来看，发展中国家不可能长久地享有差别待遇。因此，内部培育竞争文化对本国竞争法的制定和实施都至关重要。对此，1998 年 12 月，WTO 工作组在年度报告中指出，应该强调建立一种“竞争文化”的重要性，因为其可以为竞争法和竞争政策的实施产生积极的推进作用。报告中指出，竞争文化的形成可以借助以下方式得以加强：(1) 向政府、企业部门以及消费者、消费者团体提供理解竞争政策的机会；(2) 通过执行有关判决，使消费者获利并由此启发消费者；(3) 加强政策透明度，尤其是通过新闻媒体的关注，促进重要案件的公开化，使公众加深理解竞争政策。①

在一个社会中培育“竞争文化”并不容易，政府的积极引导和大力宣传极为重要。在这方面，日本的经验值得发展中国家学习。日本在 20 世纪 60 年代的经济发展远不如欧美一些发达国家，但日本在短短几年中经济就得到了迅速发展，成为发达国家中的一员。日本经济腾飞的经验之一，就是较好地选择了适合本国经济发展的竞争政策和一系列保护公平竞争的法律法规。其中，日本政府对竞争文化的培育起到了关键性作用，为实施竞争法创造了良好的法律环境。

基于与西方国家在 1858 年签订的《通商航海条约》，直至第一次世界大战，日本不能限制进口且其进口关税被限制

① See Hiroshi Iyori, Competition Culture and the Aims of Competition Law, Towards WTO Competition Rules—Key Issues and Comments on the WTO Report (1988) on Trade and Competiton, p. 127.

在5%及以下。这意味着日本的市场对全世界开放，日本的经济是在自由竞争中发展起来的。一战以后，作为众多应对不良经济的措施之一，保护性关税政策予以采纳，政府开始干预经济。1929年爆发的世界性经济危机更加大了政府的干预，进一步导致以法律手段促进卡特尔和对主要行业的商业活动进行集中管理的经济政策。日本在明治时代由中央官僚机构进行的经济调整，模仿的是德国体制。第二次世界大战期间，几乎完全的经济控制的体制已经形成。二战以后，美国占领军在日本推行了主要有农业土地改革、劳动改革、取缔大财阀的经济"民主化"政策，取消了经济控制的有关法律，通过了作为广泛地、综合性地建立民主社会体系的一部分的反垄断法(竞争法)。[①] 这些措施受到了社会普通大众的广泛支持，但是仅有非常有限的知识分子和商人对取缔财阀、放弃经济调整或施行反垄断法表示赞成。实业界和政府机构则认为，在日本对经济的集中管理政策仍是非常必要的。在1952年美日《和平条约》签订的前后，由政府控制或引导的工业政策，主要是鼓励出口和促进工业稳定发展。其间，竞争政策被看做推行该政策的障碍。因此，日本国内对反垄断法的执行就放宽了，并施行了可以受到豁免的法律。自1955年起，保守势力一直稳定执政，实业界、政府机构和政界都把注意力集中于国家工业政策上。

在这种情况下，几乎很难提倡竞争政策。为此，日本公正交易委员会(Fair Trade Commission，FTC)采取了一系列措施，在日本国土上先培育竞争文化，然后使竞争政策得以推进。这些措施主要有：

第一，从一开始，FTC就十分重视法律的指引作用。如强调反垄断法通过保护自由公正的竞争，对保护中小企业

① 参见孔祥俊：《反垄断法原理》，中国法制出版社2001年版，第107页。

具有十分显著的作用。[①] 在起诉违反该法的行为时，FTC 总是公开阐释其诉讼事由，以起到启示众人的作用。此外，通过对各种违反反垄断法的行为提起诉讼，起到宣传教育作用。[②]

第二，正确引导人们树立公平竞争的法律观念。如，自1953 年以来，FTC 对主要的几家大银行滥用其统治地位的行为提出异议，还对其他一些被公众理解为不公平的做法（如大企业滥用其购买力的行为），以及大企业对小企业的其他不公行为，经常提出质询，[③]提高人们对公平竞争的评判能力。又如，1960 年日本行业内的销售竞争更趋激烈，关于产品和服务的虚假陈述，以及为刺激销售而使用的不公正奖励措施等现象愈演愈烈。FTC 对这些行为进行调整，认为这些虚假陈述和不合理的奖励措施是违反反垄断法的不公正的商业行为，干扰了消费者作出正确判断的能力，并妨碍了公平竞争。为此，1967 年又颁布了《反不当奖励及虚假陈述法》，这也是对反垄断法进行的必要补充。[④]

---

① 在其 1947 年和 1948 年的年度报告中的"宣传和调查"的标题下，FTC 认为反垄断法对于重构日本战后经济是一部基本法律，为了它的顺利实施，公众的理解和支持都是必需的，因此宣传活动也是必需的。FTC 还认为，必要时还应在主要城市举行研讨会以阐释反垄断法，通过广播组织宣传该法，还在 1948 年出版了一本注释和公告的书，并建立了一个研究协会。

② 1948—1950 年间，FTC 每年处理五十余件违反反垄断法的案件。在 1952 年后的几年中，案件数量有所下降，但是，FTC 仍过问了政府机构作出的收缩人造纤维工业、奶制品工业、理发业的提议，尤其是与消费者的日常生活密切相关的领域，诸如理发店、护发用品、电影院、剧院、家用电器、洗衣店以及其他类似行业，FTC 仍旧进行处理。

③ 其中包括 1953 年日本实业银行案（1953 年第 4 号建议案）和 1957 年的三菱银行案（1957 年第 3 号建议案）。以及对主要行业滥用统治地位进行规制的补充措施，如反垄断法下的不公正交易行为（第 19 条），包括 1954 年的调整大型零售店的购买力（1954 年第 7 号通知），以及 1956 年分包业务立法（1956 年第 12 号立法）。

④ 不公正的交易行为是被反垄断法的第 19 节所禁止的；在该法第 2 条第 9 款下，FTC 可以指派专门人员处理这种虚假陈述行为。《反不当奖励及虚假陈述法》的全称是《反对商品和服务的不合理奖励措施和虚假陈述法》（1967 年第 134 号法）。

第三，加强理论上对公平竞争理念的阐述以澄清看法。这主要是在60年代初，一些少壮派经济学家积极支持反垄断法，总结出一系列很容易理解的反对放宽反垄断法的理由（包括对提出过度竞争概念的批评），这一切都有助于对竞争政策的接受。①

第四，接受外来思想并能融入本土文化。不可否认的是，对西方法律文化的接受和改造是日本法律发达的原因之一。在竞争文化培育方面，西方竞争法理念的灌输起了一定的作用。例如，1979年，OECD理事会采纳了《关于竞争政策以及受豁免或受调控部门的建议案》，并推荐给每个成员国。在日本，基于该建议案，FTC着手研究政府需要调控的各个领域，以及放宽调控的途径，并建议政府机构施行放宽调控的政策，一直延续至今。② 在80年代，日本与西方国家的贸易争端不断产生。日本和美国积极寻求解决结构性的市场障碍，其重点在于日本原先自然形成的市场对外关闭问题，这是引起贸易摩擦的主要原因，这促使政府放宽市场管制，消除工业政策，加强反垄断政策。利用这个机会，FTC积极寻求加强反垄断政策和减少政府的控制，其主要目的就是刺激竞争。这也成为20世纪90年代日本经济政策的核心。

从日本对竞争文化的培育所提供的经验看，主要是围绕

① See Ryutaro Domiya and Masao Fukuoka, How Antimonopoly Policies Should Be Chuo-Koron, June Issue of 1962. 需要说明的是，在外部压力下（GATT和IMF的要求），日本于60年代对其贸易和资本政策实行自由化。这使得在日本国内外，对竞争政策的需要和重要性都非常明朗。在这一阶段，一个关于增强日本主要工业国际竞争力以抵御自由化、卡特尔可以豁免反垄断法规制，以及应建立寡头工业体系的议案被提出来，但这遭到了FTC的强烈反对。因此，该议案在议会遭到否决，理由是它的施行将弱化反垄断政策。参见FTC，《反垄断政策的五十年史》第一卷，第141页及以下。

② See Ajit Singh, Competition and Competition Policy in Emerging Markets, International and Developmental Dimensions, G-24 Discussion Paper Series, No. 18, Sep. 2002.

保护中小企业商业机会、调整滥用垄断行业的经济垄断力、确保消费者享有作出正确产品选择权利等方面展开的。这一切都十分显著地促进了竞争政策的导向作用,并推进了社会生活中的公平竞争理念。此外,日本是以一种灵活的方式追求了一种竞争文化,保持了一种基本的视角和目标,但是也考虑到环境的变化,而不是死守理论不变。日本在不同发展阶段采用不同的竞争政策就是一个很好的例证。诚然,日本的做法不一定适合所有的发展中国家,但其走过的路可以让后来者学习和借鉴。

第四节　发展中国家竞争法的实施与能力建设

“能力建设”(capacity-building)问题是近年来国际社会对发展中国家竞争法实施中的困难所提出的概念。[①] 相对于其他法律来说,竞争法的实施需要综合性的技术性指标,包括受过训练的专业化的执法人员、独立的执法机构、良好的法律环境,以及成熟的竞争文化。发达国家比较成熟的反垄断实践为我们提供了很好的经验,同时,联合国贸发会、经合组织等国际性的组织也对亚洲、拉丁美洲、非洲等国家的竞争法的实施进行了各方面的技术援助,包括机构设置、人员培训、技能训练等。目前,在部分发展中国家,比如印度、马来西亚、土耳其、越南和巴西等国家已经在能力建设方面有所成效,也积累了一些经验。近年来,联合国贸发会议和 OECD 等国际组织都致力于为发展中国家提供能力建设方面

① 能力建设是发展中国家目前面临的另外一个问题。对发展中国家来说,制定一部竞争法(或反垄断法)或许可以借鉴发达国家的经验,但法律的实施却难以照搬。于是,能力建设问题在现在的境遇下更显突出。See United Nations Conference on Trade and Development, Capacity-Building on Competition Law and Policy for Development: A Consolidated Report, New York and Geneva, 2008.

的援助。[①] 我们不妨比较一下印度、越南和巴西在能力建设方面的特点,他们是如何通过"能力建设"来有效地推进本国竞争法的实施。

印度在能力建设方面的主要特点是倡导竞争文化。我们知道,印度是较早制定竞争法的发展中国家之一。1969年,印度第一部竞争法《垄断与限制性贸易行为法》(1969年第54号法令)(Monopolies and Restrictive Trade Practices Act)出台,其主要目的在于控制垄断,防止经济过度集中所带来的社会不公平。该法制定后虽历经多次修订,但仍有诸多不足之处。1999年10月,印度当局成立了一个"竞争政策与法律高层委员会",由其负责起草一部既能跟上世界发展潮流又能符合印度国情的现代竞争法,构建印度的竞争法体系。2000年5月,委员会向政府提交了一份竞争政策报告,这份报告中的大部分内容构成了印度2002年《竞争法》的基础。时隔三年多,2006年3月9日,印度下院又提出了2006年《竞争法(修正案)》,并提交给常务委员会审议,于是,2007年《竞争法(修正案)》(2007年第70号法令)于2007年9月10日获得通过。[②] 在短短几年里,印度竞争法的频繁修订主要围绕两大问题:一是竞争法的执行机构;二是提倡竞争文化。可以这样说,这两大问题也是所有发展中国家面临的难

---

① See United Nations Conference on Trade and Development, Capacity-Building on Competition Law and Policy for Development: A Consolidated Report, New York and Geneva, 2008; Capaçity Building and Competition Policy Implementation Working Group (Cbcpi Wg), Draft 2 of 26 February 2004 Report prepared by CBCPI WG Subgroup No. 2 Workshop on Capacity Building "Strengthening Co-operation with Donor Bodies" Paris, 11 February, 2004; All Aspects of the Set of Multilaterally Agreed Equitable Principles and Rules for the Control of Restrictive Business Practices, Antalya, Turkey, 14—18 November, 2005, Capacity Building and Technical Assistance in Competition Law and Policy, A General Overview and the Turkish Experience, Submission by Turkey AYT. 05.

② See Janna Grandone, Indian Parliament Passes Competition Bill, http://www.luc.edu/law/academics/special/center/antitrust/pdfs/grandone_indian_parliament.pdf, 2008-7-31.

题。例如,2002 年的《竞争法》增加了一章,标题就是“倡导竞争”,①明确了从中央到地方都必须采取适当措施倡导竞争,培育竞争文化,以推进竞争法的实施。此外,2007 年修订的《竞争法》设立了竞争上诉法庭这一机构,这使印度竞争法的执法体系更加具有独立性和权威性。由此,在竞争法领域建立了由委员会②到上诉法庭最后到最高法院这一完整的救济途径。新修订的法律对上诉机构的组成、职责和权力规定得十分具体,并具有操作性。例如,上诉法庭由主席和两名成员组成,主席和成员由选任理事会选出并由中央政府任命,任期五年,可连选连任,但主席不得超过 68 岁,其他成员不得超过 65 岁。如果中央政府、邦政府、地方当局、企业或个人认为其权利受到委员会作出的指示、决定或指令的侵害,可以向上诉法庭上诉,或者就其因违反该法实体规定的行为而遭受的损失或损害向上诉法庭申请颁发赔偿令,上诉法庭在听取当事方意见或进行调查后,下达指令或赔偿令。上诉法庭作出的任何指令,应当以与法院的判决同样的方式执行。在无法执行的情况下,上诉法庭有权将指令移送至对其享有地域管辖权的法院执行。如果个人无正当理由违反上诉法庭指令,应当处以不超过一千万卢比的罚金或最高三年的监禁或两者并罚。个人还可以就企业违反或迟延履行上诉法庭指令而遭受的损失或损害申请赔偿。如果中央政府、

① 印度 2002 年《竞争法》第七章“倡导竞争”:(1) 中央政府在制定竞争政策(包括审查与竞争有关的法律)或其他事项时,或州政府在制定竞争政策或其他事项时,根据具体情况可以就该政策可能对竞争产生的影响向委员会作出说明,而委员会应当在收到说明之日起 60 天内向中央政府、州政府给出其意见,根据具体情况中央政府、州政府可采取其认为适当的行动;(2) 上述第(1)款规定之委员会意见在中央政府、州政府根据具体情况制定相关政策时并无约束力;(3) 遵照相关规定,委员会应采取适当的措施以推动倡导竞争、培养竞争意识并就竞争问题开展培训。

② 印度根据 2002 年《竞争法》,印度竞争委员会于 2003 年 10 月 14 日成立。根据该法有关选任委员会主席和其他委员(第 9 条)以及中央政府有权制定相关法规(第 63 条第 2 款(a)项)的规定,制定了 2003 年《印度竞争委员会(主席和其他委员选任)法规》,规定主席和其他委员由选任理事会选任。

邦政府、地方当局、企业或个人对上诉法庭作出的决定或指令不服,还可以向最高法院上诉。

越南的能力建设是在OECD的援助下展开的,其主要特点是在技术层面保障竞争法的有效实施。2004年颁布的《越南竞争法》,共六章123条,主要规定了对限制竞争行为的控制、禁止不公平竞争行为、竞争行政管理局和竞争委员会,以及调查和处理竞争案件等事项。值得注意的是,从总体来看,这部法律是一部实体法与程序法的统一体。该法不仅对竞争过程中产生的实体问题详细作了规范,而且对调查和处理相关竞争案件的程序性规则都有具体规定。例如,第五章"调查和处理竞争案件"共有66条(从第56条到第121条),用占整部法律的63%的篇幅来规定程序性规则,涉及的内容十分广泛。如:涉及竞争法律程序的原则;申诉材料的受理;行政预防措施的申请;竞争法律程序的参加者及其在竞争法律程序中的权利和义务;处理竞争法律程序的机构和人员;对竞争案件各调查阶段及其期限;调查听证程序;竞争案件裁决的效力;对竞争案件裁决的申诉等。在竞争法中用如此多的篇幅规定程序性规则是《越南竞争法》的一大特色。其目的是使这部竞争法具有可操作性,这也反映出越南政府推进经济改革和构建市场经济的决心。但由于执法体系的原因,《越南竞争法》的实施仍然难以推进。因为《越南竞争法》中规定的执行机构是竞争行政管理局和竞争委员会。竞争行政管理局是在贸易部权限范围内设立的,监管经营者集中,调查竞争案件,仅仅处理涉及不公平竞争行为的案件。竞争行政管理局首长由贸易部长提名、政府首脑任命,调查员由竞争行政管理局首长提名、贸易部长任命。竞争委员会成员由贸易部长提名、政府首脑任命。可见,整个机构的设置偏重于行政任命,缺乏独立性和权威性。这将影响执行机构的专业性、公正性、权威性和透明度。尽管有如此详尽的程序性规则,但执行机构的本土特点仍然会使一部先进的法律难以发挥其应有的作用。

与大多数发展中国家不同的是,巴西在能力建设方面侧重于执法机构的独立性和权威性建设。巴西反垄断的执法体系比较完善,其机构设置的独立性和权威性值得我们借鉴。根据巴西法律,竞争法的执法体系有三个机构组成,即:巴西经济防卫管理委员会(the Administrative Council for Economic Defense,CADE)、司法部下属的经济法实施秘书处(the Secretariat for EconomicLaw,SDE)和财政部下属的经济监管委员会(the Secretariat for Economic Monitoring,SEAE)。这三个机构各有其职责,且分工明确。经济防卫管理委员会是行政系统中有关竞争问题的最终决策和仲裁机构,其主要功能是针对企业是否违反《保护竞争法》作出裁决。经济防卫管理委员会主要有三项作用:一是预防性作用,如对企业合并等案例进行审查和批准;二是禁止性作用,对滥用市场支配地位、倾销、捆绑销售、卡特尔等妨碍公平竞争行为可以作出最终行政裁决;三是宣传教育功能,如通过举办各种活动,宣传公平自由竞争的理念,增强社会各界维护自由竞争的自觉性。经济法实施秘书处的主要职责是对各种妨碍竞争的行为进行立案并开展初步调查,然后将案件及调查报告移送经济防卫管理委员会进行裁决。这意味着经济法实施秘书处需要对企业行为进行不断监控,在发现问题或接到投诉或举报后,负责调查、分析并提出处理意见。经济法实施秘书处还可以对某些行为作出罚款处理。经济监督委员会是一个技术支持性机构,其主要职责是协助经济法实施秘书处研究案情和预备报告。例如,对企业合并、兼并等市场集中行为的经济影响发表技术性意见。经济监督委员会也有充分调查权,比如在调查过程中如果企业不配合或阻挠,经济监督委员会也有权开出相应罚单。

巴西竞争法执法体系中的三个机构形成了一个相互配合的完整的执法体系。这对巴西竞争法的有效实施提供了保障。据资料显示,在发展中国家中巴西竞争法的实施效果最为明显,其竞争法对本国经济的发展起到了积极的作用。有一个实例很能说明问题。从 1999 年起巴西开始对罗氏(ROCHE)、巴斯夫(BASF)和塞诺菲·安万特(AVENTIS)三家跨国制药公司在巴西结成维生素垄断联盟进行调查。经过八年努力,巴西经济防卫管理委员会对三家跨国公司开出了罚单。调查指出,三公司高层管理人员在 1995—1998 年间每年在圣保罗会面两至四次,互相交换信息,以限制供应的方式抬高维生素 A、维生素 B2、维生素 B5、维生素 C 和维生素 E 的销售价格,损害了消费者利益。该委员会将对这三家公司处以总额高达近千万美元的罚款。其中,罗氏公司被认定为垄断联盟领头者,被处以该公司在巴西年销售额 20% 的罚款,总额为 1 210 万雷亚尔(1 美元约合 2 雷亚尔);巴斯夫和塞诺菲·安万特则被处以其在巴西年销售额 15% 的罚款,分别为 470 万雷亚尔和 84.7 万雷亚尔。[①] 巴西开出的罚单是发展中国家中第一个对发达国家采取的反垄断行为。因为在当今国际经济中我们已经习惯于国际垄断企业从发展中国家掠夺更多的垄断收益,而在反垄断实践中,查处跨国垄断并收取罚款的基本上都是发达国家。例如,20 世纪 90 年代,全球共发生 39 起核心卡特尔案件,涉及 31 个国家,包括 8 个发展中国家,但这些案件基本上全部由欧美国家查处并收取罚款,涉案发展中国家虽然受损严重,但除了巴西之外没有任何反垄断行动。[②] 巴西能够较好地实施竞争法应归功于其完善的执法体系。能力建设使三个机构互相配合、各司其职,有效地发挥了竞争法在市场经济中的调控作用。这一点值得所有发展中国家学习。

① 参见邢少文:《涉嫌垄断罗氏制药巴西被罚 600 余万美元》,载《第一财经日报》2007 年 4 月 18 日。

② 转引自梅新育:《反跨国垄断不妨向巴西学几招》,载《广州日报》2007 年 5 月 8 日。

第 二 章

泰国竞争法律制度

第一节 泰国国家概况

泰国,国名全称为"泰王国"(The Kingdom of Thailand)。国土面积为513 115平方公里。首都为曼谷。

泰国位于亚洲中南半岛中南部,东南临泰王国湾(太平洋),西南濒安达曼海(印度洋),西和西北与缅甸接壤,东北与老挝交界,东南与柬埔寨为邻,疆域沿克拉地峡向南延伸至马来半岛,与马来西亚相接,其狭窄部分居印度洋与太平洋之间。

一、泰王国的政治制度

(一) 宪法

泰国的新宪法草案于2007年8月19日通过全民公投,普密蓬国王8月24日御准生效。新宪分为总章、国王、公民权利、自由与义务、基本国策、议会、内阁、法院、权力监督、地方行政等15章309款。

(二) 国会

2007年新宪法规定,国会是国家最高立法机构,实行上、下两院制。上议院150个议席,其中76个议席由全国76府直选产生,其余74个议席由专门委员会遴选产生,任期6年。下议院480个议席,400个议席由选举产生,其余80个议席根据各党的选票比例按区域分配，任期4年。

（三）政府

现政府于2008年12月成立。泰国的中央政府为内阁，下设总理府，包括了总理、副总理，并设20个部门，分别为国防部、财政部、外交部、农业合作部、交通部、商业部、内政部、司法部、科技部、能源部、工业部、劳工和社会福利部、卫生部、教育部、大学部、旅游与体育部、社会发展与人类安全部、自然资源与环境部、文化部以及负责国家安全事务的国家安全委员会。泰国的内阁成员任期为4年，其总理人选来自于下院议员，由下议院选举产生，并由国会在数日内向泰国国王呈交新总理就职任书，在国王御批后宣誓就职。总理有权在经内阁同意并由国王批准后解散议会，提前举行大选，但在不信任案辩论期间不得解散议会。内阁成员由总理提名，需年满30岁，人数在35人以内，为专职成员，卸任前需申报并公布个人财产。

（四）司法制度

泰国属大陆法系，以成文法作为法院判决的主要依据。司法系统由宪法法院、司法法院、行政法院和军事法院构成：

宪法法院的主要职能是对部分议员或总理质疑违宪但已经国会审议的法案及政治家涉嫌隐瞒资产等案件进行终审裁定，以简单多数决定裁决结果。由1名院长及14名法官组成，由上议院议长提名呈国王批准，任期9年。

行政法院主要审理涉及国家机关、国有企业及地方政府间或公务员与私企间的诉讼纠纷。行政法院分为最高行政法院和初级行政法院两级，并设有由最高行政法院院长和9名专家组成的行政司法委员会。最高行政法院院长的任命须经行政司法委员会及上议院同意，由总理提名呈国王批准。

军事法院主要审理军事犯罪和法律规定的其他案件。

司法法院主要审理不属于宪法法院、行政法院和军事法院审理的所有案件，分最高法院（大理院）、上诉法院和初审法院三级，并设有专门的从政人员刑事厅。另设有司法委员会，由大理院院长和12名分别来自三级法院的法官代表组成，负责各级法官任免、晋升、加薪和惩戒等事项。司法法院下设秘书处，负责处理日常行政事务。

二、泰王国的经济制度

泰王国原是一个农业国，1960年农业收入占国民收入的80%左右，工业仅占5%，服务业占12%。为了尽快跻身工业化国家的行列，泰王国政府从1961年以来制定了一系列的方针政策，并且依照其国情特点及不同时期的经济发展状况，制订了六个经济和社会发展的五年计划。泰王国经济经历了进口替代、出口导向和协调发展三个阶段。

20世纪90年代以来，受海湾战争和国内政局的影响，泰王国经济增长率有所下降，但年均增长率仍在8%左右。随着制造业和服务业的发展，尤其是旅游业的崛起，泰王国经济结构发生重大变化，由过去以农产品出口为主的农业国逐步向新兴工业国转化。1995年，泰王国人均收入已超过2 500美元，世界银行将泰王国列入中等收入国家。1996年，泰王国经济增长率急剧下降，仅达6.9%。1997年，泰王国爆发了严重的金融和经济危机，全年经济增长率仅为0.6%，大批金融机构和企业被迫重整或倒闭。1998年泰王国经济进行了重大调整，金融体系进行重组，但经济的负增长仍超过预期。1999年呈现出复苏势头，经济开始走出低谷，实际GDP增长率全年达4.2%，比预测的4.1%要高出0.1个百分点。制造业是整个经济复苏的领头羊，非金融服务业紧随其后，受经济危机影响最为严重的建筑业和房地产也已经走出谷底，经济逐步回升。但就业状况没有改善，失业率仍然停留在4.2%的水平。近年来，泰王国实行自由经济政策。泰王国政府主张内外发展并重，提倡“双轨式”经济发展模式，对内实行扩张性财政政策，强化基础经济；对外大力推动多边和双边自由贸易合作，扩展国际市场，使泰王国经济状况明显好转。

三、泰王国的法律制度

（一）泰王国法律的历史沿革

泰民族具有吸收外来文化的灵活性。历史上，泰王国就吸收了高棉文化、印度文化和中国文化，其法律更是倾向于印度化。自进入近代以来，泰王国法律主要受法国法律的影响，属于大陆法系。泰王国的法律沿革当然也就是多种法律要素自然迁移加之强行移植、刻意模仿而又相互依存、兼容并蓄的历史，它集中了其他国家法律的基本因素，并将其融会到本地区的文化环境之中，形成一体化的法律体系，显示了一种法律移植的成功范例。

泰王国在近代以前由于地处中国文化和印度文化的边缘，且深受印度文化的影响，其法律制度更多倾向于印度法。曼谷王朝开始后，泰王国进入了完全的闭关锁国状态，施行君主专制的封建统治制度，其法律更多地体现为封建等级制度和宗教色彩，是为统治阶级服务的法律制度，民主、自由和平等的观念尚未出现。泰王国古代法严格来说是“等级法”或“身份法”。[①]

到曼谷王朝拉玛四世当政时期，蒙固王开始吸收西方法律文明政治制度。这使泰王国开始脱离封建的旧的等级和宗教制度，为朱拉隆功的改革措施奠定了重要基础。蒙固王改革的动因来自 1855 年和英国签订的《鲍林条约》，该不平等条约打开了泰王国的国门，成为容许外国人在泰王国经商的先例。

---

① 参见何勤华、李秀清：《东南亚七国法律发达史》，法律出版社 2002 年版，第 567—669 页。

19世纪中叶后，英法列强进一步凭借不平等的条约向泰王国的经济、政治和文化领域渗透，迫使泰王国进入世界资本主义经济体系，客观上加速了泰王国早已孕育的资本主义的萌芽发展。同时，拉玛四世的继承人朱拉隆功自幼受其父改革思潮的影响，接受的是西方教育和文明，这样在内外因的共同作用下，拉玛五世的法律改革更为彻底和更具现代化。他一步一步废除了奴隶制度，人口不得买卖，自由主义思想开始萌芽并逐步发展。他以西方法律为蓝本，制定了各种法律，在1892年成立了司法部，先后颁布《暂行司法机关组织法》、《搜集及宣判罪证法》、《暂行民事诉讼法》等。聘请外国人政尾制定《刑法典》，司法与行政权分离即始于此部法典的颁布。聘请法国法学家和本土法学家制定了《民法典》。他的法律改革逐步消除或克服了过去那种无法可循或法出多门以及随意执法的流弊，为泰王国法朝着近现代化方向发展奠定了基础。

1929年至1933年爆发的世界性资本主义经济危机，沉重地打击了已经纳入资本主义世界的泰王国的国民经济，广大人民在水深火热中度日，矛盾激化，君主专制政体出现了深刻的政治危机。1927年以比里·帕依荣为首组成了泰王国第一政党——民党，该政党右翼势力于1932年6月24日发动了一场“世界上最和平的不流血革命”，结束了泰王国七百多年的君主专制制度，开始了君主立宪的新时代。但是其不彻底性又为后来军人专政和法律秩序竞合发展奠定了基础，同时也直接影响了其近代资产阶级法律制度的创建和发展。

1932年革命后，拉玛七世签署了由比里·帕依荣主持制定的泰王国永久宪法《暹罗国宪法》。该宪法被打上了明显的保守势力的烙印，导致国家政权重新落入了以国王为首的王室贵族手里，君主专制得以复辟。1933年民党右翼势力再度发生政变，组成了以右翼首领为总理的新的立宪政府。至此，泰王国资产阶级革命取得完全的胜利，君主立宪政体得以确立。1935年，以法国法典为蓝本，制定了《民事诉讼法典》、《刑事诉讼法典》、《法院组织法》、《民事和商事法典》，其他相应法律也逐步建立起来，其近现代法律制度也已基本完成。①

（二）泰王国法律的渊源

所谓法的渊源，一般包括形式上的和实质上的。形式上的指法的效力渊源，指一定的国家机关按照法定职权和程序制定或认可的具有不同效力和地位的法的不同表现形式，如制定法、判例法、习惯法、法理等。实质意义上的法的渊源实质指法律的各种具体的表现形式。泰王国的法律渊源主要包括以下几个方面：

宪法：泰王国现行宪法由2006年9月发生军事政变后成立的宪法起草委员会起草，并于2007年7月6日由制宪大会审议通过。新宪法于2007年8月19日在泰王国全国进行全民公决，以56.64%的支持率在公决中通过，成为泰国历史上第18部宪法。

法律：泰王国法律属于大陆法系的范畴，由国会建议和批准、国王颁布的法律规范处于最高法律地位。其中关于经济的法律有：《泰王国进出口规定及保护措施》、《泰王国的专利商标和版权法》、《泰王国税收政策》、《泰王国最新投资政策》、《外商投资泰王国的规定》、《泰王国劳动保护法》、《泰王国的工作许可规定》、《泰王国的外汇管理规定》、《泰王国的贸易保护政策》、《泰王国政府的经济调控措施》、《WTO框架下的泰王国经贸政策》、《泰王国新颁劳工法》、《泰王国现行税务法要点》。

紧急法令：它是由泰王国内阁建议、国王颁布的法律规

① 参见〔英〕D. G. E. 霍尔：《东南亚历史》，商务印书馆1982年版，第196页。

范，其中有关民商事、经济法的规定是民商法和经济法的重要渊源。例如，1997年亚洲金融危机首先从泰王国爆发，当年10月24日泰王国颁布支持金融部门重组的紧急法令。

王室命令：它是国王取得国会授权并由相应机构签署后颁布的法律规范。在泰王国的政治体制中，王室是非常重要的因素，在很多发展中国家，随着政治的变革，王室仅仅是在象征意义下保留，而泰王国王室不仅继续保留而且仍在发挥着作用。泰王国民众把其作为心中的精神寄托，特别是当代政治在民众心中的地位下降，王室像宗教一样已经成为泰王国人民日常生活中一个不可分割的组成部分，且进一步强化了民众传统的政治信念，使官僚对实际政治有了更强的监控能力。

王室法令：它是泰王国国王在内阁提出议案后颁布的法律规范。在国家农业、宗教信仰、王室收入来源等方面都由王室颁布法令。如为了加强农业技术的推广应用，泰王国王室1967年颁布法令成立由泰王国农业与合作社部管理的农业技术推广司。

通告：通告由泰王国国家行政院或革命党发布，一般为政务通告，其中和经济贸易相关的内容对泰王国的经济发展有一定的法律作用，如关于“非典型性肺炎”情况通告等。

国际条约与国际惯例：国际条约是指国际法主体之间根据国际法而签订的含有具体权利和义务的书面协议，是现代国际法最主要的法律渊源。国际惯例是一种国际行为规范。

特区郊区条例：泰王国是传统的农业国，19世纪开始城市化进程，城乡差异凸显。在这一背景下，泰国政府颁布了一系列特区郊区条例，以优惠的条件吸引外资，对泰国的经济发展起到了推动作用。[①]

---

① 参见冯建昆主编：《泰王国经济贸易法律指南》，中国法制出版社2006年版，第70页。

其他:内阁规章和通告、市政条列(市政府在其管辖权限内发布的规范)、卫生特区条例、地方自治条例(是除曼谷市政府和卫生特区外的省行政机关在管辖权限内颁布的地方性法规)。

非正式渊源:习惯法在泰王国偏远地方仍然有重要的影响。

(三) 泰王国的主要法律

泰王国现行宪法是由2006年9月军事政变后成立的国民制宪大会制定的,这一宪法在选举制度、政党活动等方面作了极为严格的监督和惩罚规定。在此之前实行的1997年9月27日获立法议会通过的《宪法》于同年10月11日颁布实施,是泰王国第16部宪法。2007年实施的新宪法规定泰王国实行以国王为元首的民主政治制度;国王为国家元首和王家武装部队最高统帅,神圣不可冒犯,任何人不得指责或控告国王。国王通过国会、内阁和法院分别行使立法、行政和司法权。国会为两院制,分上院、下院,均由直选产生,立法、审议政府施政方针和国家预算及对政府工作进行监督为其主要职能。政府总理来自下议员,由不少于2/5的下议员提名,经下议院表决并获半数以上票数通过,由国会主席呈国王任命。总理在解散议会前须得到内阁批准并报国王审批;在不信任案辩论期间不得解散议会。内阁成员共36人,下议员担任内阁职务须辞去议员资格,阁员上任、卸任须申报并公布个人财产。上议员不得隶属任何政党,不得担任阁员。

2006年9月19日泰王国发生军事政变。在推翻前总理他信政权后,政变当局随即废除了1997年《宪法》,同时颁布临时宪法,并于此后不久成立宪法起草委员会和制宪大会。经过为期数月的辩论,制宪大会于2007年7月6日审议通过了宪法草案。8月24日,泰王国国王普密蓬·阿杜德签署御令,批准施行在8月19日全民公决中通过的泰王国新宪法草案。新宪法将在发布正式公告当日生效。泰王国临时宪法完成修订工作。泰王国宪法法庭裁决解散泰爱泰党。尽管遭到反对派的强烈反对,但前任泰王国总理沙马2008年5月2号重申了将推动修改宪法的立场。他认为,泰王国至今已有18部宪法,修改过30次。现行宪法中存在许多不合理的地方,如选举制度中规定部分上议院议员可以不通过选举产生等。对现行宪法进行修改是从长远考虑,有利于下次大选,而不是为了政党利益或者帮助前总理他信。

泰王国的民法和经济法律是不分的,都包括在《民事和商事法典》及相关的特别法规之中。泰王国《民事和商事法典》是在1925—1935年的十年间陆续颁布和施行的。[①] 该法典主要仿效英、法、德、日及瑞士法制定,是泰王国法律由印度化迈向西方化的重要标志。同时可见泰王国法律更多地属于大陆法系。

该法典共包括六编:第一编总则,包括人和法律行为(juristic act):第二编债,是关于一切合同(contract)的规定:第三编特别合同,主要包括销售法(law of sale)、交易法(law of exchange)、赠与法(law of gifts)、分期付款租购法(law of hire-purchase)、合伙和公司法(law of partnership and companies)、票据法(law of bills of exchange);第四编财产法;第五编家庭法;第六编继承法。[②]

如同大多数的半殖民地国家所走的法律近代化的道路一样,泰王国法律近代化也采用了法典化的模式。泰王国于20世纪初期即开始制定法典,而第一部法典就是《刑法典》,该部法典颁布于1908年,吸收了法国和比利时的刑法原则,

---

① 泰国《民事和商事法典》最先两编于1925年颁布,该法典的第二编和第四编则在拉玛七世期间于1925年通过;1932年6月后,即在宪政期间,第五编与第六编于1935年颁布实施。至此,整个法典最后圆满完成。参见冯建昆主编:《泰王国经济贸易法律指南》,中国法制出版社2006年版,第71页。

② 参见常征:《泰国的宪政和法律制度》,载《汕头大学学报(人文科学版)》1991年第7期。

其有关惩罚的规定也与法国的有关制度极为相似。后其被1956年新颁布的《刑法典》取代,后者也是泰王国现行的刑法法典。它共分三编398条,分别为总则(第一编)、一般犯罪(第二编)及轻罪(第三编)。新《刑法典》除了保留了旧刑法吸收的1810年《拿破仑刑法典》所体现的近代刑事古典学派的启蒙精神外,又受德国法学家李斯特所倡导的刑事社会学派和法国法学家安塞尔的新社会防卫论的强烈影响,同时,本土的封建势力还在持续地影响这个古老的国度。这些都使得新法典有一定的模糊性。一方面,它重新确认了旧法典的罪刑法定原则;另一方面,阅读这部法典时,大量浸透的社会防卫理念的规定扑面而来。另外,调适本土与西方、传统与现代的艰难又时时体现在了这部法典里面。

第二节　泰国竞争法律制度概述

一、泰王国竞争立法背景

(一) 泰王国市场经济的特征

泰王国自1855年被打开国门之后,资本主义经济在其国内萌芽,随着英法列强对其经济、政治和文化的逐步渗透,泰王国已经完全融入了资本主义世界的经济体系中。第二次世界大战之后,泰王国获得了独立,开始发展独立的民族经济。但是作为一个发展中的国家,特别是在历经数百年的封建专制时期,官本位的思想在泰王国的影响根深蒂固。这主要反映在泰王国一直以来实施国家主导的资本主义经济制度,政府干预企业、干预市场的烙印相当鲜明。这也就是为什么泰王国虽奉行私营经济体制和自由市场经济运行至今,但是没有照搬西方资本主义早期的完全放任自由的做法,而是十分重视国家对经济的干预作用、充分发挥国家的经济调节和干预的作用的原因。

另一方面,泰王国自独立发展经济以来,一直以西方发展经济学作为其理论指导，战后以“自由经营”为特征的资产阶级传统理论并不占主导地位，而是由鼓吹国家干预经济的凯恩斯经济学理论支配着资产阶级经济发展理论，而泰王国正是吸收了凯恩斯主义中的宏观经济学理论来发展本国的经济。发达国家的经济学家普遍认为发展中国家的金融系统不完备，因此不能充分动员国内储蓄力量，从而导致这些地区的储蓄水平低，存在贫困的恶性循环。要使这些国家摆脱“低水平的均衡陷阱”，政府就得进行“最低限度的关键性努力”，比如国家通过大的投资对经济进行“大的推动”。西方发展经济学在相当长的一段时间内强调国家对经济进行大的干预来缓和矛盾，促进经济增长。在这种理论的指导下，泰王国毫无疑问地希望以“人为的刺激作用”来发展民族经济。

随着经济全球化的加速发展，世界已经越来越小，人们形象地称地球为“地球村”。同时，全球化经济的发展、信息资源的共享，以及自然资源的稀缺，使得任何一个国家都不可能在闭关锁国的环境下发展。泰王国顺应时代的要求，更加积极地实行开放、自由的经济政策，为外国资本开辟了一片投资的热土。20 世纪 80 年代以来，许多国家及跨国公司纷纷到泰王国开办工厂，生产产品然后返销本国或其他国家。优越的地理环境、稳定的社会秩序，以及历届政府所坚持的对外开放、以市场为导向的经济政策，使得泰王国成为亚洲重要的引资国家。为了吸引海外投资，泰王国政府制定了一系列投资方面的法律和优惠政策，鼓励海外直接投资，并将此作为推动经济发展、扩大就业及促进技术进步的手段。但是，泰王国本身的民族经济发展状况不够理想，在全球化背景下缺乏竞争力，这又导致泰王国政府加强对经济的干预，利用经济决策、价格管制和税收杠杆等一系列宏观政策来调整外资和内资的关系，保护民族经济的发展。

综上，我们可以发现，泰王国的市场经济类型是政府主导型，这在国内民族经济初步发展时期的确发挥了较大的作用，维持了国民生产总值的稳定增长，但是到21世纪的今天，泰王国的民间私人资本和民族经济都已经发展到一定程度，具备了与国外资本和企业竞争的能力，那么政府就应该慢慢地从一些非关系国民生计和非国家基础设施部门的行业中退出，给予私人资本更大的发展空间。而事实上泰王国也开始了私有化的过程。1983年起泰王国政府以“断奶”的方式促使国营企业投身竞争行列，通过发展技术、提高效率、增加产出、扩大销路来提高企业的收益，使其积极参与市场竞争。随后的几年，泰王国政府通过对国营企业的私有化，完全地让其自生自灭，促进民间私人资本的进入，从而发挥市场的机制，减少国家干预。典型的案例是泰王国电业局的解体。而到20世纪90年代初，泰王国的国营企业已经由原来的一百多家锐减到二十几家。而国民生产总值却在飞速上涨，除了因为政局动荡的90年代初，国民生产总值增长速度都在10%以上。在当时有“亚洲第五小龙”的美誉。

（二）泰王国竞争立法的法律渊源

竞争法向来有“经济法的宪法”的美称，泰王国国内有充分的民主竞争意识，应民众、企业家以及外国投资者的强烈要求，国家过度干预经济的行为已经在泰王国早期的各种经济法中得到规制。而泰王国的竞争法立法的经验和要求也大部分来自已经颁布实施的经济法的各个条文之中，我们在这部分要探讨的就是泰王国竞争法颁布以前，哪些经济法律起到了规制垄断和限制竞争的作用，这些法律也可以称为泰王国竞争法的法律渊源。大体可以分成六个部分，分别是投资法、贸易法、利用外资法、知识产权法、经济贸易监督法和解决贸易纠纷法。

泰王国的投资法是指调整投资关系的法律规范的总称。比较重要的法律是《外商经营企业法》(1972)、《外国人就业法》(1973)、《工厂法》(1969)、《投资促进法》(1977)、《泰王国移民法》(1979)、《大众公司法》(2001)、《外资企业活动限制令》和《外侨职业限制法令》(1979)等,其主要的目的是吸引外资进入泰王国境内,发展泰王国的民族经济,而且这些投资法律对吸引外资起到了巨大的作用。同时泰王国的市场经济也不断完善,国营企业的私有化进程促使国内竞争加剧,市场欣欣向荣。这些为泰王国的竞争法律制度提供了物质保证,其中的一些法律条文和参考数据为1999年泰王国竞争法的制定提供了翔实的数据和丰富的实践经验。

泰王国的贸易法所调整的是在生产、分配、交换和消费过程中通过各种方式发生的经济关系。它以经济贸易管理关系和经济贸易流转关系为调整对象，主要包括《民事和商事法典》(1992)、《货物进出口管制法》(1979)、《电子交易法》(2001)、《商品和价格服务法》(1999)、《直销和直销市场法》(2002)、《期货交易合同法》(2003)、《农产品期货交易法》(1999)等。泰王国贸易法的实施促进了市场经济主体和市场经济管理主体间相互交往的体制发展,而其中的商业竞争法的雏形就来自贸易法。

泰王国利用外资的法律主要包括《土地典法》、《土地规划出售法》、《房屋管制法》、《组屋大厦法》、《挖土填土管理法》、《工商不动产租赁法》、《泰国工业区法》、《泰国旅游协会法》、《旅游和导游执业法》等。这些法律主要就工厂设施、土地和房屋的使用情况针对外国资本的使用作出了规定。规定外国人在泰王国境内购买土地、建立工厂、租赁房屋、设置厂房方面的条件和优惠。特别是《泰国工业区法》对吸引外资来泰投资取得很好的效果,在工业园区内有很多的优惠政策和便利外资投资的项目。因此,这些法律为外国资本进入泰王国与其国内企业进行公平的竞争提供了相当重要的条件。

泰王国实行知识产权制度的历史比较长,甚至可以追溯到1901的《作者所有权法》和1914年的《商标和商品名称法》。当然,过去泰王国并不把商标和版权看做是知识产权,而是把其当做商业利益保护。直到20世纪70年代,泰王国政府在国外贸易伙伴的压力下,陆续制定和修改了有关知识产权的法律,其知识产权保护才得到了飞跃。泰王国在这方面有关的法律包括《商标法》、《专利法》、《版权法》等。到泰王国投资的投资者如果有自己的知识产权,应该在投资以前,首先在法律上采取保护知识产权的措施,以受泰王国法律的保护。

(1) 商标

投资者如果有自己的商标,在投入生产以前应该先办理商标注册登记。否则待产品打开市场以后,该商标可能被别人注册登记。在法律上首先将考虑先行登记的商标注册人对商标的拥有占有优先权利,先行登记的商标注册人也许会请求法庭命令真正的商标所有人(但未登记)停止生产其产品。商标的真正所有人欲请求法庭将商标所有权归还原主,须花费不少精力、时间和诉讼费用,尤其在案件审理期间还会失去许多商业机会。目前泰王国的《商标法》对商标的保护范围包括:商品商标(trade mark)、服务商标(services mark)、证明商标(certificate mark)、集体商标(collective mark),以及联合商标(associated mark)。

在泰王国办理商标登记,法律授予商标拥有人在10年内对其登记的商标具有独家使用的权利,使用期满后还可续展登记,有效期为10年,如果期满后不办理延期手续,则视为弃权。

(2) 专利权

外商从国外引进泰王国售卖的产品,或在泰王国制造的产品,如在国外已有专利权,需要得到泰王国法律的保护,须自向第一个国家提出专利申请后一年内向泰王国有关部门(知识产权厅)申请专利登记。当专利申请批准后,该专利即受到泰王国法律的保护,专利拥有人即有权独家售卖或制造该产品。若该专利属于发明权(新产品或新制造方法),泰王国允许专利权人行使20年的垄断权(独占权);若该专利属于外观设计,泰王国法律允许专利权人行使10年的垄断权。

(3) 版权

外商若对其从国外引进泰王国售卖的产品,或在泰王国制造的产品拥有自己的版权,如版权拥有人所在国是《保护文学艺术作品伯尔尼公约》的成员国,不需要在泰另行登记。因为泰王国必须对《保护文学艺术作品伯尔尼公约》成员国履行保护义务,按版权制度规定不需要重新登记。当版权拥有人向社会公布以后,即享有保护权。泰王国《版权法》的保护范围包括:文学作品;舞蹈作品;艺术作品;音乐作品;视听器材;音响录制;图像录制;电台广播作品和电视传播作品;计算机软件;演员的表演专权。

经济贸易监督法是调整贸易监督关系的法律规范的总称。它是国家从宏观经济利益出发,对经济贸易活动实施的各种管理和监督,比如税收监督、海关监督、市场管理和监督、反不正当竞争等。这方面的法律主要包括:《税法典》(2003年修正)、《海关法》(2000年修正)、《消费税》(2003年修正)、《消费税率法》(1984年)、《招牌税》(1967年修正)、《证券和证券交易法》(1999年)、《商品和服务价格法》(1999年)、《商业竞争法》(1999年)、《不公平合同条款法》(1997年)、《保护消费者权益法》(1998年)等。

解决经济贸易纠纷法主要包括:《法院规则施行法》(2000年)、《民事诉讼法》(2000年修正)、《刑事诉讼法》(1999年修正)、《建立知识产权与国际贸易法院法和知识产权与国际贸易诉讼程序法》(1996年)、《建立税务法院法和税务诉讼程序法》(1975年)、《建立破产法院法和破产程序诉讼法》(2000年修正)、《建立少年家庭法院和少年家庭诉讼程序法》(2000年修正)、《建立行政法院和行政案件诉讼程序法》(1999年)、《仲裁法》(2002年)。

二、泰王国竞争法的主要内容

泰王国在1999年之前并不存在以“竞争法”命名的单行法律，但是在国内建立保护国内竞争环境、促进经济健康发展、保护消费者福利和经营者自由经营的法律的呼声越来越高。因此泰王国政府在1999年颁布了《商品与服务价格法》和《贸易竞争法》。[①] 这两部法律替代了1979年的《价格固定和反垄断法》，后者是由价格固定法律部分和反垄断法部分组成。1979年《价格固定和反垄断法》中的反垄断法部分目的在于促进公平竞争。它授权中央委员会对可能造成垄断的商业机构进行观察并约束和管理商业习惯。由于实施中遇到了问题，负责颁布该法律的国际贸易部门作出了相应的调整，将其一分为二，即《商品与服务价格法》与《贸易竞争法》。可见，这两部法律是用来保护竞争，维护市场经济的有序发展，提高消费者福利，反对和制裁限制竞争的行为。

《商品与服务价格法》是为了规范价格行为、发挥价格合理配置资源的作用、稳定市场价格总水平、保护消费者和经营者的合法权益、促进市场经济健康发展而制定的法律。其中的商品价格是指各类有形产品和无形资产的价格，而服务价格是指各类有偿服务的收费。主要的保护措施是规范商品和服务的价格，采取措施防止获取暴利及过度囤积管制商品。

《贸易竞争法》主要对以下四类商业行为采取限制措施：(1) 经营者滥用其独占地位的行为；(2) 经营者对某一商品或者服务市场进行垄断、减少或者限制竞争的行为；(3) 经营者与国外的经营者建立商业往来关系，以使本国的居民在直接向国外经营者购买自用商品或使用服务方面的机会受限的行为；(4) 经营者采取任何违反自由公平的手段，破坏、毁

① 参见柳明：《泰国的商贸保护法》，载《中外法学》2000年第7期。

损、阻碍、妨碍、限制他人从事经营致使其经营中止的行为。同时该法也是处理经营者给顾客、中小企业经营者及其他人群设置障碍、导致不公平竞争行为的根本法律依据。可见,这两部法律是泰王国竞争法律制度的主要内容。

《贸易竞争法》自 1999 年 4 月 30 日生效。该部法律的立法目的在于促进竞争环境的公平与自由,主要方法是监督商业活动,适用于各种类型的商业活动,除了中央、省部和地方的行政行为,国有企业的法定预算行为,合作团体或合作社开展的使农民获利的商业活动以及由农业部作出的商业指示。

贸易竞争委员会负责法律的实施,商业部部长担任委员会主席,商业部的常务秘书担任委员会副主席,国际贸易部的总干事是其成员和秘书,财政部的常务秘书以及其他有资格的人(不超过 12 个)是委员会成员。对于有资格的人员要求没有任何党派立场、非行政成员以及不得担任政党行政事务的任何职务。他们的任期不得超过两年,且连任不得超过两次。贸易竞争委员会在国际贸易部设有办公室,由商务部长和该部的总干事负责日常办公事务。

限于篇幅,本书仅就《贸易竞争法》的重要内容做简要的介绍。竞争法作为经济宪法,其核心部分便是对法律上的不正当竞争行为进行精确的定义和完整的涵盖。1999 年的《贸易竞争法》对此规定如下:

第一,对不正当竞争行为作了如下分类:

第 25 部分规定,禁止占有优势地位的企业滥用其市场支配力实施下列行为:

(1) 为商品和服务制定不合理的价格;

(2) 直接或间接给消费者设定不公平的交易条件,目的是限制消费者的一般商业习惯;

(3) 故意限定商品和服务的供应量,目的是人为制造供应紧缺;

(4) 没有正当理由干涉他人的商业活动。

占优势地位的商业经营者在竞争法下作如下定义:一个市场上无论何种商品或服务的经营者,其商品和服务占有市场份额与销售量都在委员会规定的水平之上。

第 26 部分规定,禁止任何可能造成垄断或不公平竞争的合并行为,除非是商业必需或者有利于经济的发展且经委员会批准。

第 27 部分规定,禁止任何商业经营者为了制造垄断或者降低市场竞争而与其他企业进行合并。除非该种合并是在商业上有合理需要,且对经济没有造成严重的损失。经营者应当提交给委员会申请书,委员会已经规定了各种类的反竞争协议申请的程序和提交的申请书规格和填写规则。

第 28 部分规定,禁止国内外的经营者相互订立协议限制本国居民为了其个人使用直接向外国经营者购买产品或者服务的机会和自由。

第 29 部分规定,经营者的任何不公平、不自由的竞争行为是受到禁止的。该种行为是指能够阻止、限制其他的商业经营者自由地开展其他商业活动的行为。

第二,惩罚措施:

违反以上法律条文的行为将受到 3 年以下的监禁,单处或并处罚金。该法的法律解释说明,这些处罚措施不仅适用于企业,而且适用于管理人员或者负责该事务的人员。但如果是超出以上人员一般的知识范围采取的措施,或者没有经过他们同意的行为,或者他们已经采取最大的努力去阻止这些违法行为,则可以免于处罚。

此外,法律允许任何遭受违反上述第 25—29 部分规定的禁止行为损害的经营者主张损害赔偿并通过消费者委员会进行申诉。

三、泰王国竞争法的实施情况

本部分主要通过对泰王国两则反垄断案例的分析，考察泰王国的行政垄断、利益部门博弈与反垄断执法权力配置问题，并借此反思中国的行政垄断规制政策与反垄断执法权力的配置模式选择，为后文对比中泰两国的竞争法律制度作铺垫。同时，这两个案例的选取也从不同的角度阐述了泰王国竞争法的立法、司法的方式，侧重于对反垄断执法机构的功能和执法方式的介绍和评价。

泰王国1999年颁布的《贸易竞争法》受到广泛关注，人们期望通过它能起诉垄断企业，保护消费者利益。1999年底，两个主要案件提交贸易竞争委员会。

案例一：泰王国有限电视公司捆绑销售案

泰王国两个有线电视公司IBC和UTV合并成有线电视公司UBC。IBC和UTV从泰王国大众通讯组织获得运营许可。泰王国大众通讯组织负责规制和监督有线电视市场。合并前，IBC和UTV之间存在激烈竞争，两个企业为消费者提供了种类繁多的节目组合。大众通讯组织批准合并后，UBC改变节目组合，提高了安装费和每月收费。因为不允许提高为低收入群体设计的最便宜组合的费用，UBC向大众通讯组织提出申请，不将这些组合提供给新的使用者，然后拒绝向其他使用者提供便宜组合的详细信息。UBC还向大众通讯组织承诺，将提供一个替代性的高价格组合。[①]

在收到消费者的申诉后，泰王国反垄断法执法机构——贸易竞争委员会建立了一个专业委员会调查申诉。调查发现UBC受高的市场进入障碍保护，事实上，国家有线电视市场的垄断者有足够的证据证明UBC收取的服务价格过高，且

① 参见于左：《反垄断执法权力配置与行政垄断规制困境——泰国两则反垄断案例的启示》，载《产业组织评论》2006年第2期。

限制新消费者的选择，使他们仅能选择一个组合，而这个组合的价格过高。尽管 UBC 承诺维持服务质量，但它在泰王国《贸易竞争法》颁布实施后实施了捆绑策略。

贸易竞争委员会与专业委员会都同意有线电视公司对节目服务制订更高的价格以补偿由于泰铢贬值和外国节目的高成本所导致的财务损失，企业并未违反《贸易竞争法》第 25 部分第 1 条“商业经营者通过固定价格或维持不合理的购买或销售价格”。专业委员会发现，合并后，UBC 运用垄断力量以捆绑销售方式限制了顾客的选择权，捆绑销售攫取了更多的消费者剩余，应当根据第 25 部分第 3 条“没有正当理由搁置、减少或限制服务、产品、购买、销售、传送或进口”进行认定。但是专业委员会并未考虑捆绑行为是否违反了该条。因为它认为 UBC 是两个独立的法律实体的联合，企业违反的是第 27 部分第 1 条，即任何商业经营者与其他商业经营者通过固定销售价格、限制商品或服务的数量达成协议。但是，贸易竞争委员会不同意专业委员会对经营者的这种定义。为了使 UBC 不违法，贸易竞争委员会通知大众通讯组织，UBC 需要增加消费者的节目组合选择。

案例二：泰王国啤酒生产企业捆绑销售案

泰王国最大的啤酒生产企业 Singha 啤酒，控告竞争对手 Surathip 集团（一个白酒垄断企业和 Chang 啤酒的所有者）实行不公平的捆绑销售活动，在市场上倾销 Chang 啤酒，对 Singha 啤酒造成了严重的损害。1992 年啤酒市场放开后，Surathip 垄断了威士忌市场，并进入啤酒市场。为了扩大市场份额，它通过巨大的促销预算和更高的 Chang 啤酒度数吸引农村消费者。Surathip 实行了捆绑销售，即要求它垄断的所有批发商以固定比例购买 Chang 啤酒。捆绑的结果是 Chang 啤酒的价格迅速下降，因为批发商被迫去掉过多的啤酒库存。Chang 啤酒比 Singha 啤酒便宜 28%—45%，后者市场份额从 1996 年的 85% 下降到 1997 年的 69%。Singha 啤酒被迫采取各种市场策略回应，包括引入新的品牌 Leo，并采取更低的价格和更高的酒精度，同时也向贸易竞争委员会提出申诉，控告 Surathip 捆绑销售政策对 Singha 啤酒造成了严重的伤害。

贸易竞争委员会设立了调查捆绑销售的专业委员会，经四个半月时间调查，结果发现，Surathip 集团确实实行了捆绑行为，是被 Surathip 集团的分销商作为强加给威士忌批发企业的一个条件而实施的。并发现分销商、威士忌生产企业和 Chang 啤酒生产企业间存在大量的交叉持股，一些企业甚至有共同的董事。①

贸易竞争委员会同意专业委员会对捆绑销售政策的认定，即违反第25 部分第2 条的规定，“在上下游企业之间不合理地固定强制条件或纵向限制”。但是第 25 部分仅适用于具有市场支配地位的企业，并且对市场支配地位界定的文件由部长理事会批准并在政府公告上发布后才能执行。

专业委员会还考虑了该企业的行为是否违反了第 27 部分第 3 条和第 10 条，即“任何商业经营者固定价格和其他串谋协议”。但最后认为该企业的行为更贴近违反了第 25 部分第 2 条，而不是第 27 部分第 3 条和第 10 条。绝大多数贸易竞争委员会成员认为，如果认定该企业的行为违反了第 27 部分第 3 条和第 10 条，具有竞争关系的经营者需要在同一市场联合行动，这些企业是在产品或营销上属于同一阶段。因为啤酒与威士忌不是同一市场，没有证据表明分销商、威士忌的生产企业和啤酒的生产企业串谋支配市场，捆绑销售行为并不违反第 27 部分第 3 条和第 10 条。而且，与第 29 部分“商业经营者实施反竞争行为，破坏、妨碍、阻止或限制其他商业经营者的运营”也不相关，因为啤酒的批发和零售企业

---

① 参见于左：《反垄断执法权力配置与行政垄断规制困境——泰国两则反垄断案例的启示》，载《产业组织评论》2006 年第 2 期。

有替代性的啤酒供应来源。

专业委员会通过数月时间调查、研究和听证，而贸易竞争委员会仅通过三次会议决定适用《贸易竞争法》第 25 部分第 2 条，该条禁止具有市场支配地位的企业从事某些行为。尽管贸易竞争委员会认为捆绑行为是非法的，但却无法认定该企业的行为是非法的。因为第 25 部分第 2 条仅适用于具有市场支配地位的企业。

由于法律对市场支配地位的定义还没有付诸实施，这个案件无法判定。贸易竞争委员会的裁决是政治妥协。一方面，政府受到来自大企业的压力，大企业对几个月后选举的支持是至关重要的。即使企业被发现实施了不公平的行为，政府也不希望贸易竞争委员会深入调查和从根源上进行处理。另一方面，贸易竞争委员会主席不得不同意贸易竞争委员会大部分成员的意见，认为该企业的行为是违法的。政府在公众的压力下不得不处理政治和官僚机构腐败根源——垄断。为了迎合这两方面要求，贸易竞争委员会一方面认定企业行为不合法，但同时没有宣布任何企业违法，因为对市场支配地位的合法定义仍未确定。

贸易竞争办公室认识到，没有对市场支配地位作出规定，《贸易竞争法》是不完整的。在对五个国家的反垄断法进行比较研究后，贸易竞争办公室建议具有市场支配地位企业的市场份额不低于 33.3%，一个企业年销售收入超过 113.6 亿美元。贸易竞争委员会同意这一建议，并将草案提交给内阁审批，但 15 个月过后仍未获批。起初，贸易竞争办公室宣称归因于财政部（白酒产业的规制者）的延误。即使这样的宣称是正确的，贸易竞争办公室仍负有主要责任，因为贸易竞争办公室应深知市场支配地位对各方的重要性，应确保草案被内阁及时批准。

在贸易竞争委员会作出决定 6 个月后，啤酒分销商和白酒企业不仅继续实行捆绑销售策略，还扩大了捆绑的范围，强迫白酒批发和零售企业购买白酒公司的酒饮料和苏达水，泰王国最大的啤酒生产企业不得不通过电视广告反抗这种行为，告知公众这种行为既不恰当也不道德。

上述两则案例还引出了对行政垄断的执法问题的探究。即使根据法律，市场支配地位的定义已经确定，在两个案例中，企业均被发现违法，但判决仍未触及垄断的根源。泰王国经济的绝大多数垄断力量来自于政府，比如在这两个案例中的国有大众通讯组织和财政部。授予 IBC 和 UTV 有线许可并最终导致并购，大众通讯组织始终面临角色冲突，即追求利润最大化的运营者和规制者。一方面，它的主要考虑是收入，而不是消费者福利和产业增长，收入分享合同给大众通讯组织激励，允许两个公司合并，并收取更高的费用。另一方面，作为保护消费者利益的规制者，以对所有节目捆绑组合的高收费为代价，对一些节目组合实行低收费，结果还是损害 UBC 节目组合的使用者。高的定购费部分因为《有线电视法》不允许任何商业广告，两个合并企业的高成本被 UBC 所继承，这也解释了 IBC 和 UTV 为何都购买一些外国节目的排他使用权。UBC 问题比较复杂，如果没有大众通讯组织的合作，贸易竞争委员会难于处理该问题。但是，大众通讯组织没有动力放松对 UBC 管制，因为这将影响它的收入。

威士忌和 Chang 啤酒捆绑案件更为复杂。尽管贸易竞争委员会裁决捆绑销售违反法律，但是专业委员会没有提供这种非法行为的经济分析。搭售经常被用来维持或改善产品或服务的质量、声誉或可信度。但在一些情况下，也可能是被用来增加市场势力，如通过限制竞争对手数量或提高竞争对手成本排除竞争。威士忌公司即是通过运用政府授予的垄断力量扩大在啤酒市场的份额。

综合上面对两个案例的分析和对泰王国贸易竞争委员会的执法过程的了解。可知，泰王国的竞争法律不仅在内容上存在巨大的缺陷，而且在执法和司法上同样遇到了很多的问题。我们在前文泰王国竞争状况的调查中得知，泰王国政府非常热衷于干预经济，一方面有其经济学的道理，但另一方面更多的是传统、落后的思想在作祟。

第三节　泰国竞争法律制度评析

一、泰王国竞争法的不足与完善

泰王国的竞争法律从颁布到实施只有十年时间。立法的不完善使执法效果甚微，竞争法的目的难以实现。

首先，从泰王国的《贸易竞争法》的适用主体看，该法适用于各种类型的商业活动，除了中央省部和地方的行政行为、国有企业的法定预算行为、合作团体或合作社开展的使农民获利的商业活动以及由农业部作出的商业指示。很显然，行政垄断是不被规制的，因为政府和其授权的组织不是泰王国竞争法的适用主体。虽然对于因政府授权或保护而产生的垄断，贸易竞争办公室被指定协调其他政府机构处理，但事实上没有其他政府机构的合作是很难处理的。泰王国的国有企业和政府组织是免除适用《贸易竞争法》的。这种制度设计是泰王国《贸易竞争法》的重要缺陷。[①] 在发达市场经济国家，国有企业、自然垄断企业甚至政府行为通常也适用反垄断法，[②]如欧盟。[③]

---

① 参见徐士英：《竞争法新论》，北京大学出版社 2006 年版，第 2—5 页。

② 参见王晓晔：《我国最新反垄断法草案中的若干问题》，载《上海交通大学学报（哲学社会科学版）》2007 年第 1 期。

③ 欧盟是由多个国家组成的共同体，虽然各成员国都是市场经济国家，但在经济体制上还是存在一定的差异，各个成员国国有企业的比重不同，各成员国政府对市场和企业的干预程度不同，可能导致企业间不公平竞争，因此，欧盟反垄断法对成员国的政府行为作出规定，即各成员国对于公共企业以及拥有特权或专有权的企业所制定的规则和采取的措施，不得与反垄断法的规则相抵触。具有自然垄断特征的企业，在不影响完成自身任务的情况下，也应遵从反垄断法的规定。与此类似的是政府援助，如政府许可、利息减免、税收减免、政府担保或参与等，如果产生了破坏竞争的后果或者对竞争产生威胁，均属于禁止行为。

其次，泰王国的竞争法内容不完整。所谓内容不完整，从贸易竞争委员会处理的泰王国啤酒生产企业捆绑销售案可知，虽然贸易竞争委员会认定了 Surathip 集团实施了捆绑销售，但是《贸易竞争法》第 25 部分第 2 条仅适用于具有市场支配地位的企业。而市场支配地位的定义在《贸易竞争法》中根本就没有规定，因此缺乏认定其占有市场支配地位的标准，该案件无法通过法律判决解决。

最后，从表面上看，上一节中的两则案例反映了泰王国《贸易竞争法》过于简要，缺少实施细则，特别是缺少对市场支配地位的定义。但其实质更反映了泰王国《贸易竞争法》执法机构设置存在严重缺陷。

泰王国《贸易竞争法》的执法机构是贸易竞争委员会。该委员会由专家团体组成。商务部部长任贸易竞争委员会主席，商务部常任秘书(permanent secretary)任副主席，贸易竞争委员会设常任秘书(负责财务)和秘书长，另外还有 8—12 名具备资格的成员，成员中至少有一半来自私人部门。①

贸易竞争委员会的职权如下：发布市场支配的公告、企业并购标准的公告；制定并购规则、程序和条件；审查并购申请并批准并购；审查违反反垄断法的申诉；对受害者的申诉启动刑事程序；履行法律规定的其他职责。贸易竞争委员会具有司法权，可以任命专业委员会对各种违法行为进行调查并提出建议。

为了防止贸易竞争委员会滥用权力，泰王国法律建立了一种框架和程序监督其权力。例如，在适用《贸易竞争法》第 31 部分的情况下，必须向被起诉企业、专业委员会的成员、负责调查的专业委员会或官员提供一个合理机会进行解释和提供证据。根据第 31 部分发布命令，贸易竞争委员会必须对

---

① 参见王晓晔主编：《经济全球化下的竞争法发展》，社会科学文献出版社 2005 年版，第 113 页。

所发布的命令进行事实和法律两方面阐释。企业如果不同意根据第30部分作出的指令,有权向上诉委员会申诉。

从泰王国执法机构的制度设计看,贸易竞争委员会委员和贸易竞争办公室成员都不是独立的。贸易竞争委员会绝大多数委员为政府官员和企业人员,尽管他们当中一些成员在政治上是独立的(不是政党的代表),但政府官员不可避免地受到来自政治和商业部门的压力。而贸易竞争委员会任用企业人员没有公开的准则,一些委员可能存在严重的利益冲突。作为商务部内贸局的一个部门,贸易竞争办公室官员也不是独立的。他们的直接监督者是联邦产业部总监。联邦产业部具有很多职责,包括价格规制、市场发展和其他区域贸易政策。其中一些目标可能和反垄断法目标发生冲突。从法律地位看,贸易竞争办公室仅为商务部内贸局的一个分支,不能期望它独立处理受更高层政府机构规制的垄断企业。如果处理国家的垄断者,贸易竞争委员会需要向其他政府机构咨询或寻求合作,以使其放松对这些垄断者的管辖,但这些政府机构没有动力这样做。而贸易竞争委员会主席是商务部部长,执行反垄断法将严重依赖政府政策和部长的态度。①

泰王国反垄断执法权力配置模式和执法过程中暴露出来的一些问题需要引起注意。具体而言,以下问题尤其值得深入研究。

第一,反垄断执法机关的独立性与权威性。泰王国《贸易竞争法》不能得以有效地实施由许多复杂的因素引起。尽管泰王国实行一系列的经济改革,包括私有化和放松规制,但它们不能替代竞争政策。形式多样的政府干预下的大企业反竞争行为广泛存在。许多政府官员和机构本身是有力的利益集团。这些问题表明泰王国经济迫切需要强有力的

① 参见王晓晔:《欧共体竞争法》,中国法制出版社2001年版,第56页。

反垄断法和执法机构发挥作用。但1999年颁布的《贸易竞争法》不仅无实施细则和调查程序指南，而且在执法机构设置方面存在严重缺陷。较差的制度设计使得贸易竞争委员会和贸易竞争办公室都不是独立的，且层次较低，掌握资源有限，执法官员缺乏专业资历，这些根本无法保证《贸易竞争法》的执行。

第二，反垄断法与经济体制改革、行政垄断的关系。在泰王国，最明显的反竞争行为与被规制企业和国有企业有关。排他性许可和特权不仅在很多领域产生机会的不平等，且导致了很高的经济租金和大量的寻租行为。国有企业和政府组织却免除适用《贸易竞争法》。如果政府部门管辖的企业涉嫌垄断，贸易竞争办公室和贸易竞争委员会缺乏独立处理这类案件的能力。在经济转型过程中，如果反垄断执法机构不具有充分的权力以对行政性反竞争行为和行政干预行为进行制约，市场竞争秩序容易受到行政权力的阻碍。但是，应该注意的是，行政垄断需要区别对待：一部分属于政治体制改革的任务，一部分与国家战略或特殊法人企业制度相联系，这些都不是反垄断法规制的对象。除此之外的行政垄断，包括地方政府分割市场的行为、行政机关滥用行政权力导致垄断的行为和公用事业等特定行业主管部门和经营者滥用优势地位的行为，则需要纳入反垄断法的约束范围。如果不能将二者分开，则势必影响反垄断法的实施效果。

第三，泰王国反垄断执法权力配置模式的缺陷。贸易竞争委员会的法律权力十分有限。泰王国存在大量的部门管理政策影响企业行为。这些政策被各种政府机构在相应法律赋予职权下独立行使。如果企业被发现违反《贸易竞争法》，违法行为涉及其他政府机构的规章和制度，而没有其他机构的合作，贸易竞争委员就会难以单独处罚这些违法行为，如UBC案例。泰王国的部门政策极为分散，如果没有强有力的执法机构和协调一致的行动，《贸易竞争法》将可能仅有有限的权力和效果。

二、泰王国竞争法与我国竞争法的比较

通过以上对泰王国的国家情况和竞争法律体系的简要学习和研究,结合对中国经济法的理解,我们着重从与我国《反垄断法》进行比较的角度阐述一些观点:

首先,有关竞争文化。所谓竞争文化是指关于市场竞争的一系列思想观念、商业规制和法律制度的总称。[①] 我国提倡和谐社会,那么和谐社会和竞争文化是相互矛盾的吗?答案是否定的,我国的竞争文化相比泰王国的竞争文化而言,至少在和谐社会层面上是要略高一筹的。在我国,竞争文化是构建和谐社会的本质要求,我国的经济发展到今天,民众的自由、平等和民主的思想已经相对成熟,要求经济民主、经济自由的呼声越来越高,而2007年的经济法年会更是将经济法的社会责任提到一个新的高度。和谐社会和竞争文化在我们看来就是经济法社会责任的完美结合。

我们应当把国家所关心的和我们关注的结合起来,而经济法的社会责任就是有效的切合点。我国受儒家的传统思想影响,讲究忍让、社会的安宁和谐,经济法是研究人管理经济的一门学科,人的行为习惯是我们首先需要考虑的。经济法的宗旨是协调社会整体利益和社会个别利益之间的关系。民商法调整社会个体之间的经济利益,但在社会整体利益面前却无能为力,因为现代发达的交通、快捷的通讯、高科技的产品、丰富的金融衍生品等使得传统的民商法无法进行有效的调节,因此在19世纪末20世纪初经济法应运而生,从而也担当起调节社会整体利益的重担。结合我国的实际情况,20世纪80年代才开始的市场经济远远落后于欧美发达国家,经济法体系相当不完善,直到最近才出台《反垄断法》就是典型

---

① 参见徐士英:《竞争法新论》,北京大学出版社2006年版,第1—10页。

的例子。相对于泰王国而言,泰王国信仰小乘佛教,国王颁布的法具有最高权威,加之泰王国20世纪灵活的外交政策使其成为亚洲罕见的中立国,没有被欧美强国占领,市场经济一直延续发展,因此该国的经济法相对我们国家而言比较完善,至少在形式上如此。如泰王国从经济问题的立法、司法和守法都有一套完整的法律制度予以保证。在这方面有值得我们学习的地方。我国同样实行市场经济,但在立法上相当不完善,如《反垄断法》的出台经历了十几年的时间,而还有很多重要立法,如《出版法》依然缺位。① 另一方面,我国的制度理念还相对落后,权大于法、情大于法、制度制定部门之间争权夺利的现象比比皆是,如反不正当竞争法中的知识产权保护,工商行政部门和国家知识产权局之间就没有有效的协调机制,从而导致我国目前对知识产权保护不利。

因此,我们学习泰王国的竞争文化,就要吸收其有益的方面,比如自由的经济政策、法律制度的及时跟进等等。

其次,有关竞争法的内容。虽然上文中提到了泰王国的《贸易竞争法》内容比较简单,也缺乏实际操作性,但相对于我国的《反垄断法》,仍然有许多值得借鉴和吸收的地方。市场支配地位的法律定义的出台在泰王国历时大约一年,导致了啤酒公司案件无法裁决,最后只能通过政府的干预来解决,这就违背了竞争法要政府尽量少地干预市场经济的初衷。而我国目前的《反垄断法》像这种概念界定的问题也存在不少,如合并标准的界定。② 《国务院关于经营者集中申报标准的规定》第3条第1款规定:"经营者集中达到下列标准之一的,经营者应当事先向国务院商务主管部门申报,未申报的不得实施集中:(一) 参与集中的所有经营者上一会计年

① 参见傅军、张颖:《反垄断与竞争政策:经济理论、国际经验及对中国的启示》,北京大学出版社2004年版,第56页。

② 参见王晓晔:《我国最新反垄断法草案中的若干问题》,载《上海交通大学学报(哲学社会科学版)》2007年第1期。

度在全球范围内的营业额合计超过100亿元人民币,并且其中至少两个经营者上一会计年度在中国境内的营业额均超过4亿元人民币;(二)参与集中的所有经营者上一会计年度在中国境内的营业额合计超过20亿元人民币,并且其中至少两个经营者上一会计年度在中国境内的营业额均超过4亿元人民币。"以可口可乐公司并购俄罗斯一个汽水瓶生产企业为例。可口可乐公司在全球销售额超过了100亿人民币,在我国市场上的销售额超过了4亿人民币。根据上述规定,即便可口可乐在俄罗斯购买一个极小的企业,也得向我国反垄断执法机关进行申报。这无疑是不合情理的,将导致我国司法资源的严重浪费。

另外,我国的反垄断立法过程中也出现重大改动。2006年初,国务院法制办对《反垄断法》(草案)进行了一次较大改动。其中,一直被视为我国《反垄断法》(草案)最大特色的"禁止滥用行政权力限制竞争"一章,即通常所谓的"反行政垄断"被整体删除,相应的法律责任条款也被删除。修改后的有关内容,仅在总则中保留一条宣示性规定:"禁止行政机关和法律、法规授权的具有管理公共事务职能的组织滥用行政权力,实施排除或限制竞争的行为。"

最后,有关执法权的分配。泰王国的经验表明,反垄断法本身并不能自动促进竞争,起作用的关键条件是执法权力的配置。我国与泰王国在反垄断法立法与执法的经济背景方面存在很多相似之处。国有经济比重高、行政垄断广泛存在同样是我国经济的典型特征。我国虽然在1993年颁布了《反不正当竞争法》,对串通投标、掠夺性定价、公用企业滥用市场支配地位、行政垄断和搭售五项垄断行为加以规定,但很少有垄断案件被查处。《反垄断法》自1994年正式起草以来,数易其稿,久未出台。即使出台后,其实施效果仍令人担忧。中国石油、电信、电力、铁路等垄断行业经历了二十多年的改革,取得了不少进展,但竞争机制的引入还是停留在分拆原有垄断企业的层面，尚未形成规范的进入和退出制度。从市场份额或其他标准看，这些行业可能不构成垄断；但从“进退障碍”的垄断判别标准看，行政性准入限制广泛存在，这些行业仍是十足的垄断行业。从这个角度看，垄断行业改革实际上陷入了一种僵局。[①] 我国目前除工商行政管理机关外，有权负责竞争执法的机关不下十几家。这种多头执法的必然后果是责权脱节、监管缺失，不利于市场经济秩序的规范。就我国目前的情况看，无论是商务部、工商总局还是发改委，都与泰王国商务部一样不具备独立性与权威性，因此难以担负反垄断执法的重任。我国未来的反垄断执法机构应为独立的行政执法机关，不隶属于任何行业管理部门和综合经济管理部门。就反垄断法本身而言，应该更多借鉴欧盟模式，但就执法过程而言，应该更多借鉴美国模式，尽量发挥法院的作用。

此外，从目前的情况看，我国反垄断执法权力的配置存在着很大的不确定性。商务部、工商总局与发改委三大部委先后介入反垄断立法工作，这使得《反垄断法》的出台面临一种矛盾的处境，一方面是大量的宣传、关注和推动，另一方面却仍然缺少权威的执法机构。

---

① 参见于立：《垄断行业改革如何走出僵局?》，载《中国企业家》2006 年第 5 期。

第 三 章

越南竞争法律制度

第一节 越南国家概况[①]

越南，国名全称为“越南社会主义共和国”（The Socialist Republic of Viet Nam），于1945年9月2日建国。国土面积为329 556平方公里。越南全国划分为59个省和5个直辖市，首都为河内（Ha Noi）。

越南在公元968年成为独立的封建国家，1884年沦为法国保护国，1945年9月2日宣布独立，成立越南民主共和国，同年9月法国再次入侵越南，越南又进行了艰苦的抗法战争。1954年7月，关于恢复印度支那和平的《日内瓦协定》签署，越南北方获得解放，南方仍由法国统治（后成立由美国扶植的南越政权）。1961年起越南开始进行抗美救国战争，1973年1月，越、美在巴黎签订关于在越南结束战争、恢复和平的协定，美军开始从南方撤走。1975年5月南方被全部解放，1976年4月越南选出了统一的国会，7月宣布全国统一，定国名为“越南社会主义共和国”。

① 资料来源：中华人民共和国外交部网站，http://www.fmprc.gov.cn/chn/wjb/zzjg/xybfs/gjlb/1359/1359x0/default.htm，访问日期：2008年7月10日。

一、越南的政治制度

（一）宪法

越南现行《宪法》是第四部宪法，于1992年4月15日在八届国会十一次会议上通过，是1946年、1959年、1980年《宪法》的继承和发展，体现了越共“七大”提出的社会主义目标与国家全面革新路线。《宪法》规定：越南社会主义共和国国家政权属于人民，越南共产党以马克思列宁主义和胡志明思想为指导思想。2001年十届国会十次会议对《宪法》部分条款作出修改，确定越南要发展“社会主义方向”的市场经济。

（二）政党

越南共产党（Dang Cong San Viet Nam）是唯一政党，1930年2月3日成立，同年10月改名为“印度支那共产党”，1951年更名为“越南劳动党”，1976年改用现名。现有党员约248万人，基层组织4万多个，同世界上180多个政党建有党际关系。越共中央总书记为农德孟（Nong Duc Manh）。2001年4月在越共九大上当选总书记，2006年4月在越共十大上连任。

（三）国家主席

越南国家主席阮明哲，2006年6月在越南十一届九次国会上当选国家主席。

（四）最高权力机构

国会是越南国家最高权力机关，任期五年，通常每年举行两次例会。2007年5月，越举行第十二届国会代表选举，共选出493名国会代表。现任国会主席阮富仲（Nguyen Phu Trong），2006年6月26日当选，2007年7月在越南第十二届国会第一次会议上当选连任。

（五）行政机构

2007年7月，越南召开第十二届国会第一次会议，选举产生新一届政府。现任总理为阮晋勇（Nguyen Tan Dung）。

越南政府会议(1981年改称“部长会议”),是国家最高权力机关的执行机关和最高行政机构,由部长会议、主席、副主席、各部委的部长和主任组成。部长会议负责统一管理国家的政治、经济、文化、社会、治安、国防和外交等工作。部长会议的任期与国会相同。在国会休会期间,向国务委员会负责工作。

从中央到地方,越南把行政管理划分为四级:中央、省和直辖市、县、区(也叫郡)和乡、镇、坊。其中,省有57个,直辖市4个(河内、胡志明市、海防和岘港)。城市的管理类似我国的设置,分为三种:除4个直辖市外,还有类似我国地级市15个(行政级别低于省,又高于县级市),62个县级市。

(六) 司法机构

司法机构由最高人民法院、最高人民检察院及地方法院、地方检察院和军事法院组成。现任最高人民法院院长张和平(Truong Hoa Binh),2007年7月就任;最高人民检察院院长陈国旺(Tran Quoc Vuong),2007年就任。

二、越南的经济制度

越南1945年宣告独立,但直到1975年南北方统一之后国家才进入和平状态和发展经济。从那以后,越南经济经历了两个发展阶段:1986年之前的中央计划经济和1986年之后的多元商品经济。

与我国情况颇为相似的是,越南中央计划经济主要包括两大经济元素:国有经济和集体经济。国有经济几乎占据了所有的贸易和服务领域,集体经济只是为了迎合政府设定的目标而进行贸易活动。国家采用中央集权直接控制所有生产和流通领域,在调控经济过程中起决定性作用。不仅如此,它还通过对财产和生产资料的占有直接干预经济活动。国家为国有企业提供补贴,包括资本、经营场所、低利率的贷款以及低成本的投入。同时,生产数量由有权机构分配而不是由企业或市场自身决定;如果企业的无效生产导致大量亏损,那么国家会填补这个损失。在那个年代,竞争被看做资本主义的产物,是"大鱼吃小鱼"或者"抢夺买卖"的行为。

1986 年之后,越南政府意识到经济发展缓慢的原因在于中央集权的计划经济体制。于是,开展了一场名为"DOI MOI"[①]的运动,也就是经济革新政策。该政策的目的是发展商品经济,促进国家工业化和现代化,加快经济改革的速度,确保法律面前所有企业的自由和平等,保护投资者的合法权利,提高国家对企业活动控制的效率。在改革过程中,合法竞争也逐步被看做发展经济、提高效率和社会进步的动力。为了更好地发展经济,创造更多的就业机会,国家逐步放松了竞争限制,并对市场运行原则、机制和法律表示尊重。自由贸易的权利、法律面前平等和公平竞争的权利在宪法中逐步得到确认。

1995 年 7 月 28 日,越南正式成为东南亚国家联盟和东南亚自由贸易区成员。1996 年越共八大提出要大力推进国家工业化、现代化。1996 年越共八大提出要大力推进国家工业化、现代化。2001 年越共九大确定建立社会主义定向的市场经济体制,并确定了三大经济战略重点,即以工业化和现代化为中心,发展多种经济成分、发挥国有经济主导地位,建立市场经济的配套管理体制。经过二十年的革新,越南经济保持较快增长,1990—2006 年国内生产总值年均增长 7.7%,经济总量不断扩大,三产结构趋向协调,对外开放水平不断提高,基本形成了以国有经济为主导、多种经济成分共同发展的格局。

越南政府大力发展本国经济是卓有成效的,也是为国际社会所认可的。通过数年努力,2007 年 1 月 11 日越南正式成为 WTO 第 150 个成员。

---

① "DOI MOI"的字面意思是"改变"、"崭新"。

第二节 越南竞争法律制度概述

1998年12月20日,越南第十次全国代表大会第四次会议通过了19/1998/QH10号关于1999年法律法规发展项目的决议。该决议授权贸易部起草有关公平竞争和反垄断法。越南当局认为,公平竞争和反垄断法必须鼓励公平竞争以加强经济发展、限制不公平竞争行为和竞争管制。

目前,越南在反垄断方面的主要立法是《越南竞争法》,该法在2004年11月9日的越南全国代表大会上通过,并于2005年7月1日正式生效。[①] 该法共6章123条,主要规定了对限制竞争行为的控制、对不公平竞争行为的控制、竞争行政管理局和竞争委员会、如何调查和处理竞争案件等问题。

此外,为了更好地执行《越南竞争法》,越南在随后的几年里又颁布了一系列与实施该法有关的辅助性法令。包括:2005年8月24日颁布的关于监管多层次产品销售的第110-2005-ND-CP号法令;2005年9月15日颁布的有关竞争法执行细则的第116-2005-ND-CP号法令;2005年9月30日颁布的有关处理竞争部门违法行为的第120-2005-ND-CP号法令;2006年1月9日颁布的有关竞争行政管理局的职能、职权和组织结构的第06-2006-ND-CP号法令;2006年1月9日颁布的有关竞争委员会的职能、职权和组织结构的第05-2006-ND-CP号法令;2006年6月12日颁布的有关竞争委员会的组成的第843-2006-QD-TTg号决议。

一、《越南竞争法》的主要内容

(一)适用范围和主体

《越南竞争法》第1条规定,该法适用于控制限制竞争行

① See Competition Law Update (July 2006), http://www.usvtc.org/updates/legal/PhillipsFox/CompetitionLawUpdate-July2006.pdf, 2007-4-2.

为和不公平竞争行为，解决有关竞争案件适用的规则和程序以及制止违反竞争法所采取的措施等方面。第 2 条规定，该法的适用主体包括：(1) 经营企业的组织和个人（以下称为"企业"），包括生产或提供公用产品或服务的企业、控制国家垄断行业和部门的企业以及在越南运营的海外企业；(2) 在越南运营的行业协会。

(二) 相关概念

为了保证法律规定的协调统一和准确、有效实施法律，必须明晰和确定法律中的相关概念。何谓相关市场、何谓限制竞争行为和不公平竞争行为，如何确定市场份额在各国竞争法中的规定并不一致，《越南竞争法》对这些概念作出了比较明确的界定。

1. 相关市场

《越南竞争法》第 3 条规定，相关市场包括相关产品市场和相关地理市场。相关产品市场，是指在这个市场里的产品或服务在性能上、使用目的和价格上可以彼此替代。相关地理市场，是指一个明显区别于其周围区域的具体的地理区域内，具有相似竞争条件的产品或服务可以彼此替代。

2. 限制竞争行为和不公平竞争行为

限制竞争行为和不公平竞争行为是《越南竞争法》主要规范的两类竞争行为。根据该法第 3 条，限制竞争行为是指企业在市场上降低、损害或阻碍竞争的行为，包括达成限制竞争协议的行为、滥用市场支配地位和滥用垄断地位的行为，以及经营者集中的行为。不公平竞争行为是指企业在经营过程中的竞争行为有悖一般的商业道德准则，这种行为导致或可能导致国家利益的损害或者其他企业或消费者合法权利和利益的损害。

3. 市场份额

在确定是否存在限制竞争行为时，相关市场和市场份额的确定是至关重要的。根据《越南竞争法》第 3 条，企业特定产品或服务的市场份额是指该企业的销售额与相关市场中经营同种类产品或服务的所有企业的总销售额的比例，或者在规定时间段内该企业的内部成交量与相关市场中经营同种类产品或服务的所有企业的内部成交量的比例。而联合市场份额是指参与限制竞争协议或经营者集中的企业在相关市场所占的总市场份额。

二、《越南竞争法》的规制对象

《越南竞争法》主要规制的行为有两类：一类是限制竞争行为；一类是不公平竞争行为。

(一) 限制竞争行为

对于限制竞争行为的控制，主要包括：对限制竞争协议的控制；对滥用市场支配地位和垄断地位的控制；对经营者集中的控制。

1. 限制竞争协议

《越南竞争法》第二章第一节对竞争主体之间达成限制竞争协议的情形作出具体规定。根据第8条，限制竞争协议的种类包括：

(1) 直接或间接固定货物和服务价格的协议；

(2) 划分消费者市场或者货物和服务的供应渠道的协议；

(3) 限制或控制生产、购买或销售货物和服务的数量或分量的协议；

(4) 限制技术发展或应用技术，或者限制投资的协议；

(5) 在签订购买和销售产品和服务合同过程中，为其他企业附加条件或者强迫其他企业接受与合同标的无直接关系的义务的协议；

(6) 阻止、妨碍或不允许其他企业参与市场或发展贸易的协议；

(7) 将其他非该协议当事方企业排除在市场之外的

协议；

(8) 为使一方或多方赢取产品和服务供应的投标而串通的协议。

《越南竞争法》并没有在任何情形下完全禁止上述所有限制竞争协议，根据该法第9条，这些限制竞争协议的形式被法律分为两种情况加以规定：一种是没有任何例外而被禁止的限制竞争协议行为，上述第6、7、8种限制竞争协议即属于这一类；另一种是当协议当事方在相关市场上拥有的联合市场份额不低于30%时而被禁止的限制竞争协议行为，以上第1、2、3、4、5种限制竞争协议都属于此类。

此外，第1、2、3、4、5种限制竞争协议因协议当事方在相关市场上拥有的联合市场份额不低于30%时理应被法律所禁止，但如果满足下列旨在降低基本成本并使消费者受益的标准之一则可以获得一定期间的豁免：(1) 合理改善组织结构或商业规模，或者提高生产效率；(2) 促进技术或工艺化进程，或者改善产品和服务的质量；(3) 促进质量标准和产品类型的技术指标的统一运用；(4) 使贸易、产品运输及付款条件统一化，但与价格或任何价格因素无关；(5) 增强中小型企业的竞争力；(6) 增强越南企业在国际市场上的竞争力。

2. 滥用市场支配地位和垄断地位

根据《越南竞争法》第11条，认定处于市场支配地位的企业和企业集团的标准是：

(1) 如果一个企业在相关市场上占有不低于30%的市场份额或者能够实质上限制竞争，则该企业被视为处于市场支配地位；

(2) 如果企业集团以限制竞争为目的而行为一致，并且可以归入下列分类之一，则该企业集团被视为处于市场支配地位：① 两个企业在相关市场上占有不低于50%的市场份额；② 三个企业在相关市场上占有不低于65%的市场份额；③ 四个企业在相关市场上占有不低于75%的市场份额。

《越南竞争法》第12条规定,如果一个企业在其所进行的产品和服务贸易相关市场上没有可以与之竞争的其他企业,则该企业被视为处于垄断地位。

《越南竞争法》第13条规定,任何处于市场支配地位的企业或企业集团禁止实施下列行为:

(1)以低于货物基本成本的价格销售产品或提供服务,旨在排挤竞争者;

(2)固定不合理的销售或购买价格,或者固定最低转售价,因此给消费者造成损失;

(3)限制货物和服务的生产或分配,限制市场,或者阻碍技术或工艺发展,因此给消费者造成损失;

(4)对同一交易适用不同的商业条件,旨在制造不公平竞争;

(5)在签订购买和销售货物和服务合同过程中,为其他企业附加条件或者强迫其他企业接受与合同标的无直接关系的义务;

(6)阻碍新的竞争者参与市场。

《越南竞争法》第14条规定,任何处于垄断地位的企业禁止实施下列行为:

(1)该法第13条规定的行为;

(2)对消费者强加不利条件;

(3)滥用垄断地位,目的在于没有合法理由地单方面改变或取消已签订的合同。

3. 经营者集中

《越南竞争法》第二章第三节对经营者集中的形式、被禁止的经营者集中的形式以及被禁止的经营者集中可以豁免的情形等问题作出了明确规定。

根据《越南竞争法》第16条和第17条,经营者集中包括下列情形:

(1)企业兼并,是指一个或多个企业将其合法财产、权

利、义务和利益转移给另一个企业,同时终止被兼并企业的存在;

(2) 企业新设合并,是指两个或多个企业将其合法财产、权利、义务和利益转移,形成一个新的企业,同时终止被合并企业的存在;

(3) 企业收购,是指一个企业购买另一个企业所有或部分财产,足以控制被收购企业部分或所有贸易行为;

(4) 企业间合资经营,是指两个或多个企业共同交付其部分合法财产、权利、义务和利益,形成一个新企业;

(5) 法律规定的其他经营者集中形式。

《越南竞争法》第18条规定,如果参与经营者集中的企业作为整体在相关市场占有超过50%的市场份额,则禁止任何经营者集中行为,除非符合第19条规定可以豁免的情形,或者在经营者集中之后企业仍属于该法规定的中小型企业。

第19条规定,被禁止的经营者集中可以在下列情形下取得豁免:(1) 参与经营者集中的一方或多方面临解散或破产的风险;(2) 经营者集中有助于扩大出口,或者有利于社会经济的发展,或者有利于技术和工艺的改进。

第20条规定,当参与经营者集中的企业作为整体在相关市场占有30%—50%的市场份额时,则在进行经营者集中之前,这些企业的法定代表人必须通知有关竞争行政管理局;如果参与经营者集中的企业作为整体在相关市场占有少于30%市场份额,或者经营者集中之后的企业仍属于该法规定的中小型企业,则不需要进行通知。

(二) 不公平竞争行为

《越南竞争法》第三章着重规定了不公平竞争行为。该法中认定的不公平竞争行为包括:(1) 误导性信息;(2) 侵犯商业秘密;(3) 商业胁迫;(4) 损害其他企业的名誉;(5) 破坏其他企业的商业行为;(6) 旨在引起不公平竞争的广告;(7) 旨在引起不公平竞争的促销行为;(8) 行业协会的歧视行为;(9) 非法的多层次产品销售。

《越南竞争法》第40条禁止企业使用以竞争为目的的误导性信息,使消费者对产品或服务的商业名称、商业广告语、商业标识、包装、地理标志和其他要素等产生误解。

第41条禁止企业通过逾越商业秘密合法持有者所采取的安全措施,接触或收集商业秘密;未经商业秘密合法持有者的许可,披露或使用商业秘密;以获得、收集和披露合法持有人的商业秘密为目的,违反保密协议或者欺骗、滥用附有保密义务个人的信任;通过逾越国家机构所采取的安全措施,接触或收集实施法定商业程序或产品流通程序的某实体的商业秘密,或者,以商业为目的或以申请有关商业许可或商品流通许可为目的,使用这种商业秘密。

第42条禁止企业通过威胁或胁迫行为,胁迫消费者或其他企业的商业合作者,强迫他们不与其他企业进行交易或停止进行交易。

第43条禁止企业通过任何直接或间接的行为提供虚假信息,对其他企业的名誉、财政地位或商业行为造成负面影响。

第44条禁止企业通过任何直接或间接的行为阻碍或扰乱其他企业的商业行为,破坏其他企业的合法商业行为。

第45条禁止企业实施下列广告行为:将自己的产品和服务与其他企业的同类产品直接进行比较;以误导消费者为目的,模仿其他广告产品;向消费者提供有关下列之一内容的虚假或误导性信息:(1) 价格、质量、数量、用途、设计、种类、包装、生产日期、有效期、产品原产地、制造商、制造地点、加工商或加工地点;(2) 使用方法、服务方法、保证期间;(3) 其他虚假或误导性信息。

第46条禁止企业实施下列促销行为:提供价格虚假信息的宣传行为;以欺骗消费者为目的,对有关产品和服务进行不真实或误导性的宣传;相同宣传活动在不同领域的相似消费者之间产生歧视;为消费者提供免费的产品试用,但是要求消费者交换其正在使用的其他企业生产的相同种类产品,目的在于让消费者使用宣传企业的产品。

第47条禁止行业协会实施下列行为:拒绝满足加入或退出协会条件的任何组织或个人加入或退出协会,这种拒绝行为构成歧视待遇并使该组织或个人处于竞争劣势;不合理限制企业成员的商业行为或其他涉及商业目的的行为。

第48条禁止企业实施旨在通过招募新的参加者参与多层次销售网获取非法利润的行为。例如:要求参与者支付保证金,购买固定数量初始产品,或支付一定数量金钱才能参加多层次货物销售;允许参与者主要通过引诱其他人参与多层次销售网获得佣金、津贴或其他经济收益;为引诱他人参与多层次销售网,提供有关收益或产品质量和用途的不真实信息。

三、违反《越南竞争法》的法律责任

(一)处罚方式和整改措施

根据《越南竞争法》,对实施了违反竞争法的行为的个人或组织根据其违法行为的性质及其严重性,主要处罚方式包括:

(1)警告;

(2)罚款;

(3)撤销其营业执照;取消其使用执照或许可证的权利;

(4)没收用于实施违反竞争法行为的展品和工具。

除上述处罚方式之外,实施违反竞争法行为的个人和组织还可能被处以下列整改措施中的一项或多项:

(1)改组滥用市场支配地位的企业;

(2)已经合并的企业予以拆分;企业已经收购的部分予以强制转让;

(3)公开整顿;

(4) 从合同或商业交易中删除非法条款和条件;

(5) 补偿因违法行为而造成限制竞争结果的其他必要措施。

如果违法行为造成国家利益或其他公民或组织合法权益的损失,必须按照法律规定予以赔偿。

(二) 罚款尺度

(1) 如果违法行为包括限制竞争协议、滥用市场支配地位及垄断地位或者经营者集中,授权罚款的机关可以处以不超过实施违法行为的组织或个人该禁止行为发生的上一财政年度营业总额的10%。

(2) 授权罚款的机关可以根据处理行政性违法的法规或其他相关法规,处理上述规定以外的不公平竞争行为和其他违反该法的行为。

(三) 处罚违反竞争法行为的权限

(1) 处理竞争案件委员会和竞争委员会拥有以下权限:

① 签发警告;

② 对违反竞争法的限制竞争协议、滥用市场支配地位及垄断地位或者经营者集中的责任主体处以罚款;

③ 没收用于实施违反竞争法行为的展品和工具;

④ 公开整顿;从合同或商业交易中删除非法条款和条件;

⑤ 要求有关国家机关撤销营业执照或取消其使用执照或许可证的权利;

⑥ 要求有关国家机关适用警告、没收用于实施违反竞争法行为的展品和工具。

(2) 其他经授权对有关知识产权不公平竞争行为进行罚款的机构也可以根据处理行政性违法行为的法规采取上述行为。

(四) 政府工作人员和官员违法行为的处理

任何政府工作人员或官员实施了违反竞争法的行为,根据其违法的性质和严重性,予以训诫或提起公诉;如果造成损失,应当根据该法规定予以赔偿。

四、《越南竞争法》的实施体系

实施体系包括实施主体和实施程序。竞争法中的实施主体主要是指享有行政管理职权的政府部门,《越南竞争法》第四章中规定了两个相关的主管部门,即竞争行政管理局和竞争委员会。而实施规则主要体现在第二章和第五章的规定中。

(一)实施主体

1. 越南竞争行政管理局

越南竞争行政管理局是由政府决定建立的,并由政府调整竞争行政管理局的组织结构和人员。

竞争行政管理局的职责包括:

(1) 控制经营者集中程序;

(2) 接受管辖豁免申请材料;

(3) 调查限制竞争行为和不公平竞争行为案件;

(4) 处罚不公平竞争行为;

(5) 该法规定的其他职责。

竞争行政管理局首长由政府首脑根据贸易部长提议、任命和解雇。竞争行政管理局首长应当组织、指挥竞争行政管理局履行职责。

对具体竞争案件的调查主要由调查员进行,而每个竞争案件的调查员应当由竞争管理局首长提议、贸易部长任命。调查员根据竞争行政管理局首长的决定调查具体竞争案件。

调查员应当满足的条件包括:(1) 具备良好的道德,为人诚实、客观;(2) 具有法学或经济学或金融学士学位;(3) 在法学领域或经济学领域或金融领域有五年以上工作经验;(4) 曾经接受职业调查员培训。

2. 竞争委员会

竞争委员会由政府组建,由11到15位成员组成,这些成员由贸易部长提名、政府首脑任命和解雇。

竞争委员会有责任根据《越南竞争法》组织处理与限制竞争行为有关的案件以及申诉决议的竞争案件。

竞争委员会主席由政府首脑根据贸易部长提名,从委员会成员中任命和解雇。竞争委员会主席组织竞争委员会的活动。

竞争委员会成员应当满足的条件包括:(1) 具备良好的道德,为人诚实、客观,具有捍卫社会主义法制体系的精神;(2) 具有法学或经济学或金融学士学位;(3) 在法学或经济学或金融领域有九年以上工作经验;(4) 有能力完成所分配的任务。

(二) 实施程序

竞争法的实施程序是保证反垄断案件得到公平、公正、准确处理的不可或缺的制度。《越南竞争法》的实施程序主要规定在第二章和第五章中。根据法律规定,我们可以将《越南竞争法》的实施程序分为:豁免程序、经营者集中申报程序、调查和处理竞争案件的程序。

1. 豁免程序

《越南竞争法》第25条规定,有权作出豁免决定的机构包括:(1) 贸易部长有权根据法律规定对被禁止的限制竞争协议进行审查并作出豁免决定;(2) 政府首脑有权根据法律规定对被禁止的经营者集中进行审查并作出豁免决定。

提交豁免请求文件的主体应当是准备签订限制竞争协议或者参与经营者集中的当事方。

第28条规定,申请限制竞争协议豁免的材料包括:

(1) 竞争行政管理局制定的申请表;

(2) 参与限制竞争协议企业的有效商业登记证明副本;如果一个社团准备参加,那么要求提交该社团的章程;

（3）由法律规定的审计机构出具的有关参与限制竞争的企业最近两年的财务报告；

（4）参与限制竞争协议的企业最近两年在相关市场占有的市场份额报告；

（5）对该限制竞争协议如何满足该法第 10 条规定的豁免条件的详细说明；

（6）参与限制竞争协议企业的代表人的代理权限。

提交申请材料的当事方以及参与该协议的所有当事方应当对材料的真实性负责。

第 29 条规定，申请经营者集中豁免的材料包括：

（1）竞争行政管理局制定的申请表；

（2）参与经营者集中企业的有效商业登记证明副本；

（3）由法律规定的审计机构出具的有关参与经营者集中的企业最近两年的财务报告；

（4）参与经营者集中的企业最近两年在相关市场占有的市场份额报告；

（5）对经营者集中如何满足该法第 19 条规定的豁免条件的详细说明；

（6）参与经营者集中企业的代表人的代理权限。

提交申请材料的当事方以及参与该经营者集中的所有当事方应当对材料的真实性负责。

根据《越南竞争法》，竞争行政管理局负责接受申请豁免的材料，并且负责对贸易部长或政府首脑的决定提出建议。自收到豁免申请材料之日起 7 个工作日内，竞争行政管理局应当向提交材料的当事方提供有关材料完整性的书面通知。如果材料不完整，竞争行政管理局应当列明需要补充的内容。竞争行政管理局有权要求提交豁免申请材料的当事方补充与限制竞争协议或经营者集中相关的必要文件和信息，并就任何不清楚事宜提供解释。

《越南竞争法》第 34 条规定了作出豁免决定的时限：贸

易部长应当自收到完整的豁免申请材料之日起60天内，作出同意或不同意申请人获得豁免权的决定。遇到复杂案件，贸易部长可以延长上述时限，但是这种延期不得超过两次且每次不得超过30天。如果经营者集中案件属于政府首脑授权豁免的范围，则作出是否给予豁免权的决定应当自收到完整的豁免申请材料之日起90天内作出，复杂案件应在180天内作出决定。

如果当局作出授权豁免的决定，则决定中应当包括下列主要事项：(1) 被许可实施行为当事方的姓名和地址；(2) 被许可行为的内容；(3) 豁免的有效期、有效的条件以及当事方的义务。

参与被授权豁免的限制竞争协议的当事方只有在获得贸易部长授权豁免的决定之后才能实施该协议；参与被授权豁免的经营者集中的当事方只有在获得贸易部长或政府首脑授权豁免的决定之后才能根据企业法的规定在授权机构进行经营者集中的程序。

此外，根据第37条的规定，任何有权作出授权豁免决定的实体都有撤销该决定的权利。授权豁免的决定在下列情形下被撤销：(1) 在申请豁免过程中存在欺诈；(2) 被授权豁免的企业在授权豁免决定规定的时限内不适格或不履行义务；(3) 豁免条件不再存在。

任何企业对授权豁免的决定或不授权豁免的决定或撤销授权豁免的决定有异议，有权根据有关异议和宣告无效的法律规定提出申诉。

2. 经营者集中申报程序

《越南竞争法》第20条规定，当参与经营者集中的企业作为整体在相关市场占有30%—50%的市场份额时，则在进行经营者集中之前，这些企业的法定代表人必须通知有关竞争行政管理局。如果参与经营者集中的企业作为整体在相关市场占有少于30%市场份额，或者经营者集中之后的企业

仍属于该法规定的中小型企业,则不需要进行通知。通知应当提交的材料包括:

(1) 填写的有关竞争行政管理局制定的通知经营者集中表格;

(2) 参与经营者集中的所有企业的有效商业登记证明副本;

(3) 由法律规定的审计机构出具的有关参与经营者集中的所有企业最近两年的财务报告;

(4) 参与经营者集中企业的子公司列表;

(5) 参与经营者集中的企业的各种产品和服务列表以及其子公司近期正在进行的贸易种类列表;

(6) 参与经营者集中的企业最近两年在相关市场占有的市场份额报告。

企业应对其所提供的经营者集中通知材料的真实性负责。

竞争行政管理局应当自收到材料之日起 7 个工作日内,向提交材料的企业提供有关材料的完整性和真实性的书面答复。如果材料不完整,竞争行政管理局应当具体说明需要补充的内容。

竞争行政管理局应当自收到完整的经营者集中通知材料之日起 45 天内,给予提交材料的企业书面答复。竞争行政管理局的书面答复必须确认该经营者集中属于下列分类之一:(1) 该经营者集中不被禁止;(2) 根据《越南竞争法》,该经营者集中是被禁止的。书面答复中必须明确该经营者集中被禁止的原因。在一些复杂的经营者集中情形下,可以由竞争行政管理局首长决定延长答复时限,但是这种延期不能超过两次,每次不能超过 30 天。至少在答复时限到期前 3 个工作日,书面通知提交材料的企业,并说明延期原因。

企业所参与的经营者集中按照规定应当提供通知的,其法定代表人可以在收到竞争行政管理局有关该经营者集中不被禁止的书面通知之后,根据企业法在相关部门进行经营者集中的程序。

3. 调查和处理竞争案件的程序

(1) 初期调查

在下列情况下,竞争行政管理局首长决定启动竞争案件的初期调查:① 竞争行政管理局受理对竞争案件的申诉,决定行使管辖权后;② 竞争行政管理局认定该案违反《越南竞争法》有关条款后。

初期调查的时间应当从启动时起算限制在30天内。在该期间内,案件调查员必须完成初期调查并向竞争行政管理局首长建议发布启动正式调查或者中止调查的决定。

在听取初期调查的结果和调查员建议的基础上,竞争行政管理局首长应作出以下决定之一:① 若初期调查的结果显示没有违反该法条款规定的行为,则中止调查;② 若初期调查的结果显示有可能违反该法条款规定的行为,则启动正式调查。

(2) 正式调查

在调查限制竞争协议、滥用市场支配地位或垄断地位、经营者集中时,应当调查的内容包括:① 相关市场的确定;② 受调查主体相关市场所占份额;③ 核对和分析违反该法行为存在的证据。正式调查自启动之日起算应当限制在180天内。必要时,竞争行政管理局首长可以延长期限,但最多只能延长两次,每次延长期限最长不得超过60天。

确定不公平竞争的行为时,调查人必须确定受调查主体行使了或正在行使不公平竞争的行为的理由。正式调查期限自调查启动之日起算应当在90天内结束。必要时,竞争行政管理局首长可以延长期限,但延长的期限不得超过60天。

调查启动时,调查员必须准备备忘录,注明地点、调查启动的日期和次数、执行调查的人员、调查的相关主体、调查的内容、申诉和调查相关主体的请求。在调查的相关主体全部签字前,竞争案件的调查员必须向他们宣读备忘录。如果调查的相关主体拒绝在备忘录上签字,调查员必须在备忘录中写明原因。

调查过程中,被调查方有权请求竞争行政管理局允许证人作证。提出请求的被调查人应当承担说明义务,解释有必要允许证人出席的原因,便于行政机关作出决定。竞争行政管理局邀请证人出席的文书必须注明证人的全名和居住地、作证的时间和地点、案件的当事人和主要内容。证人证言应当记录在备忘录上并由调查员在证人签字前宣读于证人。

调查结束后,竞争行政管理局首长必须将调查报告连同竞争案件的全部文书递交至竞争委员会。调查报告必须包含以下主要内容:① 案件要述;② 案件要点以及已证实的证据;③ 案件处理措施的建议。

收到竞争行政管理局首长递交的有关竞争的调查报告和竞争案件的完整卷宗后,竞争委员会主席将签发一项建立专门委员会处理该竞争案件的裁决。自收到该调查案件卷宗之日起30日内,处理该案件的委员会必须在以下裁决中选择一项签发:① 召开一次听证会;② 退回卷宗补充调查;③ 该案暂缓决议。

如果作出召开听证会的裁决,则在作出裁决之日起15日内,处理该案件的委员会必须召开听证会。

如果处理该案件的委员会认为已收集的证据不足以判断一项行为是否违反该法规定,它可以签发退回卷宗要求补充调查的裁决。若退回卷宗补充调查,自收到再次递交的卷宗之日起15日内,处理该案件的委员会必须在上述三项裁决中选择一项签发。

如果遇到下列情况,处理该案件的委员会可以在竞争委员会的决议权限内签发一项暂缓决议的裁决:① 若竞争行政管理局的首长因没有充分证据证明一项行为是否违反该法规定而提议对该案暂缓决议,并且处理该案件的委员会同意上述建议是合法的;② 接受调查的当事方主动终止违法行为,补偿造成的损失,原告方主动撤回起诉;③ 若根据该法规定开展竞争案件的调查,接受调查的当事方主动终止违法行为,补偿造成的损失,并且竞争行政管理局的首长提议对该案暂缓决议。

(3) 调查听证

竞争委员会决议权限内的竞争案件必须召开听证会。

如果专案委员会裁决召开听证会,则该裁决应当不晚于听证会开始前 10 日送达裁决上列明的当事方。召开调查听证会的裁决应当说明下列事项:

① 接受调查的当事方;

② 原告,或者当根据该法规定启动竞争案件调查程序时的竞争行政管理局;

③ 行为违法的法律依据;

④ 调查听证会召开的时间和地点;

⑤ 听证会是否公开;

⑥ 处理该竞争案件的专案委员会成员的全名;

⑦ 已经参与调查该竞争案件的调查员的全名和担任本次调查听证会的秘书的全名;

⑧ 律师的全名;

⑨ 现场翻译的全名;

⑩ 证人的全名;

⑪ 专家的全名;

⑫ 其他利害关系人。

根据召开调查听证会的裁决,处理该竞争案件的委员会应当不晚于听证会开始前 10 日向必须参加本次听证会的人员送达传唤信。

调查听证会应当公开进行。如果调查的事项涉及国家安全或商业秘密,调查听证会可以不公开进行。

应当参加听证会的人员包括：

① 处理该竞争案件的委员会成员和调查听证会秘书；

② 接受调查的当事方；

③ 原告；

④ 律师；

⑤ 已经参与调查该竞争案件的调查人员；

⑥ 召开调查听证会的裁决上列明的其他人员。

听取全体参与人员发表的意见和相互辩论之后，处理该竞争案件的委员会可以进行内部的讨论，通过无记名投票多数表决。

(4) 有关竞争案件决议的裁决的效力

调查听证会主席应当签署有关该竞争案件决议的裁决。裁决的主要内容包括：① 案件事实摘要；② 案情分析；③ 如何处理此案的结论。裁决应当在签署后的7个工作日内送达涉案当事方。

竞争案件决议的裁定于签署之日起30天后生效，除非该裁定在此期间内根据该法规定被提出申诉。

(5) 对有关竞争案件决议的未生效裁决的申诉的处理

如果不同意处理该案的委员会作出的竞争案件决议的裁决中的部分或全部，当事方有权向竞争委员会提出申诉。如果不同意竞争行政管理局首长作出的竞争案件决议的裁决中的部分或全部，当事方有权向贸易部长提出申诉。申诉应当包括以下内容：

① 申诉提出的具体日期；

② 申诉人的姓名和地址；

③ 被申诉的有关竞争案件决议的裁决的数量和日期；

④ 申诉的原因和请求；

⑤ 申诉人的签名和盖章。

自收到对有关竞争案件决议的裁决的申诉之日起5个工作日内，签发裁决的机关必须根据该法规定确定申诉是否有效。

对有关竞争案件决议的裁决的申诉中的任何部分所涉及的内容都不能被移送执行。自收到有关竞争案件决议的裁决的申诉之日起 15 日内，受理该申诉的机关应充分考虑，然后根据该法规定将申诉材料、有关该竞争案件的全部卷宗和对该申诉的建议提交竞争委员会或贸易部长。竞争委员会或贸易部长应当根据其职权自收到申诉材料之日起 30 日内，对申诉作出决议。特别复杂的案件，期限可以延长但不超过 13 日。

当竞争委员会考虑对处理竞争案件的专案委员会作出的有关竞争案件决议的裁决的申诉作出决议时，竞争委员会有如下权力：如果认为申诉没有充足的证据支持，可以维持原裁决；如果根据法律认为原裁决不正确，可以变更或部分变更原裁决；如果存在以下情况，可以撤销原裁决，将该竞争案件的卷宗移送处理该案件的委员会再行处理：① 证据尚未有效收集和证明；② 委员会成员在竞争案件法律程序中存在违反该法规定或其他严重违法的行为。

当贸易部长考虑对竞争行政机关作出的有关竞争案件决议的裁决的申诉进行决议时，有下列权力：如果认为申诉没有充足的证据支持，可以维持原裁决；如果根据法律认为原裁决不正确，可以变更或部分变更原裁决；如果证据尚未有效收集和证明，贸易部长有权撤销原裁决，并要求竞争行政管理局根据该法规定的程序重新考虑原裁决。

对竞争案件决议的裁决的申诉的决议的裁决自签发之日起具有法律效力。

如果涉案当事方不同意有关竞争案件决议的裁决的申诉的决议的裁决，该方有权就该裁决的一部分或全部向有管辖权的县或市人民法院提起行政诉讼。如果法院根据法律规定对行政诉讼拥有管辖权，贸易部长或竞争委员会主席应当自收到法院调档要求之日起 10 个工作日内指令将有关竞争案件决议的裁决的申诉的卷宗移送法院。

任何竞争案件决议的裁决中未受法院诉讼程序影响的部分可以继续移送执行。

第三节 越南竞争法律制度评析

一、《越南竞争法》的制定背景①

20世纪80年代以来，一些发展中国家开始迈向市场经济轨道。进入WTO以后，发展中国家意识到公平贸易的重要性。在外部压力和内部改革的双重要求下，一些发展中国家陆续出台了维护市场经济秩序的竞争法。亚洲一些发展中国家，如越南、老挝、蒙古、巴基斯坦、印度、印度尼西亚等也在这一时期开始了竞争法的制定工作。其中，越南的新自由主义经济改革更加快了竞争法的制定和实施，对推动本国经济发展起到了积极的作用。与其他国家相比，越南的经济改革步伐较快。近年来，由于外国公司、跨国企业与越南国有企业之间存在着的权力不对称问题，以及国内和跨国限制竞争行为所带来的冲突，越南政府开始大刀阔斧地改革，并大力推进竞争法的实施。2004年11月9日，《越南竞争法》在越南全国代表大会上通过，并于2005年7月1日起正式生效。该法的出台无论对越南市场经济的发展，还是对消费者来说都意义非凡，是越南经济发展史上一个重要的里程碑。

二、《越南竞争法》评析

《越南竞争法》在2004年11月9日的越南全国代表大会上得到通过，并于2005年7月1日正式生效。该法共6章123条。包括：第一章，总则；第二章，对限制竞争行为的控

① See Alice Pham, The Development of Competition Law in Vietnam in the Face of Economic Reforms and Global Integration, 26 Nw. J. Int'l L. & Bus. 547, Spring, 2006.

制;第三章,不公平竞争行为;第四章,竞争行政管理局和竞争委员会;第五章,调查和处理竞争案件;第六章,实施规定。该竞争法主要适用于三个方面:其一,限制竞争行为、不公平竞争行为;其二,解决有关竞争案件的规则和程序;其三,制止违反竞争法的措施。

从总体上看,《越南竞争法》是一部实体法与程序法的统一体。该法不仅对竞争过程中产生的实体问题作了详细规范,而且对调查和处理相关竞争案件的程序性事项作出具体规定。其中涉及竞争法律程序的原则、申诉材料的受理、行政预防措施的申请、竞争法律程序的参加者及其在竞争法律程序中的权利和义务、处理竞争法律程序的机构和人员、对竞争案件各调查阶段及其期限、调查听证程序、竞争案件裁决的效力、对竞争案件裁决的申诉等问题。

《越南竞争法》在程序上的规定十分具体,其条款占了整部法律的一半。例如,关于竞争案件的调查有明确的时间、内容以及相应机构的规定。

竞争案件的调查分为初期调查和正式调查两个阶段。竞争行政管理局受理对竞争案件的申诉,决定行使管辖权,且认为该案违反该法有关条款后,由竞争行政管理局首长决定启动竞争案件的初步调查。初期调查的时间从启动时起算应限制在30天内。在规定期间内,案件调查员必须完成初期调查并向竞争行政管理局首长建议发布启动正式调查或者中止调查的决定。在听取初期调查的结果和调查员建议的基础上,竞争行政管理局首长应作出以下决定之一:若初期调查的结果显示没有违反该法条款规定的行为,则中止调查;若初期调查的结果显示有可能违反该法条款规定的行为,则启动正式调查。启动正式调查之后,应区分调查对象是限制竞争行为还是不公平竞争行为。若是限制竞争行为,应该调查的内容包括:相关市场的确定;受调查主体相关市场所占份额;核对和分析违反该法行为存在的证据。调查时间自启动之日起算应当限制在180天内。必要时,竞争行政管理局首长可以决定延长期限,但最多只能延长两次,每次延长期限最长不得超过60天。若是不公平竞争行为,则调查人必须确定受调查主体行使了或正在行使不公平竞争的行为的理由。调查时间自正式调查启动之日起算应当限制在90天之内。必要时,竞争行政管理局首长可以延长期限,但延长的期限不得超过60天。调查结束后,竞争行政管理局首长必须将调查报告连同竞争案件的全部文书递交至竞争委员会。竞争委员会决议权限内的竞争案件必须召开听证会。此外,在特定案件中,对可能违反竞争法的行为要提交刑事审查。

《越南竞争法》的实施对越南经济的发展起到了重要作用。为了更好地执行该法,越南在随后的几年里又颁布了一系列与实施该法有关的辅助性法令,包括:2005年8月24日颁布的关于监管多层次产品销售的第110-2005-ND-CP号法令;2005年9月15日颁布的竞争法执行细则的第116-2005-ND-CP号法令;2005年9月30日颁布的处理竞争部门违法行为的第120-2005-ND-CP号法令;2006年1月9日颁布的有关竞争行政管理局的职能、职权和组织结构的第06-2006-ND-CP号法令;2006年1月9日颁布的有关竞争委员会的职能、职权和组织结构的第05-2006-ND-CP号法令;2006年6月12日颁布的有关竞争委员会的组成的第843-2006-QD-TTg号决议。

这些法令进一步细化了《越南竞争法》的内容和程序,使之更具操作性。从法律体系看,该法制定得比较全面。它从法律规定到法律执行,从实体内容到程序规则,都有比较详细的规定,尤其是程序性规则规定得十分具体,共有8节66条。从这一点看,《越南竞争法》不是一部空洞的、原则性的法律,而是更注重操作和执行的法律,这也反映出越南政府推进经济改革和构建市场经济的决心。由于越南社会原有的中央集权计划经济和政治体制的惯性,竞争法的推进和实施仍然存在一些障碍。我们暂且撇开其他社会和文化因素，就竞争法本身来说，还有以下一些问题需要完善，这些也值得我国立法与司法部门借鉴。

第一，对竞争法的目标缺乏明确的陈述。竞争法的目标关系到竞争法的有效执行以及竞争执行机构的设置。目标的多重性可能会增加目标之间产生冲突的风险，包含了反映不同利益主体之间的冲突；同时，也会严重限制竞争执行机构的独立性。①

第二，适用主体不够明确。《越南竞争法》第 2 条规定该法适用于所有从事贸易行为的组织和个人，包括生产或提供公用产品或服务的企业、控制国家垄断行业和部门的企业以及在越南运营的海外企业。其中，"在越南运营的海外企业"在该法和第 116 号法令中都没有明确界定。通常认为，"在越南运营的海外企业"包括在越南的外国商业存在，如外国分支机构等，还包括外国实体对国内外投资企业或者对外国商业存在进行投资。

第三，对"相关市场"和"市场份额"的认定标准过于宽泛。判定某一行为是否属于限制竞争协议的标准在于企业联合在相关市场所占的市场份额而不是行为本身。也就是说，如果企业的市场份额低于 30%，那么则可以进行这些限制竞争的行为。要认定这些行为，就必须依赖于"相关市场"和"市场份额"两个概念的认定。尽管该法对这两个概念在总则部分有所界定，但是，这种定义过于宽泛，投资者只得观望在实践中当局对这两个概念的认定，增加了不确定因素。

第四，处于市场支配地位本身并不完全被法律所禁止，但是如果企业利用自己的市场支配地位而事实上给消费者造成了损失或者有损害竞争的目的，则会被禁止。然而，竞

① See Competition Policy and Law in CLV Countries, http://www.pradeepsmehta.com/Presentations/CPL%20in%20CLV%20countries%20for%20US-ASEAN%20BCouncil-PSM.doc, 2007-6-8.

争法本身并没有规定评估这种损害的标准和程度,只能依靠"自由裁量"。

第五,对行政垄断的规范力度不够。从该法的制定背景看,在越南经济发展的过程中,或多或少还会受到计划经济体制时期一些观念的影响,政府对经济的干预表现在市场经济体制下,就会产生一种行政垄断。所谓行政垄断,是指政府及其所属部门滥用行政权力限制竞争的行为。《越南竞争法》第5条规定了被禁止的国家行政机关的行为,但对违反该条的法律后果以及这些行政机关与竞争行为的监管机关之间的关系都没有理清,这就必然导致该法在执行过程中会遭遇瓶颈。

第六,设立的竞争主管部门缺乏独立性。《越南竞争法》中规定的执行机构是竞争行政管理局和竞争委员会。竞争行政管理局是在贸易部权限范围内设立的,监管经营者集中、调查竞争案件,其职权仅限于处理涉及不公平竞争行为的案件。竞争行政管理局首长由贸易部长提名、政府首脑任命,调查员由竞争行政管理局首长提名、贸易部长任命。竞争委员会成员由贸易部长提名、政府首脑任命。整个机构的设置偏重于行政任命,缺乏独立性和权威性。这将影响执行机构的专业性、公正性、透明度以及可预见性。在贸易部下设置竞争机构无法真正有效地监管那些拥有强势地位的国有企业的行为,因为这些国有企业隶属于不同的国家部门,与政府有密切的联系。此外,贸易部本身也控制一些国有企业,这就使公众不得不怀疑如果把解决竞争纠纷的权力交给这样的机构,那么意味着它们既是"运动员"又是"裁判员",很难保证公平与正义。①

值得一提的是,《越南竞争法》在实施中的问题是大多数

① See Competition Policy and Law in CLV Countries, http://www.pradeepsmehta.com/Presentations/CPL%20in%20CLV%20countries%20for%20US-ASEAN%20BCouncil-PSM.doc, 2007-6-8.

发展中国家普遍存在的难题。很显然,贸易自由化并不必然导致更具竞争活力的市场,也并不意味着经济一定能迅速发展。自由化的过程有可能会加速一些国家的竞争法的制定,但仍然还有不少国家不具备制定竞争法的条件或执行竞争法的能力。[①] 尤其是执行能力更令人担忧。对发展中国家来说,市场自由化并不保证能产生竞争市场;相反,它却可以促进反竞争行为。[②] 因此,发展中国家必须选择适合的竞争政策和符合国情的竞争法。作为一种发展理念,发展中国家要正确处理贸易自由化与竞争的关系,从本国实际情况出发,注重竞争政策的导向作用,逐步完善竞争法律制度。从《越南竞争法》的制定和实施看,我们认为,发展中国家在制定和执行竞争政策和竞争法时应注意以下几个方面问题:

第一,发展中国家在制定竞争法时,要明确自己的竞争法目标。多数经济学家认为,竞争法所要实现的目标是一个重要的研究方向,不同国家或地区的竞争法所陈述的法律目标都有所差别。例如我国台湾地区的"公平交易法",其目标是"维护交易秩序,保护消费者利益,确保公平竞争,促进经济稳定和繁荣";我国《反垄断法》的目标是"预防和制止垄断行为,保护市场公平竞争,提高经济运行效率,维护消费者利益和社会公共利益,促进社会主义市场经济健康发展";而在《越南竞争法》中却没有对此作出规定。竞争目标的确定取决于竞争政策的选择,对发展中国家来说,要考虑到本国的国情和世情,作出正确的选择。

---

① Carlos M. Correa 认为,许多发展中国家是在 20 世纪 90 年代以后才制定竞争法的,有的虽有法律但缺乏竞争法的执法经验,有的根本就不具备执行能力。See Carlos M. Correa, Competition Law and Development Policies, Competition Laws in Developing Countries, Towards WTO Competiton Rules—Key Issues and Comments on the WTO Report(1988) on Trade and Competition.

② 关于自由化与竞争的关系,Correa 指出,"liberalization does not necessary lead to more competition markets, as evidenced by the high concentration prevailing in some developing countries after liberalization"。Ibid.

第二，竞争文化的培育和推广对发展中国家有效地推进本国竞争政策至关重要。1998年12月，WTO工作组在年度报告中指出，应该强调建立一种“竞争文化”的重要性，因为其可以为竞争法和竞争政策的实施产生积极的推进作用。报告中指出，竞争文化的形成可以借助以下方式得以加强：(1) 通过向政府、企业部门以及消费者、消费者团体提供理解竞争政策的机会；(2) 通过执行有关判决，使消费者获利并由此启发消费者；(3) 加强政策透明度，尤其是通过新闻媒体的关注，促进重要案件的公开化，使公众加深理解竞争政策。①

第三，法律的执行力度是衡量竞争法实效的重要因素。要加强竞争法的执行力度，发展中国家应在立法层面、司法层面作出努力。从立法层面看，确保竞争法的有效执行需要一个完备的商业法体系来支持。例如越南相继制定了《越南商业法》、《越南投资法》、《越南企业法》等相关商业法律，努力发展自己的商业法体系；从司法层面看，有效的执法需要一个独立的、没有腐败的司法制度作为保证，这对竞争监管机构的设置和运行提出了要求。当然，机构的设置要独立，要有权威性，需要有足够的权力和预算支持。发展中国家在设置竞争监管机构时要特别注意避免出现既是“运动员”又是“裁判员”的情况。

---

① See Hiroshi Iyori, Competition Culture and the Aims of Competition Law, Towards WTO Competition Rules—Key Issues and Comments on the WTO Report (1988) on Trade and Competition, p. 127.

第四章

印度竞争法律制度

第一节　印度国家概况[①]

印度共和国(The Republic of India)位于南亚次大陆。面积298万平方公里(不包括中印边境印占区和克什米尔印度实际控制区等),居世界第七位。东北部同中国、尼泊尔、不丹接壤,东部与缅甸为邻,东南部与斯里兰卡隔海相望,西北部与巴基斯坦交界。东临孟加拉湾,西濒阿拉伯海,海岸线长5 560公里。人口11.3亿(2007年中央统计局数字),居世界第二位。有十个大民族和几十个小民族,其中印度斯坦族占46.3%。约有80.5%居民信奉印度教。首都位于新德里(New Delhi)。

印度是世界四大文明古国之一。公元前2 500年至1 500年间创造了印度河文明。公元前1 500年左右,原居住在中亚的雅利安人进入南亚次大陆,征服当地土著,建立了一些奴隶制小国,确立了种姓制度,婆罗门教兴起。公元前4世纪被孔雀王朝统一。阿育王统治时期疆域广阔,政权强大,佛教兴盛并开始向外传播。公元前2世纪孔雀王朝灭亡,小国分立。公元4世纪笈多王朝建立,后形成中央集权大国,

---

① 资料来源:中华人民共和国驻印度大使馆网站,http://in.china-embassy.org/chn/ssygd/yd/ydgk/t197170.htm;印度人民院网站,http://loksabha.nic.in,访问日期:2008年6月21日。

统治时间达两百多年。公元6世纪小国林立,印度教兴起。1526年,蒙古贵族后裔建立莫卧儿帝国,成为当时世界强国之一。1619年,英国东印度公司在印西北部建立首个据点。1757年起,印度逐渐沦为英殖民地,1849年被英全部占领。印度人民与英国殖民者间的矛盾不断激化,民族运动蓬勃发展。1947年6月,英国公布"蒙巴顿方案",将印度分为印度和巴基斯坦两个自治领。同年8月15日,印巴分治,印度独立。1950年1月26日,印度共和国成立,为英联邦成员国。

一、印度的政治体制

1950年1月26日生效的宪法规定印度为联邦制国家,是主权的、社会主义的、世俗的民主共和国。印度采取英国式的议会民主制。公民不分种族、性别、出身、宗教信仰和出生地点,在法律面前一律平等。印度联邦议会为两院制,由上院联邦院(Rajya Sabha或Council of States)和下院人民院(Lok Sabha或House of the People)组成。联邦院共250席,其中12名议员由总统指定,其余238名议员由各邦及中央直辖区立法院议员选举产生,任期六年,每两年改选1/3。联邦院每年召开四次会议。宪法规定副总统为法定的联邦院议长。人民院共545席,其中543名议员由选民直接选举产生,另外2名议员由总统直接任命,每五年举行一次大选。人民院为国家主要立法机构,其主要职能为:制定法律和修改宪法;控制和调整联邦政府的收入和支出;对联邦政府提出不信任案,并有权弹劾总统。印度政府以总统名义行使广泛的行政权力。总统职责多为礼仪性质。总统为国家元首和武装部队的统帅,由联邦议会及邦议会组成"选举团"选出,每届任期五年。总统依照以总理为首的部长会议的建议行使职权。以总理为首的部长会议(内阁)是最高行政机关。总理由总统任命的人民院多数党议会党团领袖担任。内阁其他部长由总统根据总理建议任命。内阁向人民院负责。最高法院是最高司法权力机关，有权解释宪法、审理中央政府与各邦之间的争议问题等。最高法院法官由总统委任。各邦设有高等法院，县设有县法院。总检察长由总统任命，其主要职责是就执法事项向政府提供咨询和建议，行使宪法和法律规定的检察权，对宪法和法律的执行情况进行监督等。

二、印度的经济制度

独立之初，印度是一个落后的农业国，是世界上最贫穷的地区之一。独立后，以尼赫鲁为首的国大党政府采取了土地改革、废除长期束缚农业生产的架明达尔（地主）制度，统一国内市场，实施"五年计划"，引进外国资本和技术，大力发展公营经济和实行公私营经济并举的资本主义"混合经济模式"等一系列重大措施，使国民经济很快恢复，并开始了工业化进程。此后三四十年间，印度经济有较大发展。农业由严重缺粮达到基本自给。工业已形成较为完整的体系，自给能力较强。科技事业发展迅速，有较强的科研能力。但是，印度经济中仍然存在不少问题，如生产率低、经济效益差、农业受制于自然条件、工业发展缺乏资金和技术等，使得印度经济逐渐陷入低增长率的困境中。20 世纪 80 年代初，印度政府开始进行经济改革。1991 年，拉奥政府上台，开始施行全面经济改革，放松对工业、外贸和金融部门的管制。其中包括取消大部分工业许可证制度，为企业提供平等的竞争条件和机会；修改竞争法，引入自由竞争机制，缩小公营企业的经营范围，扩大私营企业的经营范围；加大对外开放的力度，将内向型经济转变为外向型经济；调整外贸政策，改革外贸体制，促进印度经济的国际化；等等。通过改革，加速推行经济自由化与市场化，使印度步入市场经济体制，市场竞争机制得以引入。印度传统的"混合经济模式"受到了严重冲击，政府对经济活动的干预大为减少，闭关自守的经济政策也被逐步消除。印度在诸多方面出现了一些积极的变化，经济获得了较快发展。1992至1996年经济年均增长率为6.2%。“九五计划”(1997至2002年)期间经济年均增长率有所下降，为5.4%。其中服务业发展迅速，占国内生产总值份额逐年上升，高科技发展迅猛，成为全球软件、金融等服务重要出口国。1999年开始实行第二阶段经济改革。2001年，出台“十五计划”(2002至2007年)，深化第二阶段经济改革，加速国有企业私有化，实行包括农产品在内的部分生活必需品销售自由化，改善投资环境，精简政府机构，削减财政赤字。

近年来，印度在经济建设中取得了较大成就，已经建立起较为完整的经济体系，成为发展中国家中经济发展水平较快的国家之一。

第二节　印度竞争法律制度概述

一、印度竞争法的立法背景

印度是较早制定竞争法的发展中国家之一。1969年，印度第一部竞争法《垄断与限制性贸易行为法》(1969年第54号法令)(Monopolies and Restrictive Trade Practices Act)出台，其主要目的在于控制垄断，防止私人手中经济力量的过度集中所带来的社会不公。当时，为了尽快发展民族经济，实现国民经济高速增长和社会公正的目标，印度政府采用了尼赫鲁主张的公私营经济并存、以公营部门为主导的“混合经济模式”，强调国民经济的计划性与民族经济的独立自主性，在对外贸易中，实行出口替代战略政策，政府以进口许可证、进口配额、进口关税等形式，广泛地对国外商品的进口进行限制；在国内经济关系中，坚持经济计划性、行政管制和以国有企业为主体的公营部门控制整个国民经济命脉。① 因此,《垄断与限制性贸易行为法》对公营企业并不适用,除非有中央政府的特别指令;同时严格限制非公营企业的扩张。《垄断与限制性贸易行为法》还禁止企业进入除1951年《工业(发展和管制)法》明确规定的部门以外的其他部门并进行扩张。同时,《工业(发展和管制)法》授权政府广泛使用许可证制度,以控制私人投资的流向。这些规定为市场准入设置了很高的壁垒,对市场已有企业的发展带来了不利的影响,已有企业不再专注于公平竞争和提供价廉物美的产品,而是花费大量的资源用于谋取政府给予的特殊豁免与优惠政策。在某种意义上,《垄断与限制性贸易行为法》已成为政府的一种特别许可证和政府管制政策的体现。②

1991年拉奥政府上台后,实行的新经济政策开始与印度独立以来实行了四十多年的"混合经济模式"决裂,此后,为了跟上经济全球化的步伐,印度的产业政策、金融政策、商贸政策、外商投资政策都开始放松管制。除了少数几个特殊行业之外,其他部门的许可证制度全部取消。钢铁、重型电力设备、飞机制造、航空、造船、电信基础设施和电力等关键性的产业也开始允许私人资本的进入。经济的变革必然要求相关领域的法律也作出必要的调整。《垄断与限制性贸易行为法》在1991年修订时作出了重大调整。为了增强印度企业的国际竞争力,新法取消了与企业合并、兼并、接管、设立新企业、扩大企业规模等前置许可有关的条款以及其他与经

① 尼赫鲁认为,在实现未来的工业化目标中,私营经济占有重要地位,这是毋庸置疑的,但私营经济以个人谋利为动机,与实现国家发展的多元目标有悖,因此,必须建立公营经济,并由公营经济占领国民经济的制高点(指基础设施、关键工业和金融部门),以保证国家发展目标的实现。对私营经济要加以控制,促使其在有利于国计民生的方向下发展。参见林承节:《印度现代化的发展道路》,北京大学出版社2001年版,第84页。

② 参见刘进:《印度2001年新竞争法述评》,载《南亚研究季刊》2004年第2期。

济力量集中有关的条款,由结构主义立法例转变为行为主义立法例,并对公营企业也予以适用。经过 1991 年的修订,《垄断与限制性贸易行为法》的重点由控制垄断、控制经济力量的集中转向对垄断性、限制性及不正当贸易行为的规制,以维护商业竞争、保护消费者的权益。

《垄断与限制性贸易行为法》自 1969 年制定以来,虽历经多次修订,却仍有诸多不足之处,如对滥用市场支配地位、限制竞争协议等内容缺乏基本界定,垄断与限制性贸易行为委员会处理的案件范围十分狭窄,这些缺陷已经不能通过简单的修修补补得到改观,制定新的竞争法势在必行。1999 年 10 月,印度公司事务部和司法部联合组建了"竞争政策与法律高层委员会"(因为该委员会的主席是拉格海文(Raghavan),习惯上又称为"拉格海文委员会"),由其负责起草一部既能跟上世界发展潮流又符合印度自身情况的现代竞争法,构建印度的竞争法体系。2000 年 5 月,拉格海文委员会向政府提交了一份竞争政策报告,报告中的大部分内容构成了印度 2002 年《竞争法》的基础。

值得一提的是,委员们对新竞争法的制定并未达成一致意见,许多委员从不同角度提出自己的反对意见。有的认为新竞争法可能导致政府不必要的干预,从而影响印度自由市场经济的发展;有的认为印度的市场经济尚不发达,应放任市场自由竞争,从而发现问题的症结所在,再制定新的竞争法对症下药;有的认为竞争法的实施是一个复杂的难题,需要一批训练有素的专业人员来执行,而印度暂时还不具备这种条件;还有的委员认为印度经济效率低下的主要原因在于政府的过度干预,而不在于私营经济的限制竞争行为,因此,在新的竞争法实施之前,首先必须对政府许多与竞争有关的产业政策进行改革,并大力倡导竞争,这才是新竞争法有效实施的前提。[1] 这些保守的观点的产生，不仅仅是因为委员们在观念上存在分歧，更重要的原因还在于1969年《垄断与限制性贸易行为法》长期以来一直未能得到有效实施。

然而，委员们的不同意见也从一个侧面反映出竞争对印度经济发展的重要性。在充分考虑这些意见之后，拉格海文委员会于2000年11月将新竞争法草案提交给政府和议会讨论。在经过广泛的讨论、商议后，印度议会于2002年12月通过了2002年《竞争法》，该法于2003年1月正式生效。2002年《竞争法》的实施是印度经济制度改革的一大举措，必将对印度经济生活的方方面面产生重大影响。

二、印度《竞争法》的主要内容

印度的2002年《竞争法》共9章66条。

第一章为序言，包括第1、2条，涉及该法的名称、适用范围和生效时间，以及"消费者"、"企业"、"个人"、"相关市场"等概念的界定。

第二章为该法的核心部分，包括第3至6条，规定了禁止限制竞争协议、滥用市场支配地位以及企业联合控制。

第三章包括第7至17条，规定设立竞争委员会，涉及委员会的性质、组成、委员会主席和其他委员的选任、任命、任职、总干事、秘书等内容。

第四章包括第18至40条，规定了竞争委员会的职责、职权和职能，涉及开展违法调查，召开委员会会议，作出停止违法行为、罚金、修改协议、支付费用等指示或指令，发布临时禁令，执行罚金指令等内容。

第五章为总干事的职责，该章仅有一个条文，规定总干事应协助委员会查处违法行为，以及查处违法行为时享有的

---

① 参见刘进：《印度2001年新竞争法述评》，载《南亚研究季刊》2004年第2期。

相关职权。

第六章为罚则,包括第 42 至 48 条,涉及对违反委员会和总干事根据调查情况作出的指令或指示,以及违反信息提供有关规定等行为进行处罚。

第七章为倡导竞争,该章也仅有一个条文,规定政府在制定有关竞争的政策时可以向委员会咨询,但委员会的咨询意见并无约束力,另外委员会还应当采取措施推动倡导竞争。

第八章为财政、账目及审计,包括第 50 至 53 条,涉及“竞争基金”的设立、委员会账目的审计等内容。

第八 A 章为竞争上诉法庭,包括第 53A 至 53U 条,涉及上诉法庭的组建、管辖权、主席和其他成员的选任、任命、任职、其他职员、向最高法院上诉等内容。

第九章为其他规定,包括第 54 至 66 条,涉及豁免权、中央政府下达指示的权力、委员会的接替、法规和规则的制定、过渡期安排等内容。

(一) 印度《竞争法》的立法目标

2002 年《竞争法》开篇就规定了该法的目标,即“从国家经济发展出发,旨在设立一个委员会以排除对竞争有不利影响的行为,促进和维护印度市场的竞争,保护消费者利益,确保印度市场的其他参与者的交易自由,并就其他相关事项作出规定”。归纳起来,该法的目标就是“促进竞争”,这显然已经区别于 1969 年《垄断与限制性贸易行为法》仅仅以“控制垄断”为目标,反映了现代竞争法的发展趋势。

(二) 印度《竞争法》的相关定义

2002 年《竞争法》第 2 条对该法中出现的大多数术语,包括“收购”、“协议”、“卡特尔”、“消费者”、“企业”、“个人”、“货物”、“服务”、“相关市场”、“相关地域市场”、“相关产品市场”、“委员会”、“上诉法庭”、“公共金融机构”、“法定机构”等逐一进行了定义。对于该法使用过但没有定义的术语

和表述,如果在1956年《公司法》中有定义,则分别适用其在《公司法》中的定义。其中较为重要的定义有:

1. 收购

第2条(a)款规定,收购是指"直接或间接地获取或协议获取:(i)企业的股份、投票权或资产;或(ii)企业管理或资产的控制权"。

2. 协议

第2条(b)款规定,协议包括"任何安排、谅解或一致行为:(i)无论此类安排、谅解或行为是否为正式的或书面的;或(ii)无论此类安排、协议或行为是否意图通过法定程序得以实施"。

3. 卡特尔

第2条(c)款规定,卡特尔是指"一个包括生产者、销售者、分销商、贸易商或服务提供者在内的联合,他们通过彼此间的协议限制、控制或企图控制产品的生产、分配、销售、价格、交易或服务的提供"。

4. 消费者

第2条(f)款规定,消费者是指"以下任何个人(i)基于对价的支付、承诺支付或部分支付、部分承诺而购买货物者,或在延期支付制度下是指支付、承诺支付或部分支付、部分承诺对价者之外的该货物的使用者,或在延期支付制度下获得上述支付、承诺支付对价者的同意而使用者,无论购买货物的意图是转售、其他商业目的还是个人使用;(ii)基于对价的支付、承诺支付或部分支付、部分承诺而获得服务者,或在延期支付制度下是指支付、承诺支付或部分支付、部分承诺对价者之外的该货物的受益人,或在延期支付制度下获得上述支付、承诺支付对价者的同意而受益者,无论获得服务的意图是转售、其他商业目的还是个人使用"。也就是说,消费者是指购买货物或接受服务的人,不论其目的是为自己使用,还是用于转售或商业用途。

5. 企业

第2条(h)款规定，企业是指“任何从事以下活动的个人或政府部门,包括商品或货物之生产、储存、供应、分销、收购或控制,或服务之提供,或投资,或获得、持有、承销、交易股票、债券或其他任何法人证券,无论上述活动是由个人或企业直接进行还是由与其位于同一地点或不同地点的单位、分公司或子公司予以实施,但不包括政府有关行使主权的活动,如中央政府部门处理原子能、货币、防卫和空间事务的活动”。也就是说,企业包括私营企业、公营企业和不行使主权权力的政府部门。

6. 个人

第2条(l)款规定，个人包括“(i) 自然人;(ii) 印度教共同家族;(iii) 公司;(iv) 合伙企业;(v) 个人联合或自然人团体,无论其是否组建为公司,无论其是否在印度境内;(vi) 任何根据中央、邦或省的法律法规而成立的公司,或1956年《公司法》第617条所指的国有公司;(vii) 任何根据印度以外的国家的法律而成立的法人;(viii) 任何根据有关合作社法律而注册成立的合作社;(ix) 地方当局;(x) 上述条款范围之外的法人”。

7. 相关市场

相关市场是《竞争法》中十分重要的概念。相关市场包括相关产品市场和相关地域市场。界定相关市场是为了界定既定产品市场和地域市场内相互之间具有竞争关系的企业,以便明确哪些竞争者能够实质性地影响其他企业的行为。所以,相关产品市场和相关地域市场的界定是分析很多案件的关键。第2条(r)款规定，相关市场是指“竞争委员会就相关产品市场、相关地域市场或以上两者对市场所作的划分”。第2条(s)款规定,相关地域市场是指“一个包含特定地域的市场,在这个特定地域内,无论是货物供应或服务提供的竞争条件,还是对货物或服务的需求,都明显相同,并可据此与相邻地域区分开来”。根据第19条第(6)款的规定，在确定相关地域市场时，委员会应考虑以下因素：

(a) 管制贸易壁垒；

(b) 当地技术要求；

(c) 国家采购政策；

(d) 充足的分销设施；

(e) 运输成本；

(f) 语言；

(g) 消费者偏好；

(h) 确保安全、定期供应或快捷的售后服务的需要。

第2条(t)款规定，相关产品市场是指“一个包含特定产品或服务的市场，这些产品或服务无论从特性、价格和用途上来说，都可供消费者相互替换”。根据第19条第(7)款的规定，在确定相关产品市场时，委员会应考虑以下因素：

(a) 产品的物理特性或最终用途；

(b) 产品或服务的价格；

(c) 消费者偏好；

(d) 内部生产的排除；

(e) 专业生产者的存在；

(f) 工业产品分类。

(三) 印度《竞争法》的规制对象

2002年《竞争法》第二章是该法的核心内容，即禁止特定协议和滥用市场支配地位及企业联合规制。

1. 限制竞争协议

2002年《竞争法》第3条是有关企业订立特定协议限制竞争的规定。

(1) 一般禁止规定

第3条第1款规定，“任何企业、企业联合、个人或个人联合，均不得订立对本国市场竞争产生或可能产生可估量的不利影响的涉及货物的生产、供应、分销、存储、取得、控制或服务的提供的协议”。同时第 2 款规定，“任何违反上述第(1)款规定的协议均为无效”。值得注意的是，该法在限制竞争协议的认定中使用的是“可估量的不利影响”的标准。至于如何运用这一标准，第 19 条第 3 款作出了规定，即在判定某协议是否具有第 3 条规定之对竞争产生“可估量的不利影响”时，委员会应考虑以下因素：

(a) 是否对市场新进入者构筑障碍；

(b) 是否将现有竞争者排挤出市场；

(c) 是否通过阻碍进入市场来排除竞争；

(d) 是否有利于消费者利益；

(e) 是否在产品生产、分销或服务提供方面有所改进；

(f) 是否通过产品生产、分销或服务提供而促进科技进步和经济发展。

(2) 横向协议和纵向协议

第 3 条第 3、4 款分别对横向协议和纵向协议作出了规定。横向协议是从事相同活动的企业间达成的协议，即相同产品的生产商、批发商或零售商之间的协议。纵向协议是处于生产或分销过程的不同阶段的企业签订的协议，如零部件生产商和成品生产商，生产商和批发商，生产商、批发商和零售商之间的协议。横向协议对竞争的危害是直接的、严重的，因此一般适用本身违法原则，即只要协议被证实存在，就构成违法。而纵向协议一般不会产生竞争问题，且能加强品牌之间的竞争，但当其限定价格等时，也会产生严重的竞争问题，因此往往适用合理分析原则，即对协议是否排除、限制竞争进行分析，据此判定是否构成违法。从第 3 条第 3 款“应推定为对竞争产生可估量的不利影响”的措辞可以看出，2002 年《竞争法》对横向协议适用本身违法原则。而从第 3 条第 4 款“如果导致或可能导致对印度竞争产生可估量的不利影响，则为违反上述第 1 款规定的协议”的表述可以看出，该法对纵向协议适用合理分析原则。

第 3 条第 3 款列举了四种适用本身违法原则的横向协议：

(a) 直接或间接地决定购买或销售价格；

(b) 限制或控制生产、供应、市场、技术开发、投资或服务提供；

(c) 通过分配市场区域、货物或服务种类、消费者数量或其他类似方法，分享市场、生产来源或服务提供；

(d) 直接或间接地导致操纵或串通投标。

第 3 款的列举为穷尽式的列举，仅对上述四种协议适用本身违法原则。另外，该款规定，“本款内容不适用于有助于提高产品生产、供应、分销、存储、取得、控制或服务提供的效率的联营协议”。

第 3 条第 4 款列举了五种适用合理分析原则的纵向协议：

(a) 搭售安排，任何以购买其他货物作为购买某种货物的条件的协议；

(b) 独家供应协议，以任何方式限制买方在交易中获取货物或只能与卖方或特定第三方进行货物交易的协议；

(c) 独家分销协议，任何限制、阻碍、抑制货物输出或供应，或为处理或销售货物而分配区域、市场的协议；

(d) 拒绝交易，以任何方式限制或可能限制向某些人或某类人销售或购买货物的协议；

(e) 维持转售价格，以买方必须遵照卖方为产品转售而指定的价格作为销售条件的协议，除非其明确说明允许低于指定的价格转售。

第 4 款的列举为非穷尽式列举，包括但不限于上述五种纵向协议。

(3) 适用除外

第 3 条第 5 款规定了禁止限制竞争协议的知识产权协议和出口卡特尔的适用除外。该款指出，有关限制竞争协议的规定并不限制“为保护下列法律授予或可能授予的权利之必要，个人所享有的制止侵权或设定合理条件的权利：

(a) 1957年《著作权法》(1957年第14号法令)；

(b) 1970年《专利法》(1970年第39号法令)；

(c) 1958年《贸易与商品标记法》(1958年第43号法令)或1999年《商标法》(1999年第47号法令)；

(d) 1999年《货物地理标志(登记和保护)法》(1999年第48号法令)；

(e) 2000年《外观设计法》(2000年第16号法令)；

(f) 2000年《半导体集成电路布图设计法》(2000年第37号法令)。

该款还规定，有关限制竞争协议的规定并不限制“任何人享有的从印度出口货物的权利，只要协议的范围仅涉及为此出口而进行的货物的生产、供应、分销、控制或服务的提供”。

2. 滥用市场支配地位

2002年《竞争法》第4条是禁止滥用市场支配地位的规定。

(1) 市场支配地位的滥用

第4条第1款规定，“任何企业或企业集团不得滥用市场支配地位”。随后，第2款列举了滥用市场支配地位的五种表现：

(a) 直接或间接地设置不公平或歧视性的(i) 货物或服务的购买、销售条件；(ii) 货物或服务的购买、销售价格(包括掠夺性价格)；

(b) 限制或约束(i) 货物的生产、服务的提供或两者之市场；(ii) 货物或服务的技术开发，以致损害消费者利益；

(c) 以任何方式纵容妨碍市场进入的行为；

(d) 以对方接受无论从自然属性还是商业用途来说均与合同内容无关的附加义务，作为合同订立的条件；

(e) 利用其在某一相关市场上的支配地位进入或保护其

他相关市场。

(2) 市场支配地位的界定

何谓"市场支配地位",第4条解释指出,市场支配地位是指企业在相关市场上拥有的一种强势地位,它使得该企业可以(i) 不受相关市场上其他竞争力量的影响而独立行事;或(ii) 以有利于自身的方式影响竞争者、消费者或相关市场。同时,第19条第4款规定,在调查企业是否占有第4条规定之市场支配地位时,委员会应考虑以下因素:

(a) 企业的市场份额;

(b) 企业的规模和资源;

(c) 竞争者的规模和地位;

(d) 企业的经济实力,包括对竞争者的商业优势;

(e) 企业的纵向一体化程度或其销售、服务网络;

(f) 消费者对企业的依赖程度;

(g) 垄断或支配地位的取得是否源于法律规定,或政府企业、公共事业企业的性质,或其他原因;

(h) 进入市场的壁垒,包括管制壁垒、金融风险、高额进入资本、营销进入壁垒、技术进入壁垒、经济规模、替代产品或服务的高成本;

(i) 均衡购买力;

(j) 市场结构及规模;

(k) 社会义务及社会成本;

(l) 与对竞争产生或可能产生的可估量的不利影响相比,拥有支配地位的企业对经济发展的贡献所具有的相对优势;

(m) 委员会认为与调查有关的其他因素。

3. 企业联合规制

(1) 企业联合的界定

2002年《竞争法》对企业联合(combination)进行规制,包括收购(acquisition)、取得控制权(acquiring of control)以及吸

收合并和新设合并(merger or amalgamation)。第5条以资产价值和营业额为标准对何为该法意义上的“联合”进行了界定。归纳起来,就参与各类联合的企业来说,要求在印度境内共同拥有的资产价值超过100亿卢比[①]或营业额超过300亿卢比,在印度境内外,资产价值总计超过5亿美元,包括至少50亿卢比在印度境内,或营业额超过15亿美元,包括至少150亿卢比在印度境内;就参与各类联合的企业集团来说,要求在印度境内共同拥有的资产价值超过400亿卢比或营业额超过1 200亿卢比,在印度境内外,资产价值总计超过20亿美元,包括至少50亿卢比在印度境内,或营业额超过60亿美元,包括至少150亿卢比在印度境内。考虑到经济发展等因素,根据第20条第3款规定,基于批发价格指数、卢比或外汇的汇率波动,该法实施后两年且此后每两年,中央政府应当与委员会协商,以公告的方式调整资产价值和营业额的标准。在这里,“控制”包括控制事务或管理,是指一家或多家企业,无论共同或单独地,控制另一家企业或企业集团;或者一家或多家企业集团,无论共同或单独地,控制另一家企业或企业集团。

(2) 企业联合的控制

第6条是对企业联合的规制。该条第1款规定,“任何个人或企业都不得进行对本国相关市场竞争产生或可能产生可估量的不利影响的联合,任何此类联合均为无效”。为判定企业联合是否对本国竞争产生或可能产生的可估量的不利影响,委员会应适当考虑以下全部或部分因素:

(a) 市场上通过进口产生的实际的或潜在的竞争水平;

(b) 市场进入壁垒的程度;

① 根据国家外汇管理局发布的《各种货币对美元折算率表——2003年第1期》,100印度卢比约合2.081美元,http://www.safe.gov.cn/model_safe/tjsj/tjsj_detail.jsp? ID=110300000000000000,36&id=5,访问日期:2008年6月21日。

(c) 市场集中水平；

(d) 市场上均衡势力的水平；

(e) 联合可能导致其当事方能够显著地、持久地提高价格或利润率的可能性；

(f) 市场上有效竞争可以维系的程度；

(g) 市场上替代品获得或可能获得的程度；

(h) 联合所涉的企业或个人在相关市场上单独或共同占有的市场份额；

(i) 联合将充满活力的、有效的竞争者排挤出市场的可能性；

(j) 市场上纵向产业链完整性的性质和程度；

(k) 导致某种交易失败的可能性；

(l) 创新的性质和程度；

(m) 与对竞争产生或可能产生的可估量的不利影响相比，联合贡献于经济发展所带来的相对利益；

(n) 联合的效益是否超过其对竞争所产生的不利影响。

(3) 企业联合的申报

针对企业联合的控制，2002 年《竞争法》建立了一套联合完成前的强制申报制度。第 6 条第 2 款对企业联合申报作出了规定，“任何拟进行联合的个人或企业，应当以规定的方式将联合计划的详情通知竞争委员会，且上述通知应在相关企业董事会批准企业吸收合并或新设合并的计划，或者收购、取得控制权的协议或其他文件执行之日起 30 天内发出”。同时，第 2A 款规定，“任何企业联合都必须等到向委员会发出通知 210 天后，或委员会根据第 31 条作出指令后才能生效，以两者中较早者为准”。另外，第 4、5 款规定，股份认购、融资贷款或公共金融机构、外国机构投资者、银行或风险投资基金基于借贷合约或投资协议而进行的任何收购不适用第 2 款的规定，而是参照其他规则的相关规定进行申报。

（四）印度《竞争法》的效力

1. 一般效力

根据第60条规定，2002年《竞争法》拥有最高效力，即使其他现行有效法律与该法的规定不同，该法的规定仍然具有法律效力。同时，第62条又规定，该法不妨碍其他法律的适用，该法的规定应补充而非减损其他现行有效法律。

2. 域外效力

2002年《竞争法》第32条规定了其域外效力，即对于在印度境外发生但是对印度境内竞争产生或可能产生可估量的不利影响的以下限制竞争协议、滥用市场支配地位或企业联合，委员会仍有权进行调查并作出指令：

（a）在印度境外达成的第3条规定之协议；

（b）限制竞争协议的当事方位于印度境外；

（c）滥用市场支配地位的企业位于印度境外；

（d）在印度境外进行的企业联合；

（e）企业联合的当事方位于印度境外；

（f）任何基于限制竞争协议、滥用市场支配地位或企业联合的事项、做法或行为发生于印度境外。

3. 豁免权

根据2002年《竞争法》第54条，中央政府拥有给予豁免的权力。中央政府可以通过公告的方式，就该法的适用给予以下豁免，并就豁免的期限作出规定：

（a）任何类别的企业，如果该豁免为维护国家安全或公共利益所必需；

（b）基于印度签订的双边或多边协定、协议或条约下的义务而产生的任何行为或协议；

（c）任何代表中央政府或邦政府行使主权权力的企业。但是，如果企业行为涉及行使政府主权权利，那么中央政府仅可以就与主权权力有关的方面给予企业豁免。

（五）印度《竞争法》的法律责任

2002年《竞争法》对违法者的处罚形式主要是罚金，严重的还有可能被处以监禁。根据第42条规定，委员会可以就其作出的指令或指示的遵守情况进行调查。如果个人无正当理由不遵守委员会作出的实体性指令或指示，违法情形持续期间应当受到最高每日10万卢比的罚金，但总和最高不超过1亿卢比。如果个人不遵守实体性指令或指示，或者不缴纳上述罚金，还可能被处以最高三年的监禁或最高2.5亿卢比的罚金。根据第43条规定，如果个人违反委员会和总干事作出的程序性指示，委员会可以决定对其处以每日10万卢比的罚款，最高不超过1千万卢比。此外，根据第43A、44、45条规定，违反企业联合申报、虚假陈述或遗漏重要信息等违反信息提供的行为都会被处以罚金。根据第48条规定，如果公司违法，对公司经营行为负责的个人、公司董事、经理、秘书或其他管理人员应当对公司违法行为承担责任并接受相应处罚。

2002年《竞争法》还规定了减轻处罚的情形。根据第46条规定，如果被指控违反第3条规定的卡特尔成员，已经就其被指控的违法行为作出完整、真实且至关重要的披露，则委员会可以酌情减轻其应受的处罚。但是，如果在作出上述披露之前已经收到第26条规定之调查报告，则委员会不能减轻对当事人的处罚。同时，处罚的减轻仅适用于已经作出完整、真实且至关重要披露的卡特尔成员，且必须与委员会保持合作直至委员会完成程序。

（六）印度《竞争法》的执行体系

印度《竞争法》的执行机构是印度竞争委员会，它隶属于印度公司事务部，总部设在德里。委员会是永久延续并设有权力公章的法人，有权获得、持有、处置动产和不动产，以自身名义缔结合同、参与诉讼。

1. 委员会的组建和组成

印度竞争委员会是为执行2002年《竞争法》而设置的。委员会由中央政府任命的1名主席和2—6名委员组成。主席和其他委员应当具备相应才能，正直诚实，有一定名望，在中央政府认为有助于委员会工作的领域内，如国际贸易、经济、商业、法律、金融、会计、管理、工业、公共事务或竞争事务，包括竞争法和竞争政策，具有专业知识和不少于15年的职业经验。主席和其他委员应由中央政府从选任理事会推荐的专家名册中选任，其中主席由印度首席大法官或其提名人选担任，一名委员由公司事务部部长担任，一名委员由司法部部长担任，两名委员由国际贸易、经济、商业、法律、金融、会计、管理、工业、公共事务或竞争事务包括竞争法和竞争政策领域内具备专业知识和职业经验的有名望的专家担任。主席和其他委员均为全职。主席和其他委员每届任期五年，可连选连任，但年龄不得超过65岁。主席对委员会的所有行政管理事务拥有全面监督、指示和控制的权力。

2. 委员会的职责、职能和职权

根据2002年《竞争法》，委员会负有如下职责：消除对竞争产生不利影响的行为、促进并维护竞争、保护消费者利益以及确保印度市场其他参与者的交易自由。

委员会的职责通过其职能得以实现，而委员会享有的职权保障了其职能的履行。具体包括：

(1) 限制竞争协议、滥用市场支配地位调查

2002年《竞争法》第19条规定，对于任何被指控违反有关限制竞争协议和滥用市场支配地位的规定的情况，委员会可以自行发起调查，也可根据任何个人、消费者及其团体或贸易协会提供的报告，或中央政府、邦政府或法定机构的提请发起调查。根据第26条规定，调查程序如下：

① 委员会收到中央政府、邦政府或法定机构的提起的，或者根据自身了解或收到第19条规定之报告后，如果认为存

在案件的初步证据，委员会可以指示总干事对相关问题展开调查。如果委员会认为该报告的标的实质上与前一报告的标的相同或为其所涵盖，则后一报告可以与前一报告联合处理。

② 委员会收到中央政府、邦政府或法定机构提起的或收到第19条规定之报告后，如果认为不存在案件的初步证据，则委员会应立即停止处理该事项，并发出其认为合适的指令，且根据具体情况将指令副本送达中央政府、邦政府、法定机构或有关当事方。

③ 总干事收到委员会作出的指示后，应当在委员会规定的时间内提交裁决报告。

④ 根据具体情况，委员会可以将裁决报告副本交予有关当事方。但是，如果调查因中央政府、邦政府或其他法定机构之提请而发起，根据具体情况，委员会应当将裁决报告副本交予中央政府、邦政府或其他法定机构。

⑤ 如果总干事裁决报告认为不存在违反该法规定的情况，根据具体情况，委员会应当邀请中央政府、邦政府、其他法定机构或有关当事方就总干事报告提出异议或建议。

⑥ 就上述异议或建议作出考虑后，委员会如果同意总干事的建议，则应当立即停止该事项并通过其认为适当的指令。根据具体情况，委员会应当将指令传达至中央政府、邦政府、其他法定机构或有关当事方。

⑦ 就上述异议或建议作出考虑后，委员会如果认为有必要进行进一步调查，可以就该事项指示总干事或促成或自行根据该法规定进行进一步调查。

⑧ 如果总干事裁决报告认为存在违反该法规定的情况，且委员会认为有必要进行进一步调查，则应当根据该法规定调查该违法情况。

根据第27条规定，委员会在进行限制竞争协议或滥用市场支配地位的调查后，根据具体情况，如果发现存在违法情

况,委员会有权作出以下指令:

① 要求订立限制竞争协议或滥用支配地位的相关企业或企业团体、个人或个人团体停止并不再订立此类协议,或停止滥用行为。

② 对此类协议或滥用行为所涉及的个人或企业,处以不高于其过去三个财政年度平均营业额10%的罚款;如果限制竞争协议由卡特尔订立,那么委员会应当对该卡特尔的每个生产者、销售者、分销者、贸易商或服务提供者分别处以相当于该协议存续期间每年利润的三倍的罚款或该协议存在期间每年营业额的10%的罚款,以较高者为准。

③ 要求根据委员会指令所确定的方式和程度修改协议。

④ 要求相关企业遵守委员会作出的其他指令并遵照指令内容执行,包括费用的支付。

⑤ 通过或作出其认为适当的其他指令或指示。

但是,如果通过本条所指的指令时,委员会认定违反该法第3、4条规定的企业是企业集团的成员,且该企业集团的其他成员也参与促成违法行为或对此负有责任,委员会可以根据本条通过对该企业集团的其他成员不利的指令。

(2) 企业联合调查

对于企业联合,委员会可以自行发起调查,也可以依据申报发起调查。根据第20条规定,委员会根据自身对收购、取得控制权、吸收合并或新设合并的知晓或信息的了解,可以对此类企业联合是否对竞争产生或可能产生的可估量的不利影响展开调查。但是,此类企业联合生效一年后,委员会不得再对其发起调查。在收到有关企业联合的通知时,委员会应当就通知或提请所涉及的企业联合是否对本国竞争产生或可能产生的可估量的不利影响进行调查。根据第29条规定,有关企业联合的调查程序如下:

① 如果委员会初步认为某项企业联合对本国相关市场的竞争产生或可能产生可估量的不利影响,那么委员会有权

向企业联合当事方发出通知,要求其在接到通知后的30天内就不应对该企业联合展开调查的理由作出答复。收到企业联合当事方的答复后,委员会可以要求总干事提交报告,该报告必须在委员会指定的时间内提交。

② 如果委员会初步认为,某项企业联合对竞争产生或可能产生可估量的不利影响,则委员会应当在收到当事方上述答复后的7个工作日内,或者收到总干事报告后,以两者中较迟者为准,以其认为适当的方式指示当事方在指示作出后的10个工作日内披露企业联合的详情,以使公众以及受到或可能受到该企业联合影响的个人知悉。

③ 委员会可以邀请受到或可能受到该企业联合影响的个人或公众,在披露企业联合的详情之日起15个工作日内,向委员会提交书面反对意见。

④ 委员会可以在上述15个工作日的期限届满之日起15个工作日内,要求该企业联合当事方补充委员会认为必要的其他信息。

⑤ 委员会要求补充的其他信息,应由上述当事方在上述15个工作日的期限届满之日起15天内向委员会提供。

⑥ 收到所有信息后并在上述15天的期限届满之日起45个工作日内,委员会应当根据有关特定企业联合的委员会指令的规定继续处理有关案件。

根据第31条规定,有关特定企业联合的委员会指令的规定如下:

① 当委员会认为某项企业联合对本国竞争并未产生也不可能产生可估量的不利影响时,委员会应当通过指令的方式批准该企业联合,包括已经向委员会发出通知的企业联合。

② 当委员会认为某项企业联合对竞争产生或可能产生可估量的不利影响时,委员会应当禁止该企业联合。

③ 当委员会认为某项企业联合对竞争产生或可能产生

可估量的不利影响,但是这种不利影响可以通过对该企业联合的适当调整而消除时,委员会可以建议该企业联合当事方作出适当调整。

④ 企业联合当事方如果接受委员会作出的调整建议,应当在委员会指定的期限内进行上述调整。

⑤ 如果接受调整建议的企业联合当事方未能在委员会指定的期限内进行调整,则该企业联合应当被视为对竞争产生可估量的不利影响,而由委员会根据该法相关规定进行处理。

⑥ 企业联合当事方如果拒绝接受委员会作出的调整建议,可以在委员会作出调整建议后的30个工作日内,向委员会递交其对调整建议的修改方案。

⑦ 委员会如果同意企业联合当事方提交的修改方案,则其应当通过指令批准该企业联合。

⑧ 如果委员会不同意企业联合当事方提交的修改方案,则当事方有权获得30个工作日的宽限期,并在此期限内接受委员会作出的调整建议。

⑨ 如果企业联合当事方在第(6)款规定的30个工作日的期限内或第(8)款规定的30个工作日的宽限期内未能接受委员会的调整建议,则其企业联合将被视为对竞争产生可估量的不利影响而根据该法规定处理。

⑩ 如果委员会禁止某项企业联合或认定某项企业联合对竞争产生可估量的不利影响时,则委员会可以决定下列事项均为无效,此项指令并不影响该法规定之其他任何可能作出的处罚或提起的诉讼:

(a) 第5条第a款规定之收购;

(b) 第5条第b款规定之取得控制权;

(c) 第5条第c款规定之吸收合并或新设合并。

但是,如果认为适当的话,委员会可以制定计划以实施本款规定之指令。

⑪ 如果在第6条第2款规定之向委员会发出通知后210天[1]内,委员会未能根据第1款、第2款或第7款的规定,通过任何指令或发布任何指示,则视为该企业联合获得委员会批准。

⑫ 如果企业联合当事方寻求延长时间,则90个工作日的期限应当在扣除给予当事方的延长时间后再行计算。

⑬ 如果委员会已经认定某项企业联合无效,则第5条规定之收购、取得控制权、吸收合并或新设合并应当视为没有发生,由当局根据其他法律进行处理,企业联合当事方也应根据相应规定处理。

⑭ 第四章的任何规定不影响根据其他有效法律所提起或可能提起之任何程序。

另外,根据第28条规定,委员会可以不受其他现行有效法律规定的影响,通过书面指令,要求分割拥有市场支配地位的企业以确保该企业不滥用其支配地位。

(3) 咨询

根据2002年《竞争法》,委员会不仅担负着调查职能,还行使咨询职能。根据第21条规定,如果法定机构在处理案件的过程中,有关当事方提出该法定机构作出或拟作出的决定违反或可能违反该法规定,则该法定机构可以就此问题向委员会请求咨询。法定机构也可自行向委员会请求咨询。委员会收到上述咨询请求后,应当在收到咨询请求之日起60天内给予答复,相关法定机构应在考虑委员会的意见后,就此问题的裁决给出记录在案的理由。同时,根据第21A条规定,委员会也可以向法定机构提出咨询请求。

根据第22条规定,委员会的调查和咨询职能由委员会会议行使。

---

① 本款所指的210天,应当除去第31条第6款所指的30个工作日的期限以及第31条第8款所指的30个工作日的宽限期。

① 委员会应在规定的时间和地点举行会议，在会议上应遵守规则规定的处理事务的规范和程序。

② 主席因故不能参加委员会会议时，应由出席会议的首席委员主持会议。

③ 委员会会议上提出的所有问题应由出席并投票的委员多数票决定，如果票数相同，则主席或其缺席时主持会议的委员拥有赞成票或决定票。出席委员会会议的法定人数为三名委员。

根据第 36 条规定，为履行法律规定的职能，委员会拥有如下职权：

① 在遵循自然正义原则，遵守该法的其他规定以及中央政府制定的法规的前提下，委员会拥有规范自身的程序的权力。

② 委员会拥有 1908 年《民事程序法》(1908 年第 5 号法令)赋予民事法院审理案件时享有的如下职权：

(a) 传唤并强制个人出庭并对其进行宣誓后的询问；

(b) 要求开示证据并提交文件；

(c) 接受宣誓书面证据；

(d) 发布讯问证人或审查文件的委任状；

(e) 根据 1872 年《印度证据法》(1872 年第 1 号法令)第 123 条和第 124 条的规定，要求从任何政府机构获得政府档案、文件或其复印件；

(f) 驳回或单方裁决缺席申请；

(g) 其他任何可以规定的事项。

③ 委员会还可以召集经济、商业、会计、国际贸易或其他任何其认为必要的领域内的专家，以协助委员会开展调查或其他程序。

④ 委员会可以要求任何个人：

(a) 向总干事、秘书或其他委员会授权的官员提交，其指令中指定或规定的与交易有关的、为该法之目的需要接受检查的账簿或其他由该个人保管或控制的文件；

(b) 向总干事、秘书或其他委员会授权的官员提供，为该法之目的需要的有关其交易或其掌握的其他有关其交易的信息。

此外，第四章其他条文还对委员会发布临时禁令的权力、指令的纠正、罚金指令的执行、出席委员会作出了规定。

第五章规定了总干事的职责。根据第 41 条规定，总干事应当根据委员会指示，协助委员会进行违法调查。总干事查处违法行为时，享有委员会拥有的 1908 年《民事程序法》赋予民事法院审理案件时享有的职权。

3. 委员会与中央政府的关系

2002 年《竞争法》有关委员会与中关政府的关系的规定体现在不同章节的条文中。根据第八章第 53 条规定，委员会应向中央政府提交不定期报告和年度报告。应中央政府的要求，委员会应当不定期地向中央政府提交有关拟议或正在实施的旨在推动倡导竞争、培养竞争意识以及就竞争问题开展培训的措施的报告、陈述以及详细情况。委员会应按规定的方式和时间，就上一年度的活动作出真实、全面的年度报告，报告副本应提交中央政府。中央政府在收到报告副本后应尽快将其提交上下两院。

根据第九章第 55 条规定，中央政府有下达指示的权力。委员会行使职权或履行职能时，中央政府不定期下达的有关政策问题的书面指示对委员会具有约束力，有关技术和行政事务的指示除外；有关事项是否为政策问题，应以中央政府的决定为准。但是，在上述指示下达之前，委员会应当有机会表达其自身意见。

根据第 56 条规定，中央政府有接替委员会的权力。由于某些情况超出委员会的控制以至于无法履行职能，或者委员会长期不遵守中央政府作出的指示，或者不履行该法规定之职能以至于损害委员会的财务状况或行政管理，或者基于公共利益的考虑,中央政府可在任何时候发出公告,接替委员会。所有委员会的职责、职权和职能,都将由中央政府或其指定的管理当局代为行使,直至重新组建委员会。

根据第63、64条规定,为贯彻和实施2002年《竞争法》,中央政府就具体事项拥有制定法规和规则的权力。

第七章对"倡导竞争"单列一章进行规定。虽然该章仅有一个条文,但从体例上体现了倡导竞争的重要性。根据第49条规定,政府在制定竞争等政策时,可以就该政策可能对竞争产生的影响咨询委员会,委员会应当给出意见,但对政策制定并无约束力,并且委员会也无权主动就与竞争有关的事项发表意见。另外,委员会还应采取措施,开展相关培训,倡导竞争,培养竞争意识。

4. 竞争基金的设立及其他

2002年《竞争法》规定要设立"竞争基金"。根据第51条规定,委员会获得的所有政府拨款、根据该法规定收取的各种费用以及以上两项钱款产生的利息应当纳入"竞争基金"。"竞争基金"由竞争委员会主席选任部分委员组成管理委员会对其进行管理。"竞争基金"用于:(1)委员会主席和其他委员的薪水和津贴以及行政管理开支,包括支付给总干事、分管总干事、企业联合总干事、副总干事、助理总干事、登记员以及委员会任何官员和其他雇员的薪水、津贴和养老金;(2)委员会为履行职责或基于该法目的产生的其他费用开支。委员会的账目应当接受审计。

随着2002年《竞争法》的生效,1969年《垄断与限制贸易行为法》废止,根据该法第5条第1款建立的垄断与限制贸易行为委员会随之解散。但是,根据2002年《竞争法》第66条的规定,对于该法生效前提起的案件和程序,垄断与限制贸易行为委员会可以在该法生效之日起两年内继续行使《垄断与限制贸易行为法》赋予的权限和权力,并参照适用《垄断与限制贸易行为法》的所有条款。两年过渡期满后,有关不公平交易行为的案件移送给依据1986年《消费者保护法》设立的国家委员会处理，有关限制性交易行为和垄断行为的案件移送给竞争委员会处理。该条还规定，垄断与限制贸易行为委员会解散前长期雇用的职员，解散后可以成为竞争委员会或上诉法庭的雇员继续工作，而2007年修订前，该法规定由中央政府接收这批人员。

三、印度竞争法的新发展

根据2002年《竞争法》，印度竞争委员会于2003年10月14日成立。根据该法有关选任委员会主席和其他委员（第9条）以及中央政府有权制定相关法规（第63条第2款(a)项）的规定，制定了2003年《印度竞争委员会（主席和其他委员选任）法规》，规定主席和其他委员由选任理事会选任。选任理事会成员包括：(1) 最高法院或高等法院的退休法官、依据议会法案组建的特别法庭的卸任主席、杰出法学家、具有5年以上职业经验的高级律师；(2) 在国际贸易、经济、商业、工业领域具有专业知识和25年以上职业经验的专业人士；(3) 在会计、管理、金融、公共事务、行政领域具有专业知识和25年以上职业经验的专业人士。选任理事会主席由中央政府提名其中的一名成员担任。

在委员会成立的第一年里，中央政府只任命了一名主席和一名委员，所做的工作也仅限于教育和宣传。委员会迟迟未能全面开展工作，原因在于 Brahm Dutt 向 Hon'ble 最高法院提交的一份诉状，反对由中央政府任命委员会委员。该诉状主要质疑的是“根据该法成立的委员会更像是一个拥有裁判权的司法机关，因此，在宪法确立的分权原则的前提下，委员会委员的任命则取决于印度首席法官或其提名人选”。2005年1月20日，Hon'ble 最高法院驳回了这份诉状，认为“如果联邦政府要设立的是专家性机构，则考虑设立两个独立的机构比较合适，依据宪法确立的分权原则，其中一个专门履行咨询和监管职能,另一个专门履行裁判职能”。[1] 考虑到 Hon’ble 最高法院作出的裁决,2006 年 3 月 9 日,印度下院提出了 2006 年《竞争法(修正案)》,并提交给常务委员会审议。采纳了常务委员会的建议后,2007 年《竞争法(修正案)》(2007 年第 70 号法令)于 2007 年 9 月 10 日获得通过。[2] 2007 年的修订共对该法 66 个条文中的 41 条进行了修改,总体而言,并没有对实体规范作出实质性修改,而是主要反映在竞争主管机关的设置变更方面。

(一) 关于实体规范的修订

2007 年对实体规范的修订主要表现为以下三点:

第一,2007 年修订前,该法仅禁止企业的滥用行为;修订后,该法不仅禁止企业的滥用行为,也禁止企业集团的滥用行为。在这里,“企业集团”是指两家或两家以上企业存在以下关系:其中一家企业直接或间接地拥有另一家企业 26% 及以上的投票权,或任命另一家企业 50% 以上的董事会成员,或控制另一家企业的管理或事务。

第二,2007 年修订前,原条文中没有对同时涉及外国企业和印度本国企业的联合有本地关联的要求;修订后,针对此类情况,增加了有关印度境内的最低限额的规定,即企业和企业集团在印度境内拥有至少 50 亿卢比的资产价值或 150 亿卢比的营业额。

第三,在企业联合申报方面,2007 年修订前,个人或企业可在联合完成后 7 天内自愿申报;修订后,规定个人或企业必须在 30 天内完成申报,并规定任何企业联合都必须等到向委员会申报 210 天后,或委员会根据第 31 条作出指令后才能生

① See Brahm Dutt v. Union of India, Writ Petition (civil) 490 of 2003, Jan. 20, 2005, http://www.globalcompetitionforum.org/regions/asia/India/CASE%20NO490%20brahmdutt.pdf, 2008-6-19.

② See Janna Grandone, Indian Parliament Passes Competition Bill, http://www.luc.edu/law/academics/special/center/antitrust/pdfs/grandone_indian_parliament.pdf, 2008-7-31.

效，以两者中较早者为准。

（二）对委员会的改进

因为委员会成立后迟迟未能开展工作，所以2007年修订时对委员会的组成进行了较大调整。除主席外，其他委员人数由原来的2—10名减至2—6名。在年龄限制上，主席的最高年龄由67岁改为65岁，其他委员的最高年龄仍为65岁。在委员的任职资格方面，不再要求“担任或有资格担任高等法院的法官”，也不再将“行政”列为有助于委员会工作的领域。在委员的选任上，第9条原条文仅仅规定“主席和其他委员应以规定的方式进行选任”。修订后的条文规定主席和其他委员由中央政府从选任理事会推荐的人选中任命，选任理事会的主席为印度首席大法官或提名人选，其他成员分别是一名公司事务部部长、一名司法部部长和两名在国际贸易、经济、商业、工业、会计、管理、金融、公共事务、行政领域具有专业知识和15年以上职业经验的专业人士。在委员的任职限制上，主席和其他委员在停止任职的回避期限内不得受雇于委员会处理的涉案企业或接受与该企业管理或行政相关的职务（受雇于中央政府、邦政府、地方当局，根据中央、邦、省的法律法规成立的法定机构或公司，1956年《公司法》第617条所指的政府公司除外），回避期限由原来的一年改为两年。在主席的权限方面，第13条原条文规定中央政府指定委员担任行政管理委员，行使财政和行政管理权力，修订后该条文规定“主席对委员会的所有行政管理事务拥有全面监督、指示和控制的权力。但是，主席可以将上述权力以其认为合适的方式委派给其他委员或委员会官员行使”。除总干事外，在分管总干事、联合总干事、副总干事以及其他官员和雇员等人的任命方面，由中央政府任命改为委员会任命，并且中央政府不再向委员会指派顾问和咨询专家。不再设置登记员职位，其职务改由秘书履行。

对于委员会的执法程序和标准，2007年修订时也作了较大的调整,主要表现为:第一,委员会的议事方式。2007 年修订前,该法规定委员会的具体职能由合议庭行使,合议庭由主席负责组建,人数不少于两名委员,在委员会所在地之外的其他地方也设立合议庭,另外还专门设立企业联合合议庭;修订后,该法撤销了合议庭的设置,取而代之的是委员会会议,规定委员会应在规定的时间和地点举行会议,并遵守规则规定的处理事务的规范和程序。委员会会议上提出的所有问题应由出席并投票的委员多数票决定,如果双方票数相同,则主席或其缺席时主持会议的委员拥有赞成票或决定票。出席委员会会议的法定人数为三名委员。第二,法律责任。2007 年修订前,该法规定如果违反委员会指令或作出批准的条件,可能被处以长达一年的民事监禁(除非委员会豁免其民事监禁),同时还应缴纳不超过 100 万卢比的罚金;修订后,该法规定如果违反委员会有关限制竞争协议、滥用市场支配地位以及企业联合的指令,可能被处以最高每日 10 万卢比的罚金,但总和最高不超过 1 亿卢比。委员会还可以为执行指令下达某些具体的指示,如果不遵守,按照修订前的规定,可能被处以长达一年的民事监禁(除非委员会豁免其民事监禁),同时还应缴纳不超过 100 万卢比的罚金;按照修订后的规定,可能被处以最高三年的监禁或最高 2.5 亿卢比的罚金。

(三) 竞争上诉法庭的设立

设立竞争上诉法庭,是 2007 年修订时对 2002 年《竞争法》构建的竞争执法体制的最大发展,目的在于纠正委员会作出的不正确的指令、指示和决定,保护当事方的合法权益。2007 年修订前,对于受到委员会裁决或指令侵害的当事方,该法提供了两种救济途径:一种是第四章第 37 条规定的委员会指令的复审,另一种是第四章第 40 条规定的上诉。如果当事方认为委员会裁决或指令侵害了其权利,可以向最高法院提起上诉;对于委员会作出的指令,如果可以上诉但没有上诉,当事方可以向委员会提出复审申请,委员会作出复审裁定。2007 年修订时删除了这两条规定。

2007 年修订后,该法规定设立上诉法庭,由此建立了由委员会到上诉法庭最后到最高法院的救济途径。上诉法庭由主席和两名成员组成,主席和成员由选任理事会选出并由中央政府任命,任期五年,可连选连任,但主席不得超过 68 岁,其他成员不得超过 65 岁。如果中央政府、邦政府、地方当局、企业或个人认为其权利受到委员会作出的指示、决定或指令的侵害,可以向上诉法庭上诉,或者就其因违反该法实体规定的行为而遭受的损失或损害向上诉法庭申请颁发赔偿令,上诉法庭在听取当事方意见或进行调查后,下达指令或赔偿令。上诉法庭作出的任何指令,应当以与法院的判决同样的方式执行,在其无法执行的情况下,上诉法庭有权将其作出的指令移送至对其享有地域管辖权的法院执行。如果个人无正当理由违反上诉法庭指令,应当处以不超过 1000 万卢比的罚金或最高三年的监禁或两者并罚。个人还可以就企业违反或迟延履行上诉法庭指令而遭受损失或损害申请赔偿。如果中央政府、邦政府、地方当局、企业或个人对上诉法庭作出的决定或指令不服,还可以向最高法院上诉。另外,第八 A 章其他条文还对上诉法庭主席和其他成员的任命资格、任职限制、职位空缺、辞职、免职、停职、薪酬等,上诉法庭聘请职员,上诉法庭的程序和权力、上诉法庭指令的执行以及藐视法庭的惩处等作出了规定。

第三节　印度竞争法律制度评析

总体而言,从实体性规范来看,2002 年《竞争法》涉及了竞争法的三大支柱,即限制竞争协议、滥用市场支配地位和企业联合,不仅全面列举了典型的违法行为,还详细界定了关键性的概念,在同一章中用四个条文分别规定三项重要内容，结构也很紧凑；从程序性规范看，该法清楚、详尽地规定了违法调查的程序、指示或指令的下达与执行、上诉的程序等内容，不论从体例上看，还是从篇幅上看，该法对于程序性规范的重视程度都不失为一大特色。

值得关注的是，2002年《竞争法》通过不到五年，就进行了一次比较大的修改，可见印度公众对这部法律质疑不断。尽管该法经2007年修订而得以进一步完善，但是仍然存在不少争议，主要表现为：

一、经济发展目标

发达国家以新古典经济理论为基础的竞争法和竞争政策以消费者福利水平的提高作为唯一目标，这一目标是通过尽可能将竞争推向更加激烈的程度来实现的。而发展中国家竞争法和竞争政策的目标明显具有多元化的特点，在注重市场资源配置效率的同时，也注重长期经济绩效，还包含了广泛的社会目标，例如公共利益。实际上，一切经济法规的最终目标都是经济和社会发展。但竞争法毕竟是为推动市场竞争、提高市场资源配置效率和创新效率而设计的，不能把经济和社会发展列为直接目标，更不能把经济发展、社会公平、公共利益等作为个案审查中的参照，造成标准的不统一。[①] 2002年《竞争法》的总体目标是“国家经济发展”。“经济发展”如同“公共利益”一样，属于主观标准，含义十分宽泛，有关的解释并不一致，不仅在处理竞争案件时无益于判断涉案行为对竞争产生的影响，甚至可能成为大规模企业以促进发展为由实施反竞争行为的借口。

二、知识产权与竞争法

知识产权与竞争是一对看似矛盾的关系。一方面，知识

---

① 参见盛浩：《发展中国家的竞争政策——背景、现状与问题》，http://www.zzgy.gov.cn/Detail.asp? AID = 1722，访问日期：2008年6月21日。

产权所有人因在其发明创造工作中付出了劳动,理应有权通过其发明创造或者知识在竞争中取得优势地位,甚至垄断地位;另一方面,因为市场经济的本质是竞争,为了维护竞争,法律不应当允许知识产权所有人因其合法的垄断地位而妨碍、限制或者歪曲市场竞争。① 而事实上,这种矛盾关系是可以相互转化的。知识产权保护在推动技术创新的同时激发了竞争,竞争又进一步鼓励了技术创新。因此,知识产权法与竞争法相辅相成,互为条件,要充分尊重和有效保护知识产权,同时也应使知识产权行使行为受到应有的约束,防止知识产权的滥用。

为防止知识产权的滥用,一些国家和地区采取了包括竞争法在内的控制措施。其中,美国司法部和联邦贸易委员会于1995年联合发布的《知识产权许可的反托拉斯指南》、欧共体委员会于1996年颁布的《技术转让规章》、日本公正交易委员会于1999年重新颁布的《专利和技术秘密许可协议中的反垄断法指导方针》等颇具代表性,反映了国际上的最新发展趋势。②

近年来,印度软件产业取得了让世人刮目相看的成功,成为居世界前列的软件出口国家。不仅如此,印度制药业的发展速度也十分惊人。这些都在很大程度上得益于印度的知识产权法律制度。2002年《竞争法》第3条规定,在印度,知识产权协议不适用限制竞争协议的有关规定。但是,知识产权的滥用会限制知识产权领域的正常竞争,破坏市场主体的权利义务平衡,损害消费者的利益,阻碍经济发展。因此,考虑到目前的国际趋势和印度本国的发展需求,该法给予知识产权协议完全豁免显然是不合时宜的。

---

① 参见王晓晔:《知识产权 VS 反垄断》,载《社会科学报》2003年4月17日,第4版。

② 参见王先林:《若干国家和地区对知识产权滥用的反垄断控制》,载《武汉大学学报(社会科学版)》2003年第3期。

三、宽恕政策

根据 2002 年《竞争法》第 46 条，委员会可以酌情减轻对已经作出完整、真实且至关重要的披露的，参与订立限制竞争协议的卡特尔成员的处罚。这个规定实际上是宽恕政策的体现。宽恕政策是各国竞争法执法机构为了加强卡特尔执法而实施的一项重要政策。它通过向揭发卡特尔并提供合作的卡特尔成员和有关个人提供减免处罚的宽恕待遇，鼓励卡特尔成员和有关个人揭发卡特尔，从而促进卡特尔的发现、调查和处理。宽恕政策起源于美国，近年来盛行于主要发达国家和地区，对打击卡特尔发挥着重要作用。[①] 在欧盟和美国，第一个提供充分的、足以启动调查的信息的企业可以获得完全的赦免，随后提供有用信息的企业可以减轻处罚，但其在针对其他卡特尔成员的调查中必须保持合作。但是，印度 2002 年《竞争法》并没有规定何种披露为至关重要的，也没有规定可以减轻的程度，这无疑是公正、透明地执行宽恕政策的一大障碍。

四、豁免权

豁免制度在各国竞争法中均有涉及。虽然范围和程度不一，但是竞争法豁免一般包括两个方面：特定行业和特定行为。[②] 特定行业豁免通常是出于产业政策的考虑给予自然垄断行业和公共事业行业的豁免，因在实践中常常带来经济低效率，各国行业豁免的范围越来越窄。从发展趋势来看，行业豁免将逐渐为行为豁免所取代。特定行为豁免通常是出于促进经济发展和提高经济效率的考虑给予的豁免，包括

① 参见游钰：《论卡特尔执法困境与宽恕政策的采用》，载《2008 年亚洲竞争法论坛论文集》，第 113 页。

② 参见唐要家：《反垄断豁免制度的比较分析》，载《中南财经政法大学学报》2006 年第 1 期。

中小企业卡特尔、出口卡特尔、克服危机卡特尔等等。但是，豁免制度毕竟是竞争法的例外，因此必须规定严格的程序和条件，只有符合程序、满足条件才能获得豁免。而豁免制度的执行是保障豁免制度有效执行的关键。为此，必须建立权力制衡机制，防止豁免制度的滥用。

除知识产权协议外，2002 年《竞争法》有关豁免制度的规定主要体现为：

第一，根据第 3 条第 3 款规定，有助于提高效率的联营协议不适用有关横向协议的禁止性规定。这一规定从表明上看类似于欧盟和美国的规定。《罗马条约》为满足某些条件的研究开发协议提供集体豁免。1984 年美国《国家合作研究法》对研究开发协议适用“合理原则”，而对其他限制竞争协议则适用“本身违法原则”。相形之下，一方面，2002 年《竞争法》的规定显得过于宽泛，既不限于研究开发协议，也没有规定其他条件；另一方面，这一规定又显得过于狭窄，即仅限于企业间的特定形式的合作，即联营协议。

第二，根据第 54 条规定，印度中央政府拥有给予豁免的权力。中央政府可以为维护国家安全和公共利益豁免任何企业，也可以豁免基于印度签订的双边或多边协定、协议或条约的义务而产生的任何行为或协议，还可以豁免任何代表中央政府或邦政府行使主权权力的企业。但是国家安全、公共利益的标准十分模糊，而且该法又没有规定任何豁免的程序以及豁免权的制约机制，其结果可能造成竞争法豁免的泛滥，这不仅为政府腐败大开方便之门，而且为特殊利益集团的寻租行为创造了条件，最终损害经济和社会发展。

五、主管机构的独立性、权威性

竞争法主管机构是贯彻执行竞争法的专门性机构，直接关系到竞争法能否得到有效实施。综观美国反托拉斯局和联邦贸易委员会、欧盟委员会竞争总局、日本公正交易委员会、韩国公平交易委员会等竞争法主管机构,无一不具有高度的独立性和权威性。设立独立、权威的主管机构,已经成为各国竞争法的共识和发展趋势。2002 年《竞争法》设置了专门性的主管机构这一点应当肯定,但是,竞争法主管机构的独立性、权威性却值得怀疑,主要表现为:(1) 委员会委员和上诉法庭成员由中央政府从选任理事会推荐的人选中任命,而该理事会的成员大多来自政府部门;(2) 中央政府有向委员会下达指示的权力,其中有关政策问题的书面指示对委员会具有约束力;(3) 中央政府有权在某些情况下接替委员会,但不妨碍重新任命以前的委员,这有可能出现中央政府滥用权力免除不顺从其指示的委员的情况出现;(4) 政府制定政策时就该政策可能对竞争产生的影响咨询委员会,委员会应当提供咨询意见,但对政策的制定并无约束力,并且委员会也无权主动发表意见。可以说,2007 年该法修订前,委员会不能完全独立于政府,是其受到公众质疑、迟迟不能开展工作的主要原因。但修订后该法的规定表明,印度竞争法主管机构仍未能摆脱政府的束缚。这些规定无疑削弱了主管机构反对垄断、促进竞争的作用。

六、主管机构的职能

一般来说,由于竞争法司法和执法的特殊性,竞争主管机构在处理案件的过程中既具有行政执法权,又具有审理案件的准司法权。2002 年《竞争法》修订后,印度的竞争主管机构一分为二:一个是由专家领导的竞争委员会,履行监管职能,行使开展违法调查并作出指令、发布临时禁令、追索罚金、提供咨询意见等职权;另一个是由法官领导的竞争上诉法庭,履行裁判职能,行使处理上诉案件、损害赔偿请求、下达并执行指令等职权。但是,委员会拥有的发布临时禁令、追索罚金等职权,又属于裁判职能的一部分。这种职权的混乱会招致非议,引发冲突,甚至导致委员会成为“无牙之虎”。

七、议事方式

委员会的议事方式由原来的合议庭制度改为委员会会议制度。后者虽然有利于委员会作为一个整体统一决策,但却无法顾及委员会所在地之外的其他地方的竞争事务,更不利于具有相当专业性的企业联合案件的处理。

八、过渡性安排

根据2002年《竞争法》规定,垄断与限制贸易行为委员会的职员由竞争委员会和上诉法庭全部接收。垄断与限制贸易行为委员会的职员固然具有一定的执法经验,竞争委员会和上诉法庭如果有选择地吸收部分成员会有利于工作的开展,但是毕竟机构不同、法律依据也不同,如果垄断与限制贸易行为委员会的职员由竞争委员会和上诉法庭全部接收,可能会导致"换汤不换药"的局面,反而可能妨碍竞争委员会和上诉法庭开展工作。

尽管2002年《竞争法》仍有许多不完善之处,但是,应当说,印度的竞争法制建设走在了发展中国家的前列。竞争法在发展中国家的地位往往十分微妙,因为如何处理反对垄断和促进发展、竞争政策和产业政策的关系始终是发展中国家必须面对的问题。与有些发展中国家竞争法的制定受到经济合作与发展组织(OECD)等国际组织的直接推动不同,印度竞争法最初是政府保护国内市场、支持公营经济的经济发展战略和政策的产物。利用尼赫鲁时代的有利时机出台的1969年《垄断与限制贸易行为法》,实际上为2002年《竞争法》的制定铺平了道路,因为虽然较之前者来说,后者已然是"新瓶装新酒",但前者毕竟是印度竞争法制建设的开荒拓路者。这样一来,我国《反垄断法》的制定为何经历了一个漫长的时期就不难理解了。而且,不得不承认,印度在制定和完善竞争法方面态度非常积极,不断努力探索,使之顺应国际趋势，符合自身国情。

印度竞争法在具体规范中有不少做法值得我国借鉴，最重要的是该法对“倡导竞争”的强调。2002年《竞争法》对“倡导竞争”作出了专章规定。原因在于，一方面，企业的限制竞争行为层出不穷；另一方面，政府对市场的管制和干预也会影响市场竞争秩序，各种行政垄断行为严重危害竞争，这在转型国家尤其如此。中印两国国情相似，发展层次同一，都处于经济转型时期。所以，在我国大力倡导竞争十分重要，应当通过竞争法与竞争政策的各种培训、宣传，引导公众积极参与各种与竞争有关的政策与法律的制定，营造竞争氛围、培育竞争意识、培养竞争文化，最终达到促进竞争的目的。

印度竞争法在实施中面临的困境也值得我国思考。2002年《竞争法》实施伊始就遇到了巨大的阻力，原因在于缺乏一个独立、权威的主管机构，并引发了社会公众的广泛争议。印度最终不得不通过修法来平息这场风波，虽然问题并没有得到完全解决。我国《反垄断法》已经开始实施，执法机构的问题也会日益凸现。对照我国的国情，参照印度的经历，可以在今后的实践中少走弯路。

第五章
蒙古国竞争法律制度

第一节　蒙古国国家概况

蒙古国名全称为蒙古国(Mongolia)。它地处蒙古高原,东、南、西三面与中国接壤,北面则同俄罗斯的西伯利亚为邻。蒙古国起源于公元13世纪初成吉思汗统一大漠南北各部落而建立的蒙古汗国。1279—1368年,成吉思汗之孙忽必烈作为蒙古帝国的大汗改蒙为元,其所统治"中央汗国",已包括了中国的新疆西北部和内蒙古,俄罗斯的部分区域(如唐努乌梁海)、中国大部分、西伯利亚、朝鲜半岛等等。[①]到了明朝,在中国的蒙古人大多退回了塞外,并一直在那里居住。1911年12月,蒙古王公在沙俄支持下宣布"自治",而后又于1919年放弃"自治"。1921年,蒙古人民革命成功,同年7月11日便成立了君主立宪政府。1924年11月26日君主立宪制又被废止,蒙古人民共和国(The People's Republic of Mongolia)成立。1945年2月,英国、美国、苏联三国首脑在雅尔塔会议的协议中规定,"外蒙古(蒙古人民共和国)的现状须予维持",这也是苏联参加对日作战的条件之一。1946年1月5日,当时的中国政府承认了外蒙古的独立。蒙古于1992

---

① 参见〔美〕罗沙比:《忽必烈和他的世界帝国》,赵清治译,重庆出版社2008年版。有关蒙古国的历史可参阅蒙古国信息网,http://www.mongg.cn/lishi。

年2月改名为"蒙古国"。

一、蒙古国的政治制度

(一) 宪法

蒙古现行《宪法》为第四部宪法,于1992年1月通过,同年2月12日起生效。该《宪法》规定:蒙古的国体是共和国;在本国建立人道的公民民主社会为其崇高目标;政体是议会制;在未颁布法律的情况下,禁止外国军事力量驻扎蒙古国境内和通过蒙古国领土;国家承认公有制和私有制的一切形式;国家尊重宗教,宗教崇尚国家,公民有宗教信仰与不信仰的自由;根据公认的国际法准则和原则,奉行和平外交政策。根据该宪法,改国名为"蒙古国"。

(二) 议会

蒙古国1992年《宪法》规定,蒙古国实行有总统的单一议会制,议会在蒙古称"国家大呼拉尔"(State Great Hural),是国家最高权力机构,拥有立法权。国家大呼拉尔可提议讨论内外政策的任何问题,并将以下问题置于自己特别权力之内予以解决:批准、增补和修改法律;确定内外政策的基础;宣布总统和国家大呼拉尔及其成员的选举日期;决定和更换国家大呼拉尔常设委员会、政府以及依法直接向国家大呼拉尔报告工作的其他机关的结构、成员;颁布总统当选并承认其权力的法律;罢免总统职务;任免总理、政府成员;决定国家安全委员会的结构、成员及权力;决定赦免;制定国家的财政、信贷、税收、金融政策,阐明国家经济、社会发展的基本方针,批准政府施政纲领、国家预算及其执行结果的报告等。国家大呼拉尔为一院制议会,其成员由25岁以上有选举权的蒙古国公民在普遍、自由、直接选举的法律基础上以无记名投票的方式选出,共76位,任期四年;其主席、副主席则从委员中以无记名投票选举产生,任期亦为四年,可依据法律提前解除或罢免其职务。本届国家大呼拉尔于2006年7月产生，蒙古人民革命党和民主党分别占39席和22席。主席为丹增·龙戴姜仓（Dayzangiin Lundeejantsan，人民革命党），于2007年6月当选。

（三）司法机构

蒙古国的司法机关由国家高级法院和总检察院组成。

1．法院

根据蒙古《宪法》，法院行使司法权。任何条件下不得设立非法法院，其他机关不得行使审判权。法院的基本建制由国家最高法院，省、首都法院，县和县际法院，区法院组成；分为三种：一审法院、地区法院和终审法院。根据刑事、民事、行政等审判工作类别，可设立专门法院。专门法院的活动、裁决，须置于国家最高法院的监督之下。法院的经费由国家预算划拨。法院开展工作的经济保障，由国家提供。

为保障法官不充当附庸和法院的独立地位，蒙古又设立了司法总委员会。司法总委员会不介入法院和法官的审判工作，只担负从法律工作者中选拔法官并保护其权益等有关保障法院独立工作条件的职责。

蒙古国最高法院是最高审判机关，行使下列职权：依法分级受理的刑事案、法律纠纷，由基层法院审理；依据越级控告和监督规则，对下级法院的裁决予以审查；审理由宪法法庭、国家总检察院移交的关于维护法律及法律规定的人权与自由问题；对除宪法外其他法律规定的正确运用作出正式解释；裁决依法授权的其他问题，等等。国家最高法院的裁决为最终裁决，所有法院、其他有关各方必须执行。国家最高法院的裁决如与法律抵触，由最高法院本身予以废止。

2．检察机关

检察机关行使案件调查与研究以及执行处罚的监督，根据《宪法》第56条的规定参与法庭程序。《检察法》于1993年由国家大呼拉尔颁布，共6章46条。主要处理有关检察院的组织与行为的基本原则、集中管理、公平公正、质询监督、监督犯罪调查、监督执行处罚、参与法庭程序、检察人员的基本权力、检察人员监督和检察人员行为的合法手段。

检察机构由国家总检察署和各级地方检察署构成,包括普通检察院、地区和首都检察院、基本区域检察院。国家总检察长和各级地方检察长分别行使法律的最高检察权和地方检察权。受过法律专业高等教育且符合专业要求的蒙古人均可被任命为检察官。经国家大呼拉尔质询后,总统任命检察官及其代表,任期六年。

二、蒙古国的经济制度

当代蒙古国经济以畜牧业和采矿业为主,畜牧业是国民经济的基础。工业以轻工、食品、采矿和燃料动力工业为主。蒙古曾长期实行计划经济,1991 年开始向市场经济过渡,实行国有资产私有化。1997 年 7 月,政府通过"1997—2000 年国有资产私有化方案",目标是使私营经济成分在国家经济中占主导地位。1998 年 8 月,蒙古决定每年 9 月 1 日至次年 4 月 1 日期间对面粉、土豆和蔬菜征收进口关税。1999 年国内生产总值增长率与 1998 年持平,通膨率高于 1998 年,对外贸易额比 1998 年有所减少,贫困人口有所增加。2005 年,蒙古宏观经济整体运行平稳,财政收入增加,经济增长速度放缓,汇率基本保持稳定。蒙古地下资源丰富,现已探明的有铜、钼、金、银、铀、铅、锌、稀土、铁、萤石、磷、煤、石油等 80 多种矿产。额尔登特铜钼矿已列入世界十大铜钼矿之一,居亚洲之首。森林面积为 1 830 万公顷,全国森林覆盖率为 8.2%。采矿类企业、燃料动力类企业和加工类企业是蒙古国主要的工业企业。畜牧业是蒙传统的经济部门,也是蒙国民经济的基础,因而蒙古素有"畜牧业王国"之称。

20 世纪 90 年代以来,蒙古开始对外投资,但投资额很小。1992 年起蒙古开始对华投资。截至 2007 年底,有中、俄、日、美、韩等 70 个国家和地区的企业向蒙直接投资,投资额约23.04亿美元，投资项目计7774个。主要投资部门为矿山、轻工、畜产品加工、商业、建筑等。据蒙方统计，至2007年底，中国对蒙投资11.81亿美元，投资项目3769个，分别占外国对蒙投资额和投资项目数的51.3%和48.5%。[①]

第二节　蒙古国竞争法律制度概述

目前，蒙古在竞争法领域的主要立法是1993年颁布的《禁止不公平竞争法》和2000年的《禁止不公平竞争法修正案》（以下简称“2000年《修正案》”）。

1993年通过的《禁止不公平竞争法》共包括5章14条，主要规定了以下内容：该法的目的；相关术语的界定；规制对象，包括滥用市场支配地位、限制竞争协议、控制竞争者的行为、其他有损公平竞争的行为；立法、行政及司法机关规制不公平竞争行为的职权范围；法律责任。

2000年《修正案》共包括6章18条。第一章阐述了立法目的、适用范围、垄断地位的界定；第二章、第三章和第五章介绍了蒙古《禁止不公平竞争法》的规置对象，包括对占有市场支配地位的经营者的阻碍竞争行为、政府和地方行政机构作出的限制竞争的决策、自然性垄断的国家监管问题；第四章为设置专门的不公平竞争行为监管机构提供了法律依据；第六章为其他规定。

2005年颁布的《认定企业获得或丧失垄断地位和市场支配地位的程序》进一步发展了《禁止不公平竞争法》。根据该程序性规则，企业或企业联合获得或丧失市场支配地位取决于其所占的市场份额。

---

① 资料来源：中华人民共和国外交部网站，http://www.fmprc.gov.cn/chn/wjb/zzjg/yzs/gjlb/1261/1261x0/default.htm。

一、《禁止不公平竞争法》及其修正案

1993 年《禁止不公平竞争法》的总则部分规定得比较简单,仅介绍了立法目的和禁止不公平竞争法的法律体系,以及如何界定相关法律概念。而 2000 年《修正案》则明显有所完善,不仅对原有规定进行调整补充,最重要的是更新了企业占据市场垄断地位的认定标准。

(一) 立法目的

2000 年《修正案》第 1 条规定了其立法目的:为企业从事商业行为创造公平竞争的市场环境;确定并贯彻禁止、限制和预防任何阻碍竞争行为的法律依据和组织机构基础。而 1993 年旧法的立法目的仅仅是禁止和限制对市场上经营者的国家控制、垄断以及其他阻碍公平竞争的行为。

竞争法的立法目的关系到竞争法的有效执行以及竞争执行机构的设置,在 1993 年的竞争法立法目的中,我们仅能看到竞争法最浅层次的作用,即规范不公平竞争行为以及行政垄断行为,而 2000 年《修正案》将立法目的进一步深化,不仅体现了竞争法的直接作用是禁止、限制和预防任何阻碍竞争的行为,而且提到了竞争法的更深层次的作用,即为企业进行商业活动创造公平竞争的市场条件。此外,在 2000 年《修正案》中还明确了要通过《禁止不公平竞争法》建立有效的执法机构的立法目的。

(二) 立法体系

比较 2000 年与 1993 年的立法,蒙古禁止不公平竞争的立法体系都包括了蒙古宪法中的有关规定、本法以及其他相关法规。

2000 年《修正案》第 2 条补充了第 2 款规定:"蒙古缔结或者参加的国际条约和本法有不同规定的,适用国际条约的规定"。该款规定明确了处理蒙古国内法与国际条约关系的准则,即国际条约与国内法规定不一致时,国际条约优先于

国内法。该规定体现了蒙古对国际条约的尊重,同时也是蒙古发展国际经济贸易的必然选择。蒙古在1996年成为世界贸易组织正式成员,为适应加入WTO的新形势,促进贸易自由化,蒙古对国内法律进行适时的立、改、废,2000年《修正案》就是成果之一。

(三)适用范围

1993年的立法中未对适用范围作出规定,这一缺憾在2000年《修正案》中得到了弥补。根据该修正案第3条:该法平等地适用于参与市场竞争的法律主体、政府和地方行政机关。除法律另有规定,证券、金融市场或广告行为对竞争存在或可能存在消极影响,适用该法。在合法范围内的保护知识产权的行为和由此产生的结果,不应当视为妨碍竞争。

应该说,这条规定是非常重要也是非常必要的。一方面明确了该法适用的主体包括一切参与市场竞争的经济实体、政府和地方行政机构,强调在这些主体之间平等地适用该法;另一方面,明确了该法适用的领域,不仅适用于单纯的竞争行为,除法律另有规定之外,金融市场或广告行为如果对竞争存在或可能存在消极影响,也适用该法。对于合法的知识产权行为"不应当视为妨碍竞争",言外之意,如果是滥用知识产权排除和限制竞争的行为,则应该受到该法的规制。

(四)相关概念的界定

与许多其他法律一样,作为"蒙古经济宪法"的《禁止不公平竞争法》必须对一些复杂的法律概念进行界定,例如"产品"、"市场"、"市场支配地位"。

根据第4条的规定:"产品"是指所有供应到市场的货物、支付方式、服务以及可让与的权利。"市场"是指某种产品的实际供应范围。"财政机构"是指信贷或保险机构,以及证券市场的职业经纪人。"竞争者"是指向市场供应某种产品的人或组织。

第5条规定:一个经营者或几个经营者的联合,在特定产品的相关市场上占有1/3以上份额的，应当视为具有市场支配地位。经营者滥用市场支配地位，阻止其他竞争者进入该市场领域，或阻碍竞争和消费者的行为，构成垄断行为，而该经营者应当被视为垄断者。

滥用市场支配地位的行为向来被看做各国竞争法的重要规制对象，确定经营者是否滥用其市场支配地位的重要前提就是要明确经营者如何才算具有了市场支配地位。各国法律根据本国经济发展状况，对市场支配地位的界定都不尽相同。1993年蒙古《禁止不公平竞争法》中规定：一个经营者独自占有或几个经营者联合占有某种商品或相似商品、产品或劳务工作以及提供服务50%以上的市场份额，则视为具有市场支配地位。

二、《禁止不公平竞争法》的规制对象

1993年《禁止不公平竞争法》的规制对象，主要依照主体行为的性质分为两类：一类是禁止市场上的垄断行为；另一类是禁止有损公平竞争的行为。2000年《修正案》从整体上调整了1993年立法中的体例安排，将该法的规制对象按照行为主体的性质不同分为两类：一类是禁止占有市场支配地位的经营者妨碍公平竞争的行为；另一类是禁止政府及地方行政机构的限制竞争行为。

（一）禁止占有支配地位的经营者妨碍公平竞争的行为

根据《禁止不公平竞争法》，一个经营者或几个经营者的联合，在特定产品的相关市场上占有1/3以上份额的，应当视为具有市场支配地位。占有市场支配地位的经营者或经营者的联合的行为对公平竞争的市场环境的形成至关重要。法律并不禁止经营者或经营者的联合占有市场支配地位，但是法律禁止其滥用这种占有市场支配地位的优势从事损害公平竞争的行为。在2000年《修正案》中，对占有市场支配地位的经营者之行为的规范主要体现在：第一，禁止有损公

平竞争的滥用市场支配地位行为；第二，禁止占有市场支配地位的经营者签订阻碍竞争的协议；第三，禁止占有支配地位经营者的管理层人员兼任具有竞争关系的经营者的管理人员；第四，禁止控制竞争者；第五，其他有害竞争的行为。

1. 禁止有损公平竞争的滥用市场支配地位行为

根据第6条，禁止处于市场支配地位的经营者为下列行为：

(1) 为了制造人为的市场短缺和提高价格而中止或限制商品的生产和销售；

(2) 利用市场支配地位，对消费者销售产品附加额外条件，并以不同价格销售产品；

(3) 以低于成本的价格销售商品，目的是防止其他经营者进入相关市场或将其他竞争者驱逐出该市场；

(4) 无任何理由地拒绝与其他经营者建立业务关系，并设定不合理原则，目的是将竞争对手驱逐出相关市场；

(5) 以搭售的方式销售产品；

(6) 固定转售价格，划分转售领域；

(7) 以不买其竞争者的产品作为销售自己产品的条件；

(8) 要求他方以可能导致这种产品减少生产或销售的低价出售其商品；

(9) 未有正当理由，要求消费者或竞争者转移他们的金融工具、资产、权利和劳动力给自己；

(10) 通过分工与分离的手段，要求竞争对手重组或清算他们的公司；

(11) 订立与合同主要内容无关或不利于缔约方的合同条件。

2. 禁止占有市场支配地位的经营者签订阻碍竞争的协议

根据第7条，禁止联合份额占有市场支配地位的经营者，以妨碍竞争的目的，以下列任何形式作出决策，达成协定：

(1) 互相固定价格,或限制生产或销售;

(2) 根据地区、生产、服务、销售、商品的名称和类型以及消费者的类型划分市场;

(3) 联合拒绝签订或参加对竞争有意义的协议或谈判;

(4) 以事先商定的价格参与公开投标或竞价拍卖,欺骗其他竞争者,并对其施加压力;

(5) 以有利于其所经营的商业的目的,阻止竞争对手加入某组织;

(6) 限制销售或购买第三方的产品。

3. 禁止兼任具有竞争关系的经营者的管理人员

根据第8条:禁止具有支配地位的经营者的管理层中的个人同时担任其他具有竞争关系的经营者的管理人员。

4. 禁止控制竞争者

第9条第1款规定:禁止占有市场支配地位的经营者为了在市场上进行垄断性的活动而收购其竞争对手的股份。

对这一规定有例外规定,即如果由于提高国民经济主导领域的产品或者是国民生活不可或缺的产品的竞争力而产生的利益被证明超过对竞争所造成的任何损失,则不适用上述该规定。

5. 其他有害竞争的行为

根据第10条的规定,禁止任何主体进行下列有害于竞争的活动:

(1) 散播虚假的、不实的,或具有误导性的信息,以此削弱竞争对手或其商品的声誉,而给竞争对手造成损失;

(2) 传播关于自己或竞争对手的企业、位置、产品制造方法以及商品使用说明的虚假或不实的信息;

(3) 采用与竞争者完全相同的方式为自己的产品做广告;

(4) 赞助方采取的有损受赞助方竞争的行为;

(5) 为了宣传商品而违反法律及有关规定;

(6) 任意使用他人商品的商标、标识、名称、商品质量保证,或复制品牌名称或包装;

(7) 未经权利人同意,出售、出版或散播科学的、技术的、生产或贸易的信息和机密。这一规定不适用于蒙古专利和版权法所规定的可以在市场上自由交易的重整商品;

(8) 隐瞒商品的质量缺陷或危险特征。

(二) 禁止政府及地方行政机构的限制竞争行为

政府及地方行政组织滥用行政权力限制竞争的行为,也就是我们通常认为的"行政垄断行为"。有关行政垄断问题是许多国家制定竞争法时遇到的最大难题,同时行政垄断也往往使竞争法的执行陷入瓶颈。

蒙古《禁止不公平竞争法》第 11 条就行政垄断问题作出规定:

1. 除法律另有规定,政府和地方行政机构无权批准相关的任何商业活动。

2. 除法律另有规定,禁止政府和地方行政机构作出下列决定:

(1) 禁止或限制经济实体从事特定类型的活动、产品生产或销售;

(2) 禁止或限制进行商业活动的实体从一个市场向另一个市场出售商品;

(3) 禁止或限制竞争者进入商业活动领域中的市场。

3. 除法律另有规定,禁止政府和地方行政机构相互间或与经营者之间就下列问题进行谈判,或作出决定:

(1) 提高、降低或维持商品价格在同一水平;

(2) 以地区、生产、销售额、产品的名称和种类、销售者、消费者为标准划分市场;

(3) 致力于限制任何经营者进入市场,或强制任何经营者离开市场;

(4) 把一个信贷商品给予其他组织、经济体或从事商业活动的个人。

但是,如果政府或授权组织发放贷款或实施援助,以弥补自然灾害和其他紧急情况造成的损失,不应当被视为限制竞争。

三、蒙古国竞争法的实施体制

(一) 不正当竞争的监管机构

2000年《修正案》相比较1993年的竞争立法最突出的变化之一就是为不公平竞争的监督和管理机构的设立和运作提供了法律依据。

根据该法第12条,蒙古的不公平竞争监管机关是不公平竞争监管局(以下简称"监管局"),主要负责监督执行《禁止不公平竞争法》,禁止、限制和遏止有害竞争行为,对参与竞争和进行商业活动的主体的行为进行调查和裁定,认定经营者获得或丧失市场支配地位或自然性垄断地位,并向有关机关提交创造公平竞争环境的建议。监管局独立于政府和地方政府行政组织,在法律规定的职权范围内充分行使职权。监管局设立委员会,委员会由主席和四名成员组成,管理局局长担任委员会主席,委员会成员由政府根据管理局局长的建议任免。

根据第14条和第15条,监管局充分行使下列职权,承担相应职责:

1. 对有关经营者和组织执行《禁止不公平竞争法》的有关情况进行调查并作出裁决,而不论其所有权归属;

2. 认定、登记并认真调查一个经营者获得或丧失市场支配或自然垄断地位,并监管其行为。政府应制定认定经营者获得或失去市场支配地位或自然垄断地位的程序;

3. 要求滥用其市场支配地位的经营者的管理层通过分解的方式重组经济体,如果拒绝执行,则可以要求其停止商业活动直至违规行为得到纠正;

4. 遏制、禁止、限制经营者不利于公平竞争的非法活动，并对其进行行政处罚；

5. 政府及地方行政机关的官员、经济实体，以及有意义的新闻、信息和文件，应当为竞争创造条件并用于问题的处理和分析；

6. 应向更高一级的有权机构和官员提交建议书，建议推翻有关政府和地方行政机关签发的违反《禁止不公平竞争法》的决定；

7. 制定创造和保护竞争环境的建议，并提交解决方案；

8. 使公众知晓有关创造竞争环境的决定；

9. 调派专业监管机构及其他有关组织的雇员参与监督调查和作出裁决的工作；

10. 控制经营者的重组，禁止占有市场支配地位的经营者兼并其竞争对手。通过兼并或合并进行结构调整的经营者应由监管局核准，并在有权国家机关进行登记。监管局应在收到有关材料后的 14 天之内作出书面答复，如有必要可延长 14 天。如果监管局认为经营者经过合并或兼并重组后将占有市场支配地位并将限制竞争，则可驳回其重组请求。监管局的驳回决定将作为有权国家机关拒绝登记的理由。

（二）法律责任

对违反该法的经营者应当承担的相应法律责任，蒙古《禁止不公平竞争法》第 18 条规定：由于违反《禁止不公平竞争法》而对他人造成实质损害的，应当依法予以赔偿。如果违反了《禁止不公平竞争法》的有关规定但不尚构成刑事犯罪的，监管局的监察员可对其处以下列行政处罚：对违反第 6、7、10 和 9.1 条的经营者，处以 100 000—2 500 000 图格里克的罚款并没收全部非法所得，并停止其活动直至其违法活动得到纠正并向有权机关提交申请；对违反第 8 条和第 15.1 条的行政官员，处以 30 000—60 000 图格里克的罚款并恢复原状；对违反第 11.1、11.2 和 11.3 条的行政官员，处以

30 000—60 000 图格里克的罚款。

第 17 条也赋予了经营者一定的申诉权,即经营者如果认为监管局的决定是违法的,可向法院提起诉讼。

(三) 对自然垄断的国家控制

根据第 16 条,监管局应通过下列方式规制自然垄断:应考虑市场的饱和度,调整向市场供应的产品数量和型号;应考虑到实际消费能力,控制、调整特定产品的销售价格。如果出现促进竞争或减少商品自然垄断发生的条件,应向有关机关提交要求创造竞争条件的提议。

第三节 蒙古国竞争法律制度评析

蒙古与我国有着千丝万缕的历史联系,无论从政治角度还是经济角度来看,两国的发展轨迹有一定的相似之处。从某种层面而言,蒙古的经济发展是受到了中国经济发展的启示的。在建立市场经济的漫长过程中,我国于 1993 年施行了《反不正当竞争法》,而《反垄断法》却是在 15 年之后才正式施行,至此,我国才有了相对完整的竞争法律体系。相对而言,蒙古在 1993 年颁布了《禁止不公平竞争法》,而与我国有所不同的是,蒙古的《禁止不公平竞争法》实质是反垄断法和传统上的反不正当竞争法的综合体,属于合并立法,类似于我国台湾地区的“公平交易法”。蒙古之所以采取这种两法合体的立法形式,一是因为竞争法对于 20 世纪 90 年代初的蒙古还是一个很前沿的课题,由于之前一直是计划经济,也不可能让其阶段性地发展市场竞争制度。改革开始后,蒙古改革者也希望通过一部法律尽快建立市场经济制度,或者说是毕其功于一役。二是,日本、韩国和我国台湾地区在竞争法方面都是采取了反不正当竞争法与反垄断法的合并立法,蒙古也明显受到了这些邻国和地区,尤其是东亚诸发展迅速国家和地区的立法体例影响。

一、竞争法的制定背景

（一）政治经济背景

1921年前，蒙古处于原始的贫穷和落后的状态，畜牧业是唯一的经济命脉，50%的牲畜业掌握在主要农牧主和寺院主手中。独立后，蒙古随着苏联的指挥，进行了一系列“无情的政治斗争”和“国有化运动”。七十年来，蒙古作为苏联和东欧的“互经会”成员，经济上也受到苏联毫不留情的掠夺和压制。这使得蒙古的民族工业发展缓慢，整个蒙古大草原变成了苏联的原料供应地、资本输出和商品倾销市场。自1948年起执行第一个五年计划，蒙古共经历了八个五年计划，经济仍然“一穷二白”。1989年，东欧和苏联政治形势急剧变化。蒙古处于经济凋零、孤立无援的状态，苏联式单一的“计划经济”模式使蒙古国民经济日益恶化。1990年，新组成的蒙古政府学习中国的改革，提出了对内实行“国家调节的市场经济”，对外实行“改革开放”的政策，采取了一系列的改革措施；积极开辟证券市场、外汇交易市场以及建立股份银行等。

从1991年起，蒙古不再执行五年计划，开始向市场经济过渡，并逐步实行私有化。5月通过了《财产私有化法》，决定分两步实行：第一步对商业服务网点和小工厂企业实行私有化，称为“小私有化”，到1992年底已基本结束；第二步为大私有化，办法是发放投资证书，将大、中型工厂企业的财产和股票转为私有财产，畜牧业则将全部畜牧转归私人所有，到1993年底，80%的国有财产和90%的牲畜已实行私有化。此外，还着手建立市场经济结构，放开物价，奉行开放性经济政策，吸引外资投入。为保障市场经济的实施，还制定和颁布了一系列经济法规。市场竞争方面的法律也正是顺应这一趋势而制定的。

(二) 国际和周边环境背景

蒙古于1996年加入世界贸易组织,作为第一个加入世贸组织的前社会主义国家,较早地接触开展对外贸易并积极吸引外国直接投资。1990年至2002年底,有中、俄、日、美、韩等70个国家和地区的约2000多家企业向蒙直接投资,累计投资额逾5亿美元。其中,50%的外企系只有1万—5万美元投资额的小企业。主要投资国有中、韩、日、美、俄等。主要投资部门为矿山、轻工、畜产品加工、商业、建筑等。作为融入国际大市场的一个前提条件,竞争法成为了国际社会,尤其是在蒙古有大量开办企业等直接投资的国家,督促蒙古完善国内法制建设的一个重要方面。

此外,蒙古还长期接受国际社会援助和贷款,主要援蒙国家和国际组织有日本、美国、德国、俄罗斯、中国、亚洲银行、世界银行、国际货币基金组织等,而建立并完善反垄断方面的法律和执行也成为了援助条件之一。

(三) 法律背景

尽管政治经济的改革和发展要求蒙古必须尽快制定本国的竞争法,迫使蒙古不得不把竞争立法提上议程,但是蒙古《禁止不公平竞争法》的制定和完善还是遇到了前所未有的巨大阻力。

1. 来自于国家的阻力

营造一个市场体系并拆除公共和私人的竞争障碍,危及到了强大的公共机构在中央经济管制中的运行,竞争性的改革也遭到了监管特殊经济部门和国有企业的政府机构的强烈反对。推行竞争政策的当局,遂通过增强国有企业的私有化、消除公共控制领域的市场准入壁垒,以及限制国有企业利用国家特权阻碍私有企业的发展等种种促进竞争的方式,以抗衡来自方方面面的阻力。

在一些情况下,国家有关部门和国有企业会采取有效措施阻碍竞争政策的推行,因为该政策剥夺了中央计划提供给其的财政拨款。抵制竞争的措施主要集中在阻碍法律法规的制定和有效执行方面。

2. 资源限制

一旦建立新的竞争机构,竞争政策的执行机构就会资金不足,必须要从国家预算中取得部分财政拨款。然而从这方面说,竞争机构很难获得与其职责相称的资源。资源匮乏在一些方面发人深省,新的竞争机构甚至很难维持其必备的专业人员所需的本来就很低的薪水,更为重要的是,低薪使更大的腐败成为可能。

3. 公众对市场改革的不满

有利于市场经济改革的政治趋势在蒙古这个前社会主义国家高度不稳定。在传统的集权政治和计划经济向民主自由和市场经济的过渡阶段,原先的公众的惯性思维不可避免地产生了对经济和社会的破坏,而反对改革的人正是利用了国内民众的这种不满情绪使改革受到了威胁,竞争机构也往往成为了民众指责的焦点。

4. 有瑕疵的援助项目

蒙古作为转型经济国家和发展中国家,其竞争法的发展主要依靠外国援助者的协助。这其中包括了国际组织,比如联合国发展署和世界银行,以及国际实体,如美国国际发展(援助)机构。外国援助者给予竞争机构资金去购买硬件,同时,给起草和实施竞争法提供技术性支持并提供资金。过度依赖外部援助者的支持产生了诸如这些外国援助者过多干预竞争管理机构的决策等各种弊端。

首要弊端是援助者总是愿意投资那些可随时量化的援助活动。援助者青睐于诸如法律草拟的项目,因为可以直接观察和计算起草工作的产出——新的成文法。相比之下,援助者一般都不愿意在机构建设中投入很多的精力,因为机构建设活动的产出不能够轻易被量化。但是,实施机构却对顺利实施新的竞争法至关重要。这里,有一个非常具有启发性的例子。美国的国际发展机构提供资金以帮助蒙古起草《反托拉斯法》。但是,当该法律草案完成时,援助者停止了对竞争项目的支持。在蒙古竞争法起草后的两年,一些蒙古学者为实施法律而编写规则时,都没有获得任何技术性支持。由于该法在国会的审议中缺乏援助,导致了关键的执行问题,如执法机构设计等方面的失败,也使得蒙古实施团队在成立新的竞争管理当局时需要的帮助终被拒绝。

援助执行者对援助机构援助目标的偏离是技术援助计划的第二个重要弊端。即使援助机构支持长期的援助计划,该计划的执行往往取决于援助者在该国的官员如何忠实地执行政策。援助者监察其代理人的行为比较困难,代理人,也就是驻受援国的执行人,可能偏离于援助机构的目标而沉迷于自己的个人喜好当中。

二、《禁止不公平竞争法》评析

尽管蒙古自20世纪90年代初期由计划经济体制向市场经济转型之后经历了很多困难,但是近年来,其经济发展逐步稳定。目前,超过32 000个经济实体在蒙古市场上活跃,其中82.3%是企业,其他是政府组织和非政府组织。在过去几年中,超过92%的国内生产总值是由私有企业创造的。特别显著的是,国内生产总值增长率在5%—10.4%之间波动,2007年国内生产总值增长率高达9.9%。通货膨胀率也呈下降趋势。产品产量增长9.1%,出口增长43.6%。竞争立法被称为“经济宪法”,蒙古的公平竞争立法对蒙古经济的发展起到了重要推动作用。从1993年《禁止不公平竞争法》的制定,到2000年的大篇幅修订,再到2004年依照法律规定建立不公平竞争监管局,充分体现了蒙古对于发展市场经济、创造良好的市场竞争环境所作出的努力。目前,蒙古有关竞争立法的核心就是《禁止不公平竞争法》,下文将对该法作简要评析。

（一）立法目的

2000年《修正案》中确立的立法目的相比较1993年的立法而言有一定的进步，主要目的包括：

（1）为企业从事商业行为创造公平竞争的市场环境；

（2）确定并贯彻禁止、限制和预防任何阻碍竞争行为的法律依据；

（3）确定禁止、限制和预防任何阻碍竞争行为的组织机构基础。

市场经济的本质特征就是竞争，只有通过竞争才能实现资源的最优配置，因此各国竞争法都把保护竞争作为立法宗旨之一。但是需要说明的是，保护竞争并不是保护竞争者，有的竞争者在竞争中失败是市场竞争中优胜劣汰的结果。蒙古竞争法也是如此，对市场的干预不是为了保护竞争者，而是为了保护市场竞争秩序。

总体来看，蒙古竞争立法目的比较简单，反映了其立法宗旨的政策性目标性质，强调国家对市场竞争的监督作用和协调作用。这在一定程度上也反映了其转型经济国家的特点——政府在市场化改革中始终处于主导地位。但是与其他国家竞争立法相比较，蒙古的竞争立法并没有反映公平竞争与市场效率之间的关系，忽略了竞争法的终极目标。

发展中国家在制定竞争法的时候应当认识到立法目的的重要性，同时也要认识到，像所有立法的目的一样，反垄断法的根本目的并不是为了反垄断而反垄断，反不正当竞争法的目的也不是单纯的反不正当竞争，在竞争立法中需要解决的根本问题，一方面是为企业创建一个自由竞争、协调有序的社会经济环境，另一方面是使消费者利益和整个社会福利最大化。因此，我国在制定《反垄断法》时，就比较全面地考虑了立法目的，包括：预防和制止垄断行为，保护市场公平竞争，提高经济运行效率，维护消费者利益和社会公共利益，促进社会主义市场经济健康发展。

（二）适用范围

2000年《修正案》第3条规定了该法的适用范围。一般而言，法律的适用范围应当包括适用的对象和地域范围，但是在蒙古竞争法中只对适用对象作出了规定：第1款规定该法适用于参与市场竞争的法律主体、政府和地方行政机关；第2款则规定了如果证券、金融市场或广告行为对竞争存在或可能存在消极影响，除法律另有规定的外也适用本法；第3款则规定了知识产权与不公平竞争之间的关系，认为在合法范围内的保护知识产权的行为和由此产生的结果，不应当视为妨碍竞争。

知识产权制度与竞争法或者反垄断法由于各自的特点而相互间存在着潜在的矛盾和冲突，各国的竞争立法一般都会明确处理这两者关系的原则和方法，来协调和避免这种潜在的矛盾和冲突，以维护法制体系的和谐统一。蒙古《禁止不公平竞争法》第3条第3款规定了知识产权与不公平竞争间的关系，认为在合法范围内的保护知识产权的行为和由此产生的结果，不应当视为妨碍竞争。从这一规定我们也可以推论出：经营者滥用知识产权，排除、限制竞争的行为是可以适用该法的。

知识产权尽管具有公益目标，但其基本性质还是一种民事权利，是一种私权，私权利滥用时需要公权的干涉与调节。在知识产权领域，知识产权本身并不会导致垄断，更不是竞争法规制的对象，而恰恰是权利人得到这种独占权以后，在行使自己权利的过程中利用其优势地位不合理地限制竞争，才会引起竞争法的关注。知识产权具有经济意义，使得它容易被权利人不正当利用，破坏正常的市场竞争。竞争法并非规制知识产权，而是规制知识产权的滥用。①

① 参见尚明主编：《〈中华人民共和国反垄断法〉理解与适用》，法律出版社2007年版，第379页。

尽管发展中国家在竞争立法的过程中也考虑到知识产权制度与竞争立法之间潜在的矛盾与冲突，但对两者关系一般只是原则性的规定，而没有具体的处理方法和规则。而发达国家在运用竞争法规制知识产权的滥用方面已经具有非常丰富的立法和司法实践经验，积累了一套可操作性的规定和办法，这对发展中国家来说具有重要的借鉴意义。

蒙古竞争法没有对地域适用范围作出规定，也就是对该竞争法的域外适用效力没有明确规定。所谓竞争法的域外适用效力，是指竞争法超越领土范围，适用于对国内产生影响的一切限制竞争行为，而不论行为是否发生在国内，也不论行为人的国籍是什么。竞争法的域外适用是一个非常复杂并且容易引起法律冲突的问题。最初，世界各国的竞争法都遵循属地原则，但随着贸易障碍的减少、国际经济竞争的日趋激烈，竞争法的域外适用日渐增多，规则也逐渐趋于多样化，各国都必须正视竞争法的域外效力问题。

（三）相关概念的界定

各国竞争法通常都会对一些比较重要的法律概念进行界定，而各国由于经济发展和市场竞争的实际情况不同，对这些重要概念的界定标准也有所区别。蒙古竞争法中对“产品”、“市场”、“财政机构”、“竞争者”、“垄断行为”、“市场支配地位”作出了界定，笔者认为，这是有所欠缺的，在竞争法领域要确定一个行为是否违反竞争法，经常要考查的就是主体的资格问题，例如主体是否占有市场支配地位，与市场支配地位紧密联系的概念就是“相关市场”的问题，而蒙古竞争法没有对“相关市场”作出界定。

蒙古竞争法对“市场支配地位”的界定是有一个变化过程的，1993 年立法规定：如果一个经营者或经营者的联合在特定产品的相关市场上占有 50% 以上份额的，则视为占有市场支配地位；2000 年《修正案》则规定：一个经营者或几个经营者的联合，在特定产品的相关市场上占有 1/3 以上份额的，应当视为具有市场支配地位。总体来讲，蒙古对于市场支配地位界定较为简单明了，以市场份额作为绝对衡量标准，即1/3的市场份额。这种以单一的、绝对的市场份额为标准界定市场支配地位的方法简便易行，而且非常容易辨别，普通公众也可以容易地预估一个企业是否拥有市场支配地位。对于计划经济遗留下来的一些超大规模企业可以起到很大程度上的预警作用，使其很难再找借口否认自己的市场支配地位，在法律执行方面也大大降低了难度和不确定性。但正是由于这种界定过于单一，很多实质上拥有市场力量或者说是垄断力量的企业游离于《禁止不公平竞争法》的规制范围之外。例如，有些企业并未达到拥有1/3的市场份额，但却具有压倒性地位、可排除竞争的能力，或者能够控制商品价格、数量或者其他交易条件的能力，或者能够阻碍、影响其他经营者进入相关市场的能力。在这方面，蒙古竞争法可以考虑借鉴其他国家的立法，例如，我国《反垄断法》第19条第1款规定："有下列情形之一的，可以推定经营者具有市场支配地位：(一)一个经营者在相关市场的市场份额达到二分之一的；(二)两个经营者在相关市场的市场份额合计达到三分之二的；(三)三个经营者在相关市场的市场份额合计达到四分之三的。"日本《禁止垄断法》第2条第7项规定，在一定的商品或者劳务的事业领域内，在一年内，一个事业者的市场占有率超过1/2，或者两个事业者的市场占有率的总和超过3/4的，且销售额在100亿日元以上的，构成市场支配地位。[①] 此外，蒙古竞争法将市场份额作为认定市场支配地位的唯一依据也是有待商榷的，例如我国《反垄断法》就明确了认定经营者具有市场支配地位的依据包括：该经营者在相关市场的市场份额，以及相关市场的竞争状况；该经营者控制销售市场

① 参见尚明主编：《〈中华人民共和国反垄断法〉理解与适用》，法律出版社2007年版，第155—156页。

或者原材料采购市场的能力;该经营者的财力和技术条件;其他经营者对该经营者在交易上的依赖程度;其他经营者进入相关市场的难易程度;与认定该经营者市场支配地位有关的其他因素。

(四) 禁止占有市场支配地位的经营者妨碍公平竞争的行为

处于市场支配地位的经营者的滥用行为,多是为了维护或加强自己的市场地位,或者为了将其市场支配地位扩大到相邻市场上,限制公平竞争,排挤竞争对手,或者阻止潜在的竞争者进入市场。根据蒙古《禁止不公平竞争法》第6条,禁止处于市场支配地位的经营者为下列行为:

(1) 为了制造人为的市场短缺和提高价格而中止或限制商品的生产和销售

此条规定在行为上是停产或限产、停销或限销,但更为关键的是其主观目的要件——制造短缺和提价的目的。在传统反垄断法上,此行为被称为“垄断高价”,这种专业术语真正揭示了具有优势地位的企业滥用市场支配地位而达到其作为市场主体所要追求的目的——获得超额利润。缺乏竞争压力的企业会利用其垄断地位,通过索取不合理的高价谋求利润最大化。而且只有在拥有市场支配地位时,超高定价才是违法。停止或限制生产和商品销售只不过是其滥用市场支配地位的一种表现,而这种行为方式又是垄断企业最常采用的一种。

认定这种行为的难点不在于具有市场支配地位的企业是否停止或限制生产和商品销售,而在于其是否是出于制造短缺和提价的目的,也就是说对于这种行为企业是否有正当的理由。所谓的正当理由,大致有原材料价格上涨、生产设备老化或人力成本提高等。当然,并非所有企业出于制造短缺和提价的目的停止或限制生产和商品销售都会受到竞争法的规制,其适用的前提是行为主体已经具有了市场支配地位。那些处于充分竞争行业的企业或其他行业中的中小企业如果单方面停、限产，消费者或者买方完全可以在其他企业获得足量商品，也不会导致价格的上涨。实际上，也只有那些垄断企业可以通过这种行为方式达到制造短缺和提价的目的。但法律并不要求出现短缺和价格上涨的结果，即只要有这样的目的并采取了上述行为就可构成对竞争法的违反。

(2) 利用市场支配地位，对消费者销售产品附加额外条件，并以不同价格销售产品

这种行为又称“差别性待遇”，即垄断企业坚持针对某一个或某几个企业在合同中约定较为苛刻的条件而造成这些企业与其他企业之间地位不平等的结果。其适用前提是交易相对人的经营条件相似或者说条件没有太大差别。一般的差别待遇在市场中是常见的，对于同一种商品，不同的购买者愿意支付的价格是不一样的，对于经营者而言，最有利的做法是在其成本以上，根据不同交易对象的出价分别确定交易价格。讨价还价就是根据交易的谈判能力、购买意愿、交易数量等进行差别性定价，这对于市场经济是天经地义的。[①] 但垄断企业由于具有市场优势地位，通过在合同中约定不平等的条款完全可以造成其交易相对人事实上的不平等，蒙古《禁止不公平竞争法》正是禁止垄断企业滥用优势地位超越其自身竞争层面来决定其相对人的市场地位。差别性待遇的行为手段是合同，即在合同中强制交易相对人接受不平等的条件，这本身就是剥夺交易中处于弱势一方谈判权利的滥用优势地位行为。

(3) 以低于成本的价格销售商品，目的是防止其他经营者进入相关市场或将其他竞争者驱逐出该市场

① 参见史际春等：《反垄断法理解与适用》，中国法制出版社 2007 年版，第 169 页。

在美国,这种行为又被称为“掠夺性定价”,是指企业凭借市场支配地位,以排挤、损害竞争对手为目的,没有正当理由,持续以相当于或低于成本的价格销售商品或变相降价的行为。认定此种行为除了要证明行为人具有市场支配地位外,尚需符合以下两个条件:

第一,行为方式是以低于成本的价格售卖自己的商品。在市场竞争中,生产效率高的企业往往能够以成本价提供商品,从而以其价格优势击败竞争者,企业也可能采取薄利多销的低价策略,因此区分企业降价是正当的竞争行为还是掠夺性定价成为了关键。

第二,主观目的是阻碍其他经济体进入这个市场或把其赶出市场。认定主观目的往往是较为复杂、困难的,但目的往往通过行为来表现,如果低于成本销售的行为是持续性的,或者持续到竞争对手退出市场后马上大幅提高价格,也可认定其具有这样的主观目的。

(4) 无任何理由地拒绝与其他经营者建立业务关系,并设定不合理原则,目的是将竞争对手驱逐出相关市场

此行为又称“拒绝交易”。根据交易自愿的原则,市场主体一般享有选择交易对象和决定交易内容的权利,这意味着其在选择交易相对人的过程中有权拒绝交易。所以,拒绝交易往往是有限定条件的,蒙古反不正当竞争法要求拒绝交易必须有把其他经济体赶出市场为目的的主观目的要件。这里又有一个问题,垄断企业所欲赶出市场的企业与被拒绝交易的企业是否是同一企业?单纯从法条上来看似乎是肯定的答案,但垄断企业完全可以通过拒绝与那些同其竞争对手建立经销关系的企业交易而把其竞争对手赶出市场,这种情况下,这两者又非同一企业。所以,对于此条款的理解应作扩大解释,即只要这两种企业具有一定的关联关系就可认定垄断企业存在拒绝交易行为。

（5）以搭售的方式销售产品

搭售是一种典型的附加不合理交易条件的行为。不合理的搭售违反了交易自由原则，强迫交易相对人或消费者接受并不需要或不完善的商品，直接侵犯了他们的选择权和公平交易权；同时还可能影响搭售商品所在相关市场的公平竞争，从而将经营者在某一市场的优势地位扩展到其他市场；行为人也可借此规避价格管制等。

搭售成立的前提条件是被搭售商品与搭售商品之间必须是性质上相互独立、不同的商品。如果搭售的商品离开被搭售商品就无法使用，或者按照一般的商业惯例二者应一同销售，或者从技术上无法将其分开或分开的成本过高，可以不认为是搭售。[①] 搭售行为主要侵犯的是交易相对人的交易自由，交易相对人是受到了强制，而这种强制力正是来源于垄断企业所具有的优势地位。

（6）固定转售价格，划分转售领域

固定转售价格在大多数国家往往被认为是垄断协议中的纵向垄断协议，是上游经营者与下游经营者达成的垄断协议，但这种垄断协议的订立往往是一方凭借自己的垄断地位来达成的，所以，蒙古反不正当竞争法把它看做是非法利用优势地位的行为。如果以滥用优势地位行为来认定固定转售价格，就必然要求其中一方具有优势地位，并且非法地利用了其优势地位而对对方造成一定程度上的强制。认定此种行为具有一定难度，因为处于弱势的一方有时会出于自己利益角度考虑自愿与垄断企业达成固定转售价格的合意。划分转售市场亦然。

（7）以不买其竞争者的产品作为销售自己产品的条件

此行为又称“限定交易”。其实质也是侵害了交易相对

① 参见史际春等：《反垄断法理解与适用》，中国法制出版社 2007 年版，第 181 页。

方的选择自由而对交易相对人施加某种强制力,即只能与其交易。而这种强制力来源于垄断者的优势地位。这种行为对竞争的损害也是明显的:竞争对手因为其上游供应商或下游分销商或消费者受到垄断者的强制而不能正常交易,这种打击对那些小型的竞争对手而言是毁灭性的。

强制手段多种多样,有些甚至从表面上看是合法的。例如,A 商品的生产者中有一家是垄断性企业,具有市场优势地位,它对本国的分销商的政策是只允许独家经销其产品,即分销商如果想销售此垄断者的产品就不能同时销售其他小型企业的产品,当然,垄断者会给予独家经销商种种优惠,这种优惠往往主要是经济性的,似乎经销商是根据经济因素自由抉择的。这表面上符合契约自由,但实质却是垄断者利用自己的优势地位强制交易相对方接受其条件而间接消灭竞争对手。

(8) 要求他方以可能导致这种产品减少生产或销售的低价出售其商品

与垄断高价相反,垄断低价的强制是针对上游供应商,强制的基础还是来源于垄断者的优势地位。拥有市场力量的垄断企业利用非经济性的既有市场地位排斥价格—产出规律的运行,强制上游供应商低价向自己出售商品。由此也可看出,垄断侵害的不只是消费者、竞争对手,还有可能是上游或下游的企业。

(9) 未有正当理由,要求消费者或竞争者转移其金融工具、资产、权利和劳动力给自己

(10) 通过分工与分离的手段,要求竞争对手重组或清算其公司

这是非法利用垄断优势的一个极端表现,在现实中表现得可能并不明显,但垄断者可能通过一些更为隐蔽的形式达到此目的。

(11) 订立与合同主要内容无关或不利于缔约方的合同条件

(五)禁止限制竞争协议

限制竞争协议是经营者之间订立的能够限制或者排除竞争的协议,该协议削弱了市场主体之间的竞争和市场经济的活力,在各种限制竞争的行为中危害性比较大,且实际发生的数量和执法机关查处的数量一般都高于其他限制竞争行为的数量。因此,禁止限制竞争协议成为各国竞争立法的核心内容之一。蒙古《禁止不公平竞争法》第7条对限制竞争协议进行了规制:

1. 对限制竞争协议的界定

(1)主体

限制竞争协议一般分为横向限制竞争协议和纵向限制竞争协议,由于蒙古《禁止不公平竞争法》把大多数纵向限制竞争协议理解为滥用市场支配地位的行为,着重表达为占有市场支配地位的企业利用其优势地位逼迫上游或下游企业与之订立有害竞争的协议,所以,蒙古法在规制限制竞争协议时即主要是指横向限制竞争协议。达成这样的垄断协议并不要求其中一方或多方具有优势地位,但却要求其主体之间具有竞争关系,即同一产品相关市场上的竞争者。

(2)主观方面

限制竞争协议必须以阻碍竞争为目的。由于市场上的情况复杂,任何经济主体都会相互之间为了一定利益达成合意,而判断这种合意是否为反不公平竞争法所规制就是看其是否符合立法宗旨。如果某种竞争者之间的协议是为了诸如制定标准化、形成行业惯例等促进行业进步之目的,则自然不具有主观上的可非难性。但如果是为了集体提价等损害竞争的目的而达成一致,则具有了主观上的过错。当然,主观目的除了协议本身外还要结合其行为来认定。

(3)客体

与其他限制竞争行为一样,限制竞争协议作为反垄断法在世界各国发展中典型的垄断形式,其损害的客体也是竞争本身,也就是一种竞争秩序和竞争价值。当然,从受害者角度来说,受到损害的有消费者、竞争对手等,但他们只是客体表现形式的一种,在一些情况下,垄断行为可能并不损害具体的对象,但它一定损害了竞争秩序和竞争价值,这是垄断行为与普通经济行为的根本区别。

(4) 客观表现

垄断协议的表现形式多种多样,从世界范围看,由于其发源历史较早,各国反垄断法也是对其加以重点规制。而垄断协议也根据反规制的需要,不断变换着表现形式,这将在下一部分详细阐述。

2. 垄断协议的形式

(1) 互相固定价格,或限制生产或销售

固定价格和限制生产是反垄断法发展中最为典型的限制竞争行为,经济学原理和竞争制度的基础就是建立在产品价格和数量基础之上,整个国民经济有效运作的前提就是价格和数量作为经济上的两个变量是根据供给和需求变化的,如果这两个变量受到了非经济的影响而变化,则对于整个经济的正常运行会产生扭曲作用。所以,作为最为传统的垄断协议形式,此种形式一直是各国反垄断法的规制重点,对其查处和处罚往往也是最为严厉的,蒙古亦不例外。

(2) 根据地区、生产、服务、销售、商品的名称和类型,以及消费者的类型划分市场

划分市场协议表现为:割裂统一大市场,通过划分市场减少每一个市场上的竞争者。这样就会降低分割市场的竞争强度。另一方面,由于企业只可以在单一市场上出售产品,不能扩张市场范围,也没有其他企业进犯其领地的担忧,它自然不会追求改进技术、降低成本,企业只有维持现状的心态,并无进取之心。

根据划分市场的标准不同,又可分为划分地理市场、规模市场、产品市场、消费者市场、卖者市场等,有些划分标准

对于反不公平竞争法的规制还有一定的隐蔽作用，例如以消费者的不同来划分市场。但这些只是划分标准的差异，对于竞争的限制和损害并无二致。

(3) 以有利于其所经营的商业的目的，阻止竞争对手加入某组织

集体拒绝接纳，指竞争者之间成立为本行业更有效率运作的组织，可能是行业协会，也可能是某种类型的标准化、商标认证、质量监管认证等的组织，组织中的成员达成一致协议，拒绝接纳本行业的其他竞争者，使其不能享受本行业企业都能享受的集体组织所带来的经营效率。此类竞争者之间成立的组织，目的往往是非营利性的，宗旨往往是提高本行业的运营效率或规范本行业竞争秩序，这对于经济运行是大有裨益的。市场经济的有效运作，不仅需要政府的公法规制和公法组织的管理，更需要市场中自觉形成的私法规制和私法组织的管理。需要明确的是，此类行业中的组织宗旨是促进整个行业的有效运营，具有非营利性，但这并不能成为行业中某些竞争者联合起来抵制另外一些竞争者的竞争工具，因为这种行为是违背组织宗旨的。

(4) 操纵报价或要约

操纵价格行为往往出现在招投标过程中，通过在招投标过程中与招标人或其他投标人达成价格一致，破坏招投标制度本身所必需的公平性。

(5) 联合抵制交易

联合抵制交易，又称“集体拒绝交易”，即协议各方联合起来不与其他竞争对手交易，或不与竞争对手的供应商或者销售商交易，而这样做的主观目的在于把其他竞争对手赶出市场。市场经济尊重交易自由，经济主体拥有选择交易对象的自由，也有与其他经济主体达成协议的自由，但其自由的边界是尊重公平竞争之市场规则。采取集体抵制某一竞争对手而拒绝与其交易，或拒绝与其有供应、经销之关系的其

他上下游企业交易,必然会导致竞争对手经营困难,而造成这种经营困难的原因并非真正的经济因素,而是其他竞争者垄断协议的结果。联合抵制行为的手段往往不是直接针对竞争对手,更多的是通过拒绝与其有供应、经销之关系的其他上下游企业交易,而达到强制上下游企业断绝与竞争对手合作的目的。

蒙古《禁止不公平竞争法》比较全面地规定了限制竞争协议类型,却没有规定限制竞争协议的豁免制度。从各国竞争立法实践看,基本都对限制竞争协议的豁免作出了规定。例如我国《反垄断法》第 15 条规定,限制竞争协议可以得到豁免的情形包括:"(一) 为改进技术、研究开发新产品的;(二) 为提高产品质量、降低成本、增进效率,统一产品规格、标准或者实行专业化分工的;(三) 为提高中小经营者经营效率,增强中小经营者竞争力的;(四) 为实现节约能源、保护环境、救灾救助等社会公共利益的;(五) 因经济不景气,为缓解销售量严重下降或者生产明显过剩的;(六) 为保障对外贸易和对外经济合作中的正当利益的;(七) 法律和国务院规定的其他情形。"

豁免制度本质上是利益衡量的结果,即从经济效果上对限制竞争行为的性质和影响进行利益对比,综合考虑竞争政策与其他政策的目标,在"利大于弊"时将其排除适用竞争法的禁止规定。[①] 蒙古《禁止不公平竞争法》没有对禁止限制竞争协议作出豁免规定,而豁免制度仅在该法第 9 条"禁止控制竞争者"中有所提及,即如果由于提高国民经济主导领域的产品或者是国民生活不可或缺的产品的竞争力而产生的利益被证明超过对竞争所造成的任何损失,则不适用于有关禁止控制竞争者的规定。该豁免条款适用范围之狭窄以及

---

① 参见尚明主编:《〈中华人民共和国反垄断法〉理解与适用》,法律出版社 2007 年版,第 86 页。

豁免程序的缺失都不利于该法的实际执行。

（六）禁止控制竞争者

禁止控制竞争者，在传统反垄断法上就是合并控制，蒙古反不正当竞争法对此作了规定，其种类主要有：

1. 禁止具有市场支配地位的经营者以在市场上实施垄断活动为目的，购买竞争者的资本性股票或股份以接管其职权和职责，或通过整合这些竞争者的股份联合组织一个新的实体

（1）主体

此类实施兼并或合并的主体要求是具有支配地位的经济实体。之所以这样规定，其出发点还是在于规制垄断企业滥用市场支配地位，另一方面也说明，蒙古反不正当竞争法并不禁止小企业之间的合并。

（2）主观方面

以在市场上实施垄断活动为目的，这也是反不正当竞争法所特有的限定条件。

（3）客体

这类行为损害的是市场经济的竞争秩序和竞争本身。

（4）客观方面

行为方式为：购买竞争者的资本性股票或股份以接管其职权和职责，或者通过整合这些竞争者的股份联合组织一个新的实体。

2. 禁止具有市场支配地位的经营者的管理层中的个人同时担任其他具有竞争关系的经营者的管理者

之所以规定兼职限制，是因为虽然表面上仍是两家企业但由于其管理者相同，这两家企业实质上会采取一致性行动。这种行为的主体也要求是具有市场支配地位的垄断企业。

（七）禁止政府及地方行政机构的限制竞争行为

所谓行政垄断，是指行政机关及公共组织滥用行政权力

排除、限制市场竞争的行为。同一般的经济垄断相比，行政垄断对竞争的危害性更大。蒙古与我国一样，在转型发展市场经济之前，走的是计划经济路线，因此政府直接干预和调节市场已经成为一种固有模式。行政垄断虽有很多表现形式，但其本质都是一种歧视行为，即对市场条件下本来应该具有平等地位的市场主体给予不平等的待遇，其后果是扭曲竞争，妨碍建立统一、开放和竞争的大市场，使社会资源不能得到合理和有效的配置。因此，能否排除行政垄断是竞争法能否得到有效执行的关键之一。

行政垄断突出表现为通过行政权力的滥用限制、排除竞争，保护落后企业，分割全国统一市场，与整个经济体制改革的目标背道而驰，同时，行政垄断还成为滋生腐败的温床，具有政治上的危害性。[①] 蒙古《禁止不公平竞争法》对政府及地方行政机构的一些限制竞争行为进行规制：除法律另有规定外，政府和地方行政机构无权批准相关的任何商业活动，禁止政府和地方行政组织作出下列决定：(1) 禁止或限制经营者从事特定类型的活动、产品生产或销售；(2) 禁止或限制进行商业活动的经营者从一个市场向另一个市场出售商品；(3) 禁止或限制竞争者进入商业活动领域中的市场。除法律另有规定外，禁止政府和地方行政组织相互间或与经营者之间就下列问题进行谈判，或作出决定：(1) 提高、降低或维持商品价格在同一水平；(2) 以地区、生产、销售额、产品的名称和种类、销售者、消费者为标准划分市场；(3) 致力于限制任一经营者进入市场，或强制一个经营者离开市场；(4) 把一个经营者的信贷商品给予其他组织、经营者或从事商业活动的个人。

(八) 不公平竞争的监管机构

自20世纪90年代，蒙古致力于依照市场规律调控经济

① 参见尚明主编：《〈中华人民共和国反垄断法〉理解与适用》，法律出版社2007年版，第269页。

发展,自然地,国有企业私有化为私有的垄断企业或占有市场支配地位企业的出现创造了条件。这就客观上要求政府通过调控竞争、限制垄断行为,创建公平的、充分的竞争环境。为了达到这些要求,蒙古大呼拉尔于1993年通过了《禁止不公平竞争法》。而事实上,相应的执法机构直到2004年才被组建,究其原因主要是政府对竞争的重要性缺乏认知和理解,以及竞争领域专业人才的缺乏。通过这个方面也可看出,类似蒙古的发展中国家和转型经济国家的一个共通的特点——反垄断立法较早,而执行力度往往大有欠缺。但设立专门的反垄断机构也说明了蒙古在反垄断法领域的日趋成熟。蒙古的禁止不公平竞争监管机构为不公平竞争监管局,隶属行政院,下设五个部门,分别为公共事务处、投资规制处、国际合作处、法律事务与控制处以及政策制定处。这五个部门分工明确,具体履行不公平竞争监管局的职责。

不公平竞争监管局的主要职责包括:(1) 监督不公平竞争立法的执行;(2) 禁止、限制、规制有害竞争的行为;(3) 对竞争市场中的经济实体违反反不正当竞争法的行为展开调查并公布结论;(4) 针对建立公平竞争的条件和保护措施提出建议,并把解决方案提交相关政府部门;(5) 在消费者和普通公众中宣传竞争文化;(6) 学习外国和其他国家组织的经验和教训并把学习结果运用于实践。

蒙古不公平竞争监管局自2005年正式运作,已经对超过28个部门进行市场调查,如铁路、原油、电力、商业银行以及保险行业,对是否在相关市场上具有垄断地位或市场支配地位进行认定并且解决了13个案件。

蒙古不公平竞争监管局成立时间不长,总的说来还不成熟,尤其是执法人员所需的知识、素质和经验还很欠缺,所以蒙古与诸如日本、韩国、我国台湾地区的周边国家和地区的公平交易委员会建立了合作关系,在加强交流的同时也大力培训竞争执法官员。

（九）完善竞争政策和竞争法的执行

1. 完善法律框架：完善《禁止不公平竞争法》的内容和主要任务

蒙古《禁止不公平竞争法》于 1993 年颁布，2000 年修订了一些条款，主要是有关设置不公平竞争监管机构的组织性问题。然而，在经济发展日新月异的今天，更多与全球经济发展、地区发展、重要产业发展、国际直接投资政策相一致的更加精确的竞争法调控和执行机制需要被建立。在新的竞争法修正提案中，更多强调的是经营者的合并和兼并、卡特尔的调控、滥用市场支配地位的限制，除此之外，如何增强竞争机构的执法权、准确界定主管机关的角色和职能也被更多地关注。在完善法律的过程中，蒙古要注重借鉴国外先进的立法经验，但是不可以忽略本国的国情；在借鉴国外立法经验时，不仅要选择竞争立法比较先进和完善的发达国家竞争法，还要多学习一些发展中国家的立法经验，例如我国的《反垄断法》，再如《越南竞争法》中有关程序内容的规定也是值得蒙古学习的。

2. 完善机构和人力资源能力

为创造公平的竞争环境，竞争法的执行机构是关键。但是，在一些发展中国家会出现执行难的情况，这一方面取决于本国的国情，另一方面则取决于执法机构的组织条件和人员素质。蒙古的不公平竞争监管局成立比较晚，所以还需在实践中摸索经验，在充分分权基础上进行实质而有效的机构改革，从而利用有限的管理资源迅速处理申诉、解决问题。人力资源能力建设是解决这些问题最有效的战略方法。在过去几年，蒙古不公平竞争监管局注重培养工作人员的专业素质和综合能力，21 位官员参加了在 3 个国家举行的培训课程，蒙古本国也组织了共 120 人参加的国内培训，使监管局的工作人员能够有效提高他们的专业工作能力。在这一层面上，蒙古也应该不断扩展和加深与其他竞争机构和国际组织的双边和多边合作。

3. 注重培养公众的竞争意识

由于蒙古经济发展背景和历史原因，蒙古公众对公平竞争理念及其重要性是很不清楚的，因此，提高公众的竞争意识非常重要。事实上，越多人了解竞争政策、意识到竞争法的重要性，竞争法的执行就越容易，也就越有效。因此，蒙古政府在不断完善竞争立法和竞争法执行机构的同时，不能忽略公众的竞争意识对竞争环境形成的重要性。加大宣传竞争文化，提高公众的竞争意识，也是蒙古不公平竞争监管局的重要职责之一。

三、结语

蒙古的经济发展经历了从计划经济到市场经济的蜕变，蒙古从一个自给自足的封闭国家逐步走向世界。要迎合世界经济发展的大趋势，要吸引更多的国际直接投资，蒙古必须从立法、司法、执法以及守法各个环节入手，创造一个充满有效竞争和公平竞争的市场环境。在立法方面，要明确适合本国国情的竞争政策，不断完善竞争立法，尽早出台有关竞争法的程序规定；在司法和执法方面，要做到公平、公正，明确竞争法的目的是保护竞争，而非某一方竞争者，尤其在面临行政垄断时，要保证司法和执法的独立性，有效地执行竞争法；在守法方面，要求参与市场竞争的各经营者、政府和地方行政机构都能自觉遵守竞争法律规定，保护市场的有效竞争和公平竞争，最终达到提高经济运行效率、保护社会公共利益的目的。

第　六　章

菲律宾竞争法律制度

第一节　菲律宾国家概况[①]

菲律宾于1898年6月12日建国,国名全称为"菲律宾共和国"(Republic of the Philippines)。国土面积有29.97万平方公里,位于亚洲东南部,北隔巴士海峡与中国台湾地区遥遥相对,南和西南隔苏拉威西海、巴拉巴克海峡与印度尼西亚、马来西亚相望,西濒南中国海,东临太平洋。

14世纪前后,菲律宾出现了由土著部落和马来族移民构成的一些割据王国,其中最著名的是14世纪70年代兴起的海上强国——苏禄王国。1521年,麦哲伦率领西班牙远征队到达菲律宾群岛。此后,西班牙逐步侵占菲律宾,并统治长达三百多年。1898年6月12日,菲律宾宣告独立,成立菲律宾共和国。同年,美国依据对西班牙战争后签订的《巴黎条约》占领菲律宾。1942年,菲律宾被日本占领。第二次世界大战结束后,菲律宾再次沦为美国殖民地。1946年7月4日,美国被迫同意菲律宾独立。菲律宾独立后,自由党和国民党轮流执政。1965年马科斯就任二战后第六任总统,并三次连任。1983年8月,反对党领导人贝尼格诺·阿基诺被谋杀,导致政局动荡。1986年2月7日,总统选举被提前举行,

---

① 资料来源:中华人民共和国外交部网站,http://www.fmprc.gov.cn/chn/ziliao/wzzt/huwanlongchn/hzxcfsg/flbbjzl/t9366.htm,访问日期:2008年8月30日。

贝尼格诺·阿基诺的夫人科拉松·阿基诺在民众、天主教会和军队的支持下出任总统。此后,拉莫斯和埃斯特拉达先后按宪制当选总统。2001年1月,埃斯特拉达因受贿丑闻被迫下台,副总统阿罗约继任总统。2004年6月,阿罗约成功连任总统。

一、菲律宾的政治制度

(一)宪法

菲律宾独立后共颁布过三部宪法。现行《宪法》于1987年2月2日由全民投票通过,由阿基诺总统于同年2月11日宣布生效。该《宪法》规定:菲律宾实行行政、立法、司法三权分立政体;总统拥有行政权,由选民直接选举产生,任期六年,不得连选连任;总统无权实施戒严法,无权解散国会,不得任意拘捕反对派;禁止军人干预政治;保障人权,取缔个人独裁统治;进行土地改革。目前菲国内正探讨进行宪政改革。

(二)议会

议会,也称"国会",是菲律宾最高立法机构,由参、众两院组成。参议院议员24名,均由全国直接选举产生,任期六年,每三年改选1/2,可连任两届。众议院议员250名,其中200名由各省、市按人口比例分配,均从全国各选区选出;25名由参选获胜政党委派,另外25名由总统任命。众议员任期三年,可连任三届。

(三)司法机构

菲律宾的司法权属于最高法院和各级法院。最高法院由1名首席法官和14名陪审法官组成,均由总统任命,拥有最高司法权;其下设有上诉法院、地方法院和市镇法院,此外还有反贪污法院、税务法院等专业性法院。为了促进廉政和提高效率,菲律宾还设立了公务员犯罪特别法院和行政监察委员。法官的任用资格是:年龄在40岁以上、菲律宾土生土长的公民、具有10年以上任菲律宾市镇法院法官，或有法律工作实际经验者。菲律宾没有与最高法院平衡的检察机构，检察工作由司法部检察长办公室负责。

二、菲律宾的经济制度[①]

总体来讲，菲律宾经济为出口导向型经济。第三产业在国民经济中地位突出，同时农业和制造业也占相当大的比重。

20世纪50年代，菲律宾曾有过持续7%以上的经济增长率，这一时期的菲律宾经济稳定，国富民安，一跃成为东亚人均国民生产总值仅次于日本的国家。菲律宾的制造业的比重在这一时期占到国民经济的20%多，这在当时的发展中国家中是绝无仅有的。60年代后期则采取开放政策，积极吸引外资，经济发展取得显著成效。

然而好景不长，进入60—70年代后，由于政府的政策缺乏连续性并有严重失误，加之70年代两次世界性石油涨价的冲击，菲律宾发展经济的国内环境和国际经济环境全面恶化，经济增长率大幅下滑，仅在1.3%—6.7%之间波动。

70年代下半期以来，主政菲律宾的马科斯政府通过举借外债，兴建了20多个大型工程项目，而工业制成品出口则得不到重视与鼓励，致使国际贸易逆差扩大，国际收支严重不平衡，经济下滑，1984年至1986年甚至连续三年出现负增长。当时，国家外债剧增，物价上涨，失业严重，人民生活水平下降，社会动荡，终于导致马科斯政权的倾覆。自1986年2月科拉松·阿基诺执政以来，政府采取了一系列调整与改革经济的措施。这些措施主要包括：强调发展农业和劳动密集型工业，特别是鼓励工业制成品和劳务的出口；实行土地

---

① 参见《菲律宾经济概况》，http://zgdmcj.gxufe.cn/zjdm/mysj/221322850.html，访问日期：2008年8月30日。另请参见陈明华编著：《当代菲律宾经济》，云南大学出版社1999年版。

改革,将部分国营企业私有化;实行比索贬值,适当提高利率,改革税收制度;与国际金融机构就减缓外债本金的偿还和争取新贷款达成协议;放宽外国投资条件,建立出口加工区。这些措施减少了政府对经济的干预和控制,打破了原来的马科斯政权在重要经济部门所形成的官僚垄断,加强了市场竞争机制的作用,刺激了个人消费,促进了国内外投资,增加了商品及劳务出口。

1992 年拉莫斯总统执政后,采取一系列振兴经济措施,经济开始全面复苏,并保持较高增长速度。但 1997 年亚洲金融危机再次给菲律宾经济发展笼罩上阴影,加上受厄尔尼诺和拉尼娜气候现象的影响,1998 年菲律宾经济呈明显低迷状态,国内生产总值和国民生产总值的增长率分别为 -0.5% 和 0.9%。

1999 年菲律宾经济有所好转,GDP 恢复增长 3.2%。2000 年,菲律宾经济宏观上保持缓慢增长,但基础设施落后、南部穆斯林武装叛乱及总统受贿丑闻引起的政局动荡成为经济发展的严重阻碍。全年,菲律宾 GDP 增长 3.9%,GNP 增长 4.2%。继续维持较低的通胀水平,平均通货膨胀率 4.4%。外汇储备到 12 月底时为 151 亿美元,大体与上年同期持平。菲律宾国际收支出现了 5.12 亿美元的赤字。受国内政治形势影响,比索汇率持续下跌,已从年初的 1 美元兑 41 比索跌到年底的 50 比索。菲律宾外债达 520 亿美元。就业状况仍无较大改善,失业率 11.4%。

2003 年 7 月 27 日,菲律宾总统阿罗约成功化解了约两百名叛军的军事政变。据有关资料统计,这是 1986 年以来菲律宾国内发生的第 12 次军事政变。政局不稳又反过来影响到经济发展,有了前车之鉴,菲律宾政府开始实施比较积极的经济政策,改革经济体系,以国际化和市场化为导向,加大对农业和基础设施建设的投入,扩大内需和出口,加快了现代化建设的步伐。2003 年,菲律宾经济保持持续增长,按可比价格计算,GDP较上年增长4.5%,经济在适度增长、低通胀的轨道上运行。由于菲律宾债务负担沉重、国内约1/3的人口生活在贫困线以下,失业率超过10%,人口增长率则高达2.36%,因此其经济增长已落后于东南亚邻国马来西亚、泰国和越南。此外,菲律宾经济有一个特色就是劳务输出量很大,每年劳务输出获得大量的外汇收入。

2007年,政府继续施行财政、税收等经济改革,努力扩大内需,促进贸易与投资,取得显著效果,经济取得7.3%的增长。但菲律宾经济结构中深层次问题仍较多,财政改革和经济发展有待进一步加强。

三、菲律宾的法律制度

菲律宾法律体系是世界上独一无二的法律体系,主要是大陆法、英美法、穆斯林法和本地法的混合体。

菲律宾在历史上曾是西班牙和美国的殖民地。从1565年西班牙征服菲律宾到1898年美西战争结束,西班牙在菲律宾统治的时间持续了将近三个世纪。在这一漫长的统治时期,西班牙统治者强行在菲律宾推行西班牙语,使得菲律宾建立起西班牙式的法律制度。但在美西战争之后,美国就取代西班牙成为菲律宾的新殖民统治者,美国将自己的一套法律体系和观念引入到菲律宾,但同时美国并不完全废除前殖民统治者西班牙的部分法律,这样就形成了美国法与西班牙法律的混合体,也就产生了英美法系与大陆法系的直接碰撞(西班牙属于大陆法系)。如今菲律宾的宪法、程序法、公司法、劳动法等都是以美国法为模式的,而合同法、刑法、婚姻法、继承法则仍旧保留了西班牙法的传统。

此外,菲律宾在公元7世纪到12世纪也曾经是印度的殖民地,故而不可避免地受到了《摩奴法典》的影响。到了14世纪,马来西亚大量教徒迁徙至菲律宾,使得菲律宾使用伊斯兰法,如今菲律宾棉兰老岛上仍一贯地采用伊斯兰法,所以菲律宾的法律制度不仅受到西班牙法律与美国法律的影响,并且还受到菲律宾历史上传统法律习惯的影响。此外,值得一提的是,在二战时期,日本曾于1942年1月3日占领菲律宾,一直到1945年菲律宾均处于日本的占领下,在这一期间菲律宾势必受到日本法律的影响,但总体而言,该影响力不大。

近代以前菲律宾法的发展大致经历了三个阶段:西班牙统治前时期(1565年以前);西班牙统治时期(1565—1898年);美国统治时期(1898—1935年)。①

在第一个阶段,即西班牙统治前时期,菲律宾法律是传统的、零碎的、没有组织的,而且不具备今天法律的强制力和影响力;在1565年,西班牙入侵菲律宾、后者沦为前者的殖民地之后,西班牙人通过墨西哥(当时西班牙的殖民地)对菲律宾实行殖民统治,此种状况一直延续到1821年墨西哥独立后,菲律宾才改由西班牙直接统治。在统治期间,西班牙在菲律宾实行中央集权制的政府机构,此种机构在菲律宾根深蒂固,使得如今的菲律宾仍保持着中央集权式的政府。西班牙采取政教合一的基本原则,教会成为巩固西班牙殖民统治的强有力的工具。此外,西班牙还废除了菲律宾各地原有的习惯法和成文法,强行推行西班牙法。总体而言,这一时期的最大特点是,西班牙法律与当地实际情况脱节,西班牙统治者忽视了古代东方伊斯兰法律文化对菲律宾社会和人民所产生的影响。到了美国统治时期,在美国的控制下,菲律宾先后颁布了1899年的《马洛洛斯宪法》和1935年《宪法》,基本上推行美国的法律制度。

---

① 参见何勤华、李秀清主编:《东南亚七国法律发达史》,法律出版社2002年版,第364页。

第二节 菲律宾竞争法律制度概述

菲律宾至今没有产生专门调整竞争关系的法律，没有一部专门的反垄断法，有关竞争的法律都散见于其他的法律法规之中。[①] 依据所附载的形式，菲律宾有关竞争法的内容可分为两类：一类是载于一般法律，以法律条文的形式明确下来；另一类则见于行政政令中。

一、宪法

1987年《菲律宾共和国宪法》第十二章第19条规定："国家为公共利益的需要应管制或禁止垄断。任何限制性贸易的联合行为或不公平竞争行为都是不允许的。"垄断现象对一国的国民经济产生了极大的不利影响，菲律宾政府对此极为重视，因此将垄断行为的违法性在根本大法——宪法中加以确定，给今后相关的法律法规的制定提供了明确、直接的法律依据，确定了菲律宾竞争法的基调。

二、刑法典

菲律宾《修正刑法典》R. A. 3815(1930)第186条明确规定了垄断罪和联合罪，"对犯以下罪者，可以单独或并处最低幅度的监狱矫正或罚金：

(1) 任何形成同行业企业之间合同或者协议、共谋或联合参与托拉斯或其他垄断性组织、限制商业贸易或者通过人为手段阻碍市场自由竞争的；

① 菲律宾从20世纪80年代中期开始就已经关注自由公平的竞争，针对当时菲律宾的垄断情况于1987年修订《菲律宾共和国宪法》第19条，这说明当时菲律宾政府已经意识到了垄断的严重性以及对整个社会经济的危害性，所以就以载于根本大法的形式来确定垄断的违法性，昭示菲律宾的国民和各类市场主体。从此，菲律宾在各个具体的法律中逐步添加相关的竞争条款，以充实菲律宾竞争法的整个体系。

(2) 任何垄断商品、贸易或商业物品,或者为调整价格而联合他人对商品或者物品进行垄断,通过散布虚假信息或利用其他商品来抑制市场自由竞争的;

(3) 商品或货物的制造者、生产者或者加工者或者进口商,不管其是负责人还是代理商、批发商或者零售商,与该商品或货物的生产、制造、加工、装配或者进口人员联合、共策阴谋或以任何方式达成一致协议的,或者为了让不当交易变为合法商业或者让菲律宾群岛某地之市场价格上涨或者为制造、生产、加工、装配此类商品或者将其引入菲律宾群岛或者为在生产过程中使用这类商品或者货物而与其他行业者联合,共谋或达成一致的。

如果上述犯罪行为影响粮食、燃油或者其他主要生活必需品的,处以最高幅度的监禁;如果已经开始实施上述联合行为,处以中间幅度的监禁。

因前述条款中所指的合同或者联合行为而获得的财产,一律没收归菲律宾政府。

上述犯罪主体为法人或者团体、在菲律宾的外国法人或者团体的负责人和其代理人或代表故意允许或者不阻止该犯罪行为的,以主犯论处。"①

根据该法条内容,价格限制、横向和纵向的限制竞争协议等垄断行为的一般形式都属于刑法规制的范围,法条还针对其对社会的危害大小进行了区分,明确了对影响粮食、燃油等主要生活必需品的犯罪行为根据是否已着手开始实施,来进行不同的量刑。以刑事责任来威慑市场主体,实质上的竞争法势必在菲律宾受到关注。

三、消费者法

菲律宾法律第 7394 号法案即《消费者法》,在保护消费

① 《菲律宾刑法》,杨家庆译、谢望原审校,北京大学出版社 2006 年版,第 42 页。

者利益的基础上,处罚在商品和信用交易中的欺诈、不正当和不公平的销售行为,这也属于竞争法的范畴。

该法明确了禁止不正当的销售行为或做法。

首先,该法明确了“欺诈性行为或做法”的概念,即生产者、制造者、供应商或销售者通过掩盖真相、虚假陈述、引诱消费者达成交易的欺诈性行为或做法。比如谎称消费品或服务具有一些性能、特性、配料、零件、用途或好处,而这些功效实际上并不存在;假称消费品为新的、原装的或未曾使用过的,然而事实上是旧的、变造、回收或二手的。

其次,该法明确了“不公平或不合理的行为或做法”的概念,即生产者、制造者、经销商或销售商利用消费者生理或精神上的弱点、无知、文盲、缺乏时间或环境的影响,引诱消费者达成严重不利于消费者利益或显失公平的交易。

在确定“不公平或不合理”时需要考虑的因素有:是否存在使用消费者不能理解的语言或类似的因素损害消费者利益;消费交易达成时价格是否严重高于同类的消费价格从而使消费者不能从交易标的得到实质性的利益;是否是明知消费者有无力全额支付的可能仍与之达成交易;引诱消费者达成显失公平的交易。

最后,规定了违法处罚,任何违反上述任何规定者,且经法院判决成立,可处以罚款、监禁、禁令、实际损害赔偿等。①

同时菲律宾《消费者法》也专门规定了广告与促销。国家禁止误导性广告或欺诈性销售等损害消费者的行为。菲律宾贸易工业部、卫生部等部门分别对相关的产品和服务行使管理权。

(1) 虚假、欺诈性及误导性广告

广告违反法律规定,或在实质性方面存在误导性内容就

---

① 参见陈云东主编:《菲律宾共和国经济贸易法律指南》,中国法制出版社2006年版,第237—238页。

属于虚假、欺诈性和误导性广告。当然，确定广告是否存在虚假、欺诈、误导，不仅应考虑其陈述及其综合因素，还应考虑是否存在借广告披露的程度以及在通常情况下可能产生的后果。

对食品、药品、化妆品、器械和危险物质的广告还规定了更加细致的规则。比如：广告不会引起人们对其特性、价值、优点和安全错误的印象；除非得到批准，不得引用有关部门的任何试验分析报告。发布这类广告应到有关部门登记，并获得批准。对于广告是否违反规章有疑问可向有关部门申请审查，有关部门在自申请之日起30天内作出答复，超期未答复的视为获得批准。

(2) 消费品和服务的促销规定

① 促销活动应提前30天获得有关部门的许可，否则不得进行。有关部门收到申请后15天应予以答复，未给予申请人拒绝或驳回通知的视为获得批准。

② 促销必须确定活动期限、起止日期和应遵守的标准和程序。起止日期变更的应通知有关部门。终止日期的变更应在原订日程或终止日期前，以先到的日期为准，并且应在报纸上加以公布。

③ 促销产品的包装未经赞助机构、所有人或制造者同意不得进行改变，亦不得对包装的产品作任何改变。

④ 促销活动的获得者应在确定的时间内由有关部门和赞助商代表确认。确定获胜者名单后应立即按规定的方式加以公布或宣布。发布名单时，若促销活动在报纸上公开发布过，则名单也应相应在报纸上发布；另外，如果是在确定获胜者后不迟于两周内发布，且奖金数额为500比索以上的还应以挂号信或其他可证明该通知已经书面通知获胜者的方式发布。

(3) 违法处罚及免于处罚

① 禁令。有关部门对于违反广告宣传的某些行为可要

求法院签发禁令。

② 罚款。罚款额分别情况为200—5 000 比索。

③ 监禁。监禁期最低 1 个月，最高 6 年。如果是外国人，则还应驱逐出境。

菲律宾法律规定，出版社、电台、广播、电视等有权从事传播广告者不对其发布的虚假广告承担责任。但该规定对广告代理机构不适用。[①]

四、菲律宾知识产权法

菲律宾在知识产权领域设立了统一的法典——《菲律宾知识产权法典》，将专利法、商标法和著作权法都涵盖其中。竞争法，包括反垄断法和反不正当竞争法的主要内容都能在这部法典中的专利法和商标法中找到，且该法典通过对专利、商标侵权的救济和对违法者的强制性惩罚也从侧面反映出菲律宾意识到在此领域公平竞争的重要性。

与知识产权有关的不正当竞争主要指在生产经营中采取欺诈、违背商业道德的手段达到不正当的目的，从而欺骗消费者，扰乱市场公平有序竞争的行为。这种行为主要有：混淆商品或服务的来源、采取欺骗性手段获得公众认可；发布虚假声明或采取其他违背善良习惯的手段以达到损害竞争对手的商品或服务的声誉的行为。下文将分别选取分散在商标法和专利法中的体现竞争法实质的法条。

1. 商标法

《菲律宾知识产权法典》第三部分为《商标、服务商标和商业名称法》，根据第 123 条，一些标志不能被注册为商标。

> 第 123 条　123.1(a) 包含有不道德、欺骗性或者诽谤性事实，或者可能含有与某人（在世的或故去的）、机

---

① 参见陈云东主编：《菲律宾共和国经济贸易法律指南》，中国法制出版社 2006 年版，第 241—242 页。

构、信仰或者国家象征有联系的、侮辱性或者虚假性的暗示,或者可能引起藐视或不尊重的;

(b) 包含有菲律宾军队、政治机构、任何外国国家、任何类似机构的旗帜、徽章或者其他徽记的;

(c) 除非获得书面的同意,任何包含有能够被识别的特定现存个人姓名、肖像或者签名;或者当其遗孀尚健在时,未获得其遗孀的书面同意,使用已故菲律宾总统的姓名、签名或者肖像;

(d) 关于下列与属于另一不同的所有人的已经注册的商标相同的,或者与已经在先申请的标志或者具有优先权日的商标相同的:

(i) 相同的商品或者服务,或者

(ii) 联系紧密的商品或者服务,或者

(iii) 标志很近似,可能欺骗或者导致混淆;

(e) 与菲律宾主管机关认定的在国际上和菲律宾驰名商标相同,或者近似,或者构成(对驰名商标的)翻译,并且在相同的或者近似的商品或者服务上使用,无论该商标是否在菲律宾注册。但决定是否属驰名商标,应考虑有关公共部门的认识,而不是整个公共部门的认识,包括在菲律宾作为商标促进的结果所获得的认识;

(f) 与根据前段的规定认定的在菲律宾注册的驰名商标相同或者近似,或者构成商标的翻译,其适用的商品或者服务与申请注册的(商标)所使用的近似,但与这些商品或者服务相关的商标的使用会使人认为与这些商品或者服务和注册商标的所有人有联系的,进而,注册商标所有人的利益可能会因此受到损害的;

(g) 可能会误导公众,特别是在商品或者服务的性质、质量、特征或者地理标志上;

(h) 包含有一般性标示商品或者服务的专有标志;

(i) 在日常语言中,或者在善意或已经确立的商业

实践中,已成为指明商品或服务的习惯性或通常的专有标志;

(j) 包含可在商业中为指明种类、质量、数量、特定的目的、价值、地理标志,商品生产或者服务提供的时间,或者商品或者服务的其他特征服务的专有的标志或者标记;

(k) 包含有因技术要素,或者由商品自身的性质,或者影响它们内在价值的要素的商品所必需的形状;

(l) 包含单独的颜色,除了限定了特定的形式;

(m) 违背公共秩序或者道德的。

该条的第 d 到 l 项都是各国反不正当竞争法所规制的内容。

有关商标的不正当竞争行为的规定主要集中在第 155 条、第 168 条和第 169 条。

第 155 条　侵权救济

未经注册商标所有人的同意,任何人不得:

155.1　为商业目的使用商标或同样的容器或者它的主要特征的复制品、伪造品、复印件,似是而非的模仿品,在与商品或者服务有关联的销售、许诺销售、分发、广告中使用,包括在其他的实施商品或者服务的销售所必需的准备性阶段中使用可能会导致混淆,或者导致误解,或者产生欺骗的行为。

155.2　复制、伪造、复印或是似是而非地模仿注册商标或者其主要特征,和在标签、标志、印刷品、包装、包装材料、容器或者广告上使用这些复制品、伪造品、复印件或者似是而非的模仿品,意图在商业中在与商品或者服务有关的销售、许诺销售、分发或者广告中使用,这些使用可能会导致混淆,或者导致误解,或者产生欺骗,应承担侵权民事诉讼责任。但前提是,侵权是出现在第

155.1所规定的任何行为，或者触犯本款的规定，无论使用侵权物品的商品或者服务是否实际销售。

第168条　不正当竞争，权利，条例和救济

168.1　在公众心中，制造或者经销的商品，或者商业或者服务与其他人有区别的人，无论是否使用注册商标，对被认定的少数商品、商业或者服务的商誉拥有财产权，应与其他财产权利受到同样方式的保护。

168.2　通过制造的商品，或者经营，或者在其商业中或者服务中利用他人已经建立的商誉，使用欺骗手段或者其他的违背善意的手段，或者故意实施犯罪行为产生上述的结果，属不正当竞争，应受惩罚。

168.3　下列不正当竞争应定为是不正当竞争罪：

(a) 假冒并销售他人制造商品的外观、包装，包装材料或方式或词语，或者具有被侵权的商品外观的其他特征，可能会使购买者认为此商品是由真正的制造人或者经销人而不是实际的制造人或者经销人提供的，或者其他欺骗公众和欺骗合法贸易人，或者这些商品的任何后续购买人，或者具有同样目的的在销售此商品中购买人委托的代理人；

(b) 采用欺诈手段，或者其他手段骗取虚假信任那些在公众心中服务的人；

(c) 在贸易过程中作出虚假陈述的人，或者具有其他犯罪行为违背了自然公正（规则），故意诋毁他人的商品、经营或者服务。

168.4　第156条、第157条和第161条规定的救济措施应予以适用。

第169条　虚假原产地标志、说明或者陈述

169.1　与商品或者服务，或者商品的容器，在商业中使用任何词语、术语、名称、象征或者方式，或者这些的任意的组合，或者任何原产地的虚假标记、虚假的或

者误导性的事实说明,或者虚假的或者误导性的事实陈述相关联的行为:

(a) 与其他人具有加盟、关联或者合伙的任何人;或者被认为是商品、服务或其资助或者授权的,可能导致混淆,或者导致误解,或者产生欺骗;

(b) 在商业广告或者促销中,歪曲其本人或者其他人的商品、服务或者商业活动的性质、特征、质量或者地理原产地,应承担在本法令第156条和第157条规定损害赔偿和禁止令的民事责任。

169.2　任何被标记违反本条规定的商品不能进口进入菲律宾,或者不允许通过菲律宾海关。当商品被拒绝进入或者被扣押时,商品所有人、进口人、或者收获人可以根据《海关税收法》行使追索权,或者采取根据本法令提供的救济措施。

对以上三条的违反,第170条规定了刑事责任:"任何人触犯第155条、第168条和第169.1条的规定,应给予2年至5年的监禁和5万比索至20万比索的罚金。"

2. 专利法

专利法中第九章"自愿许可"中第87条的禁止的条款,实际上就列举了与知识产权有关的限制竞争行为的一般形态:拒绝许可、交叉许可、联营协议、回授要求、限制地域、限制使用范围、限制数量、限制转售价格、不质疑条款、不竞争条款、搭售、指定技术来源等。

第87条　禁止的条款

除第91条下的情况外,在竞争和商业中下列的规定应被认为是具有有害作用的初步证据:

87.1　那些强加于被许可人接收特定资源、生产资料、半成品、原材料和其他技术,或者永久雇佣由许可人指定的人的;

87.2 许可人保留确定依据许可生产的产品的销售或者再销售的价格的权利;

87.3 限制产品的量和结构的(条款);

87.4 禁止使用在非专有的技术转让协议中的竞争性技术的(条款);

87.5 规定支持许可人全部或者部分购买许可权的(条款);

87.6 使被许可人承担向许可人免费转让再使用被许可的技术中获得的发明或改进的义务(的条款);

87.7 要求向专利权所有人支付未使用的专利的专利权使用费(的条款);

87.8 禁止被许可人出口专利产品(的条款),除非为保护许可人的合法利益的正当理由,例如在出口目的国,主要的许可生产和/或者分发到许可的产品(的许可)已经被授予;

87.9 在技术转让协议到期后,限制所提供的技术的使用(的条款),除可以归咎于被许可人的原因而导致技术转让协议提前到期的外;

87.10 在(协议)到期、终止后,要求支付专利权或者其他工业产权的使用费(的条款);

87.11 要求技术接收方不对技术提供方的专利的效力提出任何争端(的条款);

87.12 限制被许可人对转让的技术进行吸收和改造以适应当地的情况的研究和发展活动,或者在与新产品、方法、或者设备有关的原创性研究和发展活动(的条款);

87.13 阻止被许可人改造,或者变革进口的技术以适应当地的情况(的条款),当并不损害许可人规定的质量标准时;

87.14 免除许可人未完成技术转让人协议中他的

义务的责任,和/或者因第三人提起与专利产品或者专利技术使用(有关的)诉讼而引起的责任(的条款);

87.15　其他具有同样作用的条款。

五、菲律宾价格法

《菲律宾价格法》(第7581号法令)第5条规定价格操纵行为违法,确定了囤积、投机倒把和卡特尔这三种价格操纵的形式,保护了消费者利益,为市场主体营造一个公平有效的竞争秩序。

第5条　除现有法律对不由本法所调整的货物的规定,任何从事生产、制造、输入、贮存、分发、出售或其他方法处置货物的人对必需品或主要商品进行价格操纵的行为均属违法:

(1) 囤积,由基本商品的一人或多人所进行的超越正常库存的不必要的累积,或者不合理地限制或者拒绝处理、销售或者分散主要商品于公众,或者以不正当的形式从生产、贸易、商业和工业渠道获取必需品或主要商品。当一人的必需品或主要商品的库存比他通常的库存高出50%时,不合理地限制、拒绝或者不向公众在发现产品过剩时出售时,应当存在囤积的初步证据。当一个人从事商业活动至少三个月时,一个人的一般库存的确定在发现囤积之前的第三个月开始计算;否则,将从开业之日起开始计算;

(2) 暴利,以超过真实价值的价格销售或提供必需品或主要商品。当出售一必需品或者主要商品时应有初步证据:

(a) 没有价格标签;

(b) 对重量或测量进行了歪曲;

(c) 掺假或者被稀释;

(d) 当一人向公众出售必需品或主要商品，其价格比前一个月提高了10%以上时：如果该商品是由本法所规定的农产品、新鲜鱼类、新鲜水产品和其他季节性商品并且由执行机构所决定，证据的规定就不再适用；

(3) 卡特尔，两个或两个以上从事生产、制造、处理、储存、提供、分布、销售或处置必需品或主要商品的人，旨在人为地、不合理地提高或操纵价格之间的联合或协议。在相同市场上竞争、经营同种必需品或主要的产品的两个或更多人或者企业，实行统一或者补助行为，导致了必需品或主要商品的价格的人为和不合理的上涨，或者当他们同时、不合理地对他们的竞争性产品提升价格因此导致他们之间的竞争减少时，应有进行卡特尔的初步证据。

六、税法

税收是国家财政收入的主要来源。国家依靠社会公共权力，根据法律法规，对纳税人包括法人企业、非法人企业和单位以及自然人强制无偿征收，纳税人依法纳税，以满足社会公共需求和公共商品的需要。税收是国家实行宏观调控的重要经济杠杆，合理的税收结构和制度可促进生产要素的合理流动，引导资源的优化配置，经济法的终极目标或价值就在于提升整个制度的效率，促进资源的优化配置，而竞争法作为经济法的核心，其目标和价值也在于此。而随着经济的不断发展，税法中的一些规定也的确从不同角度体现了竞争法追求有效竞争和公平竞争的目标，近年来，也借助若干法律和总统签署的行政法令完善了竞争政策的体制。

税法中相关法令有如下几项：共和国法令第 8178 号(1996)，除了大米以外，取消了在农业产品上的数量进口限制，通过征收关税创设农业竞争力提高基金；共和国法令第 7650 号(1993)，废除了第 1404 节并且修正第 1401 节和第

1403节,此修正是有关进口的物理检验;共和国法令第8181号(1996),改变了税赋计算的基础,从家庭消费税变为交易税,以此来处理征收中的一些漏损;共和国法令第7843号(1994)也是1994年的反倾销法,这部法律的颁布使《关税和海关法》中的反倾销规定更加合理,并强化了其规定;行政法令第264号(1995),调整了1978年《关税和海关法》第104节中的某些有关进口条款的分类目录和进口税税率(总统令第1464号);行政法令第287号(1995),调整了1978年《关税和海关法》规定的某些税率,以便于实施1996年菲律宾新时期框架下的关税减让时间表,加快实施为建立东南亚国家联盟自由贸易地区(AFTA)而制定的普通有效优惠关税(CEPT)计划;行政法令第288号(1995),调整了1978年《关税和海关法》第104节中的某些有关进口条款的分类目录和进口税税率(总统令第1464号);行政法令第313号(1996),调整了1978年《关税和海关法》第104节中的某些有关进口条款的分类目录和进口税税率(总统令第1464号);行政法令第328号(1996),调整了1978年《关税和海关法》第104节中的某些有关进口条款的分类目录和进口税税率(总统令第1464号);行政法令第365号(1996),调整了共和国法令第8180号和第8184号中的某些有关进口条款的分类目录和进口税税率;行政法令第388号(1996),调整了1978年《关税和海关法》第104节中的某些有关进口条款的分类目录和进口税税率;行政法令第390号,调整了1978年《关税和海关法》第104节中的某些有关进口条款的分类目录和进口税税率(总统令第1464号)。

七、反倾销、反补贴及保障措施法

为维护菲律宾正常的贸易行为,保护国内企业公平地参与国内和国际市场上的竞争活动,适用国际贸易的发展和遵守WTO的相关规则,菲律宾政府于1999年颁布了最新的

《反倾销法》、《为保护国内产业免受不公平竞争对进口产品、商品、物品增强征收反补贴税机制的法律》(简称《反补贴法》)和《关于采取保障措施保护本地产业因进口增加及违反法律处罚的法》(简称《保障措施法》)。

首先,国际贸易中的倾销通常指的是国际价格歧视和低于成本的销售。企业之所以以低于成本的价格销售,往往是出于击败竞争对手的需要,在取得市场支配地位后再提高价格,因此,倾销实际上是一种掠夺性定价行为。而在反垄断法中,价格歧视和掠夺性定价行为被认为是限制性商业行为,是要受到制裁的。反倾销法规制的是价格倾销和成本倾销,与反垄断法所规制的滥用市场支配地位中的不正当价格行为差别对待,掠夺性定价具有相似性并且都涉及对正常价格、相关产品市场、相关地域市场的界定。反垄断与反倾销在认定上还有互补性。如在外国进行价格倾销往往是与在国内相关市场处于垄断地位联系在一起的。因此从广义上说,反倾销法可以看做反垄断法的一个方面,即对违反公平竞争的贸易行为进行管制。

其次,竞争法所涵盖的竞争政策的目的在于规范竞争,但在传统上是用来规范一个市场内的竞争关系的;反补贴制度也可被认为是规范竞争,但基本上是在规范不同市场间的竞争。所以两者在最初制度产生时,是为处理不同的事实,但伴随着世界贸易的大量增加,跨国性企业也渐渐在国际经济活动中扮演重要角色,反补贴制度与竞争法在许多领域内常常有重叠规范的关系,其传统上互不跨越的界限早已不复存在。

实际上,反补贴法与竞争法都针对价格歧视问题。补贴对竞争的一个不利影响是造成价格歧视,即补贴使得出口产品的价格保持在一个较低的水平,从而使其在国际市场上的竞争力得到提高,而这种竞争力的提高在某种意义上讲是不正当的,会干扰正常的交易环境、打乱平稳的贸易秩序,因此反补贴法对这类补贴行为规定了反补贴措施,以提高进口产品的价格,抵消其对进口国同类产品的产业造成的损害或实质性损害威胁。竞争法对价格歧视的规范之一是对低价销售行为的规制,各国的竞争法一般视低价销售为掠夺性价格歧视,它是指拥有市场支配地位的企业为排挤竞争对手,以低于成本的价格出售其产品。掠夺性价格歧视最直接的表现形式就是有选择地削弱销售。相关市场对价格发生影响,很快就会使价格降到一个很低的水平,市场竞争的公平由此受到影响,所以各国竞争法都对掠夺性价格歧视加以规制。

最后,有关保障措施法。所谓保障措施,是指当某一具体的产业由于受到突然大量增加的进口产品的冲击,给进口国造成严重损害或严重损害威胁时,可以实行临时性进口限制。保障措施追求在自由贸易中实现合作双赢,体现了对弱者利益的关注,为实施保障措施作出补偿是对等兼顾强者利益的表现,另外,保障措施中的通知和协商机制为实现合作双赢提供了平台。如果说允许实施保障措施是对开展自由贸易和履行条约义务所导致的不合情势的补救,那么要求为实施保障措施可能需要作出补偿或可能受到报复则抑制了追求成员权益和滥用保障措施所可能引发的越界行为。这条界线既是滥用自由贸易与追求正当利益的分水岭,也是保护正当权益与贸易保护主义的分水岭,目的在于为推动更多的国家走向贸易自由化而提供一种解决其后顾之忧的安全性制度。

八、其他公共事业领域的行政法令

1. 海运业行政法令第 185 号(1994)旨在通过更多的在现行路线上解除对新进经营者进入限制的规定, 解除对新进船舶经营者适用免赔额的限制,对船舶绕行或修正被批准的线路以及改变航行时间表和航行频率上解除限制以促进竞争。行政法令第213号(1994)规定,在下列领域中对本国运费解除管制:(1) 头等和次等国内旅客船舶运输费率;(2) 经旅游部门批准的或符合旅游部门批准的优先线路/地区的为满足旅游业的客票费率;(3) 运价对于诸如"A"、"B"、"C"级的除集装箱化和只有一个经营者的线路以外的所有商品。

2. 民航行政法令第219号(1995),国际民航必须有菲律宾人指定的至少两个官方承运人,以及当菲律宾人在各种航空服务协议项下的经常性需求不能被指定的官方承运人所充分满足时,可以指定其他承运人作为官方承运人来放宽限制。

3. 港口服务行政法令第212号(1994)旨在加速针对政府港口的去垄断化和私有化项目。在货物装卸和其他港口服务方面竞争是被鼓励的。在政府的去垄断化项目下,船舶的所有者、经营者、租用者或者其他使用者都有权承包或经营菲律宾港口管理局(PPA)批准的管理者或其选择的港口业务承包人的业务。

4. 在瓦解垄断和卡特尔方面花费努力最有成效的就是电信行业。行政法令第59号(1993)规定了其他电信公司与菲律宾长途电话公司(PLDT)的主线路强制介入。行政法令第109号(1993)制定了政府政策以推进本地交换承运人服务。从国家电信委员会授权起三年内,被批准的国际通道运营商在已开通或未开通服务的地区被要求提供本地交换服务,包括马尼拉。共和国法令第7925号(1995),名为《促进和管理菲律宾电信业和公共电信服务专递的发展的法案》,规定了调整菲律宾电信业的综合指导原则。

5. 能源行政法令第215号(1987)旨在促进私人部门参与发电行业。共和国法令第8180号(1996)规定了解除对石油产业的管制。行政法令第377号(1996)规定了解除对本地石油下游产业的管制。

6. 水务行政法令第311号(1996)旨在鼓励私人部门参

与 MWSS 的运营和设备建设利用。

7. 国营企业私有化的行政法令第 298 号(1996)规定了通过共同投资、BOT 计划、管理者协定、租用购买安排和证券化的可选择的和/或中间的私有化模式。

8. 税、货币和财政改革共和国法令第 7660 号规定了票据税制度的合理化。共和国法令第 7717 号通过股票交易或通过最初公开发行对股票买卖课税。共和国法令第 7716 号扩大了增值税。共和国法令第 7642 号也是为了对逃税和违反国家国内税法律的行为加大处罚而制定的。在国会中仍然慎重考虑而未决的是被拉莫斯政府认可的综合税一揽子改革。依据中央银行通告第 1389 号(联合了外汇规则和管理办法),根据修正,外汇限制被升高借此准许市场自由地折价换取外国货币。共和国法令第 8183 号获得通过明确地撤销限制合同双方只能使用菲律宾比索以设定币制义务的统一通货法律(共和国法令第 529 号)。

第三节　菲律宾竞争法律制度评析

菲律宾曾经是西班牙和美国的殖民地,殖民统治者将自己的文化、法律等灌输给菲律宾人,对菲律宾人产生了很深的影响。因此,菲律宾的竞争法也沿袭了殖民统治者的法律理念,同样体现了殖民统治者无论从思想理念还是文化传统上给予的深深烙印。菲律宾作为美国的殖民地,美国式的一套法律体制被强制使用,而美国先进的法律思想和制度也是各国有目共睹并竞相效仿的,久而久之,菲律宾也就习惯于此。[①] 美国竞争法的产生因循着自然衍生的路径,是自下而

① 美国是世界上最早对竞争关系进行立法的国家,在 1897 年《谢尔曼法》出台之后,《克莱顿法》等一系列规制竞争的立法也相继出现,反垄断判例不胜枚举,迄今为止,美国已形成了一整套完善的竞争法体系。美国对公平、有效竞争的关注对菲律宾来说是一大启示。

上的。而与之相反，菲律宾实质的竞争法是自上而下的，更多的是模仿美国等发达国家竞争领域的法律法规。而模仿的必然结果就是缺乏对本国法律的特殊对待，极难产生一套富含菲律宾特色的法律规则。

菲律宾至今没有出台一部专门调整竞争关系的法律，其竞争法是一个由许多单行法律构成的复杂体系，涉及公平竞争的法律主要有《消费者法》、《反倾销法》、《反补贴法》、《保障措施法》、《零售业自由化法》、《海关法》、《价格法》等一系列的法律。除此之外，菲律宾还受其所参加的国际条约，如世界贸易组织《反倾销协议》、《补贴与反补贴措施协议》、《保障措施协议》、《服务贸易总协定》和《与贸易有关的投资措施协议》等协约的约束。

由此可看出，菲律宾的竞争立法相当分散，缺乏一部独立的反垄断法和反不正当竞争法，而以分散立法代替，这在一定程度上对更有效地消除不正当竞争行为产生一定的负面影响，会导致立法分工的不明确和不科学。与我国的竞争法相比较，随着新近颁布的《反垄断法》，我国整个竞争法体系已相当完善，包括了《反不正当竞争法》、《消费者权益保护法》、《产品质量法》、《反倾销条例》、《反补贴条例》、《保障措施条例》等法律，所以我国的法律体系应当说比菲律宾的更加完善和科学。除此之外，菲律宾竞争法与我国竞争法最为明显的差异就是，菲律宾《消费者法》实际上已经将我们通常归类为《产品质量法》的内容包括在内了，而在此方面，我国直接以《产品质量法》单独进行了规定。另外，我国的《反不正当竞争法》的部分内容与菲律宾《消费者法》的内容相互重叠。这就关乎两部法律的立法目的，比如《反不正当竞争法》规范的是市场经营主体的行为规则，调整的重点在于经营主体间的公平竞争关系；而《消费者权益保护法》则重点保护消费者的利益，消费者拥有什么权利、权利如何救济等；同样，《产品质量法》则是规范生产者行为的法律，调整的重点是生产者应生产符合国家标准的产品,违法应受处罚的责任。我们认为,一旦将本该单独立法的《反不正当竞争法》、《产品质量法》中的部分条款置于《消费者法》之下,就势必使立法宗旨"多元化"。"多元化"虽然使消费者和其他市场主体都能高度重视该法律,但立法宗旨一旦在现实经济生活中产生冲突,孰轻孰重、以谁为本,就会给执法机构和市场主体产生困惑。所以,我们认为,要使菲律宾的竞争法律体制得以完善,将分散于各部法律的竞争立法整合起来,形成一部统一的《反垄断法》和《反不正当竞争法》,会对菲律宾竞争法制有更好的促进作用。

不过,就整体的竞争立法以及立法质量而言,菲律宾作为一个发展中国家,其相关的法律制度还是比较完善的,与国际社会的法律发展潮流是契合的。菲律宾作为 WTO 成员,出于遵守国际承诺与承担国家责任的考虑,菲律宾政府在制定和实施这方面法律时大量借鉴了国际组织的相关规定。这些法律都为菲律宾经济和社会的发展提供了保障。

从菲律宾现有的有关竞争立法看,菲律宾对自然垄断行业的规制是比较重视的。所谓自然垄断,即指受自然禀赋条件和经济、技术特点的决定,在一些行业,独家生产比多家生产的成本低、效率高,如航运、电信、能源等。菲律宾政府近几年来针对自然垄断行业颁布诸多法令,进行大刀阔斧的改革,就在于认识到对自然垄断行业变革的关键在于引入竞争和反垄断法规制,自然垄断行业并非当然的反垄断法的豁免领域。

自然垄断行业是建立在两个理论之上的:一是"成本弱增性理论",即一个厂商生产整个行业产量的成本少于两个或两个以上厂商的成本;另一个是"范围经济理论",即从某一行业一组产品的角度考虑规模经济,即使某种产品本身不具规模经济性,在成本弱增性存在的情况下,也是自然垄断。自然垄断依照其特性,长久以来都属于竞争法豁免的对象,然而伴随着社会经济的不断发展、竞争法理论研究的不断深入,人们愈来愈觉得自然垄断的理论太过武断,在当今社会非但没有提升效率,反倒抑制了竞争,损害了社会的整体效率。

20 世纪 80 年代以来,可竞争市场理论推翻了自然垄断行业必然属于反垄断法豁免的结论。潘则·威利格在《可竞争市场与产业结构理论》中写道,对于某些市场,进入的威胁非常之强,以至于即使一家厂商控制了 90% 或 95% 以上的市场,潜在进入的压力照样可使垄断者像在竞争性行业一样为市场行为,从而使该行业产品保持低价并实现有效的生产。①

很显然,菲律宾政府已经意识到要对自然垄断行业进行改革,采取的总的路径就是引入竞争法(虽然采用的是分散立法的模式,但整体的竞争法机制还是对公平有序的竞争市场进行良好的规范)以及引入竞争(有时是采用引入私有化的形式),政府同时一定程度上放松管制,最终多方协同共同促进公平竞争和有效竞争。

直到今天,菲律宾共和国还没有一个关于反托拉斯和垄断的综合的和成熟的立法。然而,在第十二届菲律宾议会之前有数个反托拉斯议案,包括:

1. 参议院议案(“S. B.”)第 175 号,有关创设公平贸易委员会的法案,规定了该机构在规制贸易竞争和垄断以及出于其他目的的权力和职能。

2. 参议院议案第 1361 号,重新定义和加强关于同样的,以及出于其他目的的现行法律、诉讼程序和结构,规定了更加有效的反对垄断、合并、贸易限制和不正当竞争的宪法法

① 该理论强调潜在进入的作用,迫使经济学家重新考虑对自然垄断行业的规制。该理论认为,判断一个行业是否为自然垄断,不应只看市场内实际竞争者的数量,还要看是否存在潜在的竞争者。虽然规模经济或范围经济的存在限制了自然垄断行业的实际竞争者的数量,但若市场是可竞争的,潜在竞争的压力会确保价格与平均生产成本相等。

令的实施措施。

3．参议院议案第1600号，禁止垄断、试图形成工业或商业链垄断、资产取得和兼任具有与其有竞争关系的企业的董事会成员和对消费者价格歧视，出于其他的目的也规定了处罚。

4．下议院议案（"H. B."）第1906号，把不正当贸易行为宣告为破坏经济的行为，规定下列行为为破坏经济行为并且出于同样的原因规定了刑事制裁：(1) 走私；(2) 专门性的走私；(3) 错分类进口；(4) 倾销；(5) 其他不正当贸易方式。

5．下议院议案第198号，创制了一个将要对独占行为、限制贸易和不正当竞争的合并以及因而占有资金进行规制和行使权力的专门机构。

6．下议院议案第2439号，处罚不正当贸易行为和限制贸易的合并，创设公平贸易委员会。

这些议案中最重要的是参议院议案175号，它建议通过公平贸易法或者创设一个公平贸易委员会并规定其在规制贸易竞争和垄断以及出于其他目的方面的权力和职能。这个议案整合了所有的反托拉斯法，集成为一部法律并且建立了公平贸易委员会，这个执行机构将具体实施相应的公平贸易法。概括地说，这个议案旨在禁止垄断和卡特尔以及其他减少、损害或避免竞争和自由贸易的行为。它定义了绝对垄断和相对垄断以及构成初步违反法律的托拉斯。托拉斯被定义为吞并、控制的取得或任何在竞争者、供应商、顾客或任何其他商事主体中凭借公司、股份、实体、信托或财产的集中。

除了分散立法以及缺乏菲律宾特色这两点外，从菲律宾竞争法整体着眼，我们不得不承认菲律宾的竞争法还是比较完善的，立法水平也比较高，在现实的经济生活中能对市场公平有效的竞争起到很好的规范作用。[1] 从上述议案即可看出,菲律宾在实践中不断探索,不断完善着本国的竞争法和竞争政策,进而完善公平竞争的市场环境,促进本国经济的发展,适应 APEC 和 WTO 等国际组织对本国的要求。

① 参见陈云东主编:《菲律宾共和国经济贸易法律指南》,中国法制出版社 2006 年版,第 255 页。

第七章

印度尼西亚竞争法律制度

第一节 印度尼西亚国家概况①

印度尼西亚共和国(The Republic of Indonesia),简称"印尼",位于亚洲东南部,地跨赤道。印度尼西亚有着悠久的历史。早在公元前2世纪后半期,在印尼就出现了最早的国家叶调。公元3至7世纪,出现了古泰、达鲁马、耶婆提、干陀利等分散的小王国。7至11世纪,大国室利佛(宁代以后称"三佛齐")崛起。13世纪末14世纪初,在爪哇建立了印尼历史上最强大的麻喏巴歇(满者伯夷)封建帝国。15世纪,葡萄牙、西班牙、英国先后入侵。16世纪末,荷兰逐步取代他国势力,建立了"荷属东印度"殖民地,实行长期殖民统治。第二次世界大战中,1942年日本占领印尼。1945年日本投降后,印尼爆发八月革命,于8月17日宣布独立,成立印度尼西亚共和国。

1947年后,荷兰与印尼经过多次战争和协商,于1949年11月签订印荷《圆桌会议协定》。根据此协定,印尼于同年12月27日成立联邦共和国,参加荷印联邦。1950年8月重

① 资料来源:中华人民共和国外交部网站,http://www.fmprc.gov.cn/chn/ziliao/wzzt/huwanlongchn/hzxcfsg/ynbjzl/t9382.htm;另请参见:《印度尼西亚政治制度简介》,载中国社会科学院亚洲太平洋研究所网站,http://iaps.cass.cn/yataigl/show1.asp? cid=8&fid=1573,访问日期:2008年8月30日。

新恢复为印度尼西亚共和国,1954 年 8 月脱离荷印联邦。1950 年 8 月,印尼联邦议院通过临时宪法,正式宣布成立印度尼西亚共和国,由苏加诺任首任总统。1965 年 9 月苏哈托—纳苏蒂安军人集团发动军事政变,1966 年 3 月苏哈托开始代行总统职权。1967 年 3 月临时人民协商会议任命苏哈托为总统,1967 年 10 月任总理,1968 年 3 月苏哈托被选为总统,后来在历次大选中又连选连任,在位 32 年。在 1997 年亚洲金融危机的冲击下,1998 年 5 月 21 日苏哈托政权垮台,成立了以哈比比为总统的过渡政府。1999 年 6 月印尼举行大选,10 月 20 日建立了以瓦希德为总统和梅加瓦蒂为副总统的民选政府。在瓦希德由于涉嫌贪污、裙带关系等丑闻于 2001 年 7 月 23 日被印尼最高权力机构以 591 票对 0 票罢免后,梅加瓦蒂于当天当选为新总统。2004 年,梅加瓦蒂的总统任期届满,举行了大选。经过两轮激烈的较量,民主党领导人苏西洛击败民主斗争党领导人梅加瓦蒂,成为印尼首次由选民直接选举产生的总统。

一、印度尼西亚政治体制

(一) 宪法

印尼现行宪法为《"四五"宪法》,1945 年 8 月 18 日颁布实施,1949 年 12 月和 1950 年 8 月分别为《印尼联邦共和国宪法》和《印尼共和国临时宪法》替代,1957 年 7 月 5 日恢复实行。1999 年 10 月至 2002 年 8 月先后通过四个修正案。宪法规定,印尼为单一的共和制国家,"信仰神道、人道主义、民族主义、民主和社会公正"是建国五项基本原则(简称"潘查希拉")。实行总统制,总统为国家元首、政府行政首脑和武装部队最高统帅。2004 年起,总统和副总统不再由人民协商会议选举产生,改由全民直选;只能连选连任一次,每任五年。总统任命内阁成员,但需征得国会同意。

(二) 政府

1997 年爆发的亚洲金融危机对印尼造成全面冲击,政权更迭频繁,局势动荡不稳。1998 年 5 月,执政长达 32 年的苏哈托总统辞职,副总统哈比比接任总统。1999 年 10 月,印尼人民协商会议选举瓦希德为总统,梅加瓦蒂为副总统。2001 年 7 月,人民协商会议特别会议以渎职罪罢免瓦希德总统职务,梅加瓦蒂接任总统,哈姆扎·哈兹任副总统。2004 年 7 月,印尼举行历史上首次总统直选,前政治安全统筹部长苏希洛和人民福利统筹部长尤素夫·卡拉通过两轮直选当选总统和副总统,10 月 20 日宣誓就职,任期至 2009 年。

印尼共有一级行政区 33 个,包括雅加达(Jakarta)首都特区,日惹(Yogyakarta)和亚齐达鲁萨兰(Nangroe Aceh Darussalam)两个地方特区,30 个省。二级行政区(县/市)有 410 个。

(三) 司法机构

印尼实行三权分立,法院和检察院独立于立法和行政机构。印尼的一般法院分为地区法院、高级法院和最高法院。专门法院有宪法法院、行政法院、商事法院、税收法庭、军事法院和宗教法院。全国设有 250 个地区法院,受理一审普通案件。高级法院共有 20 个,受理不服地区法院的判决提起的上诉案件。最高法院受理不服高级法院的判决提起的上诉案件,有时直接受理不服地区法院的判决提起的上诉案件以及申诉案件。最高法院正副院长由国会提名,总统任命。最高检察长由总统任免。

二、印度尼西亚的经济发展

印尼是东盟最大的经济体。农业、工业和服务业均在国民经济中发挥重要作用。其中农业和石油产业系传统支柱产业。自 1969 年开始实施第一个 25 年长期发展计划以来,印尼经济取得了长足发展,到 20 世纪 90 年代已被称为“亚洲四小虎”之一。从 60 年代中期到 90 年代中期,印尼顺应时势,抓住机遇,及时调整方向,实现了经济的长期持续增长,并取得一系列举世瞩目的辉煌成就。经过多年的发展，印尼已由一个贫穷落后的国家转变为具有一定经济实力的中等收入国家。①

1974年以前，印尼主要发展石油等采矿工业和替代进口工业。国家收入主要来自石油出口，1982年石油出口收入达到国家收入的80%。1974年以后，大力发展原料出口加工工业，化肥、纺织、化工、机械等制造业有了较大发展，并开设了出口加工区。由于外国资本的大量投入，制造业在国民生产总值中的比重已达15%。80年代初期，石油出口景气，印尼经济一度出现了较快的增长，1973年到1981年，国内生产总值年均增长率达7%—8%。

从1982年起，国际市场石油价格和其他初级产品价格开始趋向疲软，印尼经济受到很大冲击，经济增长速度明显放慢。进入80年代中期，世界石油价格暴跌，印尼经济出现了衰退。1982—1983年度，出口和政府收入下降，财政赤字和经济项目逆差扩大。自80年代初以来，印尼经常项目赤字连年不断，外债偿付额高达27.6亿美元(1988年外债总额为530亿美元)，支付石油和天然气服务费用为26亿美元。另外，印尼在对外贸易的运输费用上也支付了大量的外汇(印尼用于对外贸易的船队不足)，同时直接投资收入又用于再投资，不能为支付平衡起作用。印尼虽有巨额外债，但印尼严格履行金融契约，因而能得到国际组织的友好资助。

自1968年以来，特别是80年代调整经济结构和产品结构后，印尼经济发展取得了很大的成就，在第一个25年长期建设计划内，国民生产总值年平均增长6%，通货膨胀控制在10%以内。

80年代初到90年代中期是印度尼西亚经济自独立以来发

---

① 参见《印度尼西亚经济概况》，载中国—东盟财经在线，http://zgdmcj.gxufe.cn/zjdm/mysj/221443796.html，访问日期：2008年8月30日。

生重大变化和转折的时期，在这一时期由于实行了全面的经济改革，使印度尼西亚的经济发展模式由内向型变为外向型，所有制关系由国营经济占支配地位变为私营经济占主导地位。由于实现了这一系列转变，印尼整体经济得以持续快速增长。

1994 年 4 月，印尼进入第二个 25 年长期建设计划即经济起飞阶段。政府采取了进一步简化进出口手续、降低关税、放宽投资政策等措施，把大力扶持中小企业、发展旅游、增加出口作为经济建设中的主要任务，使印尼经济继续保持了强劲的增长势头。1995 年 5 月起，印尼政府颁布了放宽经济限制的一揽子计划，开放投资领域，减少对产业部门经营和发展的限制，鼓励私营企业在新兴工业和第三产业的发展，促进农业生产。1995 年、1996 年分别吸引外资 399 亿和 299 亿美元。1996 年批准外资项目 959 个，比 1995 年上升 23%。但外资投入猛增、人口和东西部发展不平衡等因素也在一定程度上制约了经济的发展。

1997 年亚洲金融危机爆发，印尼经济受到重创，损失最为惨重，远远超出了泰国、韩国和马来西亚这些患难邻居。三十余年经济发展积累的巨额财富，几乎在一夜之间就被"洗劫一空"，一度回到了世界上最贫困国家的行列，经济长期陷入低迷。印尼的悲剧还在于，它不仅是一次由外部冲击引发的经济危机，还由此产生可怕的政治危机。最终，金融危机与政治动荡、社会骚乱相互加剧，导致各行各业的长期萧条。金融危机发生以后，印尼货币贬值 80%，经济负增长高达 13% 的印尼唯有寻求国际货币基金提供 400 亿美元的援助。在国际货币基金的要求下，印尼政府进行大刀阔斧的经济改革。两百二十多家银行关闭了一半，多家国营企业被迫私营化。众多的垄断行业一律废除。直到 1999 年底，印尼经济才开始缓慢复苏，GDP 年均增长 3%—4%，尚未恢复到危机前水平。2002 年政府加大金融和企业整改力度，扶持中小企业，并重启一批大型基建项目，经济运行总体稳定。2003

年底按计划结束了国际货币组织的经济监管。2004年经济保持平稳增长势头。

第二节 印度尼西亚竞争法律制度概述

一、印度尼西亚竞争法的制定背景

《印度尼西亚共和国禁止垄断行为和不公平商业竞争法》(1999年第5号法令)于1999年3月5日颁布,2000年3月5日生效。该法的宗旨是通过规范禁止性协议、禁止性行为、滥用市场支配地位,反对垄断,反对不正当商业竞争,保护公平和自由竞争。

就在1999年第5号法令颁布的前一年,印尼发生了一件重大的事件,即苏哈托总统下台。铁腕人物苏哈托是印尼独立以来的第二位总统,担任总统超过30年,是世界上任职时间最长的民选总统。他在执政期间,为印尼带来长期的政治稳定和经济发展,因而获得"印尼建设之父"的美誉。然而,1997年的亚洲金融危机的爆发使得这一良好形势急转直下,金融危机所导致的广泛而巨大的经济冲击引发了印尼严重的政治危机。虽然苏哈托在1998年3月的大选中第七次连任总统,但是在其第七个任期刚开始两个多月就匆匆下台,三十多年的辉煌毁于一旦。

到苏哈托下台之前,印尼一直被认为是东南亚地区威权统治下经济现代化建设较为成功的样板之一。在执政的32年中,苏哈托把经济放在首位,通过政治集权和军事高压维持稳定。这种对经济效率的重视,使印尼经济出现了前所未有的发展。印尼的国民经济以年均6%的速度增长,人均收入从1969年的90美元增至1998年的1000美元。[①] 但是,贪

① 参见贺盛达:《战后东南亚历史发展:1945—1994》,云南大学出版社1995年版,第165、327页。

污、官商勾结和裙带关系使得苏哈托的声誉在其执政后期骤降。苏哈托凭借国家元首的地位和铁腕政策，精心编织了一个庞大的裙带关系网，家庭成员既从政又经商，肆无忌惮地将国家钱财据为己有。国际透明组织在《全球腐败报告2004》中说，印尼前总统苏哈托在职的1967年至1998年期间，共挪用公款150亿至350亿美元，而印尼人均国内生产总值只有695美元。苏哈托的亲属担任印尼的许多重要官职，其长女任内阁社会事务部长，另外四个子女、一个儿媳是国会议员。他的家族更是掌控印尼各行各业，包括银行、电台、电视网、电话网络、道路、航空、发电厂、汽车公司、造船厂、建筑、化工、制药、制纸、纺织、商店及饭店等等，其家族拥有的资产据估计有200亿—1 000亿美元。①

在苏哈托的强权统治下，裙带资本主义②开始盛行。国际问题专家将印尼的问题称为“KKN”(corruption, collusion and nepotism)，即贪污腐败、官商勾结和裙带关系共存。“裙带严重、以权谋私、官商勾结、集体腐败是裙带资本主义的四大典型特点，具体表现为政府权力私有化、国家经济家族化；政府权力过大，权力过于集中，又缺乏有效的监督制约；钱权交易、设租与寻租相当普遍，形成了本地私人资本、跨国资本和官僚的结合体；默许乃至纵容官僚阶层和执政党成员寻租致富，是对威权主义体制自我巩固。”③以至于凡是到印尼投资的外国人都知道，若想在印尼获得投资利益，必须寻求有势力的合伙人，最理想的合伙人就是苏哈托家庭成员，最低限度也应是苏哈托的最亲密朋友。

---

① 参见牛余庆：《自毁政权的印尼专业集团》，http://politics.people.com.cn/GB/30178/3727421.html，访问日期：2008年8月30日。

② 裙带资本主义(crony capitalism)，又被称为“权贵资本主义”、“关系资本主义”、“朋党资本主义”、“密友资本主义”。按吴敬琏、钱颖一等人的理解，裙带资本主义是指一种畸形的或坏的市场经济，其中一些人通过权势和关系网寻租致富，在成为既得利益者后，对种种合理的市场化改革以各种方式大加阻挠。

③ 江涌：《防范权贵资本祸害》，载《瞭望》2007年第13期，第36、37页。

行政对经济的强力干预和深度介入,对印尼市场的正常发育和运行产生了严重的消极影响,表现就是政府对企业(尤其是对中小企业)的过度管制、国家在大企业拥有过大的所有权、人事方面的裙带关系、进出口贸易中的政府授权和垄断经营、订立政府采购合同以及国有银行贷款中的任人唯亲等。因为这种条件下的经济发展深受腐败和寻租行为的影响,当时制定竞争法以制止这些行为的努力未能取得成功。

1999 年第 5 号法令颁布以前,印尼基本上没有全面调整商业竞争秩序的综合性法律。调整商业竞争的规定散见于几部法律之中,如《刑法典》第 382 条、《民法典》第 1365 条、1984 年关于工业的第 5 号法规以及 1995 年关于公司的第 1 号法规第 7 条及第 104 条(限制公司合并中的垄断行为)。但是,这些条款太笼统、太简单了,不能有效制止企业的垄断行为和不正当商业竞争。而且,印尼也缺乏有效的法律执行机制,这个问题在 1999 年第 5 号法令实施前非常严重。①

20 世纪 80 年代中期,印尼国内出现了制定全面的商业竞争政策的想法。但是这种想法很快就被遗忘了,并未引起人们的进一步关注。虽然后来印尼政府、政党、私人团体为制定商业竞争法又做了一些努力,最多的时候曾出现过七份不同的草案,②但没有取得任何进展。1992 年,印尼民主党研究发展部公布了一部商业竞争法草案——《经济竞争法草案》,但是政府并没有将该草案提交国会。1997 年,亚洲金融危机爆发,使印尼商业竞争法的发展获得了新的机遇。为了

① 参见〔印尼〕S. 马里夫,《印度尼西亚竞争法——对中国竞争立法的启示》,载王晓晔、〔日〕伊从宽主编:《竞争法与经济发展》,社会科学文献出版社 2003 年版,第 92 页。

② See Dr. Ningrum Natasya Sirait SH, MLI, Overview of the Indonesia Competition Law, Law Number 5 of 1999, Concerning the Prohibition of Monopolistic Practices and Unfair Business Competition, http://www.jftc.go.jp/eacpf/05/AOTS/indonesia_ningrum.pdf, 2008-9-1.

摆脱经济危机，印尼政府于1998年1月签署了意向书，向国际货币基金组织申请贷款援助。作为备忘录中承诺的一部分，印尼政府保证要制定一部确保自由和公正竞争的法律。可以说，意向书的签署对加速商业竞争法的起草进程起到了重要的推动作用。为此，印尼国会发起了商业竞争法草案的起草工作，这正是1999年第5号法令的背景。

二、印度尼西亚竞争法的主要内容

反垄断法和反不正当竞争法都属于维护竞争秩序的法律，两者合并在一部法律之中还是分别单独立法，各国对此有着不同的做法。有的国家将其规定在一部法律之中，一些国家分开立法，还有一些国家有更为复杂的立法。[①] 1999年第5号法令的名称明显表明，该法采取的是合并立法的体例，既规制垄断行为，也规制不公平竞争行为。该法明确列举了垄断行为和不公平竞争行为的各种表现，设立了专门的反垄断和反不公平竞争主管机构——商业竞争监督委员会，以加强对市场竞争的监督和管理。该法还对商业竞争监督委员会处理垄断和不公平竞争案件的行政程序以及司法机关受理此类案件的程序作了明确规定，并对违反该法的行为设置了罚款和其他处罚措施。印尼竞争法共10章53条。

（一）一般规定

该法第一章规定了垄断、垄断行为、经济力量集中、支配地位等重要概念。根据第1条规定，"垄断"（monopoly）是指一个企业或企业集团对特定商品或服务的生产和销售的控制。"垄断行为"（monopolistic practice）是指一个或一个以上的企业利用经济力量的集中控制特定商品或服务的生产和销售，从而导致不正当商业竞争并损害公共利益的行为。"经济力量集中"（concentration of economic power）是指一个

① 参见孔祥俊：《反垄断法原理》，中国法制出版社2001年版，第29页。

或一个以上的企业对相关市场的明显控制,使得其能够固定商品或服务的价格。“支配地位”是指一个企业在相关市场的市场份额上没有重要竞争对手的状态,或者其金融实力、获取供应商或销售的能力、适应特定商品或服务的供给和需求的能力都在相关市场的众多竞争者中处于最高地位。“不公平商业竞争”(unfair business competition)是指企业之间通过不公平的、违反法律的、妨碍商业竞争的方式进行商品或服务的生产和销售。“协议”是指一个或一个以上的企业与其他企业以任何名义约束自身的行为,不论是书面的或非书面的。“市场行为”是指企业自身作为商品或服务的供应者和购买者所进行的任何活动,目的在于为实现包括利润、资产增值、销售目标和竞争策略在内的各种公司经营目标。

(二) 原则和目标

该法第二章是关于反垄断法的基本原则和目标的规定。第 2 条规定,从事商业活动的企业应当遵守经济民主的基本原则,并且考虑到企业利益与公共利益的平衡。

第 3 条规定,该法的目标包括:(1) 保障公共利益,提高国家经济效率,并由此提升公共福利;(2) 通过健康的商业竞争创造良好的商业氛围,为大、中、小型企业提供平等的商业机会;(3) 防止企业从事垄断行为和不公平竞争行为;(4) 鼓励有效和高效的商业活动。

(三) 禁止性协议

1. 寡占(Oligopoly)

该法第 4 条第 1 款规定,禁止企业之间签订旨在共同控制商品或服务的生产和销售的协议,从而导致垄断行为和不公平商业竞争。

第 2 款规定,两个或者三个企业或企业集团如果控制某种特定产品或者服务 75% 以上的市场份额,将被假定或者认定为联合控制商品或服务的生产和销售。

该条规定禁止寡占协议。寡占本是一种典型的垄断结构状态,寡占协议则是企图共谋获取寡占地位的行为。从现代反垄断法的普遍情况看,几乎没有单纯地禁止寡占的立法,也就是说,寡占本身不一定违法,利用不正当手段谋取寡占地位才是违法的。从该条规定看,该法对此也持同样的态度。该条规定还明确了寡占行为的具体认定标准,只要符合这个标准,企业间有无协议均可视为实施了寡占行为。应当注意的是,寡占被纳入禁止性协议一类加以规制,这无疑缩小了禁止的范围。

2. 固定价格(Price Fixing)

(1) 价格卡特尔

该法第5条规定,禁止企业与其竞争对手签订旨在固定某种商品或服务价格的协议,这种商品或服务的价格是消费者或客户在同类相关市场上必须支付的。但是下列情况例外:① 共同合伙(joint partnership)签订的协议;② 依据现行法律规定签订的协议。

价格卡特尔广泛存在,它扭曲了正常的价格信息,使竞争难以自由进行。企业通过它掠取了超过正常竞争水平的利润,严重地损害消费者福利。可以说,它动摇了市场经济的基石。因此,它是对竞争危害最大的卡特尔,各国反垄断法一直把它作为重点规制对象。该条规定明确禁止价格卡特尔,同时指出并非所有的价格卡特尔都违法,符合该条例外情况的,不在法律禁止之列。

(2) 歧视性定价

该法第6条规定,禁止企业签订在不同购买者之间对同种商品或服务实行不同价格的协议。

一般认为,歧视性定价是滥用市场支配地位的表现形式之一。因为歧视性定价的实施者必须是具有市场支配地位的企业。如果企业不具有一定的市场力量,购买者可以轻易地转向其他企业,歧视性定价将很难实施。所以,具有市场支配地位的企业才是歧视性定价的可能实施者。该条规定禁止企业间联合实施歧视性定价行为。联合实施歧视性定价行为的企业一方或双方或联合起来也应当具有市场支配地位。在分立立法的国家,掠夺性定价既可归入限制竞争行为之列而受反垄断法调整,也可纳入不正当竞争行为的范畴而受反不正当竞争法调整。

(3) 掠夺性定价

该法第7条规定,禁止企业与其竞争对手签订协议以低于市场的价格提供商品或服务,从而导致不公平商业竞争。

掠夺性定价,又称为"低价倾销",它是指企业为了将原来的竞争对手排挤出市场或阻止新的竞争对手进入市场,以非常低的价格销售商品或提供服务,达到目的之后随即大幅提高产品价格,以攫取高额垄断利润的行为。掠夺性定价不仅损害了竞争对手的利益,破坏了市场竞争秩序,也损害了广大消费者的利益。因此,各国竞争法都非常重视对掠夺性定价的规制。与歧视性定价一样,掠夺性定价既可归入限制竞争行为之列,也可纳入不正当竞争行为的范畴。该条规定禁止企业间联合实施掠夺性定价行为。关于掠夺性定价的界定标准,各国的规定各不相同,有的要求价格低于平均总成本,有的要求价格低于平均可变成本。在此,"低于市场的价格"即构成掠夺性定价。

(4) 转售价格维持

该法第8条规定,禁止企业间签订协议要求商品或服务的接受者不得以低于商定的价格再行销售、提供商品或服务,从而导致不公平商业竞争。

作为一种典型的纵向限制竞争协议,转售价格维持是企业控制其分销体系的有效手段。限定转售价格剥夺了商品或服务的接受者本应享有的自由定价权,妨碍了市场竞争机制的良性运作,损害了消费者的利益。因此,虽然有些情况下转售价格维持可以提高效率,但各国反垄断法并没有因此放弃对转售价格维持的规制,该法也不例外。

3. 市场分割(Area Division)

该法第9条规定,禁止企业与其竞争对手签订旨在划分商品或服务的市场行销和市场配置的协议,从而导致垄断行为或不公平商业竞争。

企业之间通过签订市场分割协议取得强势的市场力量,阻止新的竞争者进入市场,迫使现有的竞争者退出市场,进而操控商品或服务的价格、产量和销量。市场分割分为横向市场分割和纵向市场分割。横向市场分割是相同商品或服务的经营者为了扩大或者维持其在相关市场上的份额,签订协议划分同一阶段的商品或服务市场;纵向地区分割是指生产商在同一地区范围内禁止同一品牌的不同销售商之间的竞争。生产商在一个地区内仅允许指定销售商销售其产品,可以减少其他销售者的竞争,获得更大的利润。一般来说,各国均严格禁止横向市场分割协议,而对纵向市场分割协议则采取比较谨慎的态度,既不能说它们一概具有推动竞争的作用,也不能说它们一概是反竞争的,重要的是评价它们对市场结构的影响。从该条的规定来看,印尼竞争法并没有区分横向市场分割和纵向市场分割。

4. 联合抵制(Boycotting)

该法第10条第1款规定,禁止企业与其竞争对手签订阻碍其他企业从事同类商业活动的协议,不论这种协议针对的是国内市场还是出口市场。

第2款规定,禁止企业与其竞争对手签订拒绝销售其他企业商品或服务的协议,如果该协议导致或可能导致其他企业受到损失,或者限制了其他企业从相关市场买卖任何商品或服务。

联合抵制是一种常见的限制竞争行为。企业实施联合抵制的目的不同,表现形态各异,可以针对交易相对方,也可以针对同业竞争者。该条规定禁止两种联合抵制协议,一种是阻碍其他企业从事同类商业活动的协议,一种是拒绝销售其他企业商品或服务的协议，两种协议针对的对象都是同业竞争者，区别在于前者的目的是限制其他企业进入相关市场，后者的目的是将其他企业驱逐出相关市场。

5. 卡特尔(Cartel)

该法第11条规定，禁止企业与其竞争对手签订旨在通过决定某种商品或服务的生产和销售而影响其价格的协议，从而导致垄断行为或者不公平商业竞争。

卡特尔是限制竞争的主要方式之一。市场上提供同类商品或服务的企业通常是竞争者，但是在市场竞争的压力下，它们又常常联合起来成为同盟者。其典型的方式便是订立卡特尔协议，限制商品或服务的价格、产量等因素。鉴于价格是促进和调节生产最重要的因素，所以价格卡特尔被看做是对竞争危害最甚的卡特尔。限制产量的卡特尔一般也被视为非法，因为这种卡特尔人为地减少对市场的供给，从而能够扭曲竞争。从该条规定来看，该法仅仅禁止价格卡特尔。

6. 托拉斯(Trust)

该法第12条规定，禁止企业间签订协议，联合其他公司设立更大的控股公司或有限公司，形成共同合作，同时保持子公司或成员公司的存续，以控制商品或服务的生产和销售，从而可能导致垄断行为或不公平商业竞争。

托拉斯是垄断组织的高级形式之一，是各国反垄断法重点防范的对象。按照该条规定，为了控制商品或服务的生产和销售而设立托拉斯，可能导致违法。另外，参加托拉斯的企业往往会失去法律上的独立性。但是该条禁止的是各参加方保持独立地位的托拉斯协议。

7. 买方寡头垄断(Oligopsonies)

该法第13条第1款规定，禁止企业间为控制相关市场商品或服务的价格而签订联合控制供应的购买和接受的协议，从而可能导致垄断行为和不公平竞争。

第2款规定，如果两个或者三个企业或企业集团控制了某种商品或服务75%以上的市场份额，将被假定或认定为联合控制供应的购买和接受。

与卖方垄断一样，买方垄断也会抑制生产和损害分配效率，所以同样受到了反垄断法的关注。买方寡头垄断是在有大量卖主的情况下，少数买主对市场的控制。该条规定禁止企业签订协议形成买方寡头垄断，控制供应的购买和接受。表面看来，该法禁止的是处于买方寡头垄断状态的企业实施的联合控制行为。但是，只要企业控制了75%以上的市场份额，就认定为实施了联合控制行为。所以，该法实际上禁止了买方寡头垄断状态。

8. 纵向一体化（Vertical Integration）

该法第14条规定，禁止企业间签订协议，控制特定商品或服务的生产链中的某些产品的生产，其中每个生产链前后相继，不论这些生产链彼此间是直接相关的还是间接相关的，从而导致不公平商业竞争或者损害公共利益。

该条禁止企业签订协议，实行纵向一体化，以便从交易对手处不正当地攫取高额利润。纵向一体化排斥了市场内的其他企业，摒弃了市场的竞争和效率，从而具有反竞争因素。

9. 封闭型合同（Closed Contracts）

该法第15条第1款规定，禁止企业间签订协议，要求接受商品或服务的一方只能或者不能向特定方或在特定地区再行提供商定的商品或服务。

第2款规定，禁止企业与另一方签订协议，要求接受特定商品或服务的一方必须表示愿意从供应方购买其他商品或服务。

第3款规定，禁止企业就商品或服务的价格或折扣签订协议，使得从供应方接受商品或服务的企业：

① 必须表示愿意从供应方购买其他商品或服务；

② 不得从供应方视为竞争对手的其他企业购买相同或

者相似的商品或服务。

该条所谓的封闭型合同,包括转售独家交易、搭售、互惠交易和独家交易四种协议。实际上,转售独家交易、搭售、互惠交易和独家交易都是滥用市场支配地位的表现形式。

10. 涉外合同

该法第16条规定,禁止企业与外方签订含有可能导致垄断行为或不公平商业竞争的条款的协议。

该条规定表明,涉外的限制性竞争协议也在印尼竞争法的禁止之列。

(四) 禁止性行为

1. 垄断(Monopoly)

该法第17条第1款规定,禁止企业控制商品或服务的生产和销售,从而导致垄断行为或不公平商业竞争。

第2款规定,出现下列情况之一,企业将被假定或者认定为控制了商品或服务的生产和销售:(1) 相关商品或服务当时没有替代性;(2) 这种行为导致其他企业不能进入同类商品或服务的商业竞争;(3) 一个企业或者企业集团控制了某种商品或服务的销售的50%以上的市场份额。

该条禁止的是控制商品或服务的生产或销售的垄断行为。为了便于认定,该条列举了除了这种垄断行为的三种具体表现,具有较强的可操作性。

2. 买方独家垄断(Monopsony)

该法第18条第1款规定,禁止企业控制其接受的供应或成为相关市场上商品或服务的唯一购买者,从而导致垄断行为或不公平商业竞争。

第2款规定,如果一个企业或者企业集团控制了某种商品或服务50%以上的市场份额,将被假定或者认定为控制其接受的供应或成为唯一购买者。

买方独家垄断是指某企业是某种商品或服务的唯一购买者的市场状态。从该条规定看,所谓的买方独家垄断并不是相关市场上某种商品或服务真的只有单独一个买主，而是某个买主控制了相当大的市场份额，具备相当强的市场力量，能够操纵市场，理论上就可以认定为唯一购买者。

3. 市场操纵（Market Controlling）

（1）市场抵制或者歧视

该法第19条规定，禁止企业单独或者共同实施下列有可能导致垄断行为或不公平商业竞争的行为：

① 拒绝或者阻碍某些企业在相关市场上从事同类商业活动；

② 阻碍竞争对手的消费者或者客户与竞争对手建立商业联系；

③ 限制相关市场上商品或服务的分销和销售；

④ 针对特定企业的歧视行为。

（2）掠夺性定价

该法第20条规定，禁止企业为了挤垮竞争对手或者将竞争对手驱逐出相关市场，以不赚取任何利润的价格或者非常低的价格提供商品或服务，从而导致垄断行为或者不公平商业竞争。

（3）虚假定价

该法第21条规定，禁止企业在决定作为商品或服务组成部分的生产成本和其他费用方面从事欺骗性行为，从而导致不公平商业竞争。

这些规定禁止企业实施抵制行为、限制销售行为、歧视行为、虚假定价等违法行为。这些行为市违背市场公平竞争原则，破坏场价格竞争秩序，既可能是具有垄断地位的企业实施的，也可以是不具有垄断地位的企业实施的。应当注意的是，第20条与第7条规定都是有关掠夺性定价的，不同的是，前者规定的掠夺性定价行为一般是企业单独实施的，而后者规定则针对的是企业间签订协议联合实施掠夺性定价。

4. 共谋(Conspiracy)

(1) 串通投标

该法第22条规定,禁止企业在招投标时与他人共谋,安排或决定中标者,从而导致不公平商业竞争。

(2) 获取商业秘密

该法第23条规定,禁止企业与他人共谋获取被其竞争对手视为公司秘密的商业活动信息,从而导致不公平商业竞争。

(3) 市场阻碍行为

该法第24条规定,禁止企业与他人共谋阻碍其竞争对手的商品或服务的生产和销售,使其竞争对手在相关市场上提供的商品或服务在数量、质量以及供应的及时性方面出现下滑。

通常,共谋是指两个或两个以上的企业基于共同的意思,实施了共同的行为。共谋可以是以比较明确的协议形式进行的,包括书面合同、口头约定以及有关组织的决定;也可以没有书面或口头的协议,而是以各方心照不宣的某种默示协调行动。与禁止性协议相区别,此处的共谋显然仅指后一种情形。

(五) 市场支配地位

1. 一般规定(General)

该法第25条第1款规定,禁止企业直接或者间接利用其支配地位实施以下行为:

① 强加交易条件以防止或者阻碍消费者获得在价格和质量方面具有竞争性的商品或服务;

② 限制市场和技术的发展;

③ 阻碍潜在的竞争对手进入相关市场。

第2款规定,符合下列条件的企业将被认定具有市场支配地位:

① 一个企业或者企业集团控制了某种商品或服务50%

或以上的市场份额；

② 两个或者三个企业或企业集团控制了某种商品或服务 75% 或以上的市场份额。

该条禁止企业滥用市场支配地位。对此，该法采用的是列举的方式，并且没有规定兜底条款，也就是说，该法仅仅禁止明确规定的滥用行为。对于市场支配地位的认定，该条以企业或企业集团占有的市场份额为标准进行了规定。

2. 双重身份(Double Position)

第 26 条规定，担任一个公司董事或者委员的人禁止同时在下列企业兼任类似职务：

① 在同一相关市场中的企业；

② 与原企业所在的商业领域或类型有紧密关系的企业；

③ 能够共同控制特定商品或服务的市场份额，从而导致垄断行为或者不公平商业竞争的企业。

该条规定禁止的是董事兼任。董事兼任可以使公司决策层行动统一，势必间接排除本来具有竞争关系的公司间的竞争。如果得不到有效控制，企业通常会利用它来规避反垄断和反不正当竞争的法律规定。因此，很多国家都对董事兼任实行强制通知及事先批准制度。该法则对可能具有竞争关系的公司的董事兼任采取一概禁止的态度。

3. 股权(Share Ownership)

该法第 27 条规定，禁止企业持有在相同相关市场上从事相同商业活动的多家公司的多数股份，或者在相同相关市场上设立多家从事相同商业活动的公司，如果该股权会导致：

① 一个企业或者企业集团控制某种商品或服务 50% 以上的市场份额；

② 两个或者三个企业或企业集团控制某种商品或服务 75% 以上的市场份额。

该条规定实际上禁止的是企业间的交叉持股。交叉持股的公司往往结成利益联盟，共同操纵市场价格或产量，损害市场公平竞争。尤其是大规模企业间交叉持股容易形成经营上的行业垄断。应当注意的是,该条规定是以企业或企业集团拥有的市场份额为标准限定交叉持股的范围的。

4. 合并、解散和收购(Merger, Dissolution and Acquisition)

该法第28条第1款规定,禁止企业从事可能导致垄断行为或者不公平商业竞争的合并或解散。

第2款规定,禁止企业收购另一个企业的股份,如果该行为导致垄断行为或者不公平商业竞争。

第3款规定,有关第1款规定的禁止公司合并和第2款规定的收购公司股份的详细情形由政府规章规定。

该法第29条第1款规定,第28条规定的公司合并或者收购股份,导致资产价值或者销售额超过规定标准,则必须在合并或收购发生之日起30日内向商业竞争监督委员会报告。

第2款规定,资产价值和销售额的确定以及报告程序由政府规章规定。

由于企业合并会导致市场结构的集中化,可能影响竞争,因而受到反垄断法的关注。该法禁止有可能导致垄断行为或不公平商业竞争的企业合并。另外,该法对合并企业设置了资产价值标准和销售额标准,达到标准的必须申报,从而有利于商业竞争监督委员会判断企业合并是否会导致垄断行为或不公平商业竞争。

(六) 商业竞争监督委员会

1. 商业竞争监督委员会的地位

为了确保1999年第5号法令的实施,该法规定要设立一个主管机关,即商业竞争监督委员会(Commission for the Supervisory of Business Competition,以下简称“委员会”)。委员会负责反垄断与反不公平竞争案件的处理,制定实施细则,宣传和倡导竞争。委员会独立行使职权,不受政府和其他机构的干涉。

2. 商业竞争监督委员会的组成

(1) 任免

该法第31条规定,委员会由包括一名主任、一名副主任在内的至少七名委员组成。委员会委员经国会批准后由总统任免,任期为五年,可连任一次。如果因委员任期届满而使委员会职位出现空缺,该任期届满的委员可以继续任职直到任命新的委员。

(4) 任职资格

该法第32条规定,委员会委员的任职资格是:

① 年龄30岁至60岁之间的印度尼西亚共和国公民;

② 忠于建国五项基本原则和1945年宪法;

③ 信仰全能的真主(God the Almighty);

④ 诚实、公正,品行端正;

⑤ 定居印度尼西亚共和国境内;

⑥ 具有商业活动经验,或者具备法律或经济方面的专业知识;

⑦ 没有犯罪记录;

⑧ 没有被法院宣布破产的记录;

⑨ 与任何公司均无利害关系。

(3) 任职终止

该法第33条规定,因下列原因,委员会成员的任职终止:

① 死亡;

② 辞职;

③ 定居印度尼西亚共和国境外;

④ 持续的身体疾病或者精神疾病;

⑤ 任期届满;

⑥ 免职。

(4) 机构

该法第34条规定,委员会的组建、组织机构、职责和职能应由总统令规定。委员会可以设立秘书处,以顺利履行其职责。委员会还可以设立一个工作组。有关秘书处和工作组的组织机构、职责、职能应由委员会决定作出规定。

3. 商业竞争监督委员会的职责

该法第35条规定,委员会的职责包括:

① 评估本法第5条至第16条规定的有可能导致垄断行为或者不公平商业竞争的协议;

② 评估本法第17条至第24条规定的有可能导致垄断行为或者不公平商业竞争的商业活动或企业行为;

③ 评估本法第25至第28条规定的有可能导致垄断行为或者不公平商业竞争的滥用市场支配地位;

④ 根据该法第36条赋予委员会的权力采取措施;

⑤ 为政府制定垄断行为和商业竞争方面的政策提供意见和建议;

⑥ 发布与本法有关的指导方针、出版物;

⑦ 定期向总统和国会报告工作。

4. 商业竞争监督委员会的职权

该法第36条规定,委员会的职权包括:

① 受理公众、企业有关垄断行为或者不公平商业竞争的申诉控告;

② 调查可能导致垄断行为或不公平商业竞争的商业活动、企业行为;

③ 调查、审查公众、企业指控的,或者委员会自身调查发现的垄断行为和不公平商业竞争案件;

④ 就有无垄断行为或不公平商业竞争存在作出调查、审查结论;

⑤ 传唤涉嫌违反本法的企业;

⑥ 传唤证人、专家证人以及其他知情人;

⑦ 如果第5、6项提及的企业、证人、专家证人或其他知情人拒绝提供信息,可以寻求调查官的帮助;

⑧ 要求政府部门提供与企业违法调查、审查有关的情况；

⑨ 收集、调查、评估与调查、审查有关的信件、文件或其他证据；

⑩ 认定违法行为是否对其他企业或社会公众造成损害；对认定实施垄断行为或不正当商业竞争的企业下达委员会决定；对认定违反本法的企业实施行政处罚。

5. 经费来源

该法第37条规定，委员会履行职责所需的经费由国家预算收入或现行法律规定的其他来源承担。

（七）案件处理程序

1. 举报

该法第38条第1款规定，任何得知或怀疑违反本法情况发生的人，可以向委员会书面举报，表明举报人的身份，并详细说明违法情况。

第2款规定，因违反本法的行为而损失的一方，可以向委员会书面举报，表明举报人的身份，并详细、清楚地说明违法和损失的情况。

第3款规定，委员会应当为以上举报人的身份保密。

第4款规定，举报的程序由委员会作出进一步规定。

2. 调查

根据规定，委员会对违法案件的调查可以分为举报调查和主动调查两种。

(1) 举报调查

该法第39条规定，委员会收到符合规定的举报后，应当开展初步审查(preliminary examination)。最迟在收到举报之日起30日内，委员会必须决定是否有必要开展核查(further examination)。在核查中，委员会应当对被举报的企业进行调查。委员会应当为其从企业处得知的作为公司秘密的信息保密。如有必要，委员会可以听取证人、专家证人以及其他人提供的情况。

（2）主动调查

该法第 40 条规定，在没有举报的情况下，委员会也可以就违法情形对企业开展调查。主动调查应当遵循本法有关初步审查和核查的程序。

3. 证据规则

该法第 41 条规定，接受调查的企业和其他方有义务提交调查、审查所需的证据。企业不得拒绝调查，拒绝提供调查所需信息，阻碍调查的进行。企业违反上述要求，委员会可以指派调查官依法开展调查。

该法第 42 条规定，委员会调查采纳的证据有：

① 证人证言；

② 专家证言；

③ 信件、文档；

④ 证据；

⑤ 企业证言。

4. 调查程序

该法第 43 条规定，核查应当在作出核查决定之日起 60 日内完成。如有必要，核查期限可以延长，但最多不超过 30 天。核查结束后 30 日内，委员会应当就被控企业的行为是否违反本法作出裁定。委员会裁定应当公开开庭宣布，并立即通知被控企业。

5. 履行裁定

该法第 44 条规定，被控企业应当自收到委员会裁定通知后 30 日内履行裁定，并向委员会报告履行情况。被控企业不服委员会裁定的，应当自收到裁定通知后 14 日内向地区法院提起异议之诉。没有在上述期限内提出诉讼的，视为服从裁定。被控企业收到裁定后不履行，也不在规定期限内提出诉讼的，委员会应当将裁定移交调查官，由其依据现行法律进行调查。移交调查官的裁定构成初步证据，调查官足以据此进行调查。

6. 司法救济

该法第45条规定,地区法院收到被控企业的异议之诉后14天内,应当对起诉进行审查。地区法院应当在开始审查后30日内作出裁判。不服地区法院裁判的一方应当在14日内,向印尼最高法院提出上诉。最高法院应当在收到上诉请求之日起30日内作出裁判。

该法第46条规定,被控企业如果没有提出异议之诉,委员会裁决是最终的和有效的。委员会裁决的执行由地区法院负责。

(八)罚则

1. 行政处罚

该法第47条规定,对于违反本法的行为,委员会有权实施行政处罚。行政处罚的种类包括:

① 撤销第4—13条、第15条规定的协议;

② 责令企业终止第14条规定的纵向一体化;

③ 责令企业停止确实导致垄断行为和不公平商业竞争的行为以及损害社会公众的行为;

④ 责令企业停止滥用市场支配地位;

⑤ 撤销企业实施的本法第28条规定的公司合并或者收购股份;

⑥ 责令赔偿损失;

⑦ 处以10亿以上250亿以下卢比的罚金。

2. 刑事处罚

该法第48条规定,违反本法第4条、第9—14条、第16—19条、第25条、第27条和第28条的,处以250亿以上1 000亿以下卢比的罚金,或者判处6个月以下的监禁;

违反本法第5—8条、第15条、第20—24条、第26条的,处以50亿以上250亿以下卢比的罚金,或者判处5个月以下的监禁;

违反本法第41条的,处以10亿以上50亿以下卢比的罚金,或者判处3个月以下的监禁。

3. 其他处罚

根据《刑法》第10条的规定,对于违反本法第48条的行为,处以以下附加刑:

① 撤销营业许可;

② 实施违法行为的企业的责任人,在2年至5年的期间内禁止担任董事或者委员的职务;

③ 责令停止造成他人损害的活动或行为。

(九) 豁免制度

反垄断法的豁免制度是指对于某些形式上符合反垄断法禁止规定的行为,因其符合免责规定而排除适用反垄断法的情形。从反垄断立法看,有关豁免制度的规定有两种方式,一是针对不同的情况规定不同的豁免,二是集中规定所有情况的豁免。该法既在部分条文中针对不同情况规定了不同的豁免,也在第九章集中规定了部分事项的豁免。

该法第50条规定,以下事项不适用于本法:

① 旨在执行现行法律的行为、协议;

② 许可使用、专利、商标、著作权、工业设计、集成电路和商业秘密等与知识产权有关的协议,以及与特许经营有关的协议;

③ 不会限制或者阻碍竞争的规定商品或者服务的技术标准的协议;

④ 不含有以低于商定价格再次提供商品或服务的条款的分销协议;

⑤ 旨在提高或者改善一般居民生活水平的研究合作协议;

⑥ 印尼政府已经批准的国际协定;

⑦ 不转移国内需求和市场供应的出口协议或行为;

⑧ 从事小规模商业活动的企业;

⑨ 专为成员提供服务的合作商业活动。

第三节　印度尼西亚竞争法律制度评析

在明确了1999年第5号法令的立法背景和具体内容的基础上，为了进一步了解其特点和缺陷，有必要对其进行深入考察。以下将从基本框架、规制对象、主管机关、程序规范和豁免制度五个方面对该法进行评价。

(一) 基本框架

就采取合并立法体例的国家而言，尽管竞争法的具体条文各不相同，但其基本内容却表现出高度一致。一般来说，各国竞争法都包含四大类基本内容，即不正当竞争行为、限制竞争协议、滥用市场支配地位和企业合并。该法将其规制对象分为三类：禁止性协议、禁止性行为和市场支配地位。可以看出，该法在分类标准上与其他国家并不相同。该法所指的禁止性协议是企业签订协议实施垄断行为和不正当商业竞争，包括寡占、固定价格、市场分割、联合抵制、卡特尔、托拉斯、买方寡头垄断、纵向一体化、封闭型合同和涉外合同；禁止性活动是企业单独实施或者共谋实施垄断行为和不正当商业竞争，包括垄断、买方独家垄断、市场操纵和共谋；市场支配地位则是占有市场支配地位的企业滥用其支配地位实施限制竞争行为，包括一般性的滥用市场支配地位行为、董事兼任、交叉持股以及合并、解散和收购。从每一类规制对象具体包含的行为看，该法明显表现出相互交叉的特点。比如，掠夺性定价既可能表现为企业间的限制竞争协议，也可能表现为不具有市场支配地位的企业的单独行为，还可能表现为具有市场支配地位的企业的滥用行为。再比如，参与合并和收购的企业可能是具有市场支配地位的企业，也可能是不具有市场支配地位的企业，企业合并和收购并不仅仅是滥用市场支配地位的表现。因此，可以说，该法的上述分类方法并不科学，往往容易造成适用上的混淆。

（二）规制对象

该法禁止的企业行为是导致垄断行为或不正当商业竞争的行为，也就是说，之所以应当禁止企业间签订的协议、企业实施的行为和滥用市场支配地位，是因为这些行为“导致垄断行为或不正当商业竞争”。对于何谓“垄断行为”和“不正当商业竞争”，该法指出，垄断行为是指一个或一个以上的企业利用经济力量的集中控制特定商品或服务的生产和销售，从而导致不正当商业竞争并损害公共利益的行为；不正当商业竞争是指企业之间通过不正当的、违反法律的、妨碍商业竞争的方式进行商品或服务的生产和销售。但是，上述定义比较笼统，对于认定企业行为是否确实导致垄断行为或不正当商业竞争缺乏可操作性。

对于如何认定企业间签订的协议是否构成竞争法所禁止的限制竞争协议，各国在长期实践的基础上形成了两种认定原则：一种是本身违法原则，即只要企业间的协议被证实存在，就构成违法；另一种是合理原则，即企业间的协议是否会排除、限制竞争，要根据市场具体情况进行分析，如果认定协议确实排除、限制了市场竞争，才能认定为限制竞争协议。该法虽然没有明确提及本身违法原则和合理原则，但实际上采用了这两种认定原则。对于本身违法的协议，该法在条文结尾处没有使用“导致垄断行为或不正当商业竞争”的表述；对于适用合理原则的协议，该法在条文结尾处使用了“导致垄断行为或不正当商业竞争”的表述。从该法的具体规定看，本身违法的协议有价格卡特尔、歧视性定价、转售独家交易、搭售、互惠交易和独家交易，适用合理原则的协议有寡占、掠夺性定价、转售价格维持、市场分割、联合抵制、卡特尔、托拉斯、买方寡头垄断、纵向一体化、涉外合同。

该法规定的滥用市场支配地位除了包括强加交易条件以防止或者阻碍消费者获得在价格和质量方面具有竞争性的商品或服务、限制市场和技术的发展以及阻碍潜在的竞争对手进入相关市场三种具体表现形式以外，还包括董事兼任和交叉持股。反垄断法的垄断控制方式可以分为结构主义和行为主义两种基本方式。结构主义是指为了控制行业集中度而对行业集中状态进行规范的垄断控制方式。为维护有效竞争，反垄断法不仅规范占市场支配地位的企业的市场行为，而且还担负着对阻碍了市场竞争的市场结构予以调整的任务。行为主义是指仅规范占市场支配地位的市场行为，而不关心行业集中度的垄断控制方式。[①] 目前，除美国和日本等少数国家外，世界上绝大多数国家都选择了行为主义控制模式。而美国和日本也在 20 世纪 80 年代以后改变初衷，向行为主义控制方式转变。[②] 从该法的规定看，该法采用的是行为主义控制方式。

该法有关企业合并的规定仅有两个条文，对受到禁止的合并、收购以及企业合并、收购的申报作了初步规定。值得注意的是，该法并不要求企业合并前向委员会申报，而仅仅规定在合并或收购发生之日起 30 天内申报。与其他国家将企业合并单列一章作出详细规定的通常做法相比，该法的规定显得过于简单了。此外，将企业合并的内容纳入市场支配地位的范畴中进行规定的做法也不可取。

(三) 主管机关

根据该法第 30 条至第 37 条规定以及 1999 年第 75 号总统令，商业竞争监督委员会于 2000 年 6 月 7 日正式成立。委员会有十一名委员，包括一名主席和一名副主席，任期五年。[③] 委员会是印尼第一个独立的监管委员会。它既不是立

---

① 参见曹士兵：《反垄断法研究》，法律出版社 1996 年版，第 97 页。

② 参见钟瑞栋：《从结构主义到行为主义——反垄断法的历史演进、发展趋势及我国的立法选择》，载《厦门大学法律评论》，厦门大学出版社 2001 年版，第 42、43 页。

③ Source: Commission for the Supervision of Business Competition, http://www.kppu.go.id/new/index.php? URLEncryptCode = 09%2F01%2F08%2C08%3A09%3A14, 2008-9-1.

法机关,也不是司法机关或行政机关,因为它参与竞争政策的制定,负责该法的执行,并对相关案件作出裁决。也就是说,它拥有包括调查、起诉和裁决在内的广泛的职权。这在印尼的历史上是从未有过的。正因为如此,委员会的地位问题引发了印尼法律界尤其是司法机关的争议。[①] 从各国竞争主管机关的设置看,可分为三种类型:一种是特别设立专门机关;二是赋予原有国家行政机关相关职能;三是由司法机关负责竞争案件的审判。目前,单独设立竞争主管机关,并实行行政和司法的有效结合已经成为各国反垄断法的共识和趋势。因此,委员会的地位和职权是该法得以有效实施的保障。要避免类似争议的产生则有赖于竞争意识的培养和竞争文化的培育。

委员会独立行使职权,不受政府和其他机构的干涉。但要接受监督,具体表现为:第一,委员会委员经国会批准后由总统任免;第二,委员会定期向总统和国会报告工作;第三,委员会所需经费由国会审批;第四,司法机关对委员会裁定的异议之诉进行审查,并负责执行委员会裁定;第五,委员会裁定应开庭宣布,并向媒体公开。

委员会设秘书处,协助履行职责。秘书处由执行主任领导,直接向委员会负责。秘书处设四个处,分别为行政管理处、交流处、执法处和竞争政策处。行政管理处负责委员会的行政管理、财务和人事;交流处负责向社会公众、企业和媒体传达信息;执法处负责违法案件的调查和起诉;竞争政策处负责产业政策和竞争政策的分析,并向委员会提供政府制定政策的建议。委员会还可以设立工作组。工作组是非常设的特别机构,由来自委员会以外的专家组成。工作组的主

---

① See Dr. Ningrum Natasya Sirait SH, MLI, Overview of the Indonesia Competition Law, Law Number 5 of 1999, Concerning the Prohibition of Monopolistic Practices and Unfair Business Competition, http://www.jftc.go.jp/eacpf/05/AOTS/indonesia_ningrum.pdf, 2008-9-1.

要任务是辅助调查的进行。

（四）程序规范

该法规定，委员会应当对违法案件进行调查。委员会对违法案件的调查分为举报调查和主动调查两种。委员会收到举报或者发现违法情形后，应当开展初步审查，并在此基础上决定是否有必要开展核查。核查结束后，委员会应当就是否违法作出裁定。被控企业应当履行裁定，并向委员会报告履行情况。被控企业不服委员会裁定的，可以向地区法院提起异议之诉。地区法院应当对异议之诉进行审查并作出裁判。不服地区法院裁判的一方可以向最高法院提出上诉。被控企业收到裁定后不履行，也不在规定期限内提出诉讼的，委员会应当将裁定移交调查官进行调查。委员会裁定由地区法院负责执行。该法的上述程序性规范看似清楚明确，实际上却存在着与印尼的现行法制无法融合的一面。印尼的诉讼法只承认判决的上诉、撤销和抗辩程序，而没有规定类似的司法审查机制。这使得法院很难受理上述异议之诉，即便受理了，也无法确定法院审查的对象到底是实体问题，还是程序问题。①

（五）豁免制度

各国针对各种不同情况给予反垄断法上的豁免大都是出于本国产业政策或其他政策的不同考虑。该法集中规定了九项豁免适用于该法的事项，包括知识产权协议、特许经营协议、出口协议、从事小规模商业活动的企业、专为成员提供服务的活动等。其中有些豁免事项范围过于宽泛，容易助长反竞争行为，从而受到了印尼国内学者们的批评。比如该法规定知识产权协议不适用禁止性协议的有关规定。鉴于滥用知识产权会限制市场竞争，并考虑到运用反垄断法规制

① 参见〔印尼〕S. 马里夫：《印度尼西亚竞争法——对中国竞争立法的启示》，载王晓晔、〔日〕伊从宽主编：《竞争法与经济发展》，社会科学文献出版社2003年版，第99、100页。

知识产权的滥用已经成为国际发展趋势,该法不应当给予知识产权协议完全豁免。再比如,该法规定特许经营协议也不适用于禁止性协议的有关规定。尽管豁免特许经营协议已经为国际法律实践所接受,但是特许经营协议往往与搭售和互惠安排联系在一起,因此有关这项豁免并不是没有争议的。[①] 还比如,该法豁免专为成员提供服务的合作商业活动。商品或服务的生产者和销售者多数都是行业协会的成员。行业协会往往规定了一定的加入条件,在正常情况下符合条件即可加入。但是加入条件可能会排除某些潜在竞争者,也可能会歧视某些现有竞争者,甚至成为封闭式组织。因此,上述合作商业活动极有可能成为排除、限制竞争的手段。

1999 年第 5 号法令是在国际货币基金组织的直接推动下出台的。它的颁布改变了印尼竞争法缺位的历史,使印尼社会公众和企业意识到,裙带关系不再受到保护,所有的经营者都有机会进入市场,公平参与竞争。尽管竞争观念要深入人心,还需要大力倡导竞争、广泛加强宣传、积极开展培训,但是相信通过该法对商业行为的规制,必将创造更具竞争性的印尼市场经济。

① See Syamsul Maarif, Competition Law and Policy in Indonesia, http://www.jftc.go.jp/eacpf/02/indonesia_r.pdf, 2008-9-5.

第 八 章

斯里兰卡竞争法律制度

第一节　斯里兰卡国家概况①

斯里兰卡民主社会主义共和国(The Democratic Socialist Republic of Sri Lanka)是南亚次大陆南端印度洋上的岛国,西北隔保克海峡与印度半岛相望。

一、斯里兰卡的政治制度

(一) 宪法

现行《宪法》于 1978 年 9 月 7 日生效,为斯里兰卡第四部宪法,改议会制为总统制。1982 年后多次修宪,将议会任期由六年改为任满时可通过公民投票决定是否延长。《宪法》规定,斯里兰卡所有官员,包括议员在内,必须宣誓反对分裂主义、维护国家统一。

(二) 议会

斯里兰卡实行一院制,国民议会为最高立法机构,由 225 名议员组成,任期 6 年。本届议会于 2004 年 4 月选出,席位分布情况为:执政联盟(统一人民自由联盟)105 席,统一国民阵线 82 席,泰米尔全国联盟 22 席,全国僧伽罗传统党 9 席,穆斯林大会党 5 席,高地人民阵线 1 席,伊拉姆人民民主党 1

① 资料来源:中华人民共和国外交部网站,http://www.fmprc.gov.cn/chn/pds/gjhdq/gj/yz/1206_28/,访问日期:2008 年 8 月 20 日。

席。2005 年 6 月,人民解放阵线(占议会 39 席)退出统一人民自由联盟,致使以自由党为首的执政联盟沦为议会少数派,目前仅占 65 席。议长罗库班达拉(W. J. M. Lokubandara),2004 年 4 月宣誓就职。

(三)政府

2007 年 1 月,拉贾帕克萨总统改组内阁。主要内阁部长有:总理兼内部行政部长拉特纳西里·维克拉马纳亚克,国家遗产部长阿努拉·班达拉奈克(Anura Bandaranaike),卫生医疗与营养部长尼玛尔·希里帕拉·德·席尔瓦(Nimal Siripala de Silva),石油与石油资源开发部长法齐。

(四)司法机构

司法机构由三部分组成:法院,包括最高法院、上诉法院、高级法院和地方法院等;司法部,负责司法行政工作;司法委员会,负责法院人事和纪律检查。最高法院首席法官是南达·席尔瓦(S. Nanda Silva)。

二、斯里兰卡的经济概况

16 世纪西方殖民主义入侵前,斯里兰卡一直是一个自给自足的农业国。但自葡萄牙、荷兰和英国殖民统治后,斯里兰卡原有的自然经济体系被打破。特别是英国殖民主义者入侵后,强征农民土地,推行种植园经济,先后大规模开辟咖啡、茶叶、橡胶和椰子种植园,斯里兰卡从此便成为以种植园经济为主的农业国,工业基础十分薄弱,经济结构单一。到 1948 年独立初期,茶叶、橡胶、椰子三大种植园产品产值约占国内生产总值的 37%,而制造业产值不到 4%。

斯里兰卡独立后,以自由党领导的政府坚持实行国有化的政策,采取节制私人资本、限制地权、控制进出口贸易、扩大福利等一系列经济措施,力图摆脱殖民经济影响。这些政策对消除殖民主义经济实力和影响、建立和发展民族经济发挥了积极作用,但后因政府对经济管得过死,社会各方积极性受挫,造成国家经济滑坡,致使危机迭起。1965 年,统一国民党上台后,反对自由党推行的“极权主义”的国有化经济政策,采取措施限制国营企业发展。一方面扩大私人经济在国民经济中的比重,另一方面实行经济全面对外开放,建立自由贸易区,大力吸引外资、推行贸易自由化、积极争取外援、大力发展旅游和劳务出口等。1977 年该党执政后宣布进一步实行开放的经济政策,至此,斯里兰卡经济真正开始走上了自由竞争和对外开放的轨道。2003 年,统一国民政府加大经济重建工作力度,出台了一系列包括私有化在内的经济改革措施,调整产业结构,加强基础设施建设,收效明显。2005 年 11 月人民自由党上台后,继续奉行上届政府主张的对外开放政策,但仍坚持振兴国有经济,不主张国企私有化。该届政府以“马辛达思想”为指导,采取加大力度吸引外资、积极争取国际援助、大力加强基础设施建设、增加对农业及中小企业的投入等政策,努力改善民生,朝着建设新斯里兰卡的目标迈进。目前,斯里兰卡经济虽已进入快速增长阶段,但国内安全形势严峻、基础设施脆弱、经济结构失衡、物价涨幅过高、财政赤字居高不下等影响经济发展的系列问题依然存在,还需政府花相当长的时间和气力才能得到改善。

斯里兰卡的农业以种植园经济为主,主要作物有茶叶、橡胶、椰子和稻米。工业基础薄弱,以农产品和服装加工业为主。在南亚国家中,斯里兰卡率先实行经济自由化政策。经过十多年经济改革,国有化经济管理模式已打破,市场经济格局基本形成。近年经济保持中速增长。

第二节 斯里兰卡竞争法律制度概述

一、竞争政策与竞争法的立法背景

尽管斯里兰卡于 1948 年即获得了独立,但是政府对全国经济的管理并不是通过竞争政策及竞争法以促进竞争进而推动发展的,相反,对于经济发展及消费者的保护是通过消费者补助及价格控制进行的。正是由于这种带有福利性质的政策,整个国家的经济一直具有下滑的势头,直至20世纪70年代出现可怕的"封闭式体制"①:失业的记录达到前所未有的程度;政府补助通过对重要消费商品的价格进行行政性指导而存在。为了对这种定价进行及时而有效的审查,斯里兰卡在1975年通过了《全国价格委员会法》(National Prices Commission Act),成立了全国价格委员会。但是该法的主要目标却与阻止违反公共和消费者利益的垄断、兼并而制定促进竞争的立法大相径庭。

随着1977年11月经济大门的开放,贸易自由化以及国有企业的私有化产生了一种需要,即通过竞争政策及以规则为基础的规制体制来处理这些产生的问题。市场的自由运作、贸易自由化要求竞争的有序性,而经济全球化带来了前所未有的机遇,但同时也带来了问题。如果任由私有化、自由化,那么给这个国家带来的将不再是经济的繁荣和发展。在自由化的两年后,1979年政府出台了《消费者保护法》(Consumer Protection Act),这也是这个国家第一个为保护消费者而进行的立法。这部法律公开宣称,其目标是使自由化的经济不至于对消费者产生危害。该法涉及的主要方面有:国内贸易的规制、价格规制以及诸如囤积、排他性交易和价格歧视的不公平、反竞争行为的规制。但是由于资源的匮乏以及财政支持的缺失,该法并未能通过有效实施抑或为国家有效竞争政策形成基础而达到保护消费者的立法本意。

但是在自由经济的情况下,重新实施通过价格控制或政府定价等政府介入行为又是不可思议的,这对政府的管理来

① See A. D. V. de S. Indraratna, Consumer Affairs Authority in the Overall Context of Competition Policy, Saman Kelegama (ed.): Economic Policy in Sri Lanka: Issues and Debates, SAGE Publications, 2004, p. 352.

说确实是一个问题。尽管如此,在十年以后,政府毅然决定要进行立法以促进竞争和保护消费者。1987 年通过了《公平交易委员会法》(Fair Trade Commission Act),这个法案取代了上述《全国价格委员会法》以及《消费者保护法》的部分条文,并在此基础上成立了公平交易委员会。该法在 1993 年经过了一次修订。其主要职责还是保证一个竞争性商业环境的存在,这与保障市场自由以及保护消费者利益是一致的。其主要功能是通过控制垄断、合并和反竞争行为以防其违反公共利益,并在此基础上形成和实施一个全国性的价格政策。

虽然经济自由化始于 1977 年,但是作为竞争法的公平交易委员会却成立于 1987 年。在此期间,一个规制性机构的缺失只能归因于政策制定者对于获得市场经济目标缺乏一个全局和长久的计划纲要。即使在公平交易委员会成立后,在政府部门的层面上,竞争法也没有得到任何关注,在很多情况下公平交易委员会被搁置不用,并且不能对公司等的行为产生可见的影响或在市场上及消费者眼里获得合法性。[①] 同时,由于立法本身的原因也大大削弱了该法在实践中的部分作用,在某些方面的用词上,充满了模棱两可的理解,比如有关垄断的情形(第 12 条)适用于任何种类的商品和服务,但是如此广泛的垄断定义对于商业行为的发展没有指导性,这就很难说有促进作用了。且对于违法的惩罚也缺乏应有的威慑效力。对于银行业、专业行为的排除更进一步加剧了问题的严重性。此外,由于缺乏明确的分界,公平交易委员会与其他部门特定的管理机构,比如电信管理委员会、全国运输委员会等的关系如何界定,在对于可能的垄断行为、合并以及反竞争行为的确定上如何协调成了很大的问题,所以有

① See Pubudini Wickramaratne Rupesinghe, Competition Law in Sri Lanka, http://www.lawnet.lk/docs/articles/sri_lankan/HTML/CV39.html,2008-8-20.

人确实对公平交易委员会是否达到其设定的目标存有异议。①

为弥补现存有关竞争和消费者保护立法的缺点,《消费者事务行政管理局法》(Consumer Affairs Authority Act)于2003年3月获得通过,并且依该法成立了消费者事务行政管理局(以下简称"行政管理局")。该法的实施即表明先前的《公平交易委员会法》、《消费者保护法》和《价格控制法》(第173章)被废除,但是这并不是说是对前法的抛弃,而是将作废法中很多行之有效的内容在经过适当修改后纳入到了新法之中。与先前各法稍微有点不同的是,该法是将竞争立法与消费者利益保护融为一体,并且相较于《公平交易委员会法》而言更加注重对消费者利益的保护。作为一个政府政策的组成部分,该法的广泛功能主要是通过"对交易、商品和服务价格的管理提供更好的消费者保护","保护销售者和生产者免受不正当贸易行为和限制性行为的影响","只要可能,即提升竞争性价格,并且保证商品和服务的销售者和生产者之间的有益竞争"获得。该法保护的范围不仅是消费者,对于权利受到不公正对待的销售者而言,也可援用该法。相较于先前的几部法律而言,《消费者事务行政管理局法》取得了一系列的进步,而这是该法能够获得通过的前提。

通过上面的分析可以发现,斯里兰卡有关竞争的立法不是只关注于竞争本身,而是对消费者利益的保护始终给予特别的关照和重视。消费者保护的立法可以追溯到第二次世界大战,基本生活消费品的稀缺为以后第一个有关食品和价格控制的立法提供了条件。这些立法对于主要生活品的分配实施了理性化的规划,直到1950的《价格控制法》和《食物控制法》,以及后来的《消费者保护法》(实施该法的机构就是

---

① See Pubudini Wickramaratne Rupesinghe, Competition Law in Sri Lanka, http://www.lawnet.lk/docs/articles/sri_lankan/HTML/CV39.html,2008-8-20.

国内贸易部门 Department of Intel Trade)。《消费者事务行政管理局法》只是对以往主要保护消费者的法律进行了一次有效的梳理,并且在某些制度上进行了更新。

还需注意的是,除了《消费者事务行政管理局法》以及上述一些法律以外,在保护消费者权益这方面,下面的一些法律和机构在特定方面也为消费者权益的保护提供了方便:

1980 年的《食品法》(Food Act),禁止生产、进口、销售不适于人类消费或掺假的商品,禁止为非法目的生产、保存、包装和存储任何食品。

1980 年的《化妆品及药物法》(Cosmetic Devices & Drugs Act),规制有关药品、化妆品的进口、生产及交易。

斯里兰卡标准化机构(Sri Lanka Standards Institution),对于进口或当地生产的特定商品提出所需的最低标准。

公共设施委员会(Public Utilities Commission),对于水和电的供应进行管理,其中包括交易条件及税率。

电信管理委员会(Telecommunications Regulatory Commission),对于固定或移动的电信服务的提供进行管理。

上述特定法律和机构均创设了保护消费者的实施条款。在特定领域任何受到侵害的消费者有权提出诉请,以期能从行政管理局那里得到补偿,唯一的例外就是当与斯里兰卡政府签署的协议附有独立的条款且于行政管理局成立之前已经生效。尽管对消费者诉请的回应仍取决于行政管理局,但上述为其目的而成立的特定部门须作出向消费者提供补偿的任何努力,只要这种努力被认为是方便的且最有利于诉请者,尤其当这些机构在相关方面具有最合适的经验及专家。①

---

① 参见斯里兰卡消费者事务局官方网站,Consumer Affairs Authority, http://www.consumeraffairs.gov.lk/index.php.

二、《消费者事务行政管理局法》的主要内容

（一）几个重要的基本概念

在该法中，“消费者”是指：通过对价获得由生产者/销售者所提供商品/服务的实际或潜在的使用者；

“商品”是指：任何食品、饮料、药品、燃料及其他；

“价格”是指：任何种类的要价；

“生产者”是指：任何从事以下活动的人：(a) 制造物品或食品；(b) 通过化学过程或其他手段对物品、商品进行装配或组合；或者(c) 为销售而将物品或商品进行改造；

“服务”是指：任何种类的实际或潜在使用者可获得的服务，并包括：(a) 银行业、金融业、保险业、航运业、娱乐业；(b) 对商品的建造、制造、生产、供应、存储、维护、修理、处理、清洁、加工或改动；(c) 与商品的进口、出口或供销有关的服务；(d) 商品或旅客的运输；(e) 对商业性楼宇及其所属周围土地的清洁；(f) 包括电力、水、气和电信在内的通用服务的供销；(g) 信息技术和交流的提供；(h) 像会计、审计、法律、医学、健康、测量、建筑、工程之类的专业服务；

“销售者”是指任何从事以下活动的人：(a) 向其他人批发销售或供应商品；(b) 以零售价格向消费者供销商品；(c) 为了供销而进口商品；(d) 以对价提供服务(第 75 条)。

（二）主要目标及消费者事务行政管理局的职能

该法第 7 条规定了主要目标：(a) 保护消费者，以防有害于消费者人身和财产的商品营销或服务条款；(b) 保护消费者以防不正当销售行为，并且保证对于消费者利益予以适当考虑；(c) 可能的话保证消费者有充分的机会获得竞争价格状态下的商品和服务；(d) 对不正当销售行为、限制性销售行为或其他形式通过销售剥削消费者行为寻求补偿。

第 8 条则详细规定了消费者事务行政管理局的职能，共 15 项：

(a) 控制或消除：

(i) 企业间限制性销售协议；

(ii) 企业间关于价格的安排；

(iii) 对国内销售、整个或相当部分市场的经济增长滥用支配性地位；

(iv) 任何有害国内、国际销售或经济增长的竞争限制。

(b) 对反竞争行为和滥用支配性地位进行调查。

(c) 维持和促进商品和服务提供者之间的竞争。

(d) 促进和保护消费者、购买者和其他商品、服务使用者在商品和服务的价格、可获得性、供应的多样性方面的权益。

(e) 保护消费者获知商品、服务的质地、数量、效能、纯度、标准和价格以便于购买。

(f) 对该法中作出规定的任何事项进行调查。

(g) 促进缺乏有效竞争市场的竞争性价格产生。

(h) 着手研究、公布报告并向公众提供有关市场行情和消费者事务的信息。

(i) 承担公私部门效率的研究。

(j) 提高涉及消费者健康、安全和保障方面的教育。

(k) 促进同其他机构之间就市场行情和消费者事务信息的交流。

(l) 促进、帮助和鼓励消费者团体的建立。

(m) 收取由该行政管理局提供服务所得的费用。

(n) 委任可推进该行政管理局职能实现所必要的任何委员。

(o) 其他任何对该行政管理局目标实现和职能有效履行所必需的行为。

(三) 消费者事务行政管理局在管理方面的权限

有关行政管理局在管理方面的权限是该局具体实施该法规定任务的前提，为此，该法为行政管理局提供了比较充

分的权限以管理这类事宜并保护消费者的利益,主要是:

1. 着手研究任何种类商品、服务的供求,以保护消费者对这类质量满意、价格合理、数量充足的商品、服务的可获得性(第9条)。

2. 向生产者和销售者发布关于商品的标签、价格标示、包装、生产或销售的一般性指示,以及向各行各业的生产者或销售者发布特别指示,详细规定:(a) 该商品可于何时段、何地出售;与(b) 关于商品的生产、进口、营销、存储、销售、堆放的任何其他条件(第10条)。

3. 就保护消费者和保证所提供的商品或服务的品质而言,行政管理局可以不时在政府公报上发布通知,决定有关商品的生产、制造、供应、存储、运输、销售和服务提供方面的标准和规格。

通过在政府公报上发布通知,行政管理局可以采纳依据1984年第6号文件——《斯里兰卡标准机构法》而建立的斯里兰卡标准机构所规定的标准和规格。这些标准和规格即为上述有关商品的生产、制造、供应、存储、运输、销售和服务提供方面的标准和规格(第12条)。

4. 行政管理局可以对有关下述情况的申述进行调查:(a) 不遵守第12条所规定的商品的生产、制造、供应、存储、运输、销售和服务提供方面的标准和规格;(b) 商品的生产和销售没有遵守生产者和销售者暗含的或其他形式的保证或担保。

在对该申述作出调查后如果行政管理局认为商品的生产、销售或服务的提供没有遵守其规定或应当由其规定的标准、规格,或者商品的生产和销售没有遵守生产者和销售者暗含的或其他形式的保证或担保,行政管理局应当根据具体情况,命令生产者或销售者对受害方进行赔偿、退换所购买的商品或者退还为此商品和服务提供而支付的金额(第13条)。

5. 在行政管理局认为必要时,可与任何生产者或销售者或者生产者、销售者协会签订书面协议,并规定:(a) 任何售卖商品不得超过的最高价格;(b) 已经生产、销售或待售的商品的标准和规格;(c) 其他关于商品的生产、进口、供应、存储、经销、运输、营销、标别(归类)或者销售的条件。

如果行政管理局认为合适,可以促使本条下所签订的协议在公报上公布,如果这个协议在公报上公布,那么公报上所载的文本应当被认为是该协议的内容,除非有相反的证明(第14条)。

6. 当部长认为某种商品/服务对公众生活是必不可少的或者成为公众生活的一部分,部长在同行政管理局磋商后根据具体情况在政府公报上发布命令,规定该种商品/服务为特种商品/服务。

生产者或销售者不得提高上款项下特定商品/服务的零售或批发价格,除非事先获得行政管理局的书面同意(第18条)。

7. 行政管理局可在自己的请求或者个人、消费者组织、销售者协会的申诉、要求下,对有关普遍的反竞争行为进行调查(第34条)。

8. 就第34条所进行的调查而言,行政管理局拥有地区法院所拥有的所有权限:(a) 发布通知并要求证人到场;(b) 要求文件制作、记录制作;(c) 对证人执行宣誓或确认证词(第36条)。

9. (1) 就确定本法、依本法制定的规章是否得到遵守而言,行政管理局或为此的书面授权人员在有合理根据、在需要的情形出示其证明文件的情况下有权:(a) 在合理的时间内进入、检查、搜查生产者/销售者从事经营的场所、存储或陈列待售商品的场所;(b) 查封、扣押在这些场所所发现的违反本法第16、17条规定的商品;(c) 根据本法或其他与此经营有关法律的要求检查、复制或者查封、扣押行政管理局需要保有的记录、文件。

根据前款(b)所查封、扣押的商品应当在法庭上出示,在法庭判定该生产者/销售者有罪的情况下,由法庭决定没收和处置该商品,因对商品处置所得的财产应当记入行政管理局基金的账户(第58条)。

10. 行政管理局如果有合理理由认为售卖的商品不符合第12条所制定的标准和规格,可以:(a) 书面授权一高级职员获取该商品的样品:(i) 从经营该商品的生产者/销售者的经营场所;(ii) 从储存或陈列待销该商品的场所;(iii) 从运载该商品的装运工具;和(b) 向拥有所要获取样品的商品生产者/销售者发布一指示,在该指示规定的时间内禁止所涉商品的出售或陈列代销,但该规定时间从发布之日起不得超过六个星期(第61条第1款(b))。

11. 如果就第61条第4款的罪行所作的有罪判决中发现不遵守标准和规格已经导致商品、寄售的商品不适于使用或消费,那么(a) 如果在规定的时间内未就该有罪判决向根据《宪法》第154P条所建立的相关省的高等法院上诉;或者(b) 如果已经就该相关有罪判决向根据《宪法》第154P条所建立的相关省的高等法院上诉,并且该有罪判决得到了确认,法院应当作出命令,没收该商品、寄售的商品归国家予以销毁,销毁方式法院可以予以指示。

依前款向法院提交的有罪诉讼中,如果没有证据使法院确信不遵守标准和规格已经导致商品、寄售的商品不适于使用或消费,因而宣告被控方无罪的话,那么(a) 如果在规定的时间内未就该无罪判决向根据《宪法》第154P条所建立的相关省的高等法院上诉;或者(b) 如果已经就该相关无罪判决向根据《宪法》第154P条所建立的相关省的高等法院上诉,并且该无罪判决得到了确认,法院应当作出命令,解除商品、寄售商品的扣押(第62条)。

（四）违反本法规定的行为

《消费者事务行政管理局法》对于生产者、销售者或其他相关人员违反本法的行为也作了较为详细的规定。

1. 生产者或销售者不遵守第10条第1款下所发布的指示犯本法所规定的罪。

任何人如果移除、改动、涂抹、擦掉、损坏有关第1款所发布指示中的商品的标签、说明或价格标号；销售或者提供销售这种移除、改动、涂抹、擦掉、损坏商品标签、说明或价格标号的商品，犯本法所规定的罪（第10条）。

2. 任何人销售或提供销售商品的价格超过第10条下所发布指示的商品标价，即犯了本法所规定的罪（第11条）。

3. 在对第13条第1款的申述作出调查后，如果行政管理局认为商品的生产、销售或服务的提供没有遵守其规定或应当由其规定的标准、规格，或者商品的生产和销售没有遵守生产者和销售者暗含的或其他形式的保证或担保，行政管理局应当根据具体情况，命令生产者或销售者对受害方进行赔偿、退换所购买的商品或者退还为此商品和服务提供而支付的金额。

当生产者或销售者不履行或拒绝遵守上款所作的命令，该生产者或销售者即犯了本法所规定的罪。而且对于命令中的赔偿款或退款，行政管理局根据具体情况，可以为此向对生产者或销售者的营业地或住所地有管辖权的司法行政法庭提出申请，由法庭以类似罚款的方式得到退赔，虽然这种罚款的数额可能超过法庭在一般管辖权情形下所作出的罚款数额（第13条）。

4. 就斯里兰卡境内的销售而言，拥有、保管或者支配商品的销售者不允许拒绝销售该商品（第15条）。

5. 就斯里兰卡境内的销售而言，拥有、保管或者支配商品的销售者不得：(a) 否认拥有该商品；(b) 对于商品的销售取决于购买其他商品、有关服务支付的条件或者其他条件，除了消费者应当立即支付商品价款的条件外(第16条)。

6.(1)销售者不得在其营业地或者其他地方隐匿超过其正常销售需求数量的商品;(2)销售者不得在其营业地或者其他地方拥有、保管或者支配的商品数量超过:(a)其个人或家庭成员消费的数量需求;(b)其正常销售活动的数量需求;(3)除销售者之外的其他人所拥有、保管或者支配的商品数量不得超过其个人消费的数量需求(第17条)。

7.在交易、经营过程中,有关商品、服务的提供或可能提供,或者有关商品、服务的供应、使用的各种手段的促销,销售者:(a)错误地声称商品、服务具有特定的标准、质地或级别,或者商品具有特定风格或款式;(b)错误地声称商品是新的;(c)宣称这些商品、服务所不具有的赞助许可、性能、特征性装饰、用途或好处;(d)宣称该销售者所不具有的赞助许可、连锁;(e)制造有关价格提升、下跌的有无或者多少的错误性或误导性的声明;(f)制造有关商品/服务的需求、替代或者修正的错误性或误导性的声明;(g)制造有关保证、担保的存在或影响的错误性或误导性的声明,即犯了本法中所规定的罪(第31条)。

8.在商品/服务的提供中,违反提示或其他形式所宣称的保证或担保的条件(第32条)。

9.没有参加由该行政管理局所进行的调查(第13、22、36条)。

10.(1)销售者应在其营业地醒目处摆放一布告牌,展示行政管理局按照本法所发布的通知、指示、警告;(2)销售者应当在布告牌上粘贴或者促使粘贴由行政管理局按照本法所发布的通知、指示、警告;(3)除非获得行政管理局的指示或者授权,任何人对这些通知、指示、警告的移除、改动、涂抹、擦掉、损害即犯了本法中所规定的罪(第29条);

就第34条所进行的调查而言,如果有人(a)在调查过程中没有充分理由而公布任何声明,或者在调查结束后作出如此公布,而这种公布使得行政管理局或其成员陷入争议,或(b)干扰行政管理局的合法程序;或(c)在调查过程中:(i)没有理由而未能按照行政管理局对该人发布的通知上要求的时间和地点到案;(ii)拒绝宣誓或作证,或者拒绝应当及时的宣誓或作证;没有理由而拒绝或不回答由行政管理局就该事件所作调查的提问;或(iii)没有理由而拒绝或不履行向行政管理局制作、出示由其拥有、支配的文件或记录,而这些文件或记录在行政管理局看来与所进行的调查有关,这些人应当被认定为藐视或不尊敬行政管理局罪,并将由上诉法院依此罪作出处罚(第36条)。

11. 销售者在交易、经营过程中,不得从事对消费者或其他销售者误导、欺骗或者可能误导、欺骗的行为(第30条)。

12. 任何人(a)不提供或者拒绝提供(i)根据第56条的规定(保存记录、提供收入记录)行政管理局所要求的报告,或(ii)根据第57条的规定(披露信息)而发布通知中所要求的信息、提交文件;(b)故意地在所提交的报告中作错误陈述,或者故意地提供错误的信息,或(c)阻挠行政管理局人员依第58条的规定(进行进入、检查和搜查)行使其权力的行为,应当是犯了本法中规定的罪行,在司法行政法庭审理后判定有罪的时候承担相应的责任,结果以是否法人、是否初犯进行区分而处以一定数额的罚款或一定期限的监禁,抑或两者均有(第60条)。

(五)消费者事务行政管理局的指示和命令

根据第18条的规定,行政管理局可以就特定商品的生产、引进、标识、存储、买卖等发布命令。每一个命令或指示都必须在政府公报及僧伽罗语、泰米尔语和英文报纸上进行登载。任何对此命令及指示违反的生产者或销售者未能遵守这些命令或指示,即属违反本法规定的犯罪行为。截止

2009年5月,管理局总共发布了五个命令和六个指示。①

(六)规制对象②

根据第35条的规定,该法的主要规制对象为“反竞争行为”。而其定义则是“在交易过程中,某人进行的一系列行为本身或者将他人进行的一系列行为与其结合起来具有、意图具有或可能具有限制、扭曲或阻止竞争的效果,且这些行为与斯里兰卡境内的商品制造、供应、获得或者服务的提供、保障有关,那么这些视为普遍的反竞争行为”。这是这部法律最重要的概念,阐明了其主要任务,而且也规定了反竞争行为的定义。这个定义不仅包含商品,而且包含服务。

在前面的《公平交易委员会法》以及《消费者事务行政管理局法》草案里面,都有关于反竞争行为的规定。对比三者,《公平交易委员会法》正式文本及其草案都是相似的规定,只是正式文本没有包括服务。三者不约而同地选择笼统的规定而不是具体规定哪些行为是反竞争行为,比如掠夺性定价、价格歧视、垂直或水平限制、排他性交易等。这种宽泛的定义是否对于反竞争行为实践产生影响,我们将在对法律进行评析时进行说明。

(七)机构及其人员组成

根据《消费者事务行政管理局法》,设立两个机构以便进行运作:消费者事务行政管理局进行调查及对涉及消费者事务的案件进行起诉;消费者事务理事会“听取并对依照本法

---

① 六个指示主要是有关提供液态石油天然气的指示,指定商品表明最高零售价、批号、包装材料以及过期日期的指示,就有关电器产品器具提供不少于六个月保质期的指示,就八种必需品的供销、保存必须符合特定标准的指示等。而有关命令则未能从其官方网站(http://www.consumeraffairs.gov.lk)下载,所以不得而知其具体内容。

② 在《公平交易委员会法》以及《消费者事务行政管理局法》草案里面有关规制对象都是垄断、合并以及反竞争行为,但是正式的《消费者事务行政管理局法》文本里面却只有反竞争行为这一个,其中原因笔者将在后面评析该法时进行阐述,而且还将阐述垄断和合并这两个被规制行为在《公平交易委员会法》正式文本及草案里面的规定及其问题。

提交的申请、事项作出决定”(第40条),即裁决机构。该法第一次实现了在竞争案件中调查与裁决的机构及权限分离。其主席认为这是一个值得欢迎的进步。[1]

消费者事务行政管理局由主席和不少于十人的其他人员组成。这些人员将由部长从工业、法律、经济、商业、行政、会计、科学或卫生等领域中选任有公认的资质、广泛的阅历并且在上述领域中优秀人才担当。主席和由部长从前述其他人员中选任出来的另外三名成员是专职人员。主席和专职人员的任期为三年,从其各自被任命时起算。薪金由部长会同财政部长协商后确定(第2—4条)。行政管理局可以任命其认为对完成行政管理局和理事会工作所必要数量的理事、代理理事、助理理事和其他职员,这些人员的薪金经行政管理局会同部长协商后确定(第53条)。

消费者事务理事会由依部长提名的以下人员组成:(a)一位在商法领域有广泛经验的人;(b)一位对工商企业管理有广泛经验的人;和(c)一位对销售行为和消费者事务有广泛经验的经济学家。其任期为三年,并由部长决定其中一人为主席。薪金由部长与财政部长会商决定后支付(第39条)。

(八)消费者事务行政管理局的基金

在《公平交易委员会法》实施的时候,法律也授予公平交易委员会广泛的调查权,但是它却没有积极履行其功能及行使其权力,这种不活动状态主要可以归因于人员与财政的匮乏。数据显示,在开始的时候委员会配备了全部职位的27个骨干,但是空缺职位越来越多,在过去的四年中仅剩下13个职位,这样高的空缺率与招募工资的短缺及其他福利与私人部门相比的贫乏有关。这种充足财政支持的缺乏阻碍了委

---

① See Sarath Wijesinghe, Competition Law and Consumer Protection Enforcement in Sri Lanka. 这是他在2006年9月6—7日在韩国召开的“第四届首尔国际竞争法论坛”上的发言。

员会进行调查。①

现在这个问题终于得到了一定程度的解决,依《消费者事务行政管理局法》设立了基金,而且基金的财产有其特定的来源:(a) 议会为不时利用行政管理局而表决拨付的款项;(b) 行政管理局在执行其职能过程中所得的费用或其他;(c) 从销售依照本法所没收的商品中所得的收入;(d) 依照本法对所犯罪行施加的1/3罚款数额;(e) 可获得的补助或赠与;以及(f) 根据第59条(售卖易腐商品)、第73条(原来《消费者保护法》、《公平交易委员会法》、《价格控制法》所设立机构获得的款项)而归入或转入基金的款项(第49条)。

同时,对于(a) 向行政管理局成员和理事会成员支付的薪金;(b) 行政管理局认为为促进、帮助、鼓励消费者组织以及管理、发展这些组织的必要而支付的费用;(c) 行政管理局为消费者教育、与教育有关的信息传播的必要,和任何就推进教育而言是必要的而支付的费用;(d) 行政管理局或理事会依照本法为行使、执行和履行其权力、职责和义务所需支付的费用,则从基金中支付(第49条)。

此外,行政管理局向法院起诉或者被别人控告所引发的开支应当从行政管理局基金中支出;行政管理局因争讼所得的费用应当记入行政管理局基金的账户;该行政管理局的成员、理事长、理事、代理理事、助理理事、高级职员、雇员、该行政管理局的顾问或者理事会的成员就本人依本法或者行政管理局、理事会的指示去做、意欲去做的行为向法院起诉或被别人控告而引发的开支,如果法院认为该行为是善意的,该支出应从行政管理局基金中获得,除非该人已在诉讼中收回其支出(第65条)。

---

① See Pubudini Wickramaratne Rupesinghe, Competition Law in Sri Lanka, http://www.lawnet.lk/docs/articles/sri_lankan/HTML/CV39.html, 2008-8-20.

（九）与《消费者保护法》、《公平交易委员会法》、《价格控制法》（第173章）废除后有关问题的衔接

虽然《消费者事务行政管理局法》的生效使得《消费者保护法》、《公平交易委员会法》被废除，但是根据《消费者事务行政管理局法》第73条，依据《消费者保护法》和《公平交易委员会法》作出的指示或裁决、命令、标准、规格、与他人签订的协议、发布的规章、参加的诉讼、发生的债权债务、建立的基金、进行的调查将根据条件予以保留或在满足适当的条件下进行相应的变更。而《价格控制法》（第173章）则被彻底废除。

第三节　斯里兰卡竞争法律制度评析

有效的竞争法及竞争政策的最终目标主要是保存并促进以竞争作为资源最优化配置的手段，以及确保商品的生产和可及性是以最低廉的价格进行的。而这些竞争的最终结果将是在这个过程中不断提升人民的生活水准。[①] 作为维护市场秩序的基本法律，竞争法除了在促进生产的增长及增强竞争力的目标之外，还有一些特定的目的，主要包括：竞争过程的维护或自由竞争的维护，有效竞争的保护或促进，交易自由、选择自由、市场准入等附带目标的实现等。[②] 这在其他国家的竞争立法中得到了很好的体现。比如印度2002年的《竞争法》就规定其目标是：阻止对竞争有不良效果的行为，促进并维持市场的竞争，保护消费者的利益，并保证交易对于其他参与者而言是自由的。

斯里兰卡的竞争法及竞争政策肇始于经济自由化及私

---

① See A. D. V. de S. Indraratna, Consumer Affairs Authority in the Overall Context of Competition Policy, Saman Kelegama (ed.): Economic Policy in Sri Lanka: Issues and Debates, SAGE Publications, 2004, p. 350.

② Ibid.

有化项目。经济自由化期望在友好经济环境中私人部门被视为经济持续发展的引擎；私有化则是政府提高经济效率、利润的可获得性以及随之税收的增加和国有企业财政负担的减轻的手段。但是私有化路径与竞争政策的内在冲突使得一开始就有很多的问题产生。虽然私有化的目标是税收的最大化，但是却是以产生诸如食物、石油天然气、润滑剂等垄断部门为代价的，同时由于在这些私有化过程中，政策的制定者没有制定有效的竞争机制来鼓励更多的市场竞争者来进入这样的市场进行竞争。[①] 政策的制定者在知悉这样的垄断后果后，只能采取价格控制的手段，尤其是特定主要关系基本生活的商品获得了特别的"关注"，有关价格控制的命令或指示成为试图促进竞争、建立竞争环境的不得已的手段。正如有学者指出的，"斯里兰卡的竞争法似乎更加关注价格控制，而不是营造竞争环境。同时私有化过程也与竞争格格不入；通过垄断力而获得的财政利益的最大化现象与长期部门效益以及消费者福利相比获得更普遍的认同，这些在石油天然气、电信和航空等部门相当普遍，这些部门滥用其优势地位给竞争者和消费者带来了非常大的负面影响。"[②]所以在前面介绍竞争法的发展过程中，我们就能理解为什么价格控制一直是斯里兰卡相关政府机构关注的重点，这在《消费者保护法》以及后来的《消费者事务行政管理局法》中更是得到了很好的体现。

同时，我们需要在更高立法层次上注意的是，斯里兰卡的宪法中并没有对规制和竞争的特别规定，由此造成的后果是，在有关竞争和规制诉争中法院没有宪法意义上确立的角

① See Pubudini Wickramaratne Rupesinghe, Competition Law in Sri Lanka, http://www.lawnet.lk/docs/articles/sri_lankan/HTML/CV39.html, 2008-8-20.

② Malathy Knight-John, The Institutional Policy Framework for Regulation and Competition in Sri Lanka, http://www.competition-regulation.org.uk/publications/working_papers/wp40.pdf, 2008-8-20.

色,除非这些诉争关系到宪法上的基本权利(比如不当解雇政策等)。[①] 这给我们的一个启示就是:为什么更多的有关竞争环境、竞争政策的获得及实施往往要靠指示或者命令去执行,而不是依靠法院的判决?在后面的案例分析中,我们还可以发现,由于立法层面的缺陷,法院对于竞争环境的塑造有时起的作用在斯里兰卡的法治背景下实在很有限。

一、竞争政策与其他政策的交汇[②]

一个有效的竞争政策、竞争环境的培育不可能仅仅依靠竞争法及其实施机构即可实现,因为竞争法的规制范围是有限的,但是相比而言,竞争政策则可以在更广泛、更综合的范围内发挥其作用。它可以将所有的公共政策联系起来,从而营造一个促进竞争与经济发展、维护消费者利益的环境。比如贸易政策与竞争政策的关联就是要通过有效的市场运作使消费者能够分享经济自由化的成果,而不是允许他们通过反竞争行为或协议攫取利益。这也是 2003 年坎昆部长级会议将贸易和竞争联合起来作为一个议题的原因。

具体到有关竞争方面的政策,我们可以稍微梳理一下。在 1987 年的《公平交易委员会法》通过的三年后,《工业促进法》(Industrial Promotion Act)获得通过。工业的发展当然不是依靠垄断、兼并、卡特尔等形式,而是通过委员会对中小企业的市场保护以及培育、激励实现的。斯里兰卡的私有化将促使所有权变得更加明确,只有这样竞争才不受影响,而不是变成完全的垄断并最终影响国家的经济发展、消费者利益的保护。

---

① See Malathy Knight-John, The Institutional Policy Framework for Regulation and Competition in Sri Lanka, http://www.competition-regulation.org.uk/publications/working_papers/wp40.pdf, 2008-8-20.

② See A. D. V. de S. Indraratna, Consumer Affairs Authority in the Overall Context of Competition Policy, Saman Kelegama (ed.): Economic Policy in Sri Lanka: Issues and Debates, SAGE Publications, 2004, pp.350—352.

在关税方面也是如此，在全球化背景下，关税减免是大势所趋，但是这并不意味着倾销成为鼓励的做法，包括斯里兰卡在内的发展中国家都将反倾销法作为竞争法的补充来加以对待。我们也注意到，在一份2007年消费者事务行政管理局的问答记录里面，在涉及倾销问题时，管理局是这样回答的：引进便宜的商品进入斯里兰卡市场并不必然是倾销；虽然反倾销法还处在草拟状态，但是倾销可以被视为一种反竞争行为而属于《消费者事务行政管理局法》第35条的管辖范围。[①]

与劳工政策的和谐也同样重要，劳动力市场的自由流动是产生竞争的一个必要条件，为此，有关劳工方面的立法不能阻碍这样目标的实现。

因此，其他有关农业、工业、贸易、投资、金融、劳工等方面的政策必须积极与竞争政策相配合，以使竞争目标的实现不受这些特定行业政策的影响。[②]

二、《公平交易委员会法》评介

《消费者事务行政管理局法》是对《消费者保护法》、《公平交易委员会法》以及《价格控制法》(第173章)的糅合与改进，但是经过对比我们发现，《价格控制法》被完全废除了，《消费者保护法》在很大程度上经过稍许的修改基本也被新法所吸收，而变化最大的就是《公平交易委员会法》。虽然其很多内容也被吸收了，但是有几个重要的方面却没有在《消费者事务行政管理局法》中出现，这就是垄断、合并的相关规

① See Consumer Affairs Authority Act, No. 9 of 2003, http://www.consumer-affairs.gov.lk/images/ACT.pdf.

② 无论是《公平交易委员会法》还是《消费者事务行政管理局法》，一直被人诟病的就是管辖权的重叠问题。在涉及具体事务的时候，如何进行协调就成为一个令人关注的问题。其实这些问题在立法之初就可通过立法协调而获得解决，只是因为种种其他原因的考量而没有注意或者注意到了但是没有提出有效的解决方法。

定及其具体实施办法。甚至在新法的草案中还是保留了这些行为的定性及相应的处罚,但是最终通过的法案却将其完全删除了。原因也许就是行政管理局在一次国际性会议上所说的,"政府计划制定一部单独的法律以处理垄断和兼并,以满足国家现在竞争政策的需要"①。而我们知道,垄断和兼并以及其他形式的反竞争行为是竞争法规制的主要对象,而在新法中付之阙如,实在是一个遗憾,反竞争行为的实践实有赖于这些规制的充实。

即便如此,笔者还是认为有必要将《公平交易委员会法》中有关垄断、合并及反竞争行为的规定作一个简要的说明,以便进一步理解在新法生效之前,对这些行为的规制的具体情况以及产生了什么样的后果。根据《公平交易委员会法》第12条,垄断存在五种主要形式,即有关商品的提供、服务的提供、特定情况下商品的出口、一般的商品出口以及针对特定市场的商品出口。对于各种情形的垄断构成,也规定了详细的要件,但是对于垄断的存在均有一个测试要求——"规定比例测试"(prescribed percentage test),即只要某拥有者对于其商品拥有超过规定的份额,那么就可主张垄断的存在,但是一般认为这样的比例要求是武断的截取点②——一般还在40%到50%之间变化着。这个测试限制了公平交易委员会对那些在政府公报中"规定"项目的认定范围,也就是说,只有问题商品是规定的商品才能适用该法进行规制。例如,

---

① Sarath Wijesinghe, Competition Law and Consumer Protection Enforcement in Sri Lanka. 这是他在2006年9月6—7日在韩国召开的"第四届首尔国际竞争法论坛"上的发言。Also see A. D. V. de S. Indraratna, Consumer Affairs Authority in the Overall Context of Competition Policy, Saman Kelegama (ed.): Economic Policy in Sri Lanka: Issues and Debates, SAGE Publications, 2004, p. 357。

② See Malathy Knight-John, The Institutional Policy Framework for Regulation and Competition in Sri Lanka, http://www.competition-regulation.org.uk/publications/working_papers/wp40.pdf; Pubudini Wickramaratne Rupesinghe, Competition Law in Sri Lanka, http://www.lawnet.lk/docs/articles/sri_lankan/HTML/CV39.html, 2008-8-20.

如果甲电缆公司全部买下乙电缆公司，使得甲电缆公司的市场份额达到整个电缆市场的70%，但是公平交易委员会却不能根据该法进行相关调查，因为电缆不是公报中确立的规定商品。但是也有学者认为，即使如此，考虑到公平交易委员会自身财力有限的现实，这样至少给予了公平交易委员会对垄断进行调查的"进入点"(entry point)。[1] 虽然《公平交易委员会法》第13条有关垄断的定义是宽泛的并适用于任何种类的商品，但是"规定比例测试"在很大程度上削减了其对于第12条的适用，这点我们从上述举例中即可得知。此外，如果一个公司生产的商品都是同一个，但是类别都不一样，比如从啤酒到烈性酒和甜酒，那么确定垄断的市场份额如何计算也将是一个极大的问题。

根据《公平交易委员会法》第13条第1款，在合并中，如果某人，无论其是否为法人，获得或意图获得其他公司或个人的资本或资产份额：(a) 如果这样做的结果是前述第一个人将要或可能将要形成对这一商品或服务市场的控制或优势地位；(b) 如果前述第一个人对某一商品或服务的市场形成控制或优势地位，而这样的合并将实质性地加强对市场的控制或优势地位。但是对于"市场的控制或优势地位"的认定受限于第15条第1款(a)的"公共利益测试"(public interest test)，即打算合并方给予获得方在市场中控制或优势地位，只有在其违反了公共利益的时候才会被公平交易委员会予以阻止。而在其他国家和地区，比如欧盟、加拿大采取的则是"有效竞争测试"(effective competition test)，即只要合并的进行阻碍了有效竞争秩序就可认为是存在控制或优势地位，这与斯里兰卡的认定是大相径庭的。而且公共利益的认定也存在模糊的标准，这给公平交易委员会的实际运作带来

---

① See Kelegama, S and Y. Cassie Chetty, Consumer Protection and Fair Trading in Sri Lanka, Colombo: Law & Society Trust, 1993.

了很大的影响。

对于反竞争行为的认定，该法采取了笼统的概括式规定而不是具体规定哪些行为是反竞争的行为，比如掠夺性定价、价格歧视、排他性交易等。反竞争行为宽泛定义所带来的问题在1996年的Ceylon Oxygen v. Fair Trading Commission and Another一案中反映了出来。该案中上诉法院认为公平交易委员会没有权限对掠夺性定价、歧视性回扣及排他性交易等行为进行调查，因为按照《公平交易委员会法》第11条，其只能对垄断、合并和反竞争行为进行调查。在这个案件中我们很明显地发现，法院不认为掠夺性定价、歧视性回扣及排他性交易等行为是反竞争的行为。一个类别化的包含不同种类的反竞争行为的定义也许对于斯里兰卡来说是更适宜的。①

虽然《公平交易委员会法》相较于其先前的几部法律来说有很大的进步，而且也试图对垄断、合并以及反竞争行为等进行规制，无奈其由于定义不清或含糊，使得效果大打折扣。同时由于公平交易委员会的财力匮乏，尽管法律规定由其主动调查或依照他人的申请进行调查，但是在实际运行中，没有主动调查的情形，所有的调查都是在他人的要求下进行的，这又对其功能的积极有效实施产生了非常负面的影响。同时，就透明度和程序的公正性而言，这部法律也没有带来什么实质性的变化。改革势在必然。

三、《消费者事务行政管理局法》评介

可以这么说，《消费者事务行政管理局法》是在为减少上述法律的缺点和限制的情况下列入审议并获得通过的。而且从其内容可以得知，这部法律是一个竞争与消费者利益保

---

① See Pubudini Wickramaratne Rupesinghe, Competition Law in Sri Lanka, http://www.lawnet.lk/docs/articles/sri_lankan/HTML/CV39.html, 2008-8-20.

护的杂合,并且与前述《公平交易委员会法》相比,更加注重对消费者利益的保护。该法较为全面的目标和功能可以说是一大创新。

该法的突出点或者说进步主要表现在以下几个方面:第一,在机构的设立方面,既有进行调查的消费者事务行政管理局,又有进行裁决的消费者事务理事会。在程序正义的理念上,实现了调查和裁决的分离,这也为行政管理局进一步做好其本职工作提供了良好的制度保障。程序公正也在一定程度上获得了认同。第二,在监管内容方面,所有的商品以及服务,包括专业服务都被纳入其监管范围。它不像《公平交易委员会法》那样,将经过《投资委员会法》(Board of Investment Law)批准或者将要与政府签订协议的企业免除在监管范围在之外,更难能可贵的是,即使那些已经与政府签订协议的企业,也属于消费者事务行政管理局的指导范围。[①]第三,在时效性和威慑力方面更加有力。该法规定,行政管理局必须在着手调查开始的100日内完成调查,对于违法的销售者或者生产者的处罚则是根据其是否为公司、是否初犯而进行相应的区分以处以罚款还是监禁。和《公平交易委员会法》相比,这是一个很大的进步。根据《公平交易委员会法》第37条,如果某人未能遵守本法,则是犯法的行为,将根据地方法庭的裁决,处以至多5 000卢比的罚款或者至多一年的监禁,或者同时施加两种处罚;如果是有关垄断、合并和反竞争行为,那么处罚将是至多50 000卢比的罚款或者是至多两年的监禁,或者同时施加两种处罚。受命令侵害方可在命令作出的30日内向上诉法院进行申诉,且对上诉法院的裁

① 需要特别注意的是,在《消费者事务行政管理局法》的草案中,其实是含有豁免条款的,规定公共部门(很多是那些具有垄断地位的部门,比如 Ceylon Wholesale Establishment, Ceylon Petroleum Corporation 等)和已经与政府签订协议的企业可以不受该法的监管(见草案第50条和第81条)。这就对市场运作提供了一个不公平的平台。但是在法案的正式文本中,删除这样的条款,这是一个很大的进步。

决不服还可以申诉至最高法院。但备受争议的是,上述刑罚设置却很难有阻却效果,这可能是因为公平交易委员会本身作为竞争监管机构不会积极追究违反法律行为的合法性。[①]这个问题在《消费者事务行政管理局法》中得到了一定的解决。虽然在该法案中缺乏像公平交易委员会那样在规定时间内就理事会的命令向上诉法院申诉的条款,从而使得管理局的处罚行为变得积极有效,但是这也会被别人认为是对程序正义的违反。[②] 这不能不说是一个相当矛盾的地方。第四,成立了一个行政管理局的基金,使得其运作具有较为独立的经费,不会向之前的公平交易委员会那样要进行相关的调查却缺乏经费。没有财力支持的机构是没有威慑力的。而行政管理局对其基金则有稳定的财政来源,这使得管理局可以按照法律的规定积极行使自己的职权[③],尤其是在主动调查方面实施更多的保护消费者利益的举动。此外,还有一个亮点就是,该法授权部长在与行政管理局协商后,可以决定某种商品或服务对公众生活必不可少或者成为公众生活的一部分,对于这种商品或服务的零售或者批发价格除非事先获得行政管理局的书面同意,否则不得任意提高(第 18 条第 1、2 款)。这个条款非常有效,可以防止销售者或生产者为获得利益而任意增加商品或服务的价格,从而在一定程度上有效地维护了消费者的利益。当然,也有人认为这条也是

---

① See Malathy Knight-John, The Institutional Policy Framework for Regulation and Competition in Sri Lanka, http://www. competition-regulation. org. uk/publications/working_papers/wp40. pdf, 2008-8-20.

② See A. D. V. de S. Indraratna, Consumer Affairs Authority in the Overall Context of Competition Policy, Saman Kelegama (ed.): Economic Policy in Sri Lanka: Issues and Debates, SAGE Publications, 2004, p. 356.

③ 在目前可以查到的资料中,消费者事务行政管理局已经在行使职权中引发了诉讼。2007 年 8 月,Dialog Satellite TV 就行政管理局禁止进行电视营运起诉至最高法院。虽然结果不得而知,但是至少是一个积极的信号。

有问题的,因为它给予部长专断的权力。①

但是,不得不承认,这部法律也存在一些不能令人满意的地方,最为突出的就是它没有像《公平交易委员会法》那样规定对于违反公共利益的垄断、合并行为进行调查的条款。虽然政府是想对上述行为进行单独的立法,但是在2003年《消费者事务行政管理局法》通过至今,还是没有相关的法律通过,这实在是一种遗憾。虽然该法中反竞争行为的条款也许能弥补这种空缺,但是政府必须积极推动有关垄断、合并方面的立法,从而与行政管理局法一起共同有效实施有关竞争方面的政策。有人会对这样的立法目的表示怀疑,认为现有法律,比如《证券交易委员会法》(Securities and Exchange Commission Act)能满足这样的需要。但是这是错误的,因为《证券交易委员会法》处理的只是一部分注册公司的有关股东权益的部分,而与公共利益、消费者利益相比,有关垄断、合并等方面的立法是必不可少的。

对于部长权限的批评,除了上面提及的以外,部长任命管理局人员和理事会人员的权限也被认为权力过大。有人认为这种任命很可能改变两机构的自治性和独立性。虽然部长的权力因为第3(1)条和第39(2)条有关合适人选的确认方面受到稍微的限制,仍然存在担心的是人事的任命会加以政治的考量。正是出于这种担心,有人建议,采纳像宪法理事会那样的人事任免机构来代替目前的部长任命机制。②

在管辖权重叠方面,行政管理局仍然没有给出很好的解决方案。这个问题在《公平交易委员会法》中早已存在。比如,公共事业委员会(public utilities commission)是根据《公共

① See A. D. V. de S. Indraratna, Consumer Affairs Authority in the Overall Context of Competition Policy, Saman Kelegama (ed.): Economic Policy in Sri Lanka: Issues and Debates, SAGE Publications, 2004, p. 357.

② Ibid., p. 358.

事业法案》而成立的一个旨在管理公共事业的部门,从一开始,它主要关注两个公共事业,即水和电。所有有关特定商品或服务的竞争促进和消费者利益保护全由该委员会处理,这与行政管理局有关商品和服务的管理权限相似。而《消费者事务行政管理局法》却没有明确在可能与《公共事业法案》有关的商品和服务关联时如何进行处理,因为前者并没有排除对那些商品或服务的管辖。在其他部门比如电信管理、金融等方面也存在着类似的情况。这种管理权限的冲突必然导致其中一方的法律需要进行修改,以使另一方能更有效地在促进竞争和保护消费者利益方面起到积极的作用。

作为一个新法,《消费者事务行政管理局法》也许还不是十分令人满意,对其评介还依赖于实践的检验。该法在很多方面的不足也许会在将来的修改中得到完善。

四、结语

通过对斯里兰卡有关竞争法及竞争政策的全面梳理,我们发现,斯里兰卡在立法层面上已经是相当进步,下面需要做的就是如何将法律具体实施,这是需要花人力和财力来操作的。就像消费者事务行政管理局的主席在发言中所说的"能力建设"①,斯里兰卡以前注重的是一种规制(管理)的理念,现在面对的是缺乏大量懂得竞争法的法官和律师——由于没有相应的诉讼机制以及诉讼理念进行引导,所以实践起来还是有很大的问题:无论是在技术上还是分析能力抑或财力支持上。对于一个经常有武装冲突的国家来说,在这样的条件下进行竞争法的实施以及全国范围的扩展确实是一件比较困难的事情。所以只有像立法的跟进那样慢慢地培育

① See Sarath Wijesinghe, Competition Law and Consumer Protection Enforcement in Sri Lanka. 这是他在2006年9月6—7日在韩国召开的"第四届首尔国际竞争法论坛"上的发言。

竞争文化、竞争土壤,才能最终真正达到竞争的本来意义。

既然《消费者事务行政管理局法》是对《价格控制法》、《公平交易委员会法》等的扬弃,那么在该法出现问题的时候(比如权限不明、程序正义等疑问)也应当对之进行相应的修订。这种修订不仅是为了实施竞争法、保护消费者本身,而且是呼应 WTO 和联合国有关竞争方面政策的需要。在实践中发展竞争法,使其能够对经济发展、人民利益起到促进和保护作用。

第九章

埃及竞争法律制度

第一节　埃及国家概况①

埃及,1952年7月23日建国,国名全称为"阿拉伯埃及共和国"(The Arab Republic of Egypt)。埃及的国土面积为100.145万平方公里,人口截至2006年1月为7 367万。在埃及,伊斯兰教为国教,信徒主要是逊尼派,占总人口的84%,而科普特基督徒和其他信徒约占16%。埃及的官方语言为阿拉伯语,英语和法语也是通用语言。

一、埃及的政治制度

(一) 宪法

埃及《永久宪法》于1971年9月11日经公民投票通过。《宪法》规定埃及是"以劳动人民力量联盟为基础的民主和社会主义制度的国家";总统是国家元首、武装部队最高统帅,由人民议会提名,公民投票选出,任期六年。1980年5月《宪法》被修改,新法规定了政治制度"建立在多党制基础上","总统可多次连选连任",并增加了"建立协商会议"的条文。

① 资料来源:中华人民共和国外交部网站,http://www.fmprc.gov.cn/chn/wjb/zzjg/xybfs/gjlb/1359/1359x0/default.htm,以及中华人民共和国驻阿拉伯埃及大使馆经济商务参赞处网站,http://eg.mofcom.gov.cn/ddgk/ddgk.html,访问日期:2008年9月5日。

2005 年 5 月《宪法》再次修改,允许有选举权的公民通过公开的无记名直接投票方式在多名候选人中选出总统,用“选举”代替“公决”。2007 年 3 月,埃及举行全民公决通过《宪法修正案》,强调公民享有平等的权利和义务,明确政教分离原则,规定合法政党只要在人民议会占有 3% 以上议席即可推举候选人参加总统竞选。

(二) 政党

1952 年革命后,埃及曾禁止政党活动。直至 1962 年 10 月,阿拉伯社会主义联盟成立,为埃及唯一合法政党,纳赛尔总统任主席。1977 年埃及开始实行多党制,目前共有 24 个合法政党。其中,民族民主党(National Democratic Party)为执政党,于 1978 年 7 月成立,同年 10 月将阿拉伯社会主义党并入。其党员人数至 2004 年 9 月止约 140 万。2007 年 11 月,该党举行第九次全国代表大会,穆巴拉克总统连任该党主席,协商会议主席穆罕默德 · 萨福瓦特 · 谢里夫(Muhamed Safwat El-Sherif)连任为总书记。

埃及其他主要政党还有新华夫脱党(New Wafd Party)、社会主义工党(Socialist Labour Party)、自由者党(Liberal Party)、民族进步统一集团党(National Progressive Unionist Party)、青年埃及党(Young Egypt Party)、民主联合党(Democratic Unionist Party)、绿党(Green Party)和互相支持党(Al-Takaful Party)等。

(三) 总统

埃及总统为穆罕默德 · 胡斯尼 · 穆巴拉克(Mohammed Hosni Mubarak),于 1981 年 10 月 13 日当选,并于 1987 年 10 月 12 日、1993 年 10 月 5 日、1999 年 9 月 26 日、2005 年 9 月 9 日四次连任。穆巴拉克总统自 1981 年执政以来,坚持“和平、稳定、发展”战略,逐步推进政治、经济改革。2005 年 9 月,埃及举行历史上首次有多名候选人参加的总统大选,穆巴拉克以 88% 的高得票率战胜其他九名候选人,第五次出任总统。

（四）立法机构

人民议会是埃及的最高立法机关，其议员由普选产生，任期五年。议会的主要职能是：提名总统候选人；主持制定和修改《宪法》；决定国家总政策；批准经济和社会发展计划及国家预算、决算，并对政府工作进行监督。人民议会的议员共454名，其中444名通过选举产生，10名由总统直接任命。2005年12月，埃及举行新一届人民议会选举。选举产生的432席中（其他12席因选举中出现暴力事件无效），执政的民族民主党成员获得311席，占71.9%，独立人士和反对党成员获得112席。人民议会的议长是艾哈迈德·法塔希·苏鲁尔（Ahmed Fathy Sorour），于1990年12月13日当选，并于1995年12月13日、2000年12月13日和2005年12月13日三次连任。新一届议会中两名副议长分别为扎伊纳卜·拉德旺（女，各阶层代表）和阿卜杜·阿齐兹·姆斯塔法（工人代表）。本届议会下设宪法和立法，计划和预算，经济事务，外交关系，阿拉伯事务，国防、国家安全和国家动员，建议和申诉，劳动力，工业和能源，农业和灌溉，教育和科研，宗教和社会事务，文化、新闻和旅游，卫生和环境事务，交通和运输，住房、公共工程和建设，地方管理，民间组织以及青年共19个委员会，民族民主党包揽了全部主席席位。

（五）立法咨询机构

根据《宪法》，协商会议是与人民议会并立的立法咨询机构。协商会议是萨达特总统于1979年提出建立并写入《宪法》的。1980年11月1日，协商会议正式成立。协商会议议员2/3由各阶层、机构和派别选举产生，其中一半应是工人和农民；1/3由总统任命。该会议每届任期六年，三年改选一半委员，可连选连任，亦可再次任命。协商会议设主席、副主席。本届协商会议共有264名议员，民族民主党成员占绝大多数，其中176名由选举产生，其余88名由总统任命。2007

年6月，协商会议对88个议席进行改选，民族民主党获84席。

会议主席是穆罕默德·萨福瓦特·谢里夫，于2004年6月当选，并于2007年6月连任。本届协商会议下设宪法和立法，教育、科研和青年，财政和经济，阿拉伯、外交和国家安全事务，工业生产和能源，人力资源管理和地方管理，文化、旅游和新闻，卫生、人口和环境，农业生产、灌溉和农垦共九个委员会。

（六）行政机构

本届政府于2005年12月27日由穆巴拉克总统任命组成，2006年8月曾进行小规模改组。政府总理为艾哈迈德·马哈茂德·穆罕默德·纳齐夫博士（Dr. Ahmed Mahmoud Mohamed Nazif），内阁成员则由26名部长和4名国务部长组成。

（七）司法机构

埃及法院包括最高法院、上诉法院、中央法院和初级法院以及行政法院，开罗还设有最高宪法法院。埃及的检察机构包括总检察院和地方检察分院。最高法院院长为穆格比勒·沙克尔（Moukbel Shaker），总检察长为阿卜杜勒—马吉德·马哈茂德（Abdel Meged Mahmoud）。

二、埃及的经济制度

埃及的经济属开放型市场经济，服务业约占国内生产总值的50%，工业则以纺织、食品加工等轻工业为主。

自1952年革命以来，埃及经济先后经历了纳赛尔的“社会主义”国有化时期、萨达特的“开放经济”时期和穆巴拉克的政策调整、以西方债权国所提条件为框架的经济改革时期。

纳赛尔时期，埃及实行土地改革，对工业、商业、银行、保险业、运输业以及进出口贸易实行国有化，并依靠苏联搞“社会主义”和“计划经济”,工农业有一定发展。但由于政策过“左”和长期处于战争状态,其经济发展受到严重影响,到60年代后期,增长率降至1.5%。

萨达特执政后,实行开放政策,大量吸收外资,在强调国营企业为支柱的同时发展私营企业,并且开放封闭八年之久的苏伊士运河,大力开采石油,鼓励侨汇,发展旅游业。但由于私人资金集中于商业和其他容易获利的行业,埃及的国民经济结构比例严重失调,财政入不敷出,埃及只能靠借债度日,外债由1970年的40亿美元猛增至1980年的300亿美元。

穆巴拉克上台后,奉行“和平、稳定、发展”的内、外政策,为经济发展提供了良好的内外环境。穆巴拉克将经济工作置于重要地位,并逐步调整经济政策。第一,强调生产性开放,努力改变国民经济比例严重失调的局面;并且注重引导外援和外资流向生产性项目,限制进口,努力实现商品“埃及化”;同时鼓励出口,树立为出口而生产的意识,鼓励出口导向型产业的发展。第二,强调宏观调控,制定长远国家经济发展计划。穆巴拉克执政以来,针对埃不同时期的经济发展状况,制定了四个“五年计划”,提出了各个时期首先要解决的问题和主要发展目标,使经济在国家指导下按计划发展。针对埃及人口增长较快、生存空间狭小的问题,又制定了“21世纪经济发展长远规划”,使南河谷(又称“托西卡和东奥维纳特工程”)、北西奈(和平渠)、东塞得港、西北苏伊士湾等国家重点工程相继开工,计划至2017年将土地利用面积由5%扩大至25%,力图实现可持续发展。第三,实行慎重、循序渐进的经济改革,努力实现财政、金融平衡,降低失业率和通货膨胀率,增加外汇储备,保持经济稳定,通过私有化进程扩大结构改革,提高私营企业占国民经济比重,放开贸易并进行金融改革,同时顶住外来压力,坚持根据国情循序渐进,考虑社会的承受能力,照顾低收入者的利益,使改革带来的负面影响降到最低限度。第四，加强了外汇管理，努力增加外汇收入。1991 年 10 月统一了美元同埃镑的兑换率(1 美元 = 3.40 埃镑左右)，在受到亚洲金融危机冲击时果断干预市场，维持汇率稳定。第五，大搞经济外交，多方争取外援，就债务减免与重组同西方债权国进行多次谈判，在海湾战争及中东和平进程中与美等西方国家积极配合，赢得大量外援和巨额债务减免。

1991 年以来，埃及成功实施了与国际货币基金组织和世界银行签订的经济改革计划，经济增长率逐年提高，预算赤字连续三年不到 GDP 的 1%，通货膨胀率和失业率不断下降，汇率基本稳定，外汇储备增至相当于 15 个月的进口用汇，外债债务率和偿债率均在国际公认范围内，外国投资明显增加，私营经济比重大幅提高，经济实力显著增强。

第二节　埃及竞争法律制度概述

目前，埃及在竞争法立法方面主要有两部法律，一部是《保护竞争及禁止垄断行为法》(以下简称《保护竞争法》)，一部是为实施该法而颁布的《保护竞争及禁止垄断行为法实施条例》(以下简称《实施条例》)。

《保护竞争法》由埃及现任总统穆巴拉克于 2005 年 2 月 15 日通过 2005 年第 3 号总统令予以颁布，并于 2005 年 5 月 16 日实施。该法共有 25 条。主要规定了以下内容：相关法律术语的界定；规制的行为，包括横向协议、纵向协议和滥用市场优势地位；域外效力和适用除外制度；执法机关及其职责；领导机关及其组成和运行机制；法律责任。

《实施条例》由埃及总理于 2005 年 8 月 16 日通过 2005 年第 1316 号总理法令予以颁布，并自公布之日起实施。该实施条例共七编 45 条。第一编和第五编下各有两章，第六编和第七编下各有三章。《实施条例》除了进一步具体规定《保护竞争法》中的相关制度外，还规定了法律的实施程序。

一、埃及竞争法的相关概念

为了保证法律规定的协调统一和准确、有效地实施法律，法律中的相关概念必须明晰和确定。竞争法中容易引起争议的概念主要是市场主体、市场主体提供的产品和相关市场的界定。因此，《保护竞争法》及《实施条例》对这几个概念予以了明确的规定。

（一）市场主体

《保护竞争法》第 2 条规定，主体是指自然人和法人、经济实体、社团、金融协会和团体、个人组织、各种形式的公司和阐述在符合本法条文和宗旨的《实施条例》中的其他相关团体。《实施条例》进一步规定，主体是指自然人或法人、经济实体、社团、联盟、协会和金融组织，无论其设立方式、财政体制、国籍、总部或主要活动中心怎样。上述所指的主体包括关联团体。关联团体由两个或两个以上主体组成，每个主体具有独立法律人格，其中一个主体的大多数股份或债券被其他主体直接或间接所拥有，或者一个主体拥有两个主体的大多数股份或债券。关联团体也包括由另一个主体实际控制的主体或人。实际控制是指通过安排、协议或者拥有股权或债券，不管其比例多大，而控制经营管理或决定的形成。

（二）相关市场

市场，通常来说是指销售产品的场所。竞争法中的市场是指“相关市场”。市场是竞争集中发生的场所，也是限制竞争行为及其危害产生的范围。因此，相关市场的界定对于判断市场中是否存在竞争以及确定限制竞争对市场的危害程度至关重要。

相关市场包括两个因素，即相关产品和地理区域。

1．相关产品

相关产品，是指从消费者角度看实际上和客观上具有可

替代的产品。同时,根据《保护竞争法》第2条,产品包括物品和服务。在界定相关产品时,应当依据下列因素:

(1) 产品在性能和用途上的相似性;

(2) 由于价格或其他竞争因素的相对变化,消费者从一种特定产品转向另一种产品的可能性;

(3) 由于价格或其他竞争因素的相对变化消费者从一种产品转向另一种产品,销售者是否依此变动作出商业决定;

(4) 其他主体进入产品市场的相对难易度;

(5) 消费者获得替代性产品的可能性。

2. 地理区域

地理区域,是指具有同质性竞争环境的地理上的区域。在界定地理区域时,应当考虑竞争的潜在可能性和下列因素:

(1) 购买者由于价格或其他竞争因素的相对变化而从一个地理区域转向另一个地理区域的能力;

(2) 由于价格或其他竞争因素的相对变化购买者从一个地理区域转向另一个地理区域,购买者是否依此变动作出商业决定;

(3) 其他主体进入相关市场的相对难易度;

(4) 产品从一个地理区域运往另一个地理区域的运费、保险费和从其他市场、地理区域或国外向一个地理区域提供相关产品的期限;

(5) 关税和基于国内与国际不同标准而产生的非关税壁垒。

二、埃及竞争法的规制对象

根据《保护竞争法》及《实施条例》,埃及竞争法主要规制的行为包括垄断协议和滥用市场优势地位两种。对于各国竞争法普遍规制的经营者集中问题,埃及竞争法规定了报告制度,而对于经营者集中的程度和规制手段则没有具体规定。

（一）垄断协议

垄断协议通常包括经营者之间达成的限制竞争的横向协议和经营者与供应商之间达成的限制竞争的纵向协议。埃及竞争法对这两种限制竞争的行为都予以了规制。协议包括口头和书面两种形式。

1. 横向协议

《保护竞争法》第6条和《实施条例》第二编对竞争主体之间达成的限制竞争协议作出了具体规定。法律对相关市场中的竞争主体之间达成的具有下列内容的协议予以禁止：

（1）提高、降低或固定交易产品的销售或采购价格。价格的确定涉及分期回报、担保期限、售后服务和其他影响采购或销售决定的合同条件。

（2）根据地理区域、分配中心、顾客类型、物品、季节或时期分割或分配产品市场。

（3）协同进行或限制参与政府采购的投标、拍卖、招标和其他叫牌。认定这些协同行为，应当依据下列因素：

① 提出相似的出价，包括达成计算价格和确定出价条件的共同规则的协议；

② 对提出出价的主体达成一致意见，包括对根据交替或者依据地理上或顾客类别的原因将要获得招标的主体的先前赞同；

③ 对虚假出价达成一致意见；

④ 对阻止主体提出或参与提出出价达成一致意见。

（4）限制生产、分配或市场交易，或者依据服务的性质、规模限制其分布，或者对获取服务实施限制或设定条件。

2. 纵向协议

《保护竞争法》第7条和《实施条例》第三编规定禁止主体和供应商或顾客之间达成限制竞争的协议或合同。

认定主体和供应商或顾客之间达成的协议或合同是否

限制竞争，应当由执法机关依据下列因素进行调查：

（1）协议或合同对市场竞争自由的影响；

（2）因协议或合同而产生的消费者的利益；

（3）维护产品质量、信誉、安全和安全需求的要素及其在一定程度上不构成对竞争的损害；

（4）协议或合同与调查活动中现有的商业惯例的相符程度。

（二）滥用市场优势地位

1. 市场优势地位的认定

市场优势地位，也称“市场支配地位”。《保护竞争法》第4条规定，相关市场优势是指在相关市场中占有25%以上市场份额的主体具有的能够有效影响该市场中的交易量和交易价格的能力，且其竞争者没能限制该种能力。

《实施条例》第7条规定，认定相关市场中主体的优势地位，应当依据下列因素：

（1）该主体占有相关市场25%以上份额。该份额依据特定时期内相关市场的两个因素即相关产品和地理区域一起计算；

（2）该主体对相关市场中的产品价格和供应量的有效影响能力；

（3）该主体的竞争者不能限制该主体的上一项能力。

对于上述第2、3项规定的情形，《实施条例》第8条规定应当依据下列因素予以认定：

（1）该主体在相关市场的份额和与现存竞争者相比较具有的地位；

（2）该主体早期在相关市场的行为；

（3）相关市场中竞争者的数量及其对市场结构的相对影响；

（4）该主体及其竞争者获得生产必需的原材料的能力；

（5）其他主体进入相关市场的壁垒。

2. 滥用市场优势地位的规制

《保护竞争法》第8条和《实施条例》第四编规定，具有相关市场优势地位的主体禁止从事下列行为：

(1) 导致在特定时期或特定时段产品完全或部分停止加工、生产或分配的行为。该时期或时段是指足以导致对竞争自由造成阻碍、限制或损害后果的时间。

(2) 限制和其他主体进行销售或采购交易，或者完全停止和其他主体进行交易，从而在一定程度上限制了其在任何时间进入或退出市场的自由。这涉及强加财务条件或义务、滥用合同条件和强加在交易活动中不常有的条件。

如果认定该主体没有能力履行合同约定的义务，则对上述行为不予禁止。

(3) 在具有垂直关系的主体中依据地域、分配中心、顾客、季节或时期限制特殊产品的分配。垂直关系是指具有优势地位的主体与供应商的关系或者与顾客的关系。

(4) 在协议中强加根据交易本身性质或商业习惯与交易无关的义务或产品，作为达成一种产品的出售或购买合同或协议的条件。

(5) 歧视对待在销售、购买价格或交易方面具有相似商业地位的买者或卖者，从而在一定程度上弱化了他们与其他人竞争的能力，或者导致其中一部分人退出市场。

(6) 完全或部分拒绝生产或提供在经济上具有生产或提供可能性的偶发性短缺产品。

偶发性短缺产品是指在相关市场中其供应量只能满足一小部分需求的产品。

(7) 为了维护相关市场优势地位，指使与其交易的主体不允许竞争者使用他们的设施或服务，尽管这在经济上是可行的。

这些设施或服务包括与具有市场优势地位主体进行交易的主体私人所有的、竞争者进入或留在市场所必需的设施或服务。

(8) 以低于边际成本或平均可变成本的价格销售产品。

边际成本是指在特定时间内在一定产量水平下,增加或减少一个单位产量所引起成本总额的变动部分。可变成本是指在特定时间内随主体提供的产品数量的变化而变化的成本。平均可变成本是指把总成本除以产量得出的每单位产量的成本。

认定一种产品是否以低于边际成本或平均可变成本的价格销售,应当依据下列因素:

① 该销售是否将具有优势地位主体的竞争者排除出市场;

② 该销售是否阻止具有优势地位主体的竞争者进入市场;

③ 具有优势地位主体的竞争者在将其竞争者驱逐出市场后是否有能力提高价格;

④ 以低于边际成本或平均可变成本的价格销售产品的时期是否导致出现以上表述的情形。

(9) 强加义务要求供应商不与其竞争者进行交易。

不进行交易是指完全限制与竞争者进行交易,或者减少交易量,从而在一定程度上将竞争者排除出市场或者阻止潜在竞争者进入市场。

(三) 企业合并

企业合并问题主要规定在《保护竞争法》第 11 条第 1 款第 2 项和《实施条例》第七编第三章中。

两个或两个以上主体自取得资产、所有权、使用权、股份、联合、兼并、合并或联合经营之日起 30 日内应当向执法机关报告。

报告应当以书面形式提交给执法机关。报告书应当附有下列材料:

(1) 报告者姓名、其他利害关系人及其国籍、管理中心和活动总部；

(2) 已通知的法律处置措施及其日期和由此而产生的法律地位；

(3) 已获得的许可证和批准文书。

三、埃及竞争法的适用范围

(一) 域外效力

竞争法的域外效力问题是指竞争法对于在一国境外发生的而对境内的自由竞争产生损害的垄断行为是否适用的问题。

《保护竞争法》第5条规定,本法适用于在境外实施的对埃及境内的竞争自由产生阻碍、限制和损害的并依据本法构成犯罪的行为。

《实施条例》第3条进一步规定,《保护竞争法》和本条例适用于下列行为:在境外达成的合同、协议或其他安排,对埃及境内的竞争自由造成阻碍、限制或损害的,根据法律构成犯罪的所有行为。

(二) 除外制度

通常,竞争法并非对一国境内所有的垄断行为都予以规制,对某些涉及公共利益的特殊行业,竞争法规定了不予适用的情形。

1. 公用事业

《保护竞争法》第9条规定,本法不适用于由政府经营的公用事业。

2. 生活必需品

《保护竞争法》第10条规定,内阁在征求执法机关的意见后,可以颁布法令确定一段特定时期内一种或一种以上生活必需品的销售价格。由政府达成的旨在实行这种价格的任何协议不得被认定为反竞争行为。《实施条例》第19条对执法机关为内阁作出决定提供意见作出如下规定:执法机关应当为内阁会议履行《保护竞争法》第 10 条规定的职责进行必要的研究,并制作执法机关关于此事的报告。

（三）豁免制度

虽然限制竞争的行为在实际上对市场自由竞争造成损害,但是该行为往往有利于实现公共利益和消费者利益。埃及竞争法对于该行为规定了免于受规制的制度。

《保护竞争法》第 9 条规定,执法机关根据相关当事人的申请,当公共利益或实现消费者的利益大于限制竞争自由产生的影响时,可以对由私法规定的公司经营的公用事业,豁免本法第 6 条、第 7 条和第 8 条中的部分或全部行为。豁免应当根据《实施条例》规定的规则和程序实行。《保护竞争法》第 6 条、第 7 条和第 8 条分别规定了法律禁止实施的达成垄断协议和滥用市场优势地位。

《实施条例》第 16 条和 17 条对豁免的程序作了具体规定,具体内容将在下文实施程序中予以展开。

四、埃及竞争法的法律责任

一部法律的有效实施在很大程度建立在该法有完善的违法责任制度基础上。

《保护竞争法》第 20 条至第 25 条对于违反该法规定的达成垄断协议和滥用市场支配地位的行为规定了处罚措施。

（一）市场主体的法律责任

《保护竞争法》对市场主体规定的处罚主要包括罚款、恢复原状和无效制度。

1. 恢复原状和无效制度

对于违法达成垄断协议和滥用市场支配地位的,《保护竞争法》第 20 条规定,执法机关应当责令违法者在委员会确定的时期内或之前恢复原状和排除妨害。否则,违反本法第 6 条、第 7 条的协议或合同无效。对不恢复原状或排除妨害的,委员会可以立即或在告诫期满后发布决定阻止违禁行为。

2. 罚款

《保护竞争法》第22条规定,对于违法达成垄断协议和滥用市场支配地位的,应当处三万埃镑以上一千万埃镑以下的罚款。此处罚不影响其他任何法律给予更严厉的处罚。未没收违反本法而得的产品,法庭可责令缴纳相当于违法所得价值的罚款。

同时,为了保证一事不再罚原则和对损害给予即时的补救,《保护竞争法》第21条规定,违反本法的案件,在主管部长或其代表未提出申请时,不得提起刑事诉讼或与此相关的程序。在作出最终判决前,主管部长或其代表对违法行为可以决定两倍最低罚金以上两倍最高罚金以下的补偿。该决定视为放弃提起刑事诉讼,并导致与受诉案件相同的案件相关的刑事诉讼的终止。

(二) 执法机关的法律责任

为了保证执法机关审理案件的独立性和保护涉案主体的合法权益,《保护竞争法》第16条规定,提交或移转给执法机关的受本法管辖的案件在审查、起诉或正在作出决定期间,执法机关的雇员不得泄露与此案有关的任何信息、数据或其原始资料。这些信息、数据或其原始资料不得被用于与提交该案无关的任何目的。执法机关的雇员在终止雇佣后的两年内不得在受过审查或正被审查的主体中供职。

《保护竞争法》第23条规定,违反本法第16条的,应当处一万埃镑以上五万埃镑以下的罚款。此处罚不影响其他任何法律给予更严厉的处罚。

(三) 连带责任

《保护竞争法》通过对违法行为规定连带责任加强对市场竞争秩序的保护。该法第25条规定,对违反本法的法人负有实际管理责任的人,如果具备实际违法知识和在履行管理职责中有过失的,应当承担与该法人违法行为一样的责任。法人的雇员以法人名义或代表法人违反本法的,法人应当对罚金和规定的补偿金承担连带责任。

五、埃及竞争法的实施体系

实施体系包括实施主体和实施程序。竞争法中的实施主体主要是指享有行政管理职权的政府部门,在这里统称为"竞争法执行机构"。

《保护竞争法》中规定了竞争法的执行机构、执行机构的职责、执行机构的主管机关、主管机关的组成和工作机制等。《实施条例》第六编用一整编共十条对竞争法执行机构的主管机关的工作机制和职责作了具体的规定。

(一) 执行机构

埃及竞争法的执行机构有总理、保护竞争和反垄断委员会及其执法机关。

1. 总理

在埃及,总理也承担着执行竞争法的职能。《保护竞争法》中主要规定的是主管部长的职能,而《实施条例》第1条作出解释:主管部长是指总理。

总理的职权主要有:

(1) 根据《保护竞争法》的规定颁布《实施条例》;

(2) 接受执法机关制作的关于执法机关活动的年度报告、将来计划和建议并提交给委员会批准(第11条第9项[①]);

(3) 颁布法令任命委员会组成人员(第12条第1款);

(4) 颁布法令任命执法机关的执行主管并决定其报酬和职责(第15条第1款);

---

① 《保护竞争法》第11条第9项,以下括号中除特别说明外法条均来自《保护竞争法》。

(5) 颁布有关执法机关工作机制的条例和有关执法机关雇员的财政与管理规定(第15条第4款);

(6) 授予执法机关雇员执行《保护竞争法》的强制执行权(第17条第1款);

(7) 对垄断行为提起刑事诉讼或与此相关的程序(第21条第1款,《实施条例》第42条);

(8) 在法院最终判决作出之前可以决定对违法者处以罚款(第21条第2款)。

2. 保护竞争和反垄断委员会

保护竞争和反垄断委员会(以下简称"委员会")是埃及竞争法的主要执行机构,也是保护竞争和反垄断执法机关的主管机关。《保护竞争法》及《实施条例》对委员会的组成、工作机制和程序都作了明确的规定。

委员会成员共15名,由一名全职主席和14名委员组成。委员会任期四年,经改选可履行下一任期。委员会15名成员具体来源如下:一名具有卓越经历的全职主席;一名来自国务会议并由国务会议主席选任的级别相当于副主席的顾问;四名由主管部长提名的代表相关政府部门的成员;三名专家成员;六名分别代表商会联合总会、埃及工业联合会、银行业联合会、国内协会联合总会、消费者保护联合总会和埃及总工会的成员。

委员会内设有一个秘书处。秘书处的组成和工作流程根据委员会颁布的决议设置。

委员会根据需要还可以委派其成员或由该成员组成的分委员会执行具体的职能或者监督执法机关活动的各个方面。该成员或分委员会随后应当向委员会提交执行职能或监督的报告。

委员会具有下列职能:

(1) 为内阁依据《保护竞争法》第10条规定的确定一段特定时期内生活必需品的销售价格提供意见;

(2) 接受捐赠给执法机关的不违背其宗旨的转让财产、捐赠和其他任何资产;

(3) 颁布执法机关工作体制的法规和适用于其雇员的财政和管理规则,使这些雇员不受制于适用于政府文职雇员的条例和规则,并将该法规提请主管部长颁布;

(4) 推荐在适用法律过程中享有强制执行权的雇员,该雇员应当依据司法部部长颁布的法令和经主管部长批准确定;

(5) 批准执法机关活动的年度报告、将来计划和建议;

(6) 对与规制竞争有关的法律草案和法规提出意见。

同时,《实施条例》对委员会主席的职能也作了具体规定:

(1) 协调与其他国家相关部门涉及共同利益的事情,并向委员会提交报告;

(2) 制作执法机关活动的年度报告、将来计划和建议,并提交委员会批准;

(3) 提名执法机关的执行主管,并将名单交主管部长;

(4) 对旨在对法律和自由市场原则有一定程度了解的培训和教育的组织活动进行监督;

(5) 对定期报告,包括由执法机关及其相关实体制作的决定、建议和采取的程序与措施进行监督。

委员会的会议有两种:定期会议和临时会议。委员会的会议制度如下:

(1) 委员会应当在主席的建议下每月至少召开一次会议和在必要时随时召开。会议邀请应当在会议召开前四日以书面形式送达。会议邀请应当附会议议程。

(2) 委员会会议应有十名成员的法定人数出席方为有效。委员会决定必须经成员的绝大多数投票通过。

(3) 如果委员会成员在委员会所审议的案件中存在利益,或者其与案件的任何一方具有四代以内亲属关系,或者其现在或曾经代表其中任何一方，则该成员无权参与案件的审议或表决。委员会成员应当在听证会开始前或对所提案件表决前以书面形式披露前述情况。

(4) 委员会可以邀请会议专家协助其工作。该专家不享有表决权。

(5) 委员会每一次召开会议后，会议记录应当有规则地记录在特殊的登记簿上，并由主席和会议秘书签字。

3. 保护竞争和反垄断执法机关

保护竞争和反垄断执行机关(以下简称“执法机关”)隶属于埃及总理，受委员会管理。执法机关设立在埃及首都开罗。该机构具有公共法律人格，可以自己的名义对外行使职权。

根据《保护竞争法》第11条和《实施条例》，执法机关具有下列职权：

(1) 接受调查、检查申请，收集信息或者颁布法规启动与反竞争协议和行为有关的这些措施，上述行为应当根据《实施条例》规定的程序进行；

(2) 接受涉及两个或两个以上主体资产、所有权、使用权、股份的取得、联合、兼并、合并或联合经营的即时报告；

(3) 建立有关经济活动的综合数据库，并定期更新和完善，为执法机关保护竞争提供各方面服务，并指导必要的研究以发现危害竞争的行为；

(4) 采取《保护竞争法》第20条规定的措施(要求恢复原状、排除妨害等)；

(5) 对与规制竞争有关的法律草案和法规提出意见；

(6) 与涉及共同利益的其他国家相关部门进行协调；

(7) 组织旨在对本法和自由市场原则有一定程度了解的培训和教育；

(8) 发布期刊，其内容为执法机关采纳和贯彻的决议、建议、程序和措施以及与执法机关有关的其他事情；

(9) 制作关于执法机关活动的年度报告、将来计划和建议交主管部长报经委员会批准,并抄送人民议会和协商会议;

(10) 处理所有的举报;在无举报的情况下,也可以对涉嫌反竞争的协议和行为的案件启动调查、检查与收集信息程序,并发布法令启动前述行为(《实施条例》第33条)。

执法机关设有一名全职执行主管。该主管的任命、报酬和职责由主管部长根据执法机关的建议以法令决定。执行主管的职权有:

(1) 在法庭和第三方面前代表执法机关(第15条第2款);

(2) 参加委员会会议,但不具有表决权(第15条第3款);

(3) 向委员会申请延长审查豁免申请的期限(《实施条例》第16条第3项);

(4) 接受执法机关职能部门提出的有关审查豁免的报告,并将其提交委员会在第一次预定的会议审议(《实施条例》第16条第5项);

(5) 负责将委员会的豁免决定以挂号信形式寄至申请人,并对申请人在回执上签收负责(《实施条例》第16条第7项);

(6) 接受违反《保护竞争法》的举报,保证举报符合《实施条例》所要求的材料和文件,并将符合规定的举报交职能部门和将情况介绍通知主席(《实施条例》第36条);

(7) 对主席决定的案件指派职能部门采取调查、检查与收集信息程序程序(《实施条例》第37条第2款);

(8) 授权执法机关中享有强制执行权的雇员在工作期间进入受调查主体的工厂或总部(《实施条例》第38条);

(9) 接受职能部门在完成对举报的调查、检查和收集信息程序后提出的意见,并在第一次预定会议上将其认可的意

见提交委员会(《实施条例》第39条);

(10)对委员会作出的恢复原状的命令以挂号信的方式通知违法者,并由其在回执上签字(《实施条例》第41条第2款);

(11)将委员会关于举报和正在处理的案件的决定以挂号信的方式通知利害关系人或主体,并由其在回执上签字(《实施条例》第43条)。

执行机关中根据需要设有相关的职能部门,同时配备有一定人数的雇员。

执法机关雇员除了履行执法机关的职权外,还享有特殊的权力:根据司法部部长的法令确定的执法机关雇员,经主管部长批准和委员会建议,在适用《保护竞争法》过程中享有强制执行权。为审查执法机关关注的案件,该雇员有权查阅记录和文件,并有权从政府机关或非政府机构获得任何信息或数据(《保护竞争法》第17条)。

执法机关雇员的义务主要是在履行职责时负有保密义务和在终止雇佣后的两年内不得在受过审查或正被审查的主体中供职的义务(《保护竞争法》第16条)。

(二)实施程序

竞争法的实施程序是保证竞争法案件得到即时、公平、公正、准确处理的不可或缺的制度。埃及竞争法的实施程序主要规定在《实施条例》中。根据现有的法律文件,我们可将埃及竞争法的实施程序分为:豁免程序、经营者集中申报程序和竞争法调查程序。

1. 豁免程序

根据《实施条例》第16条的规定,申请豁免应当依据下列程序和方式进行:

(1)在达成协议或合同或者在从事与申请的事项相关的业务前,申请应当以书面形式提交执法机关主席。申请材料应当包括用以说明理由的详尽报告书和表明从其协议、合同或业务中产生的公益或者给消费者带来的利益的说明书。申请书应当附证据。

（2）主席应当在第一次预定的会议或根据需要由主席决定召开的会议上，将申请材料提交委员会审查。

（3）委员会可以委托执法机关的职能部门审查申请，并要求其在委员会规定的不超过30日的时间内提出审查报告。委员会根据执法机关执行主管的申请可以延长30日。

（4）职能部门可以要求相关当事人或其他人补充信息和数据。职能部门可以召开有申请人参加的听证会。

（5）在完成报告后，职能部门应当将有关申请的报告交执行主管，由其提交委员会在第一次预定的会议审议。

（6）委员会应当根据获得的公共利益或实现消费者的利益大于限制竞争自由产生的影响作出同意豁免的决定；否则，应当拒绝豁免。同意豁免的决定可以附加要求申请人为一定行为或不为一定行为的义务。

（7）执行主管负责将委员会决定以挂号信形式寄至申请人，并对申请人在回执上签收负责。拒绝豁免的决定应当公正地作出。

由于豁免的有效期只有两年，所以在豁免的有效期届满前，当事人需重新提出申请。重新申请的程序如下：在豁免期限届满前60日应当重新提出申请。执法机关应当依据《实施条例》第16条规定的同样条款和程序重新审查新的申请。

同时，提交豁免申请或重新提交豁免申请的，在提交申请时需缴纳一万埃镑，并将收据附在申请书后面。

2. 经营者集中申报程序

两个或两个以上主体自取得资产、所有权、使用权、股份、联合、兼并、合并或联合经营之日起30日内向执法机关提出报告。

报告应当以书面形式提交给执法机关。报告书应当附有下列材料：

(1) 报告者姓名、其他利害关系人及其国籍、管理中心和活动总部；

(2) 已通知的法律处置措施及其日期和由此而产生的法律地位；

(3) 已获得的许可证和批准文书。

3. 竞争法调查程序

竞争法调查程序的启动分为举报启动和自主启动两种。举报启动是基于市场主体向执法机关举报违法行为而启动竞争法调查程序；自主启动是执法机关在无举报的情况下对涉嫌反竞争的协议和行为的案件以发布法令的方式启动调查、检查与收集信息程序。竞争法调查程序主要规定在《实施条例》的第七编。

(1) 案件登记

举报应当以特殊的记录方式予以登记。举报人有权获得登记号和登记材料。

执法机关主动进行调查、检查与收集信息的案件或者执法机关发布法令启动这些行为的案件应当以另一种特殊的记录方式予以登记。

与登记的案件相关的任何程序以及为此颁布的决定或规定，应当以上述两种记录方式有规则地予以登记。

(2) 案件受理

举报应当提交给执行主管。执行主管应当保证举报符合《实施条例》第 32 条的规定，并将符合规定的举报交职能部门和将情况介绍通知主席。

职能部门应当在自接到情况介绍之日起 90 日内对执行主管提交的举报案件采取调查、检查与收集信息程序。制作与采取的所有程序相关的材料。

执行主管对主席决定的案件指派职能部门采取调查、检查与收集信息程序。

(3) 实施调查

享有强制执行权的雇员在表明身份和向案件当事人出示证件后，有权采取下列程序：

① 为处理提交给执法机关的案件，查阅记录和文件，从政府机关或非政府机构获得任何信息或数据；

② 在得到执行主管的书面许可后，在工作期间进入受调查主体的工厂或总部，并在需要的时候请求公共部门予以协助；

③ 为调查和讯问违反法律的主体，可以采取必要的收集信息的程序。

(4) 提出报告

职能部门在完成调查、检查和收集信息程序后，应当向执法机关的执行主管提出意见。执行主管在接受意见后，应当在第一次预定会议上将其认可的意见提交委员会。

(5) 发布决定

委员会在审查关于正在处理的案件的报告后，可以发布公正的决定以终结此事，或者责令执法机关中的职能部门进行深入的调查、检查和收集信息。

(6) 通知当事人

执行主管应当将委员会关于举报和正在处理的案件的决定以挂号信的方式通知利害关系人或主体，并由其在回执上签字。

(7) 采取措施

违反《保护竞争法》实施垄断协议和滥用市场支配地位的，执法机关应当责令其立即或在委员会规定的时间内恢复原状和消除危害。

执行主管应当将恢复原状的命令以挂号信的方式通知违法者，并由其在回执上签字。

对不恢复原状或消除危害的，委员会可以立即或在告诫期满后发布决定阻止违禁行为。

(8) 提起诉讼

在不影响终结竞争法调查或深入调查决定的情况下,委员会可以将有关现有案件的报告提交给主管部长或其代表提起刑事诉讼。

第三节　埃及竞争法律制度评析

一、埃及竞争法立法背景

法律的产生总是孕育于特殊的文化之中。历史传统、社会因素、政治制度、经济发展等对法律的产生和发展有着根源性的决定作用,尤其是经济发展对法律制度建构的影响更为突出。竞争法作为"经济宪法","所规制的对象主要是企业行为,而企业行为首先是一种经济现象,其次才是一种法律现象"[①]。因此,竞争法的诞生对一国经济的发展水平、结构模式等宏观和微观的经济因素存在密切的背景依赖。通过对一国经济结构的总体把握,我们可以认清制度形成的现实土壤和社会气候,从而为我国法律移植和栽培选取合适的经济发展时期。

通过对埃及竞争立法背景的了解,我们可以发现埃及的政治制度与我国有着一定程度的相似性。根据埃及《永久宪法》,埃及是"以劳动人民力量联盟为基础的民主和社会主义制度的国家",政治制度"建立在多党制基础上"。埃及国家机构在中央层面设有人民议会、总统、协商会议、内阁、最高法院和总检察院,地方上划分为26个省和1个直辖市。人民议会是埃及的最高立法机关,其职能类似于我国的人民代表大会,主要包括:提名国家领导人候选人;主持制定和修改宪法;决定国家总政策;批准经济和社会发展计划及国家预算、决算,并对政府工作进行监督。总统是国家元首、武装部队

① 胡甲庆:《反垄断法的经济逻辑》,厦门大学出版社2007年版,第1页。

最高统帅。协商会议是与人民议会并立存在的立法咨询机构，其议员2/3由社会各阶层、机构和派别选举产生。其职能与我国的政治协商会议相似。内阁是埃及的行政机关，设有总理、各部部长和国务部长等机关。埃及最高法院和总检察院是埃及的司法机关。

埃及的经济发展先后经历了纳赛尔的“社会主义”国有化时期、萨达特的“开放经济”时期和穆巴拉克的政策调整、以西方债权国所提条件为框架的经济改革时期。在埃及经济发展的不同时期，其经济制度也有所不同。纳赛尔的“社会主义”国有化时期实行的是计划经济；在萨达特的“开放经济”时期，埃及实行以国营经济为支柱兼顾私营经济的经济政策；穆巴拉克执政之后，埃及逐步形成了开放型的市场经济。埃及的竞争法正是颁布于穆巴拉克的第四届任期内。这时期，经过90年代的改革，埃及的私营企业数量已占到埃工业企业总数的80%，埃及的国内市场已形成了以竞争为特征的市场经济，但是埃及的国营企业在市场中仍占有较大的比重，特别是一些关系埃及国民经济命脉的产业，如交通运输业、石油经济等基本上都属于国有控制。

二、埃及竞争法主要特点

竞争法的规制对象是竞争法的核心问题。规制对象的性质、种类和范围影响着竞争法对垄断规制的程度和效力。竞争法规制对象的性质涉及对垄断的判断问题。在竞争法上，“垄断一词往往在行为与状态（或结构）两方面被使用，并形成了行为规制与结构规制两种基本的政策方法。竞争法在现代的发展趋势是由结构向行为的转变，但就具体垄断的规制而言，行为方法与结构方法仍同时存在”[①]。这与竞争

---

① 焦海涛：《竞争行为与竞争状态的分野——兼论二者在竞争法中的适用价值》，载《政法论丛》2005年第6期，第48页。

法规制对象的种类有关。

竞争法的规制对象在传统上有三类:联合限制竞争行为、滥用市场支配地位和企业合并。其中对于联合限制竞争行为和滥用市场支配地位的规制属于行为规制,即对实施垄断协议和滥用市场支配地位从而限制、排除竞争的行为予以规制,而不是禁止达成垄断协议和取得市场支配地位。企业合并则侧重于结构规制,即市场主体通过取得股权、财产或其他安排实现经济力的集中,只要导致市场结构发生变化,妨碍市场竞争机制的有效发挥,竞争法就予以规制,而对一般的企业合并行为则持默许态度。埃及竞争法主要规定了垄断协议和滥用市场支配地位,对于企业合并仅简单规定了申报程序,可见埃及竞争法对垄断的规制着重于行为规制。

竞争法规制对象范围通常涉及四个维度:禁止行为、豁免制度、适用除外和域外效力。埃及竞争法对这四个方面都有规定。禁止行为包括:限制竞争行为、滥用市场支配地位和企业合并。

1. 垄断协议

限制竞争行为通常是通过达成垄断协议来实现限制竞争目标的,因此也称为"限制竞争协议"或"垄断协议"。根据各国的竞争法,垄断协议包括横向协议和纵向协议。[①] 横向协议,是指处于同一经济产业链条中同一环节的经营者之间达成的限制竞争协议;纵向协议,是指不同经济产业链条中不同环节的市场主体达成的限制竞争的协议。

埃及竞争法以列举的方式对垄断协议达成的限制竞争的内容予以明确禁止。其中,横向协议限制竞争可分为固定价格、限制产量、分割市场、限制交易和串通投标等,对每一项行为,埃及竞争法都进行了细化。对于纵向协议是否限制

① 参见王晓晔:《中国反垄断立法中的几个问题》,载《首都师范大学学报(社会科学版)》2003 年第 3 期,第 43 页。

竞争,埃及竞争法规定了调查主体和调查方式。横向协议限制竞争的调查主体为保护竞争和反垄断执法机关,调查方式主要是考虑该行为对下列几个因素可能造成的影响:市场竞争自由程度、消费者利益、产品本身的要求以及与商业惯例相符程度。可见,埃及竞争法在认定垄断协议方面可操作性较强,不足之处在于对纵向协议的认定上执法机关存在较大的自由裁量权。

2. 滥用市场支配地位

对滥用市场支配地位的规制在埃及竞争法中的地位非常突出。埃及竞争法首先对市场支配地位的概念进行界定,并对如何认定市场支配地位规定了具体的认定要素,而且对其中个别要素作了更为具体的细化,从而为认定市场主体是否具备市场支配地位形成了一般概念与具体要素相结合的较为科学的方法。

在判定具有市场支配地位的主体是否滥用市场支配地位时,埃及竞争法将滥用市场支配地位的表现形式和认定因素规定在一起,这样不仅法律条文之间联系更紧密清晰,而且更为重要的是便于竞争法的实施主体对垄断行为的调查和判定。

根据埃及反垄断法的规定,滥用市场支配地位的行为主要有:控制产品生产和流通、拒绝交易、限制产品分配、附加不合理交易条件、歧视交易、限制偶发性短缺产品的生产或供应、限制使用范围、独家交易、低价倾销。控制产品生产和流通、限制产品分配限制偶发性短缺产品的生产或供应和限制使用范围这三项行为是埃及竞争法中特有的规定,这与埃及的经济发展水平有密切关系。

3. 企业合并

企业合并,是指两个或两个以上的经营者通过取得股权、财产或其他安排实现经济力的集中。企业合并对于经济发展具有积极影响和消极作用两方面。企业合并的积极影响表现在：第一，企业合并有利于企业达到最佳经营规模，产生良好的规模经济效益；第二，企业合并在一定程度上适应了现代化新兴产业发展的客观需要；第三，企业合并为产业结构调整提供了一种又好又快的资金重组方式；第四，企业合并有利于企业参与国际市场竞争。[①] 企业合并的消极作用在于企业通过合并，使原先竞争主体消失，改变了市场结构，从而使市场的竞争机制无法有效发挥作用，进而影响资源的合理配置和损害消费者的利益。企业合并通常会涉及一国的产业政策问题，因此各国在企业合并的竞争法规制问题上都较为慎重。

埃及的竞争法中对企业合并没有具体规定。在《保护竞争及禁止垄断行为法》中仅在规定执法机关的职权时规定了执法机关接受涉及两个或两个以上主体资产、所有权、使用权、股份的取得、联合、兼并、合并或联合经营的即时报告。并在该法的实施条例中规定了报告时应当一并提交的材料。而对于规制企业合并至关重要的几个具体问题，包括申报规模、申报时间、申报内容、程序救济和合并豁免等制度均未涉及。由此可见，埃及在企业合并的竞争法规制上持“理性的冷漠”[②]。埃及竞争法之所以如此规定，取决于埃及目前国营经济在国民经济中的地位以及经济的发展规模。埃及工业企业过去一直以国营为主体，自 20 世纪 90 年代初开始，埃及开始积极推行私有化改革，出售企业达上百家。目前，私营企业数量已占埃及工业企业总数的 80%，产值占国内生产总值 63%。但是，私营企业的规模普遍较小，集中化程度不高，由于设备老化、生产工艺落后和员工素质亟待提高，埃及工业生产成本加大，产品质量难以保证，造成产品竞争力较低。埃及工业面临的另一重大课题是工业企业的现代化改造。

---

① 参见吕明瑜：《关于企业合并的立法思考》，载《经济经纬》2003 年第 3 期，第 107 页。

② 理性的冷漠，指认识到问题的存在却不采取积极的应对措施。

如前所述，企业合并具有的一系列积极功效对帮助埃及摆脱现存的企业发展困境无疑具有不可替代的作用。

4. 豁免制度

垄断豁免，是指事关公共利益和消费者权益的公共服务部门或称“公用事业”虽然在客观上实施了竞争法禁止的行为，但竞争法对该公用事业不予以规制的制度。“在反垄断法的豁免制度中，最主要的制度便是关于公共服务业的豁免，作为有效竞争价值取向的例外，公共服务的价值取向是社会整体效益价值。这种价值取向源于公共利益理论。”[①]埃及竞争法在规定豁免制度时，也以社会整体效益价值为出发点。埃及竞争法规定的豁免前提是当公共利益或实现消费者的利益大于限制竞争自由产生的影响时，相关公用事业经营主体才能向执法机关申请豁免。

由于豁免制度涉及法律适用效力的减损，会给相关当事人带来特殊的利益，因此为了避免豁免制度随意适用和防止当事人为了得到豁免实施欺诈行为，埃及竞争法规定了严格的申请程序。申请豁免的程序具体涵盖了书面制度、证据制度、听证制度、双重审议制度、附加义务制度等。

同时，豁免的授予坚持情事变更原则。考虑到经济运行的易变性，原先具有豁免资格的主体经过一定时间可能会丧失豁免的前提条件而不具有豁免资格，因此埃及竞争法明确规定了豁免的两年有效期限。期限届满前60日，相关主体应当提出重新申请。

5. 适用除外制度

适用除外制度，是竞争法中除豁免制度之外又一项重要的效力减损制度。“适用除外制度是指国家为了维护经济运行效率、提高国民经济竞争力、保护社会整体利益、保障市场

① 祁欢：《公共服务与反垄断法豁免制度》，载《政法论坛》2007年第4期，第73页。

经济健康发展，通过以反垄断法为核心的相关法律规定，对某些特定行业或领域中的垄断不予禁止的法律制度。”①

埃及竞争法规定，由政府经营的公用事业和由政府达成的旨在实行内阁确定的生活必需品价格的任何协议不受竞争法的规制。其中公用事业必须是由政府部门经营的，如果是由经济中的私主体经营则适用豁免制度。同样是公用事业为何有不同的规定？这是因为由政府经营的公用事业对整个国民经济的影响更为广泛和重要，与一国的产业政策关系紧密。而产业政策和竞争政策都属于国家经济政策范畴，是市场经济国家发展本国经济不可或缺的政策工具。通过设置、适用除外制度，基于“公平与效率”的价值取向，使两者统一于国家社会整体利益最大化的大旗下，是国家经济政策的重要组成部分，共同实现国家经济政策的总体目标。② 对于由政府达成的旨在实行内阁确定的生活必需品价格的任何协议，即时构成垄断也不予以禁止，这是因为生活必需品价格牵涉到社会中大多数人的利益。

可见，埃及竞争法中设置的适用除外制度体现了双重目标：产业政策调整与维护社会整体效益。

6. 域外效力

竞争法的域外效力问题是指竞争法对于在一国境外发生的而对境内的自由竞争产生损害的垄断行为是否适用的问题。“反垄断法的域外适用非常重要，因为在缺乏反垄断法域外适用的情况下，一国市场的竞争可能会受到来自国外限制竞争的影响，反垄断法所要保护的自由和公平竞争就会成为空话。因此，反垄断法域外适用是反垄断法的一个重要特征或者属性。世界各国反垄断法一般都有域外效力

---

① 吴宏伟、金善明：《论反垄断法适用除外制度的价值目标》，载《政治与法律》2008 年第 3 期，第 43 页。

② 同上，第 44 页。

的规定"[①]。埃及竞争法对此也作出了规定。埃及《保护竞争及禁止垄断行为法》第5条规定，该法适用于在境外实施的对埃及境内的竞争自由产生阻碍、限制和损害的并依据该法构成犯罪的行为。

三、埃及竞争法实施体系

作为"经济宪法"的竞争法，要发挥其当下的"宪法功效"，对于一个缺乏竞争文化的转型中的市场经济国家而言，最紧迫的问题，应当是如何让执法机关有效地、合理且合法地实施那些能够维护市场竞争的法律。法律的实施体系是法律规定的条文内容从字面意义向现实效力转化、法定权利向实有权利转变的机制保证。没有健全科学的实施体系，无论法律多么完美精致也只能是个"装饰品"，对于其所调整的社会关系不仅不会产生预设的效果，而且可能会带来与预设效果相悖的后果。而且对于竞争法来说，"在某些情况下，反垄断法实施过程与反垄断法立法之间会产生一定的距离，使得反垄断法实施过程表现出具有一定的自主特性的运行轨迹。我们可以说，反垄断法实施对于反垄断立法，尤其是实体立法，具有相对独立的地位"[②]。竞争法的实施体系对于实现竞争法的立法目标、完善竞争法的立法体系是不可或缺的制度成分。

埃及竞争法在竞争法的实施主体和实施程序方面作了详细的规定，很多规定的可操作性都很强，这为埃及竞争法的有效实施提供了制度保证和效力渊源。由于"从程序法的角度看，反垄断法的具体规定是深深扎根于各国自己的法律文化的土壤中，每个国家都必须结合本国的社会和历史的具

① 王晓晔：《我国反垄断法的域外适用》，载《上海财经大学学报》2008年第1期，第31页。

② 李国海：《反垄断法实施机制研究》，中国方正出版社2006年版，第11页。

体情况设计出最适合自己、最有效的程序”①。因此,埃及竞争法的实施体系有着浓重的国别色彩。

法的实施是法的宗旨和价值得以实现的唯一路径。法的实施可以分为三种:法的遵守、法的执行和法的适用。② 竞争法的实施同样涉及守法、司法和执法三种法的实施形式。在竞争法的实施过程中,行政机关和司法机关等公共主体发挥着关键作用。同时,自然人、法人和非法人的社会组织这样的私主体也占有重要地位。私主体参与竞争法实施除了自觉地遵守法律以外,还有两种主要途径介入法律的实施:一是在法院提起民事诉讼;二是向行政机关举报竞争法违法行为。③埃及竞争法中主要规定了第二种方法。但是,经济法本身的自足性,即集程序规范和实体规范于一体,以及行政机关在市场规制中的地位,决定了行政机关在竞争法的实施中居于更为核心的位置,因此,这里着重对埃及的竞争法的执行问题进行深入的考查。

1. 埃及竞争法的执行机构

如上文所述,埃及竞争法的执行机构由总理、保护竞争和反垄断委员会及其执法机关这三个行政机关构成。

总理具有颁布法令权、人事任免权、接受报告权、强制执行授予权、提起诉讼权和终止诉讼权等竞争法方面的职权。这些职权除了提起诉讼和终止诉讼两项职权对竞争法的实施有直接密切联系外,其他职权主要是通过另外两个竞争法执行机构的具体执法来实现其实施竞争法的职能。

保护竞争和反垄断委员会有15名组成成员,他们并不都是专职的,除了一名主席为全职外,其他成员来自政府官员、

---

① 〔日〕栗田诚:《竞争法执行的有效性与透明性——对日本执行反垄断法认识之差异的原因和后果分析》,载王晓晔、伊从宽主编:《竞争法与经济发展》,社会科学文献出版社2003年版,第46页。

② 参见沈宗灵主编:《法理学》,北京大学出版社2003年版,第321页。

③ 参见李国海:《反垄断法实施机制研究》,中国方正出版社2006年版,第31页。

专家学者和中介机构代表。其中政府官员仅占六名;中介机构的代表来自埃及各行各业,代表着不同的利益集团,包括商业、工业、金融业、工人和消费者。委员会的工作机制是定期或根据需要召开会议,并经投票表决以绝大多数通过的方式对所讨论问题作出决议。同时,委员会召开会议还可以邀请不享有表决权的专家协助其工作。委员会组成人员的广泛性和专家的参与,为委员会独立和专业处理竞争法问题提供了组织保证。在竞争法实施中,委员会的职权较总理负责的事项具体,主要有:制定内部管理规则、为内阁提供意见、接受捐赠财产和物质、推荐执法机关雇员、批准执法机关报告和起草竞争法律草案等。

保护竞争和反垄断执法机关[①]则是一个独立的专门实施竞争法的具有公共法律人格的政府部门。该机关设立在埃及首都开罗,直属于总理领导,受委员会管理,是埃及竞争法最主要的执法机构。该机关的工作体制及其雇员的财政和管理不受制于适用于其他政府及其文职雇员的条例和规则,而是适用由总理颁布的专门适用于该执法机关及其雇员的条例。同时,该机关具有独立的预算。

根据埃及竞争法,执行机关的职权相比总理和委员会的功能更为广泛和具体,主要包括:实施调查检查程序;受理企业合并申报;受理公众举报;建立经济活动数据库;采取恢复原状、排除妨害等措施;组织培训和教育;发布期刊;对竞争法律草案提出意见;制定竞争法情况报告等。

2. 埃及竞争法执行机构间的关系

(1) 总理与委员会的关系

总理是埃及政府首长,他与委员会是领导与被领导的关系。总理对委员会的领导主要通过人事任免来实现。

---

① 这里的执法机关是特指一个具体的政府部门,不是所有实施竞争法机构的统称,本章中用“执行机构”来指称所有的竞争法实施机构。不能将“执法机关”与“执法机构”混淆。

(2) 总理与执法机关的关系

执法机关直属于埃及总理,不受其他任何政府部门的领导。总理通过任命执法机关领导、授权执法机关雇员、颁布执法机关管理条例和接受报告等实现对执法机关在人事和业务上的领导。

(3) 委员会与执法机关管理和被管理关系

执法机关虽然直属于总理领导,但是在日常管理上和具体业务方面却受委员会管理。委员会有权提名执法机关的执行主管、推荐执法机关的雇员、接受捐赠给执法机关的财物、批准执法机关的报告、监督执法机关的执法情况等。

3. 埃及竞争法执行机构的特点

从埃及保护竞争和反垄断委员会和执法机关的职能、工作机制及与其他政府部门的关系看,埃及竞争法执法机构具备了竞争法机构应有的独立性、权威性和专业性。综观各国的竞争法立法对其竞争法执法机构的规定,竞争法执法机构都具有较大的独立性和较高的权威性,具体表现为:(1) 地位较高,通常居于一般的政府机关之上,具有行政权、准司法权、准立法权;(2) 独立性较强,行使职权不受干扰,与其他行政机关无行政上的隶属关系和经济上的利害关系;(3) 权威性较高,其委员一般均为经济、商业管理、法律的专家,且由总统、议会或总理同意并任命;(4) 专业性强,其职责单一、任务单纯,有利于集中精力专司专业性强、复杂程度高的竞争法。[①]

4. 埃及竞争法实施体系的模式

目前,我国学者对于竞争法的实施体系已有专门研究,这些研究主要是对竞争法实施体制较为完善的发达国家和地区实施体制的特点和共性进行归纳和分类。根据现有的

---

① 参见王伟玲、吴霞娟:《关于设置中国反垄断执法机构的建议》,载《黑龙江政法干部管理学院学报》2002 年第 3 期,第 30 页。

研究成果,竞争法的实施机制基本上可归纳为三种模式:一是二元主管机关与法院协调运作型,其中又分为美国的平行式和法国的从属式两种类型;二是主管机关、顾问机构与法院协调运作型;三是单一专门机关与法院协调运作型。[①]

埃及的竞争法实施机制属于第一种实施机制中的以法国为典型的从属式二元主管机关与法院协调运作型。在法国,竞争法的执行机构有竞争审议委员会、经济部长和法院。其中经济部长和竞争审议委员会属于具有领导与被领导关系的行政机关。[②]如上所述,埃及目前的竞争法行政机关是总理、保护竞争和反垄断委员会及其执法机关。这三个部门的关系也是层层的领导关系。同时,从埃及的政治制度看,与行政机构并存的还有司法系统,包括法院和检察院。而且,比照法国 1987 年修订的《关于价格和竞争自由的法律》[③],埃及的保护竞争和反垄断委员会及其执法机关与法国的竞争审议委员会在机构组成和职权配置上有很多相似之处。

---

① 参见李国海:《反垄断法实施机制研究》,中国方正出版社 2006 年版。关于竞争法实施体系的专门研究还可参见刘宁元:《中外反垄断法实施体制研究(国际经济法论丛)》,北京大学出版社 2005 年版。

② 参见李国海:《反垄断法实施机制研究》,中国方正出版社 2006 年版,第 57 页。

③ 参见尚明主编:《主要国家(地区)反垄断法律汇编》,法律出版社 2004 年版,第 74—89 页。

第十章

南非竞争法律制度

第一节　南非国家概况

一、南非概况①

南非位于非洲大陆最南端，北邻纳米比亚、博茨瓦纳、津巴布韦、莫桑比克和斯威士兰，东、南、西三面濒临印度洋和大西洋，另有莱索托为南非领土所包围。17 世纪后，荷兰人、英国人相继入侵并不断将殖民地向内地推进。19 世纪中叶，白人统治者建立起四个政治实体：两个英国殖民地，即开普、纳塔尔殖民地；两个布尔人共和国，即德兰士瓦南非共和国和奥兰治自由邦。1899—1902 年英布战争以英国人艰难取胜告终。1910 年四个政权合并为“南非联邦”，成为英国的自治领地。南非当局长期在国内以立法和行政手段推行种族歧视和种族隔离政策。1948 年国民党执政后，全面推行种族隔离制度，镇压南非人民的反抗斗争，遭到国际社会的谴责和制裁。1961 年 5 月 31 日退出英联邦，成立南非共和国。

（一）宪法

1994 年《临时宪法》是南非历史上第一部体现种族平等

---

①　资料来源：中华人民共和国外交部网站，http://www.fmprc.gov.cn/chn/wjb/zzjg/fzs/gjlb/1610/1610x0/default.htm，访问日期：2008 年 9 月 5 日。

的宪法。1996 年,在《临时宪法》的基础上起草的新《宪法》被正式批准,并于 1997 年开始分阶段实施。《宪法》规定实行行政、立法、司法三权分立制度,中央、省级和地方政府相互依存,各自行使其权力。《宪法》中的“人权法案”(Bill of Right)被称为“南非民主的基石”,明确保障公民各项权利。修改《宪法》序言须国民议会 3/4 议员和省务院中的 6 个省通过;修改《宪法》其他条款须国民议会 2/3 议员通过;如修宪部分涉及省务条款,须省务院中的 6 个省通过。

(二) 议会

南非实行两院制,分为国民议会和全国省级事务委员会(简称省务院),任期均为 5 年。本届议会由 2009 年 4 月举行的全国和 9 省议会选举产生。国民议会共设 400 个议席,其中 200 个席位根据全国选举结果分配,另 200 个席位根据省级选举结果分配。非国大获 264 席,占 65.9%,民主联盟 67 席,人民大会党 30 席,因卡塔自由党 18 席,独立民主党、联合民主运动、新自由阵线各 4 席,其余席位由非洲基督教民主党等政党占有。国民议会议长马克斯·西苏鲁(Max Sisulu,非国大)。省务院共 90 名代表,每省 10 名代表,其中 6 名为常任代表,省长等 4 人为特别代表。省务院主席姆宁瓦·约翰尼斯·马赫兰古(Mninwa Johannes Mahlangu,非国大)。南非国民议会和省务院下设与政府各部门相对应的专门委员会、临时委员会和两院联合委员会。

(三) 司法机构

司法体系基本分为法院、刑事司法和检察机关三大系统。法院由宪法法院、最高上诉法院、高等法院、地方法院等组成。宪法法院院长是亚瑟·查斯卡尔森(Arthur Chaskalson)。最高上诉法院院长是豪伊(C. T. Howie)。

二、经济制度[①]

南非属于中等收入的发展中国家。国内生产总值约占全非洲国内生产总值的1/4,是非洲经济最发达的国家。自然资源丰富,是世界五大矿产国之一。金融、法律体系比较完善,通讯、交通、能源等基础设施良好。矿业、制造业、农业和服务业是经济四大支柱,深井采矿等技术居于世界领先地位。但国民经济各部门发展水平、地区分布不平衡,城乡、“黑白”二元经济特征明显。20世纪80年代初期至90年代初期,受国际制裁经济出现衰退。新南非政府制定了《重建与发展计划》(RDP),强调提高黑人社会、经济地位。1996年推出《增长、就业和再分配计划》(GEAR),旨在通过推进私有化、削减财政赤字、增加劳动力市场灵活性、促进出口、放松外汇管制、鼓励中小企业发展等措施实现经济增长,增加就业,逐步改变分配不合理的情况。2006年2月,南非政府公布实施《南非加速和共享增长倡议》(ASGISA),加大政府干预经济力度,通过加强基础设施建设、实行行业优先发展战略、加强教育和人力资源培训等措施,促进就业和减贫。

2007年南非经济运转平稳。政府继续加大对宏观经济政策的调整力度,政策向保证公平和提高劳动力技能方向倾斜。进一步调整税率,削减政府开支,将教育、技能培训和医疗作为预算财政优先领域。制定《南非工业政策框架文件》,强化对国内工业的保护,增加就业和促进出口。贸易、通讯、金融和房地产继续成为拉动南非经济增长的主动力。

南非的经济很难归类。它有一个发展完善的市场经济,但是长期的中央集权又妨碍了经济发展。另外,大多数人在欠发展的经济环境中生存。南非的平均收入排在中等收入

① Source: OECD, Global Forum on Competition, Peer Review: Competition Law and Policy in South Africa, Paris, 11 February, 2003.

国家的行列，然而这掩盖不了财富和收入的两极差距。一方面，极少数的人享受的生活水平相当于经合组织成员国的水平。金融、法律、通信和交通服务等基础设施非常发达和现代，股票交易列世界前十名。但是另一方面，绝大多数的人没有享受到这种财富。南非的收入差距，根据基尼系数衡量，大概是典型的大多数的经合组织成员国的两倍。在黑人城镇，失业率远远高于已经很高的国家平均失业率约30%，收入也远低于全国平均水平。总之，南非既拥有发达国家的经济水准，又是一个发展中国家。这种"两面性"凸显了南非这个国家的特殊性。

第二节　南非竞争法律制度概述

现代社会经济发展迅速，随之而来的是世界市场和国内市场的竞争日趋激烈。越来越多的国家倾向于通过竞争立法和制定竞争政策来维护市场的经济秩序和公平高效的竞争。南非作为一个有着良好的法律传统的国家，也非常重视竞争制度的完善。20世纪南非的一个很重要的变革即是其竞争政策和体制的改革。以往的制度支持着旧的经济体制，其特点是自给自足、保护主义、政府调控以及所有权高度集中。新的体制希望用竞争制度来改正旧体制缺陷并促进就业政策目标的实现。南非于1955制定的《规范垄断情形法》和1979年制定的《维护和促进竞争法》的内容和实施效果都不尽如人意。南非渴望用现代的竞争法制度来处理越来越复杂的经济关系。因此在1998年，非国大通过了南非第三部竞争法——《南非竞争法》(1999年、2000年和2001年先后做出修正案)，该法和依照该法所制定的竞争政策被OECD在其2003年对《南非竞争法》的调查报告中称为"hit the ground running"[①]。新的竞争法和新的执行机构需要在既定的、先进的、资源丰富的相同的法律文化的条件下处理政治经济中的新思想以及公共生活参与的新水平。[②] 它相对于之前的两部竞争法有很大的突破,对于南非的政治和经济都具有重大的影响。

一、《南非竞争法》的立法背景[③]

南非的大部分有关财产、销售和合同的法律,可以追溯到17世纪欧洲移民带来的荷兰—罗马法。公司法、金融法和知识产权法源于英国,与19世纪大规模的采矿业的发展有关。从政府的组织和管理的法律角度看,南非似乎从英联邦汲取了太多的经验。1994年《宪法》发起了从广泛性、民主性和地方性几个方面重建国家和法律的努力。其历史重要性在于体现了南非的特质,也有助于解释其竞争政策。将政策建立在法律的基础上并依照恰当的法律程序执行政策是很重要的价值观。

有关竞争的一些原则,甚至竞争法的一些先驱都出现在以上这些法律传统中。荷兰—罗马法中将垄断定为犯罪。意图防止反竞争的情形是违反公共利益,可以追溯到16世纪查尔斯五世的法令,但是并没有关于有人尝试垄断这一罪行的记录。相比之下,早期的荷兰—罗马法也大力支撑了荷兰黄金时代的商业,这个特质使得其可能会容忍反竞争的做法。值得注意的是,法律推定合同的有效性,即使合同存在对反竞争的限制。在任何情况下,荷兰—罗马法的刑事方面也可能不会占据南非的国内法,所以垄断的问题不得不通过法规来解决。那些法规采取了宽容的态度,也许是受到法律

① 可译为"撞击地面运行",意为突破传统的模式。

② See OECD, Global Forum on Competition, Peer Review: Competition Law and Policy in South Africa, Paris, 11 February, 2003.

③ Ibid.

关于合同的容忍传统的影响。早在1907年,一些特殊的竞争情形均由特别的法规定。根据1923年到1944年生效的法令,贸易和工业委员会可以对竞争政策的问题提出建议。而委员会的报告形成了南非的第一部全面的竞争法——1955年《规范垄断情形法》。

1955年的《规范垄断情形法》是谨慎和宽容的。它界定了许多的"垄断情形",即潜在的反竞争行为。这些反竞争行为没有一个被认定为本身违法[①]。相反,法律规定了行政程序来审查特殊的案件和建议行为。分析的标准仅为简单的"公共利益"[②]。贸易和工业委员承担调查行为、建议补救办法并进行磋商和监督遵守。对其决定可向特别法庭上诉。而无论是调查或是救济,该委员会没有独立的权利。相反,贸易和工业部长决定调查什么,在需要救济的情况下决定采用什么救济。该法的救济措施和制裁可能是唯一的,如命令撤销限制性协议或纠正其后果,违反了该命令可能会受到刑事起诉。也许认识到垄断的主要来源是国际竞争的保护,法律潜在的救济措施要求财政部长暂停对类似于涉及垄断条件的商品的进口。该法没有解决合并或者主导地位等问题。理论上,该法可能适用于国家的活动,但是由于法的执行依赖于部长的行动,该适用已大不可能。法律的主要豁免之一为国家批准支持的农业控制议会和合作。该法很少被援用,从1955年到1976年,贸易与工业委员会部长仅发起过18次对垄断条件的调查。委员会发现一些限制违反了公共利益,比如固定价格的协议、贸易折扣、维持转售价格、独家交易和抵制。发现问题的行业包括杂货、卫生洁具和硬件、电影、香烟和加工的烟草、书籍、报纸和期刊,以及建筑施工。几乎所

---

① 英文原文为:"per se"。本身违法原则意为一些违反竞争的行为一旦形成即违反竞争法。

② "公共利益"一般解释为与国家或国内民众利益有重大关系,这个标准比较含糊,没有明确的界定标准。

有的这些调查最终都是协商解决。

1975年指定的调查委员会,批评了1955年《规范垄断情形法》的执行机制。依赖于部长指令的决策调查使执行受到太多政治的影响。委员会的角色也有冲突,它主要的角色是决定关税的水平以保护本地的商业,因此很难有强硬的立场来挑战那些商业的行为。调查委员呼吁建立一个新的竞争机构,拥有更大的能力,对违反法令和利用法律来保护合并采取更强硬的惩罚措施。调查委员会建议效仿英国的"三方"制度①建立新的结构:一个监察部门、一个单独的"执法"机构和一个更独立的制定决策的法庭。然而并不是其所有的建议都被采用。1979年制定并通过了《维护和促进竞争法》,创设了竞争委员会。由贸易和工业部长指定,能够主动调查事项。该法授权的打击反竞争合并的行为和它创造的"垄断情形"的新的类别主要由工业结构决定。在其他的大多数方面,新的竞争法类似于旧法。该法规没有包含明确的禁令,其实体的标准最终为不明确的"公共利益"。由一个特别法庭进行上诉审理(但实际上从未进行过),实际的决定和命令均由部长作出。竞争委员会成员与政府紧密联系,其中的六个职位由法规指定由官员填补或其他部长提名,大多是那些负责财政和农业的部门。除了主席外所有的成员都可以兼职。1979年《维护和促进竞争法》下的最重要的实质性的行动就是控制,于1984年开始,经部长在竞争委员会调查后发布,宣布一些行为为本身违法、维持转售价格、关于价格和服务的横向共谋,或滥用市场优势和操纵投标,违反禁令将被视为犯罪。然而,当时并没有对那些违法行为起诉(除非协商达成犯罪),因为南非的政权更迭推迟了对竞争政策的全面改革。

重审竞争政策是1994年当选的首届民主政府重要的议

① 英国的"三方"制度是通过三个机构来行使职能,各自独立又相互制约。

题。非国大在数十年从事解放运动的过程中通过工业国有化和打破主要投资行业的方式推动了社会主义经济政策的发展。一个雄心勃勃的竞争政策改革是非国大为建设民主南非的指导方针。这项改革的一个目标就是改正经济权力的集中,因为它不利于经济发展的平衡。这项计划不仅是通过一项遵照国际标准和习惯的法律,同时遏制了继续由少数白人主导经济,促进了私有行业的高效。

1994 年后期政策的总体框架列在非国大的重建和发展计划(RDP)和它的宏观经济战略增长、就业和再分配(GEAR)计划中。RDP 承诺“采用严格的反托拉斯立法以创造更具竞争力和更有活力的商业环境”,“为全面地阻止经济权力过度集中和董事联营所形成的金字塔体制”,随后消除反竞争做法和防止剥削消费者。RDP 呼吁委员会“重审经济的控制和机构内政的结构,发展高效和民主的解决办法”。1994 年 RDP 白皮书[①]扩大了那些主题,同时呼吁关注中小企业的利益和供不应求的问题。

为制定一个新的竞争政策框架,1995 年贸易和工业部(DTI)开展了一项为期三年的与专家和相关利益者磋商的项目。结果于 1997 年 11 月发布,作为 DTI 提议的竞争政策的指导方针,以激励公众对关于竞争政策怎样有助于调整经济结构的讨论。建议描述该目标为一个更“有效”的经济。DTI 认为竞争和发展会相互支持,并不矛盾。相互支持需要贸易和工业政策一致,重组国家资产,并赋予合并企业任务和目标。处理遗留的经济扭曲问题需要在南非用一个独特的方法。提高竞争和效率也要保证那些被剥夺平等的参与机会的人有机会进入市场。1997 年,DTI 发现 1979 年《维护和促进竞争法》有缺陷,缺乏足够的权力和适当的政治背景。当时的法律没有处理纵向的或者巨头的合并或者所有权集中,

① See Notice 1954 Gazette,16085, 23 November, 1994.

并且它缺少双方合并前的通知和有效的合并后的控制权，反对反竞争行为的禁令也很弱。DTI 建议制定一个新的竞争法，包括熟悉的竞争政策要素，比如一个强硬的法律和更独立和有权威的执行机构。因为其中的一个动机是解决所有权集中问题，DTI 也呼吁赋予其更强的剥夺的权力。DTI 还呼吁重审证券法和机构监督公司的结构，包括公司管理，重审有关消费者利益的有害商业惯例法，以及公共公司和私营行业之间的竞争分界。

1994 年后期，关于建议的竞争政策框架的讨论通过国家经济发展和劳工局（NEDLAC）安排。NEDLAC 于 1994 年设立，是为政府、商业、劳工和非政府组织群体达成一致意见的平台。早期其前身的会员和范围都受到限制，是国家经济论坛和国家劳工会。《NEDLAC 赋权法例》要求 NEDLLAC 考虑社会和经济政策的所有重大改变，并且在议会执行或者提出政策前努力寻求共识。NEDLAC 有关贸易和工业上的政策考虑了 DTI 竞争政策。NEDLAC 咨询了有关的原则和建议的政策框架，但是并没有咨询法律的详细文本。NEDLAC 的报告于 1998 年 5 月经贸易和工业商会会议批准。

这个过程包括四天的审理和数十份提交给议会委员会的关于贸易和工业的书面意见，其结果是产生了第 89 号法令——《南非竞争法》。《南非竞争法》于 1998 年通过并且于 1999 年 9 月 1 日生效（该法于 2000 年修订，部分内容为澄清一般的竞争法和其他监管机构的关系）。来自八个国家的专家和学者以及多边机构和学术机构也提供了帮助。《南非竞争法》吸取了大量的发达国家的经验和做法。依据该法，设立了三个机构——竞争委员会、竞争裁判庭以及竞争上诉法院，直接参与法律适用，且都不同程度地独立于政府。《南非竞争法》体现了与南非独特的情形所匹配的特质。在一些情形下，它允许考虑公正因素，比如权力、就业和关注中小企业。DTI 认为注重经济效率和通过独立的政治机构适用的竞争法有利于南非发展完善的工业和服务行业。尽管 DTI 在公正和政治经济领域关注的事项有很大的影响力,但其并不是竞争法实施的主要驱动力。此外,通过纯粹的公共渠道也不能直接向 DTI 上诉。有关公共政策问题的决定权主要取决于独立的执行机构,部长也没有权力凌驾或指导它们作出决定。

二、《南非竞争法》的主要内容①

《南非竞争法》在 1998 年末的国民大会上通过,其中的 1—3、6、11、19—43、78、79 和 84 条于 1998 年 11 月 30 日开始实施,其余条款于 1999 年 9 月开始实施。之后颁布了几次修正案,分别是:1999 年第 35 号法令(1999 年 9 月 1 日开始实施);2000 年第 15 号法令(2000 年 9 月 1 日开始实施);2000 年第 39 号法令(2001 年 2 月 1 日开始实施)。

现行的《南非竞争法》包括序言、正文 8 章 84 条以及三个附表:第一章“竞争法的定义、解释、目的和适用”;第二章“禁止行为”;第三章“合并管理”;第四章“竞争委员会、竞争裁判庭以及竞争上诉法院”;第五章“调查与裁决程序”;第六章“执行”; 第七章“违法行为”;第八章“一般规定”;附表一“行业规则的豁免”;附表二“法律废除”;附表三“过渡期的安排”。

(一) 序言

序言介绍了《南非竞争法》制定的背景和立法目的。序言开头部分指出:南非人民认为以往南非的种族隔离制度和其他歧视性的法律和做法导致了国家经济的所有权和控制权过度集中,对反竞争贸易行为约束不足,并且不公正地约

① 资料来源:南非竞争裁判庭官方网站,http://www.comptrib.co.za,访问日期:2008 年 9 月 5 日。

束了所有南非人民充分和自由地参与经济活动。令人信赖的竞争法和有效的机构实施该法,都是建立一个高效运作的经济体制所必需的。能平衡劳动者、业主以及消费者各方面的利益,并且致力于发展高效率、有竞争力的经济环境的竞争法将使所有南非人受益。序言中阐述的该法的目的与第一章第二节的内容相一致,即:使所有南非人享有平等的机会,公平地参与国家经济;南非能有一个更加有效和高效的经济体系;建立消费者有权选择而且可以自由选择他们想要的商品和服务的质量和品种的市场;为南非人在国际市场上创造更好的条件和环境,使南非在国际市场上有更强的竞争力;将经济所有权的转让与公众利益相协调;建立独立的机构监察经济竞争;落实南非的国际法义务。

(二)《南非竞争法》的定义、解释、目的和适用

第一章介绍了《南非竞争法》的定义、解释、目的和适用,以四节内容分别作了阐述。

1. 定义和解释

第1条对竞争法中的相关术语和词汇作了界定,并且解释该法应与宪法一致且要实现第2条列出的目的,同时要遵守南非的国际法律义务。在解释或适用该法时可以适当考虑外国和国际法律。

2. 目的

第2条再一次阐述了立法目的:促进和维持南非共和国的竞争。具体有:提高经济的效率,增强经济的适应性,推动经济发展;向消费者提供有竞争力的价格和产品选择;促进南非人民就业和提高他们的社会和经济福利;扩大南非参与世界市场的机会和认可外国竞争在南非的作用;确保中小型的企业有一个公平的机会参与经济活动;促进所有权的更大范围的扩展,特别是扩大历史上处于不利地位的人的所有权。

3. 法律适用

第3条介绍了法律适用的范围和对象。该法适用于所有南非的或对南非有影响的经济活动，除了一些法律特别规定的情形，如依照《宪法》第23条和1995年《劳工关系法》（1995年第66条法令）的劳资双方就工资等问题的谈判，联合一致的旨在实现非商业的社会经济目标或类似目的的行为等。并确定了在何种情况下该法具有并行管辖权。

（三）禁止行为

第二章“禁止行为”包括三个部分，分别是限制竞争协议、滥用市场支配地位和法律适用的豁免。这是《南非竞争法》的重点，内容规定得非常详细。

1. 限制竞争协议

对于限制竞争协议有两条规定，分别为第4条的禁止横向限制性竞争协议和第5条的禁止纵向限制性竞争协议。

公司之间的协议或者协调一致的行为或者公司间交往的决定是被禁止的，如果双方是处于横向联系的关系，而且如果(1)它很大程度上阻止或者减少了市场上的竞争，除非该协议或者采取协调一致行为或者决定的一方，可以证明该种行为产生的在技术、效率上的或其他有利于竞争的收益超过了这种影响；或者，(2)它涉及下列任何一种横向限制竞争行为：直接或间接地限定购买或销售的价格或者任何其他贸易条件；通过分配顾客、供应商、地区或特定类别的货品或服务划分市场；串通投标。

该法禁止处于纵向关系上的双方订立协议，如果它大大阻止或削弱了市场中的竞争，除非该协议的一方能证明协议产生的任何在技术、效率上的或其他有利于竞争的收益超过了该影响。该法还禁止限制转售价格的行为。但是供应商或生产者可向商品或服务的经销商推荐最低转售价格，如果(1)供应商或生产商明确向经销商指出，这一建议不具约束力，而且；(2)该产品上有它的价格，说明“建议价”应接近它上面的价格。

2. 滥用市场支配地位

《南非竞争法》认定一个企业在市场中处于支配地位的标准为:(1) 它有不少于45%的市场份额;(2) 它有不少于35%,但低于45%的市场份额,除非它能证明它不具有市场支配力;(3) 市场份额低于35%,但它具有市场支配力量。

该法禁止具有支配地位的企业:(1) 收取过高的价格损害消费者;(2) 拒绝给予竞争者权利使用重要设施,当这种给予从经济上看非常便利 ;(3) 从事一种排外的行为,而不是第4项所列的行为,如果反竞争行为的效果远远大于它在技术、效率上的或其他有利于竞争的收益;(4) 从事一些排他性的行为,除非该公司能够表明,在技术、效率上的或其他有利于竞争的收益远远大于反竞争的效果,例如(a) 要求或诱使供应商或顾客不与竞争者交易;(b) 拒绝供应稀缺商品给竞争者,当供应那些商品在经济上是可能且合理的;(c) 销售货物或劳务时,条件是买方单独购买与合同目的无关的商品或服务,或者迫使买方接受与合同目的无关的条件;(d) 低于它们的边际或平均可变成本销售货物或劳务;(5) 购买竞争对手必需的供应稀缺的中间产品或资源。

该法也禁止具有支配地位的企业的价格歧视。(1) 销售货物或劳务的具有支配地位的企业的行为将因为价格歧视被禁止,如果 (a) 它很可能大大地阻止或减少竞争;(b) 在等价交易中,它涉及销售相同质量和等级的货物或服务给不同的购买者;而且(c) 它涉及在不同的买家之间的价格歧视,关于(i) 货物或服务收费价格;(ii) 货物或服务的任何折扣、津贴、回扣或者信贷给予;或准许(iii) 有关货物或服务方面的服务条款;(iv) 有关提供货物或服务方面的服务的报酬支付。(2) 尽管有第1款规定,涉及有关c项中所列的行为区别对待购买者,不被视为价格歧视,如果具有支配地位的企业证实该差别待遇(a) 仅造成了合理的差别,而且这种差别是由于成本或者制造、分销、销售、促销或者来自不同地区的运输或提供给不同的购买者的商品或服务的质量等成本的差别;(b) 是由于要善意地满足对方竞争者提供的价格或利益而作出的行为造成的;(c) 为了应对影响商品或服务市场的变化的情势,包括(i) 应对实际或即将恶化的易腐货物的任何行为;(ii) 应对过季商品的任何行为;(iii) 按照清算或没收程序进行的销售;(iv) 善意的停业进行的商品或服务的销售。

3. 法律适用的豁免

第二章第 10 条规定公司可以向竞争委员会申请,免除适用本章法律,如果其协议或者行为或者某类协议或者行为有助于实现:(1) 维持或促进出口;(2) 提升小企业或者被控股公司或者历史上处于弱势地位的人拥有的公司的能力,使其成为具有竞争力的企业;(3) 为停止某一产业的衰退需要改变生产能力;或(4) 稳固部长指定的任何产业的目的,或者某类协议或者行为涉及知识产权的行使,包括权利的获得或保护等。

竞争委员会可以根据法律规定给予豁免,也可撤销其所给予的豁免,如果(1) 豁免的给予是基于虚假或不正确的信息;(2) 豁免的条件没有实现;或(3) 给予豁免的原因不再存在。竞争委员会作出的决定都要在宪报刊登公告。

(四) 合并控制

第三章为合并控制,从第 11 至 18 条包含了很多内容,规定得很详尽。包括合并的限度及种类;合并定义;合并审议;小型合并通知和执行;其他合并的通知和执行;合并调查;竞争委员会中型合并程序;竞争委员会大型合并程序;合并审批的撤销;竞争裁判合并程序;竞争上诉法院合并程序;合并程序的介入。

1. 合并的限度及种类

第 11 条列明部长与竞争委员会磋商后必须确定南非国

内年度营业额或资产的较低和较高之间的限度以及与之相关的特定行业的限度以确定合并的种类，且要在宪报刊登公告。

2. 合并界定和审议

第12条认为当一个或一个以上的公司直接或间接收购、直接或间接控制另一家公司的整个或部分的业务时，构成合并。该合并可以通过购买或租赁相关企业的股份、利息或资产，或与其他相关企业的合并或其他结合的方式完成。同时该条还规定了怎样判断公司是否由个人控制。

在审议一项合并时，竞争委员会或者竞争裁判庭必须初步决定该合并是否有可能实质阻碍或减少竞争。对此，竞争委员会或竞争裁判庭必须评估相关市场的竞争力度，以及公司合并后在市场表现的竞争力或合作的程度的可能性，并充分考虑到市场中任何有关竞争的因素，其中包括：(1) 进口市场中竞争的实际和潜在水平；(2) 进入市场障碍，包括关税和规章制度壁垒；(3) 市场集中的程度和趋势，以及合并的历史；(4) 市场上抵消力量的强弱；(5) 市场的动态特性，包括成长、创新，以及产品的差异；(6) 市场中纵向整合的性质和程度；(7) 是否某一主体的业务或部分业务的合并或合并的建议已经失败或很可能会失败；(8) 合并是否会导致去除一个有效的竞争者。如果显示合并很有可能实质性阻碍或减少竞争，则竞争委员会或竞争裁判庭还要决定：(1) 该合并是否有可能产生在任何技术上的、效率上的或其他有利于竞争的收益，将大于并抵消任何阻止或减少竞争的影响，这种收益可能来自于或者很可能产生于合并，并且如果合并被阻止，则很可能得不到该增益；(2) 合并是否具有重大的公共利益。而在决定是否可以以公共利益为理由合并时，竞争委员会或竞争裁判庭必须考虑合并是否影响(1) 某一特定产业部门或地区；(2) 就业；(3) 历史上处于不利地位的人所拥有的小企业或公司竞争的能力；(4) 民族工业在国际市场上竞争的能力。

3. 合并程序

小型合并除了一些特定的情况外,不需通知竞争委员会,但中型或者大型合并的一方当事人必须按规定的方式或形式通知,竞争委员会须在宪报发布是否批准合并的书面决定。竞争委员会可依据法定理由撤销自己关于小型或中型合并的批准或有条件的批准的决定。在竞争裁判庭发布决定通知后的20个工作日内,当事方或合并通知人也可向竞争上诉法院依照它的规则提起对该决定的上诉。涉及公共利益时,部长可以按照规定的方式在竞争委员会、竞争裁判庭或者竞争上诉法院,作为一方当事人参加任何中型或大型合并。

(五) 竞争执行机构

《南非竞争法》中规定的竞争执行机构有三个,分别是竞争委员会、竞争裁判庭和竞争上诉法院。第19至39条详细规定了三个机构的设立、职能、成员资格、任期、薪酬福利、运作程序、行政事项、法庭适用规则和法律责任等事项。

1. 竞争委员会(Competition Commission)

竞争委员会负责:(1) 贯彻措施,以增加市场透明度;(2) 贯彻措施,以提升公众对本法条例的认知;(3) 调查和评价第二章中规定的所谓的违法行为;(4) 依照第二章规定,批准或拒绝豁免的申请;(5) 有条件或者无条件地批准、禁止合并或者依照第三章所规定的接到通知后的合并;(6) 依照第63条规定协商或决定的同意命令;(7) 将事项转交给竞争裁判庭,并且依照本法要求出席法庭;(8) 与相关监管机构协商达成协议,以统筹和协调行使对相关产业或部门竞争事项的管辖权,并确保使用本法原则的一致性;(9) 参与任何相关监管机构的程序;(10) 建议或从任何监管机构中接受建议;(11) 审查立法和公共规则,并向部长报告任何有关允许非竞争事项的规定;(12) 处理竞争裁判庭中牵涉到它的任何事情。除了这些职能,竞争委员会还可以向部长报告与适用本法有关的任何事项;调查,并向部长报告与本法目的有关的任何事项;履行本法或其他法律分配给它的任何职能。

竞争委员会委员长是竞争委员会的最高行政长官,主要负责委员会的全面管理和执行依照本法制定的职能。委员长由部长任命,具有合适的资格,并在经济学、法学、商业、工业或公共事务上有丰富经验。任期为五年。副委员长协助委员长执行竞争委员会的职能。委员长可以指定在竞争委员会工作的任何人或者其他合适的人成为监察员;可以聘任工作人员,或者与其他人签订合同,以协助竞争委员会履行其职责。

2. 竞争裁判庭(Competition Tribunal)

竞争裁判庭由总统任命的一名主席和三至十名成员构成。他们全职或者兼职工作,由部长提名或者在部长的倡议下由公众提名后经部长推荐产生。任期为五年。总统在竞争裁判庭成员任期届满时可以再重新任命其为成员,但是任何被任命为竞争裁判庭主席的人均不得连任两次以上。

竞争裁判庭可以:(1) 裁决第二章规定的任何禁止的行为,以决定禁止的行为是否已经发生,且如果已经发生,依照本法采取救济措施;(2) 裁决其他可能依照本法所审议的相关事项,并依照本法作出命令;(3) 审理上诉或者重审竞争委员会可能根据本法作出的决定;(4) 作出依照本法履行其职能所必要的或者附带性需要的决定或者命令。

主席负责管理竞争裁判庭的案件,且必须对每个提交给法庭的事项分派由三名竞争裁判庭成员组成的专家组,竞争裁判庭成员不能代表裁判庭专家小组的任何人。

3. 竞争上诉法院(Competition Appeal Court)

竞争上诉法院可以:(1) 重审竞争裁判庭的任何决定;(2) 审议对竞争裁判庭作出最后决定的上诉,而不审议竞争裁判庭根据第 63 条作出的同意决定的上诉。或者它的任何的临时的或暂时的决定,依照本法规定可能会引起上诉。竞争上诉法院可以作出任何判决或者命令,包括:(1)确认、修订或废止竞争裁判庭的决定或命令;(2)在合适的条件下将事项转回给竞争裁判庭作进一步的审理。

竞争上诉法院的审判主席负责监督和指导法院的工作。审判主席,或者审判主席指定的竞争上诉法院的其他法官,可以独立审议:(1)依照竞争上诉法院的规则,对临时性决定提起的上诉;(2)有关机密资料使用的决定的申请;(3)依照竞争上诉法院的规则,上诉许可的申请;(4)暂停开庭和执行重审或者上诉的申请;(5)程序方面的申请。

4. 竞争委员会和竞争裁判庭的有关行政事务

竞争委员会的经费来自:(1)国会为委员会拨付;(2)依照本法规定支付给委员会的费用;(3)委员会多余钱款的投资和存储收入;(4)其他来源。竞争委员会必须以委员会的名义在南非注册的银行或者其他注册的金融机构开立并持续使用账户。在每个财政年度结束的六个月内,委员长必须根据既定的会计惯例、原则和程序编制财务报表。竞争委员会财政年度结束后的六个月内,委员长要准备并按规定提交给部长一份年度报告。

5. 法律责任

第43条特别规定了竞争裁判庭成员、竞争上诉法院的成员、委员长、工作人员或者合约人员都不对任何善意地提交给国会或者依照宪法或者本法作出的报告、裁决、观点或者建议负法律责任。

(六)调查与裁决程序

第五章介绍了五个部分,分别为:(1)“机密资料”,包括举证要求保密的权利、信息披露、限制使用信息;(2)“搜查和传票的权利”,包括许可证下进入和搜查权力、没有许可证进入和搜查权力、进入和搜查权力、进入和搜查行为、传票;(3)“投诉程序”,包括提起诉讼、临时救济措施、同意命令、投诉结果、转交竞争裁判庭;(4)“裁判庭审理及命令”,包括竞争裁判庭审理、参与审理的权利、主持审理人员的权利、程序规则、证人、费用、竞争裁判庭命令、行政处罚、剥夺；(5)“竞争上诉法院的上诉和重审”，包括上诉、上诉管辖权、上诉许可。

1. 机密资料

当事人可以向竞争委员会或竞争裁判庭提交资料时要求确定该资料为机密资料。其他任何人试图使用属于诉求的机密资料，可以按照规定的方式和形式向竞争裁判庭申请，由竞争裁判庭作出有关使用该资料的恰当指令。如果委员会决定的理由将泄露任何机密资料，该委员会必须在公布该理由的至少十个工作日前提供给当事方拟议理由的副本。一方当事人可以在收到拟议理由的副本经过一定期间后，向竞争裁判庭遵照其规则申请恰当的指令来保护相关资料的机密性。

2. 搜查和传票的权利

在具有或不具有许可证的情况下需要进入和搜查住所等都需要符合法定的情形。高等法院法官、区域法官，或者地方法官可以发出许可证进入及搜查任何属于该法官管辖范围内的处所，如果(1) 禁止的行为已经发生、正在发生或可能发生在这些处所；或者(2) 与本法规定的调查有关的人拥有或者控制那些处所。进入和搜查许可证可以在任何时候发出而且必须具体。法律还规定了进入和搜查许可证的有效期以及执行的时间。监察员在没有许可证授权的情形下根据第 42 条第 2 款的规定可以进入和搜查除私人处所以外的处所。第 48 条规定了进入和搜查的权利范围，第 49 条规定了进入和搜查的行为的要求和传票。

3. 投诉程序

委员长可以对限制性行为提起诉讼，任何人都可以任何方式或形式向竞争委员会提交有关禁止行为的相关资料，或按规定的形式对声称的禁止行为提起诉讼。不论是否已经开始对禁止行为进行审理，投诉人都可以就该行为向竞争裁判庭申请临时命令。第49条c还对临时命令发出的条件和时间都作出了规定。在投诉调查结束时或之后，竞争委员会和被告商定了适当的命令，则竞争裁判庭不需要听取任何证据便可断定该协商为同意命令。投诉开始后的任何时间，竞争委员会均可以将投诉转交给竞争裁判庭。如果竞争委员会向投诉人发出了不转交通知，则投诉人可以根据竞争裁判庭的程序规则向其直接提交投诉。第60条规定了竞争裁判庭进行强制性剥夺的情况。

4. 裁判庭审理和命令

竞争裁判庭必须按其规则依照本法对每个事项进行审理。当事人有参与审理的权利。根据竞争裁判庭的程序规则，竞争裁判庭主持审理的成员可以决定审理程序中的任何事项。证人和费用也分别在第57条和第68条列明。竞争裁判庭可以作出与禁止行为相关的、恰当的命令，在法定的情形出现时，第59条规定竞争裁判庭也可以实施行政处罚。

5. 竞争上诉法院的上诉和重审

个人受到竞争裁判庭的决定的影响，可向竞争上诉法院提起上诉，或者申请重新审查，如果该决定符合竞争上诉法院的相关规则规定，法院有权就该事项审议上诉或者重审。竞争法院的上诉管辖权和上诉许可分别由第62条和第63条作了详细的规定。

（七）执行

第六章为2000年《竞争法第二修正案》第15条修正内容，规定了竞争法的执行。竞争委员会、竞争裁判庭或者竞争上诉法院的任何决定、判决或者命令可以像最高法院的命令一样被保留、执行或者实施。竞争法并不使得一项被认为是禁止性协议或者可能是无效的协议的条款无效，除非竞争裁判庭或者竞争上诉委员会宣布该条款无效。对竞争裁判庭依据第58条作出的命令的上诉或者申请重审，可以就相同事项暂停民事法院中提起的诉讼的权利。竞争裁判庭或者竞争上诉法院行使自己的职能或者基于受到决定或者命令影响的个人的申请,可以改变或者撤销它的决定或者命令。对禁止行为的投诉在行为停止三年后不能提起。依照第67条或其他法条规定,对任何曾经是竞争裁判庭诉讼程序中被告行为的重大重复行为的公司提起的投诉不能提交给竞争裁判庭。依照法律规定的任何程序,除了依照第49条c或者刑事程序,证据标准是衡量总的可能性的。

(八) 违法行为

第七章规定的违法行为包括:违反保密要求,揭露任何人或者公司取得的有关机密资料;阻挠、反对、妨碍或不适当地影响依照本法施加给执行权力或者履行指定的义务的人等的阻碍行政行为;没有充足理由,不按照指定的时间、地点出席或者缺席传唤;回答不诚实或不完全,提供虚假证据;不遵守竞争裁判庭或者竞争上诉法院的临时的或者最后的命令;对违法行为的处罚;地方法院强制罚款处罚权、法律废除、证明事实等内容。

(九) 一般规定

第八章的一般规定中规定了:部长通过宪报刊登公告,可为实现本法的目的要求制定规则;竞争委员会可以编写指导方针,指导委员会依照本法规定可以在其管辖权内对任何事项的政策进行规定;总统通过在宪报刊登公告,可对每个竞争委员会、竞争裁判庭和竞争上诉法院确定其官方印章;本法所约束的国家为南非共和国;竞争法执行机构与其他机构的关系;本法的过渡性安排和法律废除;本法的简称和生效的日期等内容。

(十) 附表一——行业规则的豁免

附表一中规定了行业规则的豁免。行业协会的规则限制大大防止或减少了市场中的竞争,可按指定的方式向竞争委员会申请豁免。行业协会是依行业名称法令所注册的行业的管理机构以及任何其他协会,如果竞争委员会认为它代表该行业的成员的利益。

（十一）附表二——法律废除

附表二中废除了之前的1979年相关法令。

（十二）附表三——过渡性安排

附表三中规定的是从1979年《维护和促进竞争法》至1998年《南非竞争法》生效时的一些过渡性安排。

第三节 南非竞争法律制度评析

一、《南非竞争法》实施情况

我们可以先看一下南非竞争委员会的案件执行情况表。

南非竞争委员会案件执行情况表

	纵向协议	横向协议	滥用市场优势地位	合并
2001年的诉讼事件	13	21	25	220
试图执行	4	4	5	
完成执行	2	1	2	
2000年的诉讼事件	15	22	48	407
试图执行	2	3	3	
完成执行	1	1		6
1999年诉讼事件				331
试图执行				
完成执行				8

这是截止到2002年统计的竞争委员会的裁决情况。可以看出，处理案件的数量很多，但是真正执行和处罚的案件并不多。竞争委员会和竞争裁判庭倾向于用同意命令和出口卡特尔的罚款来解决大多数的反竞争问题，而非执行处罚措施。相对于《南非竞争法》对其执行机构精细的职能分工，其执行的实施情况确实不尽如人意。

近年来，南非倾向于增强执行机构的权力来监管市场、维护竞争。截止到2008年6月4日,竞争裁判庭总共裁决的案件数量为639件,最近一次的裁决是在2008年5月29日。截止到2008年2月8日,南非竞争上诉法院裁决的案件数量为39件,最近一次的上诉案件裁决是在2007年8月7日。[①]

二、《南非竞争法》评析

(一)《南非竞争法》的发展创新

总的来说,《南非竞争法》是一部比较成熟和完善的竞争法。它相对于1955年和1979年的竞争法有很大的发展和创新,也充分吸收了前两部竞争法的经验和教训,在实体内容和程序方面有很大的发展。另外《南非竞争法》也借鉴了一些发达国家和地区如美国、加拿大、欧盟等的竞争法的立法经验,从该法条文的内容规定、表述等方面都能看到其受到了外国竞争法的影响。如其中关于限制性竞争协议的规则和滥用市场支配地位规则使用了欧盟法中一些表述;关于合并的标准的规定与加拿大法中的规定类似;而关于价格歧视的规则与美国的《罗宾逊—伯特曼法》的修订版本类似。在借鉴的同时,《南非竞争法》也充分体现了南非的国情和特色,除了保护市场中的竞争和效率,在其序言和目的条文中都一再声明要保护历史上处于不利地位的人的竞争力,增加黑人的所有权,避免以往的种族隔离和充分考虑公共利益等因素。

《南非竞争法》一个最大的成功之处在于它设立的执行机构:竞争委员会、竞争裁判庭和竞争上诉法院。这三个机构的设立是南非的独创,各自独立行使自己的职能。在合并申报程序中,竞争委员会负责中小型合并的审查,并有权就大型合并提出意见;竞争裁判庭负责大型合并的审查;上诉

---

① See Recent South Africa: Competition Appeal Court Decisions, http://www.saflii.org/za/cases/ZACAC/recent.html, 2008-9-5.

法院则作为合并裁决的上诉机构。在反竞争行为的诉讼程序中,委员会作为调查和公诉机构,竞争裁判庭作为审判机构,上诉法院则作为上诉机构。委员会还充当豁免程序的审查批准机构。最为突出的是,这三个竞争机构还拥有对竞争案件的专属管辖权。除特定事项外,竞争机构的裁决不能上诉到最高法院或其他民事、刑事法院。这就使南非的竞争法执行机构具有了高度的独立性和权威性,有利于执法机构不受其他政治势力和利益集团的干扰,有利于竞争案件的公正审理。同时,由于竞争案件的专业性较强,成立专门的执法机构来处理这些案件也符合竞争案件日益复杂化的要求。这也值得其他发展中国家在完善竞争立法中借鉴。

另外,《南非竞争法》的程序事项规定得非常详细,第88条的内容大部分都为程序内容,篇幅大大超过实体内容。对相关概念的界定、执行机构的设立和相关事项、调查和裁决程序,以及上诉重审等内容都作出详细的规定。严密和详尽的程序规定有利于竞争法的实施,也使执行过程更加合法、透明和公正。

(二)《南非竞争法》的不足

《南非竞争法》的制定和实施都是成功的,值得发展中国家借鉴。然而它也并非完美,还有一些地方需要完善。

第一,关于"公共利益"的界定。《南非竞争法》延续了1997年DTI的指导方针,认为竞争的经济效率要与公共利益一致。这使很多人产生顾虑,担心因为公共利益而随意引用竞争法来规制市场中的竞争行为。虽然事实证明直接引用公共利益的案例并不多,但是对于公共利益的界定仍然需要一个标准,仅用"公共利益"太宽泛和空洞,缺乏操作性。比如判断合并是否合理,其中的一个标准是看其是否有关重大的公共利益,但是法条中并没有具体规定何为"有关重大的公共利益",这样就使得实践中难以判断。

第二,有关市场份额的认定。《南非竞争法》对支配地位的认定是依据市场份额,具有45%以上的份额即被认为是具有市场支配地位。这一界定被广泛认为不够合理。仅根据市场份额,而不考虑企业的规模、数量、相关市场和它们的竞争能力等即判断具有支配地位相对武断,而且一般认为45%以上的份额并不一定达到支配地位,如美国相关法律认为拥有90%以上的市场份额才具有支配地位。

第三,豁免的标准。委员会有权对违反限制性协议或者滥用支配地位的禁止豁免。豁免的理由包括维持和促进出口、提升小企业或者历史上处于不利地位的人的竞争力、改变产业的下滑,以及由贸易和工业部长在与产业负责的部长商议后的指定的产业的经济稳定。授予或者撤销豁免需要调查、公共通知和评议。理论上,豁免的给予并没有自由裁量权,委员会必须在所有条件符合时给予豁免,并且在条件不符合时或该行为根本违反了竞争法时拒绝给予。委员会关于审议豁免的行为可以被上诉至竞争裁判庭。然而这些豁免的标准非常广,可以理解为:只要促进了出口、支持了小型企业、允许互相合理地维持利益,或者仅是简单地帮助企业来维护其传统的竞争地位,即使是固定价格和划分市场都能够得到豁免。本身违法行为也可能符合豁免的条件。因此,该豁免的标准应该进一步细化。

第四,合并控制的标准。《南非竞争法》中规定的合并控制的标准太宽泛。第一步评价,该合并是否有可能实质性地阻止或者减少竞争。该决定需要大量的事实分析,要评价该企业在合并后竞争或者合作的可能性。审议的因素包括进口竞争、解除进入、关税和法规障碍、集中、共谋的历史、抵消力量、动态的特征如增长、创新和产品区别、纵向整合、商业失败以及有效竞争者的去除。如果分析表明有问题,则下一步就是决定是否在技术、效率上的或其他促进竞争的收益能够消除反竞争的影响,并且如果没有合并企业将不可能得到该反竞争的利益。

第十一章

巴西竞争法律制度

第一节 巴西国家概况[①]

巴西,位于南美洲东南部。北邻法属圭亚那、苏里南、圭亚那、委内瑞拉和哥伦比亚,西界秘鲁、玻利维亚,南接巴拉圭、阿根廷和乌拉圭,东濒大西洋。海岸线长约7 400公里。领海宽度为12海里,领海外专属经济区宽度为188海里。

一、巴西的政治制度

(一) 宪法

巴西的第一部帝国宪法于1882年产生。1988年10月5日颁布巴西历史上第八部宪法,规定总统由直接选举产生,任期五年,取消总统直接颁布法令的权力。在公民权利方面,宪法保障人身自由,废除刑罚,取消新闻检查,规定罢工合法,16岁以上公民有选举权等。1994年和1997年议会通过宪法修正案,将总统任期缩短为四年,总统和各州、市长均可连选连任。

(二) 议会

巴西为联邦制国家,以议会和总统为基础,议会由地方性选举产生。

---

① 资料来源:中华人民共和国外交部网站,http://www.fmprc.gov.cn/chn/wjb/zzjg/ldmzs/gjlb/2013/2013x0/default.htm,访问日期:2008年9月5日。

联邦议会是国家最高权力机构。其主要职能是:制定一切联邦法律;确定和平时期武装力量编制及兵力;制定全国和地区性的发展计划;宣布大赦令;授权总统宣布战争或和平;批准总统和副总统出访;批准或撤销总统签署的临时性法令、联邦干预或戒严令;审查总统及政府行政开支;批准总统签署国际条约;决定临时迁都等。

联邦议会由参、众两院组成。两院议长、副议长每两年改选一次,可连选连任。参议长兼任联邦议会主席。参议员81人,每州3人,任期8年,每4年改选1/3或2/3。众议员513人,任期4年,名额按各州人口比例确定,但最多不得超过70名,最少不低于8名。

(三) 政党

巴西采用多党制,主要政党有:劳工党、巴西工党、巴西民主运动党、社会主义人民党、巴西共产党、进步党、巴西社会民主党、民主工党、自由阵线党。由于政党林立,而各政党的宗旨在本质上少有差别,故政党意识薄弱、党员向心力不强,一般均以实际利益为主要结合剂。如政党采取亲政府的立场,其可分配之利益较多,较易结合党员。

(四) 行政机构

巴西的行政机构分为联邦、州和市三级,分别由总统、州长和市长行使各级行政权力。巴西总统、州长、市长等行政首长的选举,均采用绝对多数的直接民选制度,即当选者均须获得过半数的选票。

总统由全民无记名投票选举产生,任期四年。根据1996年宪法修正案,总统只可连任一次。1997年国会通过新法案,总统、各州州长、市长均可连选连任。尽管1988年的宪法重新确立了两院制议会的很多特权,但总统仍然保留了相当大的权力。总统行使国家元首和政府首脑职责。目前实行的总统制和共和制是1993年4月21日由全民公决确立的。根据宪法规定,一旦总统和副总统被弹劾,总统职务由众议院议长代理。执政政府的决定必须与总统竞选纲领相一致。宪法规定的总统的主要职责包括:代表巴西签署国际协议、管理联邦行政机构、提出立法程序、任命武装部队最高统帅、颁布具有法律效力的临时措施等。

州政府是联邦政府下级拥有自治权的行政单位,州级权力的行使由州长在副州长的协助下进行。州长任期为四年,可以连选连任。各州拥有本州的宪法和州旗。州政府结构和联邦政府大体相同,可根据各州的宪法略有区别。

巴西有26个州和1个联邦特区(巴西利亚),州下设市,为第二行政机构。宪法规定市为自治机构,都有各自的立法和行政机关,市政府有权对市政府的组织、管理和税收作出决定。政府代表都经民主程序选举产生,市长是人民选出的地方最高执政官,由议员监督,任期4年,可连选连任。

(五)司法机构

根据1988年宪法,联邦最高法院、联邦法院、高等司法院、高等劳工法院、高等选举法院、高等军事法院和各州法院行使司法权。1995年,地方法院又增设了小额索赔法院。巴西法院组织可划分为联邦和州两大系统,市不设法院,根据具体情况,可由联邦和州两级司法机构进行审理。司法机构人员通过考试录用,法官实行终身制,行政机构无权解聘法官。法官不得从事与司法无关的职业,不得从事政治和政党活动。巴西实施司法独立的原则,以宪法、法律法规和习俗及具体事实为基础进行裁决。

联邦最高法院由11名大法官组成,大法官必须是年龄在35岁以上、65岁以下的巴西公民,由总统提名,经参议院批准后任命。

二、巴西的经济制度

(一)经济

巴西综合实力居拉美首位。农业发达,是世界蔗糖、咖啡、柑橘、玉米、鸡肉、牛肉、烟草、大豆等农产品主要生产国；工业基础雄厚，门类齐全；服务业产值占国内生产总值的50%以上，经济结构与发达国家相近。1967—1974年，经济年均增长率高达10.1%，被誉为“巴西奇迹”，跻身新兴工业国行列。20世纪80年代，受高通货膨胀困扰，巴西经济出现停滞甚至严重衰退。从90年代开始，巴西向外向型经济模式转轨。1994年政府实施了“雷亚尔货币稳定计划”，有效解决了高通胀问题，并在此基础上逐步推行宏观经济结构改革和私有化进程，经济恢复增长。1997年后，受亚洲和俄罗斯金融危机冲击，巴经济发展受阻。1999年发生严重金融动荡，政府被迫放弃自1994年以来实行的固定汇率制，货币大幅贬值。其后，受国内电力危机、大选因素和阿根廷经济危机影响，金融市场波动频繁，加之国际经济不景气，巴西经济增长速度缓慢，通膨率和失业率均有所上升。2003年以来，卢拉政府采取稳健务实的财经政策，重点控制通膨和财政赤字，鼓励生产性投资和工农业发展，履行偿债义务。巴西各项经济指数逐年改善，金融形势稳定，工业生产和对外贸易持续增长，就业形势好转，居民收入有所提高，经济发展趋于平稳。

（二）财政金融

受巨额债务的影响，巴财政收支长期存在赤字。为摆脱财政赤字，巴政府从1999年起厉行增收节支，增加初级财政盈余。2006年初级财政盈余901.44亿雷亚尔，占国内生产总值的4.32%，账面财政赤字698.83亿雷亚尔，占GDP的3.35%。

2006年巴公共债务余额10 930亿雷亚尔，占GDP的47.05%。截至2006年底外债余额1688.6亿美元，外汇储备858.4亿美元。

巴西银行成立于1808年，是巴西最大的国家银行，在21个国家设有代表处。2004年10月在上海开设办事处。

（三）对外贸易

近年来，巴西政府对外贸政策作了重大调整。摈弃以高额关税限制进口的保护主义，对出口进行奖励和补贴，鼓励提高产品质量和加强出口竞争机制，宣布开放市场，减免5 000 种商品的进口关税。1999 年雷亚尔对美元贬值后，巴产品出口迅速增加，外贸形势逐步好转。2006 年，巴外贸再创新高。

近几年巴西外贸情况　（单位：亿美元）

年份 项目	2003 年	2004 年	2005 年	2006 年	2007 年
进口	482.53	627.79	735.45	913.96	1206.10
出口	730.84	964.57	1183.09	1374.70	1606.49
差额	248.31	336.96	447.64	460.74	400.39

资料来源：巴西发展、工业和外贸部

主要进口机械设备、电子设备、药品、石油、汽车及零配件、小麦等。出口汽车及零部件、飞机、钢材、大豆、药品、矿产品（主要是铁矿砂）等。

2006 年巴西与各主要贸易伙伴进出口情况

（单位：亿美元）

项目 国名	进口	出口	总额
美国	146.91	244.31	391.22
阿根廷	80.56	117.14	197.70
中国	83.99	79.89	163.88
德国	56.75	65.03	121.78
日本	38.84	38.39	77.23

资料来源：巴西发展、工业和外贸部

目前在巴共有 11 400 家外资企业，雇员 170 万人。外国在巴主要投资部门为汽车、能源、通信、金融、冶金、化工、交通运输和机械等。2006 年巴西吸收外国直接投资 187.82 亿美元,主要投资国是美国、荷兰、西班牙、德国、法国、墨西哥等,外资主要投向银行、能源和冶金等领域。

各国在巴投资的情况 （单位:亿美元）

国名＼年份	2004 年	2005 年	2006 年
美国	39.7783	46.4416	44.3368
荷兰	77.0485	32.0792	34.9494
西班牙	10.5493	12.2043	15.1374
德国	7.9473	12.6932	8.4827
法国	4.8586	14.5841	7.4459
墨西哥	0.6034	16.6118	7.8165
日本	2.4317	7.7908	6.4752
英国	2.7536	1.5326	3.9518
意大利	4.2921	3.4568	2.0073

资料来源:巴西中央银行 2006 年外资普查

第二节 巴西竞争法律制度概述

一、《巴西反垄断法》的制定背景及竞争文化

二战后,巴西的经济政策的实施在很大程度上依赖于无孔不入的政府干涉,在很多领域,政府对价格进行严格控制,绝大部分的工业、运输业和金融业不是国营企业就是公共允许的私有垄断企业。早在 1962 年,巴西就已制定竞争法,创设了经济防卫管理委员会,但如同其他发展中国家一样,由于国家对经济的强大干预、对国有企业的长久保护,以及经济的高通货膨胀率和价格控制机制的影响,竞争政策在这种环境中并没有空间得以生存,以致这部法律被束之高阁,无用武之地。[①] 由于经济防卫管理委员会的权力只扩及至私人

① See SEAE Technical Team, Competition Advocacy in Brazil, December, 2002.

企业，因此它对经济的影响微乎其微，没有发挥竞争机构应有的作用。

20世纪80年代末90年代初，经济和工业的全球化加剧了国际竞争，同时也促使了法律体系的日益完善和不断发展。基础设施、销售渠道和营销方式的相似性将企业的产品和品牌推向全球市场。全球资金的流动、关税壁垒的消除以及技术的创新使得全球竞争者跻身全球市场。在全球经济快速发展和一体化的背景下，巴西经济也发生了一系列重大变化，政府在经济活动中不再扮演积极干涉市场的角色，全国开始实施贸易自由化、解除管制以及推行私有化，这在一定程度上抑制了经济权力的滥用。[①] 竞争政策在公众议程中显现出越来越重要的地位，经济防卫管理委员会在经济活动中的作用也变得更为积极。竞争政策不仅是此次经济改革的产物，同时也是经济改革的催化剂，竞争法的实施成为自由化进程的重要因素。[②] 伴随经济的一系列变化，巴西《宪法》在1988年也相应作了修改，修改后的宪法将建立竞争机制作为维护经济秩序的关键。《宪法》第173条第4款规定，本法应限制滥用市场优势地位、削弱竞争以及任意提高利润的行为。第170条规定，巴西的经济秩序应建立在对人类工作价值的肯定和自由企业之上，并应遵循“自由竞争”、“财产社会化”、“保护消费者”以及“私有财产”等原则。与这些原则相一致，《巴西反垄断法》将保障自由交易、公开竞争、财产社会化、保护消费者以及限制滥用经济权利作为立法目的。

巴西竞争政策的新时代开始于1994年。为抑制极度通货膨胀，一项名为“real plan”的经济改革在1994年实施。该

---

① See Ecio Perin Junior & Guilherme Favaro C. Ribas, Brazil in the Globalized Antitrust World, Intergovernmental Group of Competition Law and Policy, Geneva, 17—19 July, 2007.

② See Gesner Oliveira, Antitrust Policy in Brazil: Recent Trends and Challenges Ahead, 4 USIA Econ. Persp. 1, February, 1999, http://www.usinfo.state.gov/journals/ites/0299/ijee/brazil.htm, 2008-9-5.

项改革的主要特征是采用紧的财政和信贷政策以及发行与美元挂钩的新货币。① 作为此次改革的一部分，一部新的竞争法（第 8884 号法令）于 1994 年颁布，以期解决通货膨胀问题。② 这部新的竞争法对控制企业兼并作了规定，对竞争法机构也作了重大的调整。经济防卫管理委员会被重新确认为独立机构，并将其一些执行权授予另外两大机构——司法部经济法实施秘书处和财政部经济监管委员会。在竞争法颁布随后几年，巴西的私有化进程进一步加快，负责行政价格的政府机构被废除，建立独立的通讯、石油、天然气和电力监管机构。

自 1994 年以来，巴西颁布了两项影响竞争法的修正案。1999 年 1 月颁布的第 9781 号法令创建了企业兼并登记收费制，并将这项收费权授予经济防卫管理委员会。2000 年 12 月，颁布了第 10149 号法令。在该修正案中，增加了重要的调查权，规定对外国实体服务过程中的解释程序（clarified procedures），建立慈善机构项目，增加了公司兼并登记费用，并规定该费用在三大机构之间合理分配。

由于巴西国内长期实行价格管制机制，政府控制市场价格在巴西民众心目中已根深蒂固。与基于竞争产生的价格相比较，民众更愿意接受政府制订的价格，在他们看来后者更为公平和合理。市场竞争意识的缺失不仅存在于社会公众之间，政府部门和其他机构（立法机构和司法系统）以及商业社会也普遍缺乏竞争理念。显然，国家长期对经济的干预以及对价格的管制，造成社会很难认同自由市场竞争是分配

① See OECD, Competition Law and Policy in Brazil: A Peer Review, 2005.

② 需要说明的是，巴西反垄断法的名称与其他国家不同。1994 年颁布的《保护竞争法》（Law for the Defense of Competition）是巴西竞争政策的纲领性文件。这部法律不仅对损害自由竞争行为的基本类型进行了界定，也建立了巴西竞争政策的执法体系。为了便于理解，我们在论述中统一使用巴西反垄断法这一表述。

社会资源的最佳手段。[1] 此外,竞争所带来的益处、竞争法以及竞争机构对竞争法实施的理念在巴西国内没有得到广泛的宣传。因此,改变这些固有的观念,加强消费者、商人、政府官员以及国会议员和法官竞争文化意识变得尤为重要。财政部经济监管委员会以及其他竞争法机构一直致力于在政府部门和巴西整个社会传播竞争文化。公众可以参与媒体的宣传活动,参加各种政府机构组织的活动以提高竞争文化意识。同时,财政部经济监督委员会专门开设竞争法网站(http://www.fazenda.gov.br/seae/),公众可以通过访问网站了解巴西以及世界各国的竞争政策、巴西的竞争法立法、企业兼并的指导方针、各类出版物文章和秘书处的年度报告。其中大部分出版物文字简洁易懂,为公众更好地理解竞争政策和竞争文化提供方便。为积极宣传竞争文化、提高民众的竞争意识,巴西的律师和前竞争机构官员也不遗余力地做出努力,其中,两名前经济防卫管理委员会的委员在重要周刊报纸上开设竞争法专栏。此外,在巴西大学经济专业课程中以及某些研究生课程中增加了竞争法专题,有关竞争法的论题和毕业论文也大量出现。同时,关于竞争法的专家或非专家讨论会积极开展。一方面,通过非专家讨论会提升公众对竞争法知识的了解,宣传竞争的重要性和竞争带来的潜在益处;另一方面,专家的讨论和反馈可以调节非专家公众的行为,促使他们更好地遵守法律。

二、《巴西反垄断法》的基本内容

(一)立法目的

《巴西反垄断法》之竞争法措施旨在与保障自由交易、公开竞争、财产社会化、保护消费者以及限制滥用经济权利等宪法原则保持一致。

---

① See SEAE Technical Team, Competition Advocacy in Brazil, December, 2002.

（二）适用范围

1. 域外效力

《巴西反垄断法》的适用具有域外效力。第 2 条规定，在不违反巴西签订的协议和条约的情况下，全部或部分在巴西境内履行或其结果在巴西境内产生影响的行为，适用本法。同时进一步规定，在巴西境内经营或者拥有分支机构、代理处、子公司、办事处、组织机构、代理人或代表的外国公司视为位于巴西境内。

2. 适用对象

第 15 条规定，本法适用于个人、股份有限公司或有限责任公司，以及任何事实上或法律上已成立的个人团体或法人团体，无论其是否具有独立法律人格抑或其所从事的活动隶属法定专属权。

（三）竞争法实施机构[①]

1. 经济防卫管理委员会（CADE）

经济防卫管理委员会根据 1962 年 9 月 10 日第 4137 号法令而设立，隶属于司法部，是巴西境内享有管辖权的联邦独立机构，在联邦地区设立总部，履行本法所述职责。

经济防卫管理委员会由一名主席和六名委员组成，成员必须年满 30 岁，具备法律或者经济方面的专业知识，品行高尚。经参议院批准后由总统任命。任期两年，可以连任一届。委员会的主席和委员在特定职责范围内履行责任，除宪法另有规定，不得兼任其他职位。经济防卫管理委员会主席辞职、死亡或者终止职务的，在不影响委员职责的情况下，由委员会中资深或者年长的委员（按此顺序）于任命新主席前，暂时代理主席职位。委员会委员辞职、死亡或者终止职务

① 巴西竞争政策的执法体系主要包括三个部分：巴西经济防卫管理委员会（the Administrative Council for Economic Defense, CADE）、司法部下属的经济法律局（the Secretariat for Economic Law, SDE）和财政部下属的经济监管局（the Secretariat for Economic Monitoring, SEAE）。

的,新委员的任期为被取代委员剩余的任期。经济防卫管理委员会主席或委员只有在故意犯罪被终审判处刑罚,或违反1990年12月11日第8112号法令和1992年6月2日第8429号法令规定的纪律规范,以及本法第6条的禁止性规定的情况下,才可由参议院决定并经总统要求,予以免职。除经委员会批准,任何经济防卫管理委员会的委员连续3次缺席常会或者累计缺席常会20次的,该委员任期自动终止。

第6条规定,经济防卫管理委员会主席和委员不得:

(1) 以任何方式和名义收受酬金、比例佣金或补偿金;

(2) 从事自营业务;

(3) 担任任何民、商事或其他类似公司事实上的控股方、行政人员、经理、代理人或律师;

(4) 就其专业事务发表意见,即使在理论层面上,或担任公司顾问;

(5) 在媒体上对未决案件发表意见,或以其他方式藐视法庭宣布的命令、表决和判决,除非是对案件记录、技术性工作或是法庭履行职责的批评;

(6) 参与政治或者政党性活动。

经济防卫管理委员会主席的职权包括:

(1) 在法庭内外作为经济防卫管理委员会的法定代表人;

(2) 主持经济防卫管理委员会会议,并享有表决权及决定票权;

(3) 在会议上以抽签方式分配议程;

(4) 召集会议并组织相关议程;

(5) 遵守以及促成遵守经济防卫管理委员会的决定;

(6) 要求经济防卫管理委员会司法部长办公室为执行委员会的决定和裁决采取一切诉讼行为;

(7) 签署终止承诺,并要求履约承诺;

(8) 提请经济防卫管理委员会批准预算方案以及委员会服务人员的委任;

(9) 指导、调整和监督经济防卫管理委员会的行政事务工作。

经济防卫管理委员会委员的职权包括:

(1) 对提交至经济防卫管理委员会的案件和事项进行表决;

(2) 作为报告成员对案件发出指令并作出决定;

(3) 向经济防卫管理委员会提交其所需的来自个人、机构、主管部门以及其他公共或私人实体的资料和文件,并对资料和文件负有保密义务,以及为履行职责之需要展开调查;

(4) 对违法行为采取预防措施,并处以每日罚金;

(5) 进一步履行内部规章规定的所有职责。

经济防卫管理委员会的职权包括:

(1) 确保遵守本法及其实施细则,以及委员会内部规章;

(2) 依照法律规定处罚故意破坏经济秩序的行为;

(3) 依职权裁决司法部经济法实施秘书处提起的诉讼;

(4) 依职权裁决司法部经济法实施秘书处秘书提起的上诉;

(5) 在规定期限内,采取措施制止破坏经济秩序的行为;

(6) 批准终止承诺和履行承诺,并要求司法部经济法实施秘书处对履行情况进行监督;

(7) 裁决对司法部经济法实施秘书处或委员会报告官采取的预防措施提起的上诉;

(8) 将决定告知有关当事人;

(9) 向个人、机构、主管部门以及其他公共或私人实体收集信息,并对信息依法负有保密义务,同时决定为履行职责所需的调查;

(10) 要求联邦行政部门和机构、州、市、联邦地区和地方当局切实遵守本法;

(11) 开展检验、检查和研究活动,逐案批准各自的专业费用及其他费用,这些费用由依照本法应受处罚的公司承担;

(12) 在获依本法第 54 条批准的情况下,分析各种行为或活动，并根据案件情况要求作出履行承诺；

(13) 请求法院执行其决定；

(14) 要求任何联邦公共机构或实体提供服务和工作人员；

(15) 决定实施由经济防卫管理委员会司法部长办公室作出的行政行为和诉讼行为；

(16) 与巴西境内的机构或实体签署合同和协议，如与外国或国际组织签署文件须经司法部批准；

(17) 对其职权范围内的事项提供咨询；

(18) 告知公众破坏经济秩序的形式；

(19) 起草并通过委员会的内部实施规则、决议标准和内部服务机构，其中包括委员会和司法部长办公室的休假制度，在此期间，时效以及第54条第6款规定的期限中止；

(20) 根据《宪法》第二部分第37条的规定，制定适用于经济防卫管理委员会工作人员的规章制度；

(21) 依据本法起草预算方案；

(22) 在司法部长经常性离职、被免职或负伤的情况下任命可替代的人选。

经济防卫管理委员会司法部长办公室的职权包括：

(1) 为经济防卫管理委员会提供法律援助并在法庭上为其辩护；

(2) 对经济防卫管理委员会的决定和裁决安排司法执行；

(3) 在经济防卫管理委员会初步批准后，请求法院采取措施以遏制破坏经济秩序的行为；

(4) 对涉及破坏经济秩序的案件，在经济防卫管理委员会听取国家司法部长所派代表的陈述并初步同意后，达成庭内和解；

(5) 对经济防卫管理委员会职权下的案件发表意见；

(6) 确保遵守本法；

(7) 进一步履行内部规则下的职责。

司法部长应为巴西公民,品德高尚且具备精深的法律专业知识,由司法部提名,经参议院协商和批准后由总统任命。司法部长应出席经济防卫管理委员会会议,但不享有选举权。对经济防卫管理委员会委员的任期、连任,资格的取消、职务终止以及更换的规则同样适用于司法部长。司法部长经常性离职、临时离职、负伤的,无须联邦参议院的批准,委员会全体会议指定并由经济防卫管理委员会主席任命一名替代人选,其任期不超过 90 日,该替代人员在替代期间有权获得薪资。

共和国司法部长在听取高级委员会的意见后,任命一名共和国司法部办公室成员处理提请经济防卫管理委员会审查的案件。经济防卫管理委员会可以要求共和国司法办公室促成委员会决定或终止承诺的执行,也可根据 1993 年 5 月 20 日 75 号补充法令第 6 条第 14 项(b)提起诉讼。

2. 司法部经济法实施秘书处(SDE)

司法部经济法实施秘书处依法组建,受部长领导,该部长由司法部长从品德高尚且具备精深法律或经济专业知识的巴西公民中提名,并由总统任命。

司法部经济法实施秘书处的职权包括:

(1) 监管和跟踪市场行为,保证法律实施;

(2) 为防止破坏经济秩序,对某一产品或服务的相关市场具有绝对支配地位的个人或法人,持续跟踪其商业活动;为此目的,有权要求其提供相应的资料和文献,并依法负有保密义务;

(3) 对涉嫌破坏经济秩序的行为进行初步调查,以启动行政程序;

(4) 确认理由或证据不充分,缓议初步调查案卷;

(5) 向个人、机构、主管部门以及其他公共或私人实体收集信息,并依法负有保密义务,决定为履行其职责应予采取的行动;

(6) 启动行政程序以调查和制止破坏经济秩序的行为;

(7) 依职权要求经济防卫管理委员会暂停初步调查和行政程序;

(8) 将由经济法实施秘书处发起的,且有证据证明破坏经济秩序的案件提请经济防卫管理委员会复审;

(9) 在协商一致的情况下,签署终止承诺,并将其提交经济防卫管理委员会,同时监督其履行情况;

(10) 在适当情形下,建议经济防卫管理委员会签署履行承诺,同时监督其履行情况;

(11) 采取预防措施以阻止破坏经济秩序的行为,并确定履行的最后期限以及不履行每日将处以的罚金;

(12) 受理和证实将由经济防卫管理委员会裁决的案件,包括咨询和监督对委员会决定的履行情况;

(13) 建议公共机构采取保证本法得以遵守所必需的一切措施;

(14) 开展学习和研究,以期完善反垄断政策;

(15) 向公众告知破坏经济秩序的各种行为方式,以及制止这些破坏行为的措施;

(16) 履行本法规定的其他职责。

3. 财政部经济监管委员会(SEAE)

财政部经济监管委员会隶属于财政部,秘书长由财政部部长任命,秘书处的主要职责包括:

(1) 在竞争法下,履行一定的调查和咨询职责;

(2) 对经济管理项目进行经济分析;

(3) 监测市场状况。

经济法律办公室一旦对案件启动政程序,必须通知经济监管秘书处,经济监管秘书处可就该案件提供咨询意见。在企业合并案件中,经济监管秘书处必须向经济法律办公室提供技术报告。2000 年的修正案将所有的调查权授予经济法律办公室,经济监管秘书处不再享有裁判和执行功能。

（四）规制对象

《巴西反垄断法》主要规制的行为包括垄断协议、滥用市场优势地位以及企业合并。与其他大多数国家的竞争法不同的是，巴西竞争法没有将垄断协议与滥用市场优势地位分开规定，《巴西反垄断法》第20条和第21条规定了除企业合并以外的所有垄断行为。企业兼并、企业收购以及其他类似行为规定在第54条。

1. 垄断行为

第20条规定，行为人如意图：(1) 限制、抑制或以其他方式损害公开竞争或自由交易；(2) 控制某一产品或服务的相关市场；(3) 任意提高利润；(4) 滥用市场支配地位，即便行为人的行为本身并未产生以上影响，但均视为破坏经济秩序的垄断行为。其中对市场支配地位的认定采用以下标准：(1) 一个企业或联合企业作为产品、服务或相关技术的供应商、代理商、购买者或融资人控制一定份额的相关市场，视为具有市场支配地位；(2) 一个企业或联合企业占有相关市场20%的份额，则推定具有支配地位。但竞争效率导致的市场支配地位并不构成控制某一产品或服务的相关市场。

第21条规定了包括垄断协议和滥用市场优势地位在内的24种垄断行为：

横向协议	(1) 在销售某一产品或服务时，与其他竞争者串通设置或提供价格和条件；
	(2) 在竞争者之间采用统一或协定的商事惯例；
	(3) 分割成品、半成品或服务市场，原材料或中间产品市场；
	(8) 在价格、公众利益或行政竞价上事先达成一致；
	(10) 通过制订协议限制或控制技术的研究和开发、产品或服务的生产，抑制产品和服务生产销售的投资，以控制某一产品或服务市场。

（续表）

纵向协议	（11）向特定产品或服务的经销商、零售商、代理商强行规定零售价、折扣、付款条件、最小或最大量、利润率，以及任何与第三方业务有关的营销条件；
	（12）通过制定销售或服务的价格差异或差别性经营条件，歧视某一产品或服务的购买者或供应商；
	（23）以获得另一产品或缔结服务合同为条件销售产品，或以缔结另一服务合同或购买产品为条件提供服务；
滥用市场优势地位	（4）限制新公司的市场准入；
	（5）对其他某一产品或服务的竞争企业、供应商、买方或融资人的设立、经营或发展设置障碍；
	（6）对竞争者的融资、原材料、设备或技术资源以及销售渠道设置障碍；
	（7）在大众媒体广告中要求或授予独家经营；
	（9）以欺诈手段影响第三方价格；
	（13）否认根据通常符合商业惯例和政策的付款条件所进行的对某一产品或服务的销售；
	（14）因终止一方拒绝遵守不合理或非竞争性的条款或业务条件，在不定期内阻止或终止业务关系的发展；
	（15）毁坏、损坏或占有原材料、半成品或成品，以及毁坏、损坏或限制任何用于生产、销售或运输上述原料或产品的设备；
	（16）占有或排除他人使用知识产权或专利技术；
	（17）无正当理由抛弃、导致抛弃或导致破坏农作物或农作物产量；
	（18）不合理地以低于成本的价格销售商品；
	（19）从关贸总协定反倾销、反补贴协议非缔约国以低于成本的价格进口商品；
	（20）无正当理由，停止或大幅度减少生产；
	（21）无正当理由，部分或完全停止公司活动；
	（22）保留产品或消费品，为确保收回生产成本的除外；
	（24）制定价格或不合理提高产品或服务价格；

注：此表格根据《巴西反垄断法》第21条列举的24种垄断行为制订，序号与法条项一致。

2. 企业合并

企业合并主要规定在第54条，对任何可能限制或抑制公开竞争,以及可能导致操纵某一产品与服务相关市场的行为,应提交经济防卫管理委员会进行复查。如合并的行为符合以下四个要求:(1) 意图提高生产率、改进产品或服务的质量、促进效率的提高,并且有利于技术或经济的发展;(2) 盈利所得按比例分配给参与方和消费者或最终用户;(3) 不实质性阻碍某一产品或服务的部分相关市场中的竞争;(4) 为此目的实施的行为应严格要求达到既定目标,则提交审查的合并行为将得以批准。在不损害最终消费者或用户的前提下,任何符合本条上述规定至少三项要求的行为可以认为合法,只要该行为是为了公共利益或是巴西经济增长所需。

合并的形式包括:

(1) 兼并其他企业;

(2) 组织以控制其他企业;

(3) 经济集中行为最后导致企业占相关市场 20% 以上份额;

(4) 企业最近资产负债表显示其年度收入总额已达 4 亿雷亚尔。

同时,第 54 条规定了企业的申报义务:企业在作出合并行为后 15 个工作日内将相关文件提交经济法实施秘书处。若企业未在规定期限内提交的,经济防卫管理委员会可以对该企业处以罚款。在收到经济监管委员会 30 日内签发的技术报告后,司法部经济法实施秘书处应在相同期限内公布该报告,并将案件与证据文件转交经济防卫管理委员会,该案件应在 60 日内予以解决。如果经济防卫管理委员会未在规定的 60 日内作出决定,视为已被批准。经济防卫管理委员会拒绝批准该行为的,应采取诸如解散、分立、出售资产、禁止部分行为等一切可行措施,以彻底或部分减少行为对经济秩序造成的破坏。如作出的批准行为是基于有关当事人提供的错误或误导信息作出的,从而施加了不适当的义务,或者没有达到所追求的利益的,经济防卫管理委员会可以依职权或司法部经济法实施秘书处请求，对该批准予以审查。

商务登记部门或其他国家机构无需对有关公司组织、改制、融合、兼并或重组的行为进行备案，除非：

(1) 主要问题清晰详尽陈述；

(2) 涉及各方的利益，以及股本条款；

(3) 涉及各方名称与身份；

(4) 涉及总部所在地址以及分支机构所在地址；

(5) 涉及公司管理人员名称与身份；

(6) 涉及公司存续期间；

(7) 已发行股票的数量、种类与价值。

此外，有关公司解散条款，除了应说明当事各方确定的所占资产、承担责任的数额外，还应说明具体理由。

行为人应履行承诺，将其行为提交经济防卫管理委员会审查，以确保符合该条第 1 款规定的条件。履行承诺应考虑该特定产业的国际竞争程度、承诺对就业水平的影响等相关因素。履行承诺应规定在预定期间内达到的数量与质量目标，司法部经济法实施秘书处监督其履行情况。无正当理由而未能遵守履行承诺，经济防卫管理委员会应撤销其根据第 55 条作出的批准，并启动行政程序，采取可行措施。

(五) 法律责任

1. 诉讼事由

为维护其自身或 1990 年 9 月 11 日颁发的第 8078 号法律第 82 条所规定的利害关系人的利益，受害方可以通过请求法院采取竞争法措施以及赔偿损失的方式维护其个人及相关方的利益，不管相应的行政程序在诉讼活动中是否应予维持。

2. 连带责任

公司及其主管人员对各种破坏经济秩序的行为承担连带责任；在事实和法律上属于同一经济体的公司或实体对破坏经济秩序的行为承担连带责任。

3. 人格否认

当存在任何滥用权力或权利、违反法律，或者任何违反实施细则或公司章程的事实和行为时，被指控破坏经济秩序当事人的人格应被否认；由于经营不善导致附属公司破产、无力偿还公司债务、中止或暂停经营的，也应否定其法律人格。

4. 罚款

对有垄断行为的企业处以最近一个财政年度税前收入总额1%到30%的罚款，且罚款不应低于可计算的违法所得。对负有直接或间接责任的管理人员个人处以对公司罚款额的10%到50%的罚款。

对于其他不从事经营活动、具有或不具有法律人格的个人、公共或私人法律实体，以及事实上或法律上的单位团体或个人团体甚至临时团体，在无法适用根据其销售总额进行罚款时，罚款数额为6万至600万UFIR①，或依据其他指标确定罚款数额。对于重复违法者，处以双倍罚款。

5. 其他处罚措施

在不影响企业罚款的前提下，出于事态紧急和公共利益的需要，可对企业的违法行为个别或累计作出如下处罚：

(1) 在法院指定的报纸上以一半版面刊登对违法者的判决摘要，刊登应一周内连续两日，持续一周到三周，费用由违法者自行承担；

(2) 在涉及与联邦政府、州政府、市政府、联邦地区政府或相关机构签订购买、销售、工作、公用事业合同等情形时，持续五年以上无资格获得官方融资或参与竞拍程序；

(3) 在巴西消费者保护单上列明违法者；

(4) 建议适当的公共机构对违法者的专利实施强制许

① UFIR是巴西第8383191号法律制定的一种适用于税收指数化的货币指数。一个UFIR约0.5美元。

可；拒绝违法者对联邦到期未付债务的分期付款请求，或者全部或部分取消税收优惠或公共补贴；

(5) 分立公司、转移公司控制权、出售公司资产、部分中止公司活动，以及其他为此目的所需的竞争法措施。

危害经济秩序的任何行为或情势在经济防卫管理委员会对其行为作出裁决后仍未得到遏制，或者预防措施或终止承诺不被遵守的，应对其处以每日 5 000UFIR 或其他标准以上的罚金，根据违法情况的严重程度与违法者的经济地位，该罚金可以增至 20 倍。

不合理地拒绝、隐瞒、篡改或拖延经济防卫管理委员会、司法部经济法实施秘书处、经济监管秘书处或其他公共机构依照本法要求的资料或文件的，构成违法行为，应处以每日 5 000UFIR 的罚金，根据违法者的经济地位，该罚金可以增至 20 倍。

在适用处罚措施时应考虑：违法的严重程度；违法者的主观过错；违法者的违法所得；违法事实的存在或潜在威胁；对公开竞争、巴西经济、消费者或第三方的损害或潜在威胁的程度；对市场的消极影响；违法者的经济地位；是否重复违法行为。

(六) 行政程序

1. 初步调查

司法部经济法实施秘书处可以依职权或利害关系人合理的书面请求，展开初步调查。只要涉嫌破坏经济秩序的证据尚不足以构成立即启动行政程序之必要，任何此种调查的结果便不应披露。在初步调查中，司法部经济法秘书处秘书可以采用第 35 条规定的任何措施，包括要求被告予以解释。因参议院或众议院指控而启动的行政程序不适用初步调查。在初步调查结束 60 日内，司法部经济法实施秘书处秘书应决定相应行政程序的启动或中止，对中止的决定可依职权上诉至经济防卫管理委员会。

2. 行政程序启动和调查取证

行政程序应在对主要事实认定、正式起诉或初步调查结束后8日内，经由司法部经济法实施秘书处秘书签署注明待证事实的命令开始。被告应在被传唤之日起15日内提出答辩。首次传唤应具备完整的行政程序制度规则的进程说明与正式的指控诉状。应先通过邮寄回执方式亲自传唤被告，倘若失败，则通过联邦行政机关的政府公报与被告住所地或总部所在地广泛发行的报纸予以公告，并且根据案件情况对接收通知与出版物所需时间予以适当考虑。

在后续程序中的任何传唤都应在联邦行政机关的政府公报上予以公告，并应载明被告名称及其律师。被告的票据持有人、经营管理者，或者委任的律师，可以参加行政程序，并且可以充分使用司法部经济法实施秘书处与经济防卫管理委员会的案件记录。被告经适当告知不予答辩的后果仍在合理期间内未答辩的，法庭将作出缺席判决，且视为被告承认对其所作的指控。该后果影响此后所有阶段，无论该阶段是否提前作出通知。缺席的被告无须借助先前行为即可参加诉讼程序的任何阶段。

司法部经济法实施秘书处应在答辩期间结束后决定调查取证。在依法对案件情况之机密性予以适当考虑的前提下，司法部经济法实施秘书处可以要求被告，无论是私人还是公司、公共部门或是代理机构，在15日内提供资料、说明或文件，并依法负有保密义务。司法部经济法秘书处秘书处要求的包括听取证词在内的调查取证，应在45日内完成，如有正当理由，则可延长45日。联邦权力机构、独立代理机构的官员、联邦政府所有的公司以及混合所有制公司，应给予经济防卫管理委员会或司法部经济法实施秘书处所要求的一切协助与配合，包括准备职权范围内的技术报告等，否则将被追究法律责任。

被告应在提出答辩后45日内提交证据，新的证据应在调查取证期满前提交。被告可以要求听证，听证会的时间、地点由司法部经济法实施秘书处秘书确定，且证人不得超过三人。任何行政程序的采取，均应函告财政部经济监督委员会。在调查取证期满前，经济监督委员会可以在其职权范围内就所涉事项发表意见。

在调查取证阶段结束后五日内，被告经传唤作出最终陈述。司法部经济法实施秘书处秘书作出案件解决的详细报告，并将案卷移交经济防卫管理委员会复查或提请中止，中止的决定依职权可上诉至经济防卫管理委员会。

为及时查明事实，司法部经济法实施秘书处秘书、经济防卫管理委员会委员及其职员应尽最大努力推动与完成初步调查与行政程序，否则将被追究法律责任。对司法部经济法实施秘书处秘书的决定不得上诉。

3. 行政裁决

经济防卫管理委员会主席向报告官随机分配可予受理的行政诉讼，报告官将在20天内就诉讼发表意见。报告官可以要求补充调查，或依照第35条规定要求提供补充资料。报告官认为现有资料不足以对案件作出最终决定的，可以允许提交新的证据。对于报告官的认定，任何人可以在得到主席的允许后向经济防卫管理委员会提供相关事项的澄清说明。

委员会的裁决日期应至少提前5日通知当事方，司法部长与被告或其律师，分别有15分钟的时间对委员会的裁决发表意见。

经济防卫管理委员会证实破坏经济秩序的决定应包括：

(1) 关于违法行为与有权机关采取反垄断措施的指示的详细报告；

(2) 前款行为开始与结束的期限；

(3) 应予适用的罚金；

(4) 对违法行为每日处以的罚金。

经济防卫管理委员会的决定应在5日内在联邦行政机关的政府公报上予以公布。经济防卫管理委员会应监督被告对其决定的遵守情况。完全或部分不遵守经济防卫管理委员会决定的情况,应向主席报告。主席有权请求司法部长通过法院方式予以执行。经济防卫管理委员会的决定应由出席委员不少于5位的会议以多数票通过。对经济防卫管理委员会的决定不得行政复议,应予立即执行,但可以建议司法部办公室在其职权范围内采取任何法律措施。行政程序应受经济防卫管理委员会规定与内部规则的约束。

4. 预防措施与终止程序

有迹象表明或有充分理由相信被告对市场直接或间接造成了,或可能造成不可挽回或实质性的损害,或可能破坏程序的有效性,司法部经济法实施秘书处秘书或报告官员可以主动或根据经济防卫管理委员会检察官的请求,在行政程序任何阶段采取预防措施。

预防措施有立即停止损害行为并恢复原状,如有必要,也可依照第25条规定每日处以罚金。对采取预防措施的决定,可以在5日内向经济防卫管理委员会上诉,但不中止执行。

5. 终止承诺

经济防卫管理委员会或司法部经济法实施秘书处秘书,可以同意在行政程序调查阶段作出的终止损害行为的承诺,该项承诺不应被视为对调查事项的认可或对过错的承认。

承诺应包含:

(1) 被告在调查中立即停止损害行为;

(2) 违背承诺将处以第25条规定的每日罚金;

(3) 被告定期发布其市场表现,并向相关权力机构报告其公司结构、管理、活动与住所变更情况。

终止承诺并不能导致撤销案件。完全符合承诺中所有条件的,经过规定的时间后,案件予以中止。承诺规定的条件确实对被告过于苛刻的,经济防卫管理委员会可以修改承诺,但此种修改不应损害第三方或社会利益,且不破坏经济秩序。终止承诺构成法庭职权以外执行的依据;不予履行或妨碍监管的,依照第60条规定立即申请执行终止承诺。

(七) 法院强制执行

1. 程序

经济防卫管理委员会作出的罚金以及作为或不作为的裁决,构成法庭职权以外执行的依据。法院对罚金的征收以及对作为或不作为义务的执行,应要求实际履行;无法实际履行的,应提供与实际履行有同等效果的救济。对作为或不作为义务只能提起损害赔偿诉讼,如果实际履行不能实现或不能获得与实际履行效果相当的结果。损害赔偿金的支付不影响罚金的适用。执行可采取一切方式,包括必要的介入公司经营。对经济防卫管理委员会作出的裁决,可以选择在联邦地区法院或对被执行人的总部或住所有管辖权的法院申请执行。反对执行依据的动议或类似行为不停止执行,除非提供与罚金数额相当的保证金和法院要求的担保,以确保案件的最终裁决包括每日罚金得以执行。基于破坏经济秩序的严重程度,并有充分理由相信会产生不可挽回或实质性的损害的,尽管有罚金或保证金,法院仍可以决定立即采取执行所需的全部或部分措施。对正在进行的破坏行为的每日罚金适用期限为经济防卫管理委员会设置的自愿履行的终期至实际履行的始期。经济防卫管理委员会作出的执行决定优先于其他诉讼活动,人身保护令与上级命令除外。

2. 司法介入

为确保实际履行,法院可以司法介入公司,并指定委托管理人。司法介入的判决应理由正当,且明确规定所指定之委托管理人的活动事项。

被执行人在48小时内以不称职或不中立为由反对法院

指定的委托管理人,并且该主张在三日内以证据正式证明的,法院应在相同期间内就此问题作出裁决。法院采纳对委托管理人的反对主张的,应在5日内指定新的委托管理人。产生的义务已被切实履行的,司法介入可以提前终止。

法院的司法介入仅限于要求与法院裁决一致的行为,并且适用期间不得超过180日;委托管理人应对其行为与疏忽承担责任,特别是在滥用权力与违背任命初衷的情形下。

委托管理人应遵守1976年12月15日颁布的《第6404号法律》第153条至第159条对其适用的规定。委托管理人有权获得法院规定的补偿。法院可随时更换委托管理人;委托管理人破产,被控积极或消极腐败、渎职或违反职责时,法院可更换委托管理人。

公司管理人员妨碍委托管理人履行职责的,法院可以撤销该管理人员的职务。此类管理人员应依照公司章程予以更换。公司管理人员在采取本条所规定的程序后继续妨碍委托管理人适当行事的,或公司大多数管理人员拒绝协助法院指定的委托管理人的,法院应指令委托管理人接管公司经营管理。

委托管理人的职权包括:

(1) 履行或决定履行执行阶段要求的一切行为;

(2) 向法院报告其发现的公司经营管理中的违法行为;

(3) 向法院提交其行动的月度报告。

司法介入产生的费用由被执行人承担。司法介入期满后,委托管理人应向联邦法院提交其行为的详尽报告,建议撤销或中止案件,或者在未及时履行执行决定时请求延长介入期限。

任何反对或妨碍司法介入的行为,以及在司法介入结束后任何直接或间接、整体或局部消除司法介入效果的行为,将依照《刑法典》第329条、第330条和第344条之规定追究其阻挠、反抗或威胁执行程序的刑事责任。

(八) 最终和临时条款

第80条和第81条对经济防卫管理委员会工作人员的人名和报酬作了规定。该编第85、86、87和88条对1990年12月27日颁布的《第8137号法律》第七部分第4条、《刑事诉讼程序法》第312条、1990年9月11日颁布的《第8078号法律》第39条,以及1985年7月24日颁布的《第7347号法律》第1条作了解释。第91条规定《巴西反垄断法》不适用于倾销与补贴案件,此类案件依照1987年1月16日、22日分别颁布的第93941号法令与第93962号法令适用《关于实施关税与贸易总协定第6条的协定》。第92条规定与《巴西反垄断法》规定不一致的以下法律失效:1962年9月10日颁布的《第4137号法律》,1991年1月8日颁布的《第8158号法律》,1990年3月14日颁布的《第8002号法律》;1994年5月27日颁布的《第8880号法律》第36条依然有效。

第三节 巴西竞争法律制度评析

一、"巴西竞争政策体制"绩效评估与改进方向

巴西竞争政策的新纪元始于1994年《反垄断法》的制定,是应对一个阶段的恶性通货膨胀的"新政"(real plan)的一部分。该法构建了"巴西竞争政策体制"(Brazilian Competition Policy System, BCPS),由如下三个机构组成:经济防卫管理委员会(CADE),司法部下的经济法实施秘书处(SDE)以及财政部下的经济监管委员会(SEAE)。上述三机构依法各司其职,经济防卫管理委员会在BCPS案件中拥有判决权,经济法实施秘书处扮演重要的调查角色,而经济监督委员会主要负责提供经济分析。

(一) BCPS 的优势与不足[①]

2000 年,OECD 就巴西竞争法与政策作了一份评估报告。该报告回顾了自 1994 年以来 BCPS 的活动后认为,尽管巴西在构建与发展有效的市场经济体制方面倾注了诸多努力,但依然任重道远。

2005 年,OECD 对巴西竞争法与政策予以重新评估,认为尽管障碍重重,过去五年来 BCPS 在执行健全的竞争政策方面还是取得了实质性的进展。尤其是在 2003 年,BCPS 在其职权范围内有效控制处理了最为严峻棘手的问题。2005 年报告认为,BCPS 对其 2000 年报告大多数的建议都作出了及时有效的回应与借鉴,并取得了较好的效果。例如,先前审查兼并有无危害的努力由于“快轨”(fast track)与“联合审查”(joint review)程序的实施而得以显著减少,节省下来的资源被重新配置到竞争法的执法之中;重新解释“兼并申报”(merger notification)的标准,将要求限制在其交易与巴西有足够联系的情形下;协调经济法实施秘书处与经济监督委员会之间的调查职能以提高效率,并且执法的注意力开始触及政府垄断运作的部门;充分行使 2000 年新修订的《反垄断法》所授予的现场调查与确定宽恕领域的权力。

2005 年的报告还认为,BCPS 在 2000 年报告未提及的领域也取得了令人瞩目的完善改进,主要体现在:澄清了兼并审查的标准;引进了确保公司反托拉斯的创新体系;采用并发展了防止兼并双方在审查过程中串通的技术,消除当事方拖延兼并审查进程的不当动机。与此同时,在调查程序进行中,采取禁令阻止非兼并案件中的反竞争行为。此外,经济法实施秘书处在复杂的经济分析方面的量化方法得以改进,经济学研究也致力于方法的进一步完善。在法院,经济防卫管理委员会确立了其参与紧急诉讼以维持经济防卫管理委

① See OECD, Competition Law and Policy in Brazil: A Peer Review, 2005.

员会命令的权利,同时也成功地要求确定的罚金在审判期间存放法院以维持罚金的执行。

另一方面,2005 年报告也指出,BCPS 对 2000 年报告的一些建议未予重视,所做甚微。经济防卫管理委员会对联邦与地方的反竞争限制行为漠不关心,无论是执法还是一些市场部门的竞争政策都显得模糊不清。经济防卫管理委员会也不愿意将“初始约束文件”(first binding document)作为批准“兼并申报”的唯一依据。其他可以改进的领域,诸如经济防卫管理委员会决定与指引的透明度、对私人竞争法诉讼的处理方法,依然停滞不前。

BCPS 引人注目的优点在于以下方面:强有力的促进公正、独立、有效的政策与公平程序的制度保障,卓越杰出的领导阶层,以及发挥支持与推进作用的商业社会。缺憾则在于制度构造方面的效率不足,从长远来看,职员数量不足,报酬亦不足以留住称职的公务员。职员不足的后果包括机构存储方面的匮乏、履行职责的低效率以及拖延情形时有发生。另外,涉及“兼并申报”与“宽恕政策”(leniency program)的法律条款干扰了竞争法的有效实施,而法院对于竞争法的不精通则是又一困难障碍所在。

(二) BCPS 的主要改革方向

1. 整合 BCPS 的调查、起诉与审判功能,构建全方位的独立机构;

2. 将经济防卫管理委员会委员、主席及其他高级官员的任期延长至四年以上(五年比较适宜),并且使委员的任期错开,从而增强调整后的经济防卫管理委员会的独立性;

3. 在任命官员时,适度考虑其在经济与竞争法领域的专业知识与技能;

4. 通过立法强化经济防卫管理委员会职员的稳定地位,在录用与保留充足的专业合格的职员方面增加投入;

5. 修改被提议的法案,取消经济防卫管理委员会与经济监督委员会对罚金收益的分配；

6. 修改“兼并申报”与审查过程；

7. 修改“宽恕政策”；

8. 考虑任命专业化的法官及上诉机构解决竞争法问题；

9. 将经济刑法的适用限于卡特尔违法的情形；

10. 考虑限制为反垄断补偿而提起的民事诉讼以及被经济防卫管理委员会列入特别调查的非法行为；

11. 通过在银行业重构竞争法实施权力的法案。

（三）经济防卫管理委员会的角色转型

在 BCPS 中，经济防卫管理委员会无疑扮演相当重要的角色。改革 BCPS 的重要提议之一，即将经济法实施秘书处并入经济防卫管理委员会，构建新的经济防卫管理委员会。无论机构改革的提议以何种方式采纳，时代变迁背景下经济防卫管理委员会角色的转型调整却已成现实的要求与期待。经济防卫管理委员会承载着惩罚、预防与教育三项功能。在竞争法历史初期，惩罚是最主要的功能。在 20 世纪，特别是在兼并监管过程中，事前控制（ex-ante control）亦即预防功能日趋占据主导地位。然而，在现代化的全球经济下，教育功能居于首位。因而，因时调整改进上述三项功能，特别是传播竞争文化与推进机构重建，是经济防卫管理委员会面临的时代任务与挑战。

二、经济全球化与国际合作语境下的应对与挑战①

在经济全球化的时代，竞争领域的国际合作之重要性已不言而喻。鉴于各国经济相互依赖的程度日趋增强，商业交易实践涉及诸多司法辖区的可能性亦大幅攀升。

就巴西而言，其域外条款本身并不足以胜任应对处理全

---

① See Gesner Oliveira, Antitrust Policy in Brazil: Recent Trends and Challenges Ahead, 4 USIA Econ. Persp. 1, February, 1999, http://www.usinfo.state.gov/journals/ites/0299/ijee/brazil.htm, 2008-9-5.

球化程度日趋深刻的现实挑战。各国相关职权机构在程序协调、经常合作方面的努力,无疑能大大降低兼并监管方面的公共与私人成本。

徒法不足以自行,仅仅依赖竞争法的立法是不足以保障一国市场经济的良好运行的。各国法律唯有在遵循透明度与非歧视原则的前提下实施,世界贸易与福利才可能增长。这也是技术援助(technical assistance)为何关注并聚焦于机构建设的缘由。与制定新法相比,推动建立全新的、现代化的、独立透明的竞争机构,显得更为重要。

国际合作的广度与深度因竞争法实施机构发展的阶段而异。世界上大多数国家的竞争法实施机构尚处于初始阶段,因而可以在技术援助方面受益匪浅。事实上,在对竞争机构资源的配置方面,普遍存在着“政治市场的失灵”(political market failure)。由于“搭便车”(free-rider)问题,竞争法实施机构资金匮乏。巴西国内生产总值约为美国的1/10,但经济防卫管理委员会的预算却只有美国相应机构的1/65。为使竞争法得以真正实施与发挥影响,至少在初始阶段,应给竞争法实施机构配置更多而非较少的资源。

与此同时,以 WTO 为代表的国际竞争政策议程较十年前更为广泛与复杂。[①] 诸如监管机构间的互动、WTO 竞争政策议程等新问题应同步列入竞争法实施机构职员的学习培训范围。在比较成熟的辖区负责竞争法实施的官员须在既定的环境中适用竞争原则,而发展中国家的竞争法官员则应致力于营造促使竞争法有效实施的执法氛围。

随着竞争法实施机构的发展,越来越多的国家将参与双边(bilateral)或复边(plurilateral)协定。巴西在此方面取得了令人瞩目的成绩。BCPS 积极拓展其与国外竞争法权力机构

① 对此细致的阐述,可参见林燕萍:《贸易与国际竞争法》,上海人民出版社 2005 年版,第三、四章。

的互动联系,早在1996年经济防卫管理委员会即与阿根廷竞争委员会(Competition Commission of Argentina)签订了竞争法方面的合作协定,并正在与更多的国家谈判订立协定;同时,也积极参与多国间的反托拉斯组织,无论在南美还是世界的其他地方。但距离建构成熟的竞争法制度与机构的目标,巴西尚需进一步努力,特别是在推进监管机构方面的有效合作、通过积极参与技术援助以增强国际合作等方面,受制于前些时宏观经济的负面影响,依然显得任重道远。

三、巴西竞争法的借鉴与启迪

如今,制度的改良(fine-tuning)至关重要。主要的问题是对新的产品市场不断带来的新的压力作出回应,即对以往的制度化做法进行重大重构和革新。问题在于:这种重构将在什么地方取得成功?将会如何取得成功?在什么条件下取得成功?它将怎样面临复制那些无法适应新挑战的旧制度而带来的风险?

比较的视角不是有关“一成不变的解决方案”,也不是关于那些可能在某一特定国家几乎难以被识别的具体模式;而是更多地着眼于那些将推进竞争法的制度变革机制。这里面临的问题是,各国经济是如何推进制度变革的?通过研究特定国家的增量变革,来确定这一变革的国内外影响因素,并特别考察究竟是怎样的经济和政治利益的安排决定着这一变革的方向和动力。展开研究此类问题,可能会容易得多。

诚如前述,早在1962年,巴西就已制定反垄断法,创设了经济防卫管理委员会。但如同其他发展中国家一样,由于国家对经济的强大干预,对国有企业的长久保护,以及经济的高通货膨胀率和价格控制机制的影响,竞争政策在这种环境中并没有空间得以生存,以致这部法律被束之高阁,无用武之地。与此同时,市场竞争意识的缺失不仅存在于社会公众之间，政府部门和其他机构（立法机构和司法系统）以及商业社会也普遍缺乏竞争理念。巴西竞争政策的新时代开始于抑制极度通货膨胀的历史背景下，竞争政策不仅是此次经济改革的产物，同时也是经济改革的催化剂，竞争法的实施成为自由化进程的重要因素，而竞争文化在当时亦日益深入人心，对巴西竞争法制的发展起到了关键性的助推作用。不难发现，对竞争法制所处的国内经济社会宏观背景的考察显得尤为关键，因为这有利于警醒我们回归对我们国内所处经济社会背景的关注，进而适时并恰如其分地推进我国竞争法制的制度变迁。

与此同时，经济全球化已呈不可逆转之势，国际合作亦为时代之必然要求。从制度建设的角度来说，全球化程度的深入对发展中国家的竞争法制提出了新的挑战与要求，蕴藏着各种利益冲突和法律困境，同时也蕴藏着新规则的产生与制度变迁的契机。另外，巴西与其他发展中国家一样，普遍面临着经济与政治的"转轨背景"，这是竞争法制变革的另一个约束条件与背景空间。细致剖析巴西在此双重背景下应对挑战的努力，无疑对其他发展中国家具有深刻的借鉴意义，对我国竞争法制的发展完善亦助益良多。

对其他国家的解决方案的考察不能忽视，特别是对与中国具有相似背景的诸如巴西这样的发展中国家。但在比较研究中，仍须努力觅求最重要且界定准确的概念，从而得以在共语体系中展开分析。另外为求全面而深入的洞察与理解，宜秉持多维的研究视角，从政治、经济、文化和制度的四维眼光分析问题。因为，任何制度变革均不应单兵突进，那些忽视制度实现条件与资源、从一个极端走向另一个极端的"钟摆式"改革，都无法期待良好的效果。

附 录 1

十国竞争法名称和执法体系

国家	竞争法名称	制定时间	生效时间	修订情况	竞争法执法体系
泰国 Thailand	《贸易竞争法》(Trade Competition Act)	1999	1999.4.30		贸易竞争委员会 Trade Competition Commission
	《商品与服务价格法》(The Price of Goods & Services Act)	1999	1999		
越南 Vietnam	《越南竞争法》(Vietnam Competition Law)	2004.11	2005.7.1		竞争行政管理局 Competition Administrative Authority 竞争委员会 Competition Commission
印度 India	《垄断与限制性贸易行为法》(Monopolies and Restrictive Trade Practices Act)	1969	1970	1991 年修订	竞争委员会 Competition Commission
	《竞争法》(Competition Act)	2002	2003	2007 年修订	
蒙古国 Mongolia	《禁止不公平竞争法》(Law of Mongolia on Prohibiting Unfair Competition)	1993	1993	2000 年修订	不公平竞争监管局 Unfair Competition Regulatory Authority

（续表）

国家	竞争法名称	制定时间	生效时间	修订情况	竞争法执法体系
菲律宾 Philippines	《价格法》Price Act, Republic Act 7581 (1991)	1992.5			管制与消费者保护局 Burean of Regulation and Consumer Protection
	《消费者法》Consumer Act of the Philippines Republic Act 7394 (RA ACT 7394)	1992.4			公平贸易司 Fair Trade Division
印度尼西亚 Indonesia	《禁止垄断行为和不公平商业竞争法》(Law of the Republic of Indonesia Number 5 of the Year 1999 Concerning the Prohibition of Monopoly and Unfair Business Competition)	1999.3	2000.3		商业竞争监管委员会 Commission for the Supervisory of Business Competition
斯里兰卡 Sri Lanka	《公平交易委员会法》(Fair Trading Commission Act No.1 of 1987)	1987	1987	1993 年修订	公平交易委员会 Fair Trade Commission
	《消费者事务行政管理局法》(The Consumer Affairs Authority Act No. 9 2003)	2003	2003		消费者事务行政管理局 Consumer Affairs Authority
埃及 Egypt	《保护竞争及禁止垄断行为法》(Law of Protection of Competition and Prohibition of Monopolistices, Law No.3 of 2005)	2005.2	2005.5		保护竞争和反垄断委员会
	《保护竞争及禁止垄断行为法实施条例》(Executive regulations of Protection of Competition and Prohibition of monopolistic Practices Law)	2005.8	2005.8		

（续表）

国家	竞争法名称	制定时间	生效时间	修订情况	竞争法执法体系
南非 South Africa	《规范垄断情形法》	1955	1955		竞争委员会 Competition Commission 竞争裁判庭 Competition Tribunal 竞争上诉法院 Competition Appeal Court
	《维护和促进竞争法》	1979	1979		
	《南非竞争法》(The Competition Act of 1998)	1998	1998	1999年、2000年、2001年分别修订	
巴西 Brazil	《保护竞争法》 (Law for the Defense of Competition) Law No. 8884, 11 June 1994, Law No. 10149/2000, Law No. 11482, 31 may 2007. Lei de Defesa da Concorrencia	1994	1994	2000年第1次修订；2007年第2次修订。	经济防卫管理委员会(the Administrative Council for Economic Defense, CADE) 经济法实施秘书处(the Secretariat for Economic Law, SDE，司法部下属机构) 经济监管委员会(the Secretariat for Economic Monitoring, SEAE，财政部下属机构)

附 录 2

十国竞争法中文文本

1. 泰国竞争政策与竞争法
(OECD 报告,1998)

1. 立 法 背 景

《泰国贸易竞争法》(以下简称《竞争法》)是在1979年的《价格限定法》和《反垄断法》制定以后开始起草的,它是由《价格限定法》和《反垄断法》这两部分组成的。1979年的《反垄断法》目的在于促进公平竞争,它授权中央委员会可以对造成垄断的商业结构进行观察并约束和管制商业习惯。由于实施中遇到了具体问题,负责颁布该法律的国际贸易部对此作出了相应调整,将其一分为二:即《商品与服务价格法》和《竞争法》。本《竞争法》自1999年4月30日生效。

2. 立 法 目 的

本法目的在于促进竞争环境的公平与自由,其主要目的在于监管商业活动。

3. 适 用 范 围

本法适用于各种类型的商业活动。但以下情况除外:中央省部和地方的行政行为;国有企业的法定预算行为;合作团体或合作社开展的使农民获利的商业活动;以及由各部规定的指定性商业行为。

4. 实 施 机 构

贸易竞争委员会(以下简称委员会)负责本法的实施,商业部部长是委员会的主席，商业部的常务秘书是该委员会的副主席，国际贸易部的总干事是其成员和秘书，财政部的常务秘书以及其他有资格的人（不超过12个）是该委员会的成员。委员会成员不能从事政治事务，不能担任任何政治职务、行政官员或者担任政党行政事务的职务。委员会成员的任期不得超过两年，且连任不得超过两次。

委员会有权并且有职责审议投诉行为，制定有关市场支配地位的标准，审议允许合并事项，发起联合减产，限制竞争的申请，以及通过商业监控作出关于暂停、撤销、纠正等其他行为。

该委员会在国际贸易部设有办公室，由商务部长和该部的总干事负责日常办公事务。

5. 不正当竞争行为

本法规定的不正当竞争行为包括：

(1) 第25小节规定的禁止占有优势地位的企业滥用其市场支配地位：包括

① 为商品和服务制定不合理的价格；

② 直接或间接给消费者设定不公平的交易条件，其目的是限制消费者正常的商业习惯；

③ 故意限定商品和服务的供应量，目的是人为地制造供应紧缺；

④ 没有正当理由干涉他人的商业活动。

占优势地位的商业经营者是指，在一个市场上无论何种商品或服务的经营者其商品和服务占有的市场份额与销售量都在法律规定的标准之上。

(2) 第26小节禁止任何可能造成垄断降低市场竞争的合并行为，除非是商业必须或者有利与经济发展且经委员会的批准。

(3) 第27小节禁止任何商业经营者为了制造垄断或者降低市场竞争而与其他企业进行合并。除非该合并是出于商业上的合理需要，且对经济没有造成严重的损失。经营者应当向委员会提交合并申请书。该申请书必须符合委员会已经规定的反竞争协议申请的程序、申请的事项以及填写规则。

(4) 第28小节禁止国内外经营者相互订立协议限制本国居民直接向外国经营者购买产品的机会和自由。

(5) 第29小节禁止经营者实施任何不公平、不自由的竞争行为。

该种行为是指能够限制其他商业经营者自由地开展其他商业活动的任何行为。

6. 惩罚措施

违反以上法律条文的行为将受到1—3年的监禁,单处或并处罚金。该法律解释说明,这些处罚措施不仅适用于企业,而且对管理人员或者负责该事务的人员也同样适用。但如果这些行为超出这些人员一般的认知范围或没有经过他们同意所实施的行为或他们已经采取最大努力阻止这些违法行为的,可以免于处罚。

此外,法律允许任何遭受由于违反上述第25—29部分规定的禁止行为而受到损害的经营者,可以向消费者委员会提起损害赔偿的申诉。

7. 最新案例

自1999年4月30日本法开始实施。两年多来贸易部办公室已经处理了许多有意义的案件。这些案件主要有以下三种情况:

(1) 由委员会作出处理的案件

(1-1) 啤酒和威士忌的捆绑销售案

啤酒和威士忌的捆绑销售发生在一家大的酿造厂,其纠纷主要在总代理商和批发商之间。不合理的销捆绑售是附加了一个强制条件,即要求从一个指定的经营者处购买啤酒,这样就阻碍了威士忌和啤酒的市场竞争。

委员会没有能够找到相关证据证明酿造厂已经实施了违反本法规定的不正当竞争行为。但委员会要求其秘书处作出如下处理意见:

——通知代理商,明确捆绑销售啤酒和威士忌的行为是不适当的,有可能会违反本法;所以酿造厂应当停止该行为。

——有关机构应对酿造厂的行为实施监控,并及时向委员会报告。

(1-2) 有线电视垄断案

有两家有线电视公司进行合并,合并后的新公司成为市场上唯一的有线电视公司,并且其占有市场份额达到100%。合并后的新公司提高了服务费用和减少了节目数量。该新公司陈述的理由是,作出这样的决定是因为泰币的贬值和合并后的新公司一直处于亏损状态。

由于这些服务费用和月费用的调整获得了泰国通信组织集团的批准,委员会要求秘书处首先研究合并后公司与该组织签订的协议,以确定该公司是否属于国有企业;同时,要求该组织监控合并后公司提供的服务费用和电视节目数量,以便让消费者有更多的选择。

(2) 由当事人达成协议而和解的案件

(2-1) 泰国一著名快餐公司的总经销商与经销商之间签订的新的国际特许权协定中的无竞争条款。

该协议涉及特许协议在国内形式和国际形式的条件和要求是不同的。

总经销商认为,经销商使用不同形式对待国内和国外的总经销商够成了歧视待遇,这就违反了本法。最后,双方协商达成了和解协议。

(2-2) 一个视频电影的独家领有执照的进口商在泰国被一个录像带租赁的特许经营者强迫要求不再向一个特定录像带租赁公司出售视频电影。这导致该公司不能够提供视频电影给它的客户并且其每月减少了一大笔收入。这个案件因为该公司由于某种原因退出市场而终止。

(2-3) 全国最大的初生小鸡、活禽和新鲜鸡蛋的生产商和供应商与其联营公司之间达成一个生产数量和上述产品分配的协议。同时,这个协议也对小生产商确定了家禽饲料与活禽或初生小鸡捆绑购买的强制条件,以及在市场价格之下受管制的鲜蛋售价。这个协议损害了小生产商的利益。最终,各方共同达成争议解决方案的协议。

(3) 正在进行之中的案件

(3-1) 在分销商这一层面发生了饮用水与白威士忌的捆绑销售。这意味着尽管零售商能够分开购买且可低价购买饮用水,但批发商却不得不在分经销商处捆绑购买白威士忌与啤酒或饮用水。这就导致了零售商因为相对低价而更倾向于购买这个特定品牌的饮用水。事实上,这是一个反竞争行为并且有可能在饮用水市场上导致限制竞争。

(3-2) 这个案件涉及一家从事洗涤材料方面的大进口商的反竞争行为。这家大公司在洗涤材料市场中占有市场优势地位。它以非常低的价格出售这种进口产品并附有赠品,尽管这一行为只维持了很短一段时间,但已经对潜在的竞争者进入市场造成了障碍,因而违反了本法。

8. 相关问题

本法是控制在相关市场可能导致垄断或限制竞争的不正当贸易行为的新型法律。在这方面,我们应认识到这部法律的有效实施和积极推行是非常关键的。然而,达到这一目标还有一些障碍。

(1) 对这部法律的不熟悉

既然这部法律在泰国是一部全新的立法,那么在实施中必然产生困难。最初这些年执法人员需要深入理解这部法律的内容。此外,国际贸易部应该很好地认识到这一问题,并为他们提供更多的培训机会和开设研修班。

(2) 对这部法律的不理解

为了使这部法律充分有效地实施,有关方面必须对这部法律达成统一的认识。这就需要对公众加大宣传,以便使大家了解这部法律。这可以通过在首都和主要地区的政府机构、主要协会代表和主要法律、经济职业层面开设一系列研修班、进修班和研讨会等形式向广大民众宣传,最终形成人们对这部法律的自觉遵守。

9. 结　语

《竞争法》是规制商业行为的一部重要的经济法。可以相信,公平竞争将带来生产和经济的整体发展。我们不能预测在法律实施中不会产生什么问题。事实上,我们必须接受任何可能发生的问题并尽量去解决它。

2. 越南竞争法(2004)

第一章　总　则

第一条　适用范围

本法适用于限制竞争行为、不公平竞争行为、处理有关竞争案件的规则和程序,以及制止违反竞争法的其他行为。

第二条　适用主体

本法适用于:

1. 经营企业的组织和个人(以下称为企业),包括生产或提供公用产品或服务的企业,控制国家垄断行业和部门的企业以及在越南运营的海外企业。

2. 在越南运营的行业协会。

第三条　术语解释

下列术语在本法中作如下解释：

1. 相关市场包括相关产品市场和相关地理市场。

相关产品市场，是指在这个市场里的产品或服务在性能上、使用目的和价格上可以彼此替代。

相关地理市场，是指一个明显区别于其周围区域的具体的地理区域内，具有相似竞争条件的产品或服务可以彼此替代。

2. 行业协会包括贸易协会和职业协会。

3. 限制竞争行为，是指企业在市场上降低、损害或阻碍竞争的行为，包括达成限制竞争协议的行为、滥用市场支配地位的行为、滥用垄断地位的行为和经营者集中的行为。

4. 不公平竞争行为，是指企业在经营过程中的竞争行为有悖一般的商业道德准则，这种行为导致或可能导致国家利益的损害以及/或者其他企业或消费者合法权利和利益的损害。

5. 企业特定产品或服务的市场份额，是指该企业的销售额与相关市场中经营同种类产品或服务的所有企业的总销售额的比例，或者在一个月、一个季度或一年时间内该企业的内部成交量与相关市场中经营同种类产品或服务的所有企业的内部成交量的比例。

6. 联合市场份额，是指参与限制竞争协议或经营者集中的企业在相关市场所占的总市场份额。

7. 产品和服务的基本成本总额包括：

(1) 生产产品和服务的基本成本；购买原料的基本成本；

(2) 使货物和服务流通至消费者的费用。

8. 竞争案件，是指可能违反本法，由适格的国家机关调查并依照本法规定进行审查的案件。

9. 竞争法律程序，是指机构、组织和个人的行为符合本法规定的解决处理竞争案件的规则和程序。

10. 商业秘密，是指符合下列条件的信息：

(1) 不为公众所知的；

(2) 可以被用于商业并且可以为信息持有者创造优势；

(3) 所有者通过必要的措施对之进行保护以防止信息的泄漏。

11. 多层次的产品销售，是指进行产品零售的一种营销方法，必须满足下列条件：

(1) 通过包括许多不同层次和分支的参与者构成的网络实行以产品零售为目的的市场营销;

(2) 参与者在消费者的居所或工作地点或者其他不同于一般企业或参与者零售地点的地方直接向消费者销售产品;

(3) 多层次产品销售网的参与者会从他自己销售量中或从销售网中由他组织并由多层次货物销售企业批准的下层参与者的销售量中提取奖金或其他经济收益。

第四条 商业竞争的权利

1. 所有企业都有权在法律允许的范围内自由竞争。国家应当保护企业合法竞争的权利。

2. 竞争必须坚持诚信原则,不得损害国家利益、公共利益、企业与消费者的合法权利和利益,符合本法的规定。

第五条 本法、其他相关法律和国际条约的适用

1. 有关限制竞争行为或者不公平竞争行为,本法与其他法律的规定有所不同的,适用本法。

2. 本法中的规定不同于越南社会主义共和国签署或者加入的国际条约的规定的,国际条约的规定应当优先适用。

第六条 被禁止的国家行政机关的行为

国家行政机关应禁止实施下列可能阻碍市场竞争的行为:

1. 强迫企业、组织或个人向该机关指定企业购买或销售产品或服务,除非这种产品或服务属于政府垄断部门,或者是发生法律规定的紧急情况;

2. 对不同企业实施歧视待遇;

3. 强迫行业协会或企业之间彼此联合,目的是排挤、限制或阻碍其他企业在市场上的竞争;

4. 其他阻碍企业合法商业活动的行为。

第七条 国家竞争行政机关的责任

1. 政府应当对竞争施行统一的国家行政管理;

2. 贸易局应当对国家竞争的行政管理负责;

3. 部、部级机构、省级和中央机关直属的地方自治市级人民委员会应当在它们各自职权范围内,与贸易局合作执行国家对竞争的行政管理。

第二章　对限制竞争行为的控制

第一节　限制竞争协议

第八条　限制竞争协议

限制竞争协议包括：

1. 直接或间接固定货物和服务价格的协议；

2. 分享消费者市场或者货物和服务的供应渠道的协议；

3. 限制或控制生产、购买或销售货物和服务的数量或分量的协议；

4. 限制技术发展或应用技术，或者限制投资的协议；

5. 在签订购买和销售产品和服务合同过程中，为其他企业附加条件或者强迫其他企业接受与合同标的无直接关系的义务的协议；

6. 阻止、妨碍或不允许其他企业参与市场或发展贸易的协议；

7. 将其他非该协议当事方企业排除在市场之外的协议；

8. 为使一方或多方赢取产品和服务供应的投标而串通的协议。

第九条　被禁止的限制竞争协议

1. 本法第八条中第6,7,8款所规定的协议应当被禁止；

2. 当协议当事方在相关市场上拥有的联合市场份额不低于百分之三十时，本法第八条中第1,2,3,4,5款中所规定的限制竞争协议应当被禁止。

第十条　被禁止的限制竞争协议的豁免

1. 本法第九条第2款规定的限制竞争协议可以获得一定期间的豁免，但必须满足下列旨在降低基本成本并使消费者受益的标准之一：

(1) 合理改善组织结构或商业规模，或者提高生产效率；

(2) 促进技术或工艺化进程，或者改善产品和服务的质量；

(3) 促进质量标准和产品类型的技术指标的统一运用；

(4) 使贸易、产品运输及付款条件统一化，但与价格或任何价格因素无关；

(5) 增强中小型企业的竞争力；

(6) 增强越南企业在国际市场上的竞争力。

2. 有关豁免的规则、程序和期间应当遵照本章第四节的规定。

第二节　滥用市场支配地位和垄断地位

第十一条　处于市场支配地位的企业和企业集团

1. 如果一个企业在相关市场上占有不低于百分之三十的市场份额或者能够实质上限制竞争,则该企业被视为处于市场支配地位。

2. 如果企业集团以限制竞争为目的而行为一致,并且可以归入下列分类之一,则该企业集团被视为处于市场支配地位:

(1) 两个企业在相关市场上占有不低于百分之五十的市场份额;

(2) 三个企业在相关市场上占有不低于百分之六十五的市场份额;

(3) 四个企业在相关市场上占有不低于百分之七十五的市场份额。

第十二条　处于垄断地位的企业

一个企业如果在其所进行的产品和服务贸易相关市场上没有可以与之竞争的其他企业,则该企业被视为处于垄断地位。

第十三条　构成被禁止的滥用市场支配地位的行为

任何处于市场支配地位的企业或企业集团禁止实施下列行为:

1. 以低于货物基本成本的价格销售产品或提供服务,旨在排挤竞争者;

2. 固定不合理的销售或购买价格,或者固定最低转售价,因此给消费者造成损失;

3. 限制货物和服务的生产或分配,限制市场,或者阻碍技术或工艺发展,因此给消费者造成损失;

4. 对同一交易适用不同的商业条件,旨在制造不公平竞争;

5. 在签订购买和销售货物和服务合同过程中,为其他企业附加条件或者强迫其他企业接受与合同标的无直接关系的义务;

6. 阻碍新的竞争者参与市场。

第十四条　构成被禁止的滥用垄断地位的行为

任何处于垄断地位的企业禁止实施下列行为:

1. 本法第十三条规定的行为;

2. 对消费者强加不利条件;

3. 滥用垄断地位,目的在于没有合法理由地单方面改变或取消已签订的合同。

第十五条 对经营国家垄断行业的企业和生产或提供公用产品或服务的企业的控制

1. 国家应当通过下列措施控制经营国家垄断行业的企业：

(1) 制定国家垄断行业产品和服务的出售或购买价格；

(2) 制定国家垄断行业产品和服务的数量、分量、价格以及市场范围。

2. 国家应通过制定规则、分配指标、按照国家规定的价格或费用进行投标，控制生产或提供公用产品或服务的企业。

3. 当商业行为超出国家垄断行业和生产或提供公用产品或服务的范围，该企业则不适用本条第1、2款，但要受本法其他规定制约。

第三节 经营者集中

第十六条 经营者集中

经营者集中是指下列情形：

1. 企业兼并；

2. 企业新设合并；

3. 企业收购；

4. 企业间合资经营；

5. 法律规定的其他经营者集中形式。

第十七条 企业兼并、新设合并、收购和企业间合资经营

1. 企业兼并，是指一个或多个企业将其合法财产、权利、义务和利益转移给另一个企业，同时终止被兼并企业的存在。

2. 企业新设合并，是指两个或多个企业将其合法财产、权利、义务和利益转移，形成一个新的企业，同时终止被合并企业的存在。

3. 企业收购，是指一个企业购买另一个企业所有或部分财产，足以控制被收购企业部分或所有贸易行为。

4. 企业间合资经营，是指两个或多个企业共同交付他们部分合法财产、权利、义务和利益，形成一个新企业。

第十八条 被禁止的经营者集中形式

参与经营者集中的企业作为整体在相关市场占有超过百分之五十的市场份额，则禁止任何经营者集中行为，除非符合本法第十九条的规定，或者在经营者集中之后企业仍属于本法规定的中小型企业。

第十九条 被禁止的经营者集中的豁免

本法第十八条规定的被禁止的经营者集中可以在下列情形下取得

豁免：

1. 参与经营者集中的一方或多方面临解散或破产的风险；

2. 经营者集中有助于扩大出口，或者有利于社会经济的发展，并且/或者有利于技术化和工艺化进程。

第二十条　经营者集中的通知

1. 参与经营者集中的企业作为整体在相关市场占有百分之三十至百分之五十市场份额，则在进行经营者集中之前，这些企业的法定代表人必须通知有关竞争行政管理局。

如果参与经营者集中的企业作为整体在相关市场占有少于百分之三十市场份额，或者经营者集中之后的企业仍属于本法规定的中小型企业，则不需要进行通知。

2. 参与经营者集中并且根据本法第十九条被给予豁免的企业无通知义务，但应当根据本章第四节的规定提交豁免申请文件。

第二十一条　经营者集中的通知材料

1. 经营者集中的通知材料应当包括：

（1）填写的有关竞争行政管理局制定的通知经营者集中表格；

（2）参与经营者集中的所有企业的有效商业登记证明副本；

（3）由法律规定的审计机构出具的有关参与经营者集中的所有企业最近两年的财务报告；

（4）参与经营者集中企业的子公司列表；

（5）参与经营者集中的企业的各种产品和服务列表以及他们子公司近期正在进行的贸易种类列表；

（6）参与经营者集中的企业最近两年在相关市场占有的市场份额报告。

2. 企业应对其所提供的经营者集中通知材料的真实性负责。

第二十二条　经营者集中通知材料的受理

竞争行政管理局应当自收到材料之日起七个工作日内，向提交材料的企业提供有关材料的完整性和真实性的书面答复。如果材料不完整，竞争行政管理局应当具体说明需要补充的内容。

第二十三条　答复经营者集中通知的时限

1. 竞争行政管理局应当自收到完整的经营者集中通知材料之日起四十五天内，给予提交材料的企业书面答复。竞争行政管理局的书面答复必须确认该经营者集中属于下列分类之一：

(1) 该经营者集中不被禁止;

(2) 根据本法第十八条规定,该经营者集中是被禁止的。书面答复中必须明确该经营者集中被禁止的原因。

2. 在一些复杂的经营者集中情形下,可以由竞争行政管理局首长决定延长本条第1款中规定的答复时限,但是这种延期不能超过两次,每次不能超过三十天。至少在答复时限到期前三个工作日,书面通知提交材料的企业,并说明延期原因。

第二十四条　实施经营者集中

企业所参与的经营者集中应按照第二十条第1款规定提供通知的,其法定代表人可以在收到竞争行政管理局有关该经营者集中不被禁止的书面通知之后,根据企业法在有权国家机构进行经营者集中的程序。

第四节　获得豁免的程序

第二十五条　有权作出豁免决定的机构

1. 贸易部长有权根据本法第十条和第十九条第1款的规定,审查并作出豁免决定。

2. 政府首脑有权根据本法第十九条第2款的规定,审查并作出豁免决定。

第二十六条　提交豁免请求文件的主体

提交豁免请求文件的主体应当是准备签订限制竞争协议或者参与经营者集中的当事方。

第二十七条　限制竞争协议或经营者集中当事方的法定代表人

1. 准备签订限制竞争协议或参与经营者集中的当事方需要委任一个代表人实施豁免请求程序。委任必须是书面的,并且由所有当事方认可。

2. 该代表人的权利和义务由所有当事方同意和控制。

3. 所有当事方应当对代表人在授权范围内的行为负责。

第二十八条　申请限制竞争协议豁免的材料

1. 申请限制竞争协议豁免的材料应当包括:

(1) 竞争行政管理局制作的申请表;

(2) 参与限制竞争协议企业的有效商业登记证明副本;如果一个社团准备参加,那么要求提交该社团的章程;

(3) 由法律规定的审计机构出具的有关参与限制竞争的企业最近两年的财务报告;

(4) 参与限制竞争协议的企业最近两年在相关市场占有的市场份额报告;

(5) 对该限制竞争协议如何满足本法第十条规定的豁免条件的详细说明;

(6) 参与限制竞争协议企业的代表人的代理权限。

2. 提交申请材料的当事方以及参与该协议的所有当事方应当对材料的真实性负责。

第二十九条　申请经营者集中豁免的材料

1. 申请经营者集中豁免的材料应当包括:

(1) 竞争行政管理局制作的申请表;

(2) 参与经营者集中企业的有效商业登记证明副本;

(3) 由法律规定的审计机构出具的有关参与经营者集中的企业最近两年的财务报告;

(4) 参与经营者集中的企业最近两年在相关市场占有的市场份额报告;

(5) 对经营者集中如何满足本法第十九条规定的豁免条件的详细说明;

(6) 参与经营者集中企业的代表人的代理权限。

2. 提交申请材料的当事方以及参与该经营者集中的所有当事方应当对材料的真实性负责。

第三十条　豁免申请材料的受理

1. 竞争行政管理局负责接收申请豁免的材料,并且负责对贸易部长或政府首脑的决定提出建议。

2. 自收到豁免申请材料之日起七个工作日内,竞争行政管理局应当向提交材料的当事方提供有关材料完整性的书面通知。如果材料不完整,竞争行政管理局应当列明需要补充的内容。

3. 提交材料的当事方必须承担对豁免申请材料进行评价的费用。

第三十一条　补充豁免申请材料的要求

竞争行政管理局有权要求提交豁免申请材料的当事方补充与限制竞争协议或经营者集中相关的必要文件和信息,并就任何不清楚事宜提供解释。

第三十二条　相关当事方提供信息的规定

1. 竞争行政管理局有权要求相关的组织和个人提供当局已经受理管辖的限制竞争协议和经营者集中的有关信息。

2. 自收到竞争行政管理局的要求之日起十五天内,相关组织或个人应当对所要求事项给予书面答复。

第三十三条　豁免申请的撤销

1. 一方在提交了豁免申请之后又要撤销该申请,必须向竞争行政管理局提供书面通知。

2. 竞争行政管理局在第1款规定的情形下,不得归还当事方就评价豁免申请材料所交纳的费用。

第三十四条　作出豁免决定的时限

1. 贸易部长应当自收到完整的豁免申请材料之日起六十天内,作出下列决定之一:

(1) 同意当事方获得豁免权;

(2) 不同意当事方获得豁免权。

2. 遇到复杂案件,贸易部长可以延长本条第1款规定的作出决定的时限,但是这种延期不得超过两次且每次不得超过三十天。

3. 如果经营者集中案件属于政府首脑授权豁免的范围,则作出是否给予豁免权的决定应当自收到完整的豁免申请材料之日起九十天内作出,复杂案件应在一百八十天内作出决定。

4. 如果作出决定的时限被延长,竞争行政管理局至少在应作出决定到期日前三天向提交材料的当事方提供书面通知,说明延期理由。

第三十五条　授权豁免决定

1. 授权豁免的决定必须包括下列主要事项:

(1) 被许可实施行为当事方的姓名和地址;

(2) 被许可行为的内容;

(3) 豁免的有效期、有效的条件以及当事方的义务。

2. 竞争行政管理局有义务公开根据政府规定授权豁免的决定。

第三十六条　实施被授权豁免的限制竞争协议或经营者集中

1. 参与被授权豁免的限制竞争协议的当事方只有在获得贸易部长授权豁免的决定之后才能实施该协议。

2. 参与被授权豁免的经营者集中的当事方只有在获得贸易部长或政府首脑授权豁免的决定之后才能根据企业法的规定在授权机构进

行经营者集中的程序。

第三十七条　授权豁免决定的撤销

1. 任何有权作出授权豁免决定的实体都有撤销该决定的权利。

2. 授权豁免的决定在下列情形下被撤销：

（1）在申请豁免过程中存在欺诈；

（2）被授权豁免的企业在授权豁免决定规定的时限内不适格或不履行义务；

（3）豁免条件不再存在。

第三十八条　对授权豁免的申诉

任何企业对授权豁免的决定或不授权豁免的决定或撤销授权豁免的决定有异议，有权根据有关异议和宣告无效的法律规定提出申诉。

第三章　不公平竞争行为

第三十九条　不公平竞争行为

本法中的不公平竞争行为包括：

1. 误导性信息

2. 侵犯商业秘密；

3. 商业胁迫；

4. 损害其他企业的名誉；

5. 破坏其他企业的商业行为；

6. 旨在引起不公平竞争的广告；

7. 旨在引起不公平竞争的宣传；

8. 行业协会歧视行为；

9. 非法的多层次产品销售。

10. 根据本法第三条第4款的原则由政府规定的其他不公平竞争行为。

第四十条　误导性信息

1. 禁止企业使用以竞争为目的的误导性信息，使消费者对产品或服务的商业名称、商业广告语、商业标识、包装、地理标志和其他要素等产生误解。

2. 禁止经营包含本条第1款规定的误导性信息的产品和服务。

第四十一条　侵犯商业秘密

企业禁止实施下列行为：

1. 通过逾越商业秘密合法持有者所采取的安全措施,接触或收集商业秘密;

2. 未经商业秘密合法持有者的许可,披露或使用商业秘密;

3. 以获得、收集和披露合法持有人的商业秘密为目的,违反保密协议或者欺骗、滥用附有保密义务个人的信任。

4. 通过逾越国家机构所采取安全措施,接触或收集实施法定商业程序或产品流通程序的某实体的商业秘密,或者,以商业为目的或以申请有关商业许可或商品流通许可为目的,使用这种商业秘密。

第四十二条 商业胁迫

企业禁止通过威胁或胁迫行为,胁迫消费者或其他企业的商业合作者,强迫他们不与其他企业进行交易或停止进行交易。

第四十三条 损害其他企业的名誉

企业禁止通过任何直接或间接的行为提供虚假信息,对其他企业的名誉、财政地位或商业行为造成负面影响。

第四十四条 破坏其他企业的商业行为

企业禁止通过任何直接或间接的行为阻碍或扰乱其他企业的商业行为,破坏其他企业的合法商业行为。

第四十五条 旨在引起不公平竞争的广告

企业禁止实施下列广告行为:

1. 将自己的产品和服务与其他企业的同类产品直接进行比较;

2. 以误导消费者为目的,模仿其他广告产品;

3. 向消费者提供有关下列之一内容的虚假或误导性信息:

(1) 价格,质量,数量,用途,设计,种类,包装,生产日期,有效期,产品原产地,制造商,制造地点,加工商或加工地点;

(2) 使用方法,服务方法,保证期间;

(3) 其他虚假或误导性信息;

4. 法律禁止的其他广告行为。

第四十六条 旨在引起不公平竞争的宣传

企业禁止实施下列促销行为:

1. 提供价格虚假信息的宣传行为;

2. 以欺骗消费者为目的,对有关产品和服务进行不真实或误导性的宣传;

3. 相同宣传活动在不同领域的相似消费者之间产生歧视;

4. 为消费者提供免费的产品试用,但是要求消费者交换其正在使用的其他企业生产的相同种类产品,目的在让消费者使用宣传企业的产品;

5. 其他法律禁止的宣传活动。

第四十七条　协会歧视行为

行业协会禁止实施下列行为:

1. 拒绝满足加入或退出协会条件的任何组织或个人加入或退出协会,这种拒绝行为构成歧视待遇并使该组织或个人处于竞争劣势;

2. 不合理限制企业成员的商业行为或其他涉及商业目的的行为。

第四十八条　非法多层次产品销售

企业禁止实施下列旨在通过招募新的参加者参与多层次销售网获取非法利润的行为:

1. 要求参与者支付保证金,购买初始固定数量产品,或支付一定数量金钱才能参加多层次货物销售;

2. 没有再次获得卖给参与者的产品,使参与者至少以初始价格的百分之九十再次出售;

3. 允许参与者主要通过引诱其他人参与多层次销售网获得佣金、津贴或其他经济收益;

4. 为引诱他人参与多层次销售网,提供有关收益或产品质量和用途的不真实信息。

第四章　竞争行政管理局和竞争委员会

第一节　竞争行政管理局

第四十九条　竞争行政管理局

1. 由政府决定建立竞争行政管理局,并调整竞争行政管理局的组织结构和人员。

2. 竞争行政管理局有以下责任和权利:

(1) 根据本法控制经营者集中程序;

(2) 受理豁免申请材料;

(3) 调查限制竞争行为和不公平竞争行为案件;

(4) 处罚不公平竞争行为;

(5) 本法规定的其他责任。

第五十条　竞争行政管理局首长

1. 政府首脑有权根据贸易部长提议，任命和解雇竞争行政管理局首长。

2. 竞争行政管理局首长应当组织、指挥竞争行政管理局履行本法第四十九条第2款规定的责任和权利。

第五十一条　竞争案件的调查

1. 竞争案件的调查员应当由竞争行政管理局首长提议、贸易部长任命。

2. 调查员应当根据竞争行政管理局首长的决定调查具体竞争案件。

第五十二条　调查员的任职条件

调查员应当满足下列条件：

1. 具备良好的道德，为人诚实、客观；

2. 具有法学或经济学或金融学士学位；

3. 在本条第2款规定的领域之一有五年以上工作经验；

4. 曾经接受职业调查员培训。

第二节　竞争委员会

第五十三条　竞争委员会

1. 竞争委员会由政府组建。

竞争委员会由十一到十五位成员组成，这些成员由贸易部长提名、政府首脑任命和解雇。

2. 竞争委员会有责任根据本法规定组织处理与限制竞争行为有关以及申诉决议的竞争案件。

第五十四条　竞争委员会主席

1. 竞争委员会主席由政府首脑根据贸易部长提名，从委员会成员中任命和解雇。

2. 竞争委员会主席应当组织竞争委员会的活动。

3. 竞争委员会主席应当为解决一个具体的竞争案件而组建一个专案委员会，该委员会至少由竞争委员会中的五名成员组成，其中一名成员作为调查听证会主席。

第五十五条　竞争委员会成员的任职条件

1. 竞争委员会成员必须满足下列条件：

(1) 具备良好的道德,为人诚实、客观,具有捍卫社会主义法制体系的精神;

(2) 具有法学或经济学或金融学士学位;

(3) 在本条第1(2)款规定的领域之一有九年以上工作经验;

(4) 有能力完成所分配的任务。

2. 竞争委员会成员的任期为五年,并可连任。

第五章　调查和处理竞争案件

第一节　总　　则

第五十六条　竞争法律程序的原则

1. 有关限制竞争行为的竞争案件应当依照本法作出决定。

2. 有关不公平竞争行为的竞争案件应当按照本法以及处理行政违法的法律作出决定。

3. 在竞争法律程序中,调查员、竞争行政管理局首长以及竞争委员会成员应当在各自责任范围内,保持企业商业秘密的机密性,尊重相关组织和个人的合法权利和利益。

第五十七条　竞争法律程序使用的口头和书面语言

竞争法律程序使用的口头和书面语言为越南语。参与竞争法律程序的当事方有权使用本民族的口头和书面语言,在这种情况下,应当有翻译。

第五十八条　竞争行为的申诉

1. 认为自己的合法权利和利益由于违反本法的行为而遭到侵犯的组织和个人(下文称申诉方)有权向竞争行政管理局提出申诉。

2. 申诉期间为自违法行为实施之日起两年内。

3. 申诉材料必须包括下列主要文件:

(1) 竞争行政管理局制作的申诉表格;

(2) 违法行为的证据。

4. 申诉方应当保证其提交给竞争行政管理局证据的真实性。

第五十九条　申诉材料的受理

1. 竞争行政管理局应当接收申诉材料。

2. 竞争行政管理局应当在收到申诉材料之日起七个工作日内向申诉方提供有关受理的书面通知。

3. 申诉方必须依照本法缴纳处理竞争案件的费用。

第六十条　证据

1. 证据,是指被调查员和专案委员会用来认定一个行为是否违反本法的真实根据。

2. 证据有以下来源:

(1) 物证,包括被用来作为违法工具或手段,金钱以及其他具有证明违反本法价值的事物;

(2) 证人证言,有关组织或个人的陈述;

(3) 原始文件,被公正或被合法证实或由适格机构或组织提供或鉴定证实的原始文件的复印件或翻译文本;

(4) 专家结论。

第六十一条　行政预防措施申请

1. 竞争行政管理局首长和竞争委员会主席有权在本法第七十六条第6款和第七十九条第4款的情形下,根据处理行政违法行为的法律申请行政预防措施。

政府应对竞争行政管理局首长和竞争委员会主席有权提出的行政预防措施进行具体调控。

2. 下列人员有权建议申请竞争预防措施:

(1) 申诉方有权向竞争行政管理局或者竞争委员会建议;

(2) 调查员有权向竞争行政管理局提出建议;

(3) 调查听证会主席有权向竞争委员会主席提出建议。

3. 申诉方申请行政预防措施时,应当根据规定存放一定的保证金。

由于申诉方的错误,不正确的行政预防措施申请给被调查方带来损失时,申诉方必须赔偿损失。赔偿数额由申诉方与被调查方协商一致,若协商不成,有权进入法庭程序根据民法要求损害赔偿。

4. 由于调查员或调查听证会主席要求的行政预防措施申请不正确,给被调查方带来损失时,竞争行政管理局或竞争委员会必须赔偿损失。赔偿数额由被调查方与竞争行政管理局或竞争委员会协商一致,若协商不成,被调查方有权进入法庭程序根据民法要求损害赔偿。在这种情况下,竞争行政管理局或竞争委员会必须决定行政预防措施申请者以及相关人员的实质责任,以便采取正确的惩戒措施;同时,竞争行政管理局或竞争委员会应该被免于支付已经支付给被调查方的部分赔偿。

5. 任何反对行政预防措施申请的当事方有权根据法律对申诉和宣告无效的规定对行政预防措施申请的决定提出申诉。

第六十二条　处理竞争案件的费用

处理竞争案件的费用应当专款专用。政府应当根据法律对费用和支付的规定调控处理竞争案件的费用比例、费用的支付、管理和使用。

第六十三条　处理竞争案件费用的支付责任

1. 被认定违反本法的当事方必须支付处理竞争案件的费用。

2. 如果被调查方没有违反本法,申诉方必须支付处理竞争案件的费用。

3. 在根据本法第六十五条第2款引起的竞争案件调查的情形下,如果被调查方没有违反本法,竞争行政管理局必须承担处理案件的费用。

第二节　竞争法律程序的参加者

第六十四条　竞争法律程序的参加者包括:

1. 申诉方;

2. 被调查方;

3. 律师;

4. 证人;

5. 专家;

6. 翻译人员;

7. 具有相关权利与义务者。

第六十五条　竞争案件中的被调查方

竞争案件中的被调查方(以下称被调查方),是指竞争行政管理局调查的任何组织和个人。竞争行政管理局在下列情形下作出调查决定:

1. 申诉方根据本法第五十八条对其提出申诉;

2. 竞争行政管理局发现其已经或正在可能从事违反本法的行为,且该行为自实施之日起未超过两年。

第六十六条　当事方的权利与义务

1. 被调查方有以下权利:

(1) 提供对自己有利的证据与资料,并且有权了解申诉方或竞争行政管理局提供的证据与资料；

（2）参加调查听证；

（3）若发现处理竞争案件的调查员或者专案委员会有本法第八十三条规定的情形之一，有权要求其回避；

（4）委托律师参加竞争法律程序；

（5）要求证人作证；

（6）建议竞争行政管理局寻求专家意见；

（7）根据本法规定要求竞争法律程序的参加者回避。

2. 申诉方有以下权利：

（1）本条第1款规定的权利；

（2）要求竞争行政管理局首长或竞争委员会主席采取针对竞争案件的行政预防措施。

3. 申诉方与被调查方有以下义务：

（1）充分、真实、正确、及时地提供与其要求相关的必要证据；

（2）按照处理竞争案件的竞争行政管理局或者专案委员会的传票参加竞争法律程序。无合法理由不参加程序，则专案委员会得在已获得信息的基础上继续案件的处理。

（3）执行处理竞争案件的竞争行政管理局或者专案委员会的任何决定。

第六十七条　当事方的律师

1. 若其满足本法关于律师参加法律程序的条件，并且获得了当事方的授权，任何律师有权参加竞争法律程序，以保护其所代表的当事方的合法权利与利益。

2. 律师在参加竞争法律程序时有以下权利与义务：

（1）参加竞争法律程序的各阶段；

（2）证实、核对并提交证据以保护所代表当事方的合法权利和利益；

（3）调查竞争案件的文件并且有权手抄或复印所需文件以采取措施保护所代表当事方的合法权利和利益；

（4）代表当事方根据本法要求组织或参加竞争法律程序的相关人员回避；

（5）为所代表当事方提供有关保护其合法权利和利益的法律帮助；

(6) 尊重事实与法律;不准贿赂、强迫或诱使他人作假证;

(7) 按照专案委员会的传票参加相关程序;

(8) 不得泄漏在参加竞争法律程序过程中获取的调查秘密;不以损害国家的利益或组织和个人的合法权利与利益为目的,使用竞争案件中获取的文件。

第六十八条　证人

1. 专案委员会可以传唤了解与竞争案件有关情况的人作为证人,竞争行政管理局也可以在当事方的要求下传唤证人。缺乏民事责任能力的人不能成为证人。

2. 证人有以下权利与义务:

(1) 提供其掌握的与竞争案件解决相关的所有文件或其他信息;向处理竞争案件的竞争行政管理局或者专案委员会直接或书面提供其知晓的与竞争案件解决相关的证词;

(2) 参加调查听证并且向专案委员会作证;

(3) 若证人在国家机关、机构或企业工作,当收到处理竞争案件的竞争行政管理局或专案委员会的传唤或向其提供证据时,可以提出请假;

(4) 有权获得交通补助或其他法律规定的补助;

(5) 若其提供的证据涉及国家机密、专业秘密或个人隐私,或者证词会对与其有密切关系的当事方的利益产生不利影响或带来损害,那么其有权拒绝作证;

(6) 提供其知晓的与竞争案件解决相关的所有真实的证词;

(7) 对虚假证词引起的当事方或其他人的损失提供补偿并负法律责任;

(8) 若证词必须在调查听证中公开作出,其须按照专案委员会发出的传票参加调查听证;

(9) 向处理竞争案件的竞争行政管理局或者专案委员会保证行使权利与履行义务,除非其为未成年人。

3. 除了本条第 2 款第 5 项规定的情况之外,若任何证人拒绝作证,提供虚假证词或书证,或者在专案委员会传唤时无合法理由未参加相关程序,则须负法律责任。

4. 证人应受到法律保护。

第六十九条　专家

1. 专家,是指在需要专业知识的领域中掌握核心知识的人。处理竞争案件的竞争行政管理局或者专案委员会的负责人可以要求,或者当事方建议负责人依法同意也可以要求专家参加程序。

2. 专家有以下权利与义务:

(1) 阅读与寻求专家意见的事项相关的竞争案件文件;要求邀请机构提供其出具专家意见所需文件;

(2) 向参加竞争法律程序的相关人员提供与寻求专家意见的事项相关的焦点问题;

(3) 按照邀请机构的传票参加相关程序;回答与寻求专家意见的事项相关的问题,诚实客观地提供结论并陈述所依据的理由;

(4) 如果寻求专家意见的事项超出了他们的专业知识或者所提供文件不足以或不能据以作出专家意见,应向邀请机构作出书面通知;

(5) 保存任何收到的文件,并且将这些文件与出具的结论或者与不能提供专家意见的通知一起交还给邀请的机构;

(6) 不得根据自己的文件提供专家意见;不得私下接触参加竞争法律程序的其他人员,若这种接触会影响结论的客观性;不得泄露在提供专家意见过程中获取的机密信息;不得将结论透露给除作出邀请决定的任何人;

(7) 在要求若干专家出具共同意见的情况下,若部分专家与其他专家的意见不同,有权提供他们的结论;

(8) 有权获得交通补助或其他法律规定的补助。

3. 若任何专家无合法理由拒绝提供结论,提供的结论包含虚假证词,或者在邀请机构传唤时无合法理由未参加相关程序,则须负法律责任。

4. 专家在下列情况下应回避:

(1) 属于本法第八十三条规定的情形之一;

(2) 已作为一方当事人的律师、证人或翻译参加了相同的竞争案件;

(3) 已作为专案委员会成员之一参加了相同的竞争案件。

第七十条　翻译人员

1. 翻译人员,是指在有不会讲越南语的人参加的案件中能将其他语言译成越南语并将越南语译成其他语言的人。翻译人员应由相关当事方同意并经专案委员会批准或由专案委员会指定。

2. 翻译人员有以下权利与义务：

(1) 按照专案委员会的传唤参加相关程序；

(2) 真实、客观并且正确地进行翻译；

(3) 要求组织与参加竞争案件的有关人员对所翻译事项进行附加解释；

(4) 不得接触参加竞争法律程序的其他人员，若这种接触会影响其翻译的真实性、客观性与正确性；

(5) 有权获得交通补助或其他法律规定的补助；

(6) 向专案委员会保证行使权利与履行义务。

3. 若任何翻译人员故意错误翻译，或者在专案委员会传唤时无合法理由未参加相关程序，则须负法律责任。

4. 翻译人员在下述情况下应回避：

(1) 属于本法第八十三条规定的情形之一；

(2) 已作为一方当事人的律师、证人或专家参加了相同的竞争案件；

(3) 已作为专案委员会成员之一参加了相同的竞争案件。

5. 本条的规定同样适用于哑语翻译人员。

若哑语翻译人员是聋哑参加人的代理人或亲戚，专案委员会可以批准其为哑语翻译。

第七十一条　与竞争案件有利害关系者

1. 有利害关系者可以要求独立地，或者与申诉方，或者与被调查方一起参与竞争法律程序。

2. 要求独立地，或者与申诉方一起参与竞争法律程序的，或者仅仅具有相关利益关系的利害关系者，拥有与本法第六十六条规定的申诉方同等的权利义务。

3. 与被调查方一起参加竞争法律程序的利害关系者，或者仅仅具有相关义务者，拥有与本法第六十六条规定的被调查方同等的权利义务。

第七十二条　拒绝做专家或翻译人员或者请求更换专家或翻译人员的程序

1. 在调查听证会前，拒绝做专家或翻译人员或者请求更换专家或翻译人员的，必须以书面形式作出，并且说明具体理由。

2. 在调查听证会期间,出现拒绝做专家或翻译人员或者请求更换专家或翻译人员的情况,必须在调查听证会备忘录中予以记录。

第七十三条　更换专家或翻译人员的决定

1. 在调查听证会开始之前,由竞争委员会主席决定是否更换专家或翻译人员。

2. 在调查听证会期间,由专案委员会在听取被提议更换人员以及其他参与竞争法律程序人员的意见之后,决定是否更换专家或翻译人员。

如果必须更换专家或翻译人员,专案委员会应当作出调查听证会延期决定,并根据本法第六十九条、第七十条规定指定其他的专家或翻译人员。

第三节　处理竞争法律程序的机构和人员

第七十四条　处理竞争法律程序的机构

处理竞争法律程序的机构,应当由竞争行政管理局和竞争委员会组成。

第七十五条　处理竞争法律程序的人员

处理竞争法律程序的人员,应当由竞争委员会成员、竞争行政管理局首长、调查员和调查听证会秘书组成。

第七十六条　处理竞争法律程序时竞争行政管理局首长的职权

处理竞争法律程序时竞争行政管理局首长应当拥有下列职权:

1. 决定指派具体竞争案件的调查员;

2. 监督竞争案件调查员的活动;

3. 当指派处理竞争案件调查员的决定没有法律依据或者违背法律时,对该决定予以修正或者撤回;

4. 决定更换处理竞争案件的调查员;

5. 决定征求专家意见;

6. 在将竞争案件材料移交至竞争委员会以便其做出决定前,决定适用、修改或者撤回行政预防措施;

7. 在竞争行政管理局授权范围内决定对竞争案件的初步调查、中止调查以及正式启动调查程序。

8. 在调查期间应当事方要求召见证人;

9. 在被指派调查员提交案件调查结果时,签署竞争案件调查结论；

10. 当竞争案件涉及限制竞争行为时，将竞争案件的相关材料移交至竞争委员会；

11. 在竞争行政管理局授权范围内处理申诉或异议提出等事宜。

第七十七条　处理竞争法律程序时调查员的权利

处理竞争法律程序时，调查员享有以下权利：

1. 要求相关组织及个人提供与竞争案件相关的必要信息和资料；

2. 要求被调查方提供与作为调查对象之案件相关的文书和/或解释性说明；

3. 建议竞争行政管理局首长征求专家意见；

4. 建议竞争行政管理局首长适用与竞争案件有关的行政预防措施。

第七十八条　处理竞争管理局法律程序时调查员的义务

处理竞争法律程序时调查员承担以下义务：

1. 向被调查人送达竞争行政管理局首长作出的启动调查程序的决定；

2. 保守企业商业秘密；

3. 安全保管被提供的资料；

4. 处理由竞争行政管理局首长指派的竞争案件调查事务；

5. 撰写有关初步调查及竞争案件正式调查完成后的书面报告；

6. 向竞争行政管理局首长负责并且遵守法律规定履行职权。

第七十九条　处理竞争法律程序时竞争委员会主席的职权

1. 根据本法第五十四条第3款建立专案委员会以处理竞争案件；

2. 根据本法第七十三条第1款、第八十三条和第八十五条第1款，在调查听证会启动之前，决定更换专案委员会成员、调查听证会秘书、专家或翻译人员。

3. 根据本法第八十五条第2款规定，任命专案委员会的更换者，或者任命调查听证会秘书的更换者；

4. 收到竞争案件材料后，决定适用、修正或者撤回行政预防措施。

第八十条　专案委员会

1. 处理竞争案件时，专案委员会的行为应以法律为唯一准绳，并保持行动的独立性。

2. 委员会在处理此类案件时通过的任何处理竞争案件的决议均应遵守简单多数表决机制原则，如果出现票数相同的情况，以调查听证会主席所支持的一方决议为准。

第八十一条　调查听证会主席的职权

调查听证会主席有以下职权：

1. 安排对竞争案件材料的调查；

2. 在专案委员会决议的基础上，签署文书以建议竞争委员会主席适用、修正或者撤回行政预防措施；决定将竞争案件材料退回竞争行政管理局并要求作出进一步调查；或者决定暂停竞争案件处理程序。

3. 在专案委员会决议的基础上，签署决定以启动调查听证会；

4. 决定传唤参与调查听证会人员的名单；

5. 签署或发布竞争案件处理的决议，以及专案委员会作出的其他决议；

6. 根据本法授权，处理其在处理竞争案件职责范围内的其他活动。

第八十二条　调查听证会秘书

1. 调查听证会秘书有下列职权：

(1) 在调查听证会之前处理必要的技术问题；

(2) 宣读调查听证会规则；

(3) 向专案委员会报告被传唤应到庭人员中实到者与未到者名单；

(4) 准备调查听证会备忘录；

(5) 完成调查听证会主席分派的其他工作。

2. 如果调查听证会秘书属于本法第八十三条所列各项人员之一，那么其必须提出拒绝担任调查听证会秘书或者被更换。

第八十三条　必须拒绝或者更换的调查员、专案委员会成员、调查听证会秘书、专家和翻译人员的情况

在下列情况下，专案委员会成员、调查员、调查听证会秘书、专家和翻译人员必须拒绝担任该职责或者于担任之后应当被更换：

1. 上述人员是申诉方或者被调查方的亲属；

2. 上述人员与竞争案件存有利益关系；

3. 有其他明显状况表明上述人员无法公正履行职责。

第八十四条　拒绝竞争法律程序或者更换专案委员会成员或调查听证会秘书的程序

1. 在调查听证会启动之前，任何拒绝竞争法律程序或者任何更换竞争案件处理委员会成员或调查听证会秘书的请求必须以书面形式作出，并且说明具体理由。

2. 在调查听证会期间，任何拒绝法律程序或者任何更换专案委员会成员或调查听证会秘书的请求应当在调查听证会备忘录中予以记录。

第八十五条　决定更换专案委员会成员或调查听证会秘书

1. 在调查听证会召开之前，竞争委员会主席应当决定更换专案委员会成员或更换调查听证会秘书。

2. 调查听证会召开期间，专案委员会应当在听取被更换的委员或秘书以及其他参加听证者的意见之后，决定是否更换。委员会应当在非公开审议之后依多数决定原则作出决定。

如果决定更换处理该案的委员或调查听证会秘书，委员会应当发布决定中止听证会。竞争委员会主席应当决定更换后的人员。

第四节　竞争案件的调查

第八十六条　初步调查

在下列情况下，竞争行政管理局首长决定启动竞争案件的初步调查：

1. 竞争行政管理局受理对竞争案件的申诉，决定行使管辖权后；

2. 竞争行政管理局认为该案可能违反本法有关规定后。

第八十七条　初步调查期限

1. 初步调查的时间从启动时起算应当限制在三十天内。

2. 在上述第 1 款规定的期间内，案件调查员必须完成初步调查并向竞争行政管理局首长建议发布启动正式调查或者中止调查的决定。

第八十八条　中止调查或启动正式调查的决定

在听取初步调查的结果和调查员建议的基础上，竞争行政管理局首长应作出以下决定之一：

1. 若初步调查的结果显示没有违反本法条款规定的行为，则中止调查；

2. 若初步调查的结果显示有可能违反本法条款规定的行为，则启动正式调查。

第八十九条　正式调查的内容

1. 在调查限制竞争协议、滥用市场支配地位或垄断地位、经营者

集中案件时,应当调查以下问题:

(1)相关市场的确定;

(2)被调查方在相关市场所占份额;

(3)核对和分析违法行为存在的证据。

2. 确定不公平竞争的行为时,调查员必须确定被调查方行使了或正在行使不公平竞争的行为的根据。

第九十条　正式调查期限

正式调查期限规定如下:

1. 对不公平竞争行为的调查应自正式调查启动之日起算在九十天内结束。必要时,竞争行政管理局首长可以决定延长期限,但延长期限不得超过六十天。

2. 对限制竞争协议、滥用市场支配地位或垄断地位、经营者集中的正式调查自启动之日起算应当限制在一百八十天内。必要时,竞争行政管理局首长可以决定延长期限,但最多只能延长两次,每次延长期限最长不得超过六十天。

3. 调查员必须在距调查期满至少七天前通知相关当事方调查期限延长事宜。

第九十一条　调查备忘录

1. 调查启动时,调查员必须准备备忘录,注明地点、调查启动的日期和次数、执行调查的人员、被调查方、调查的内容、申诉方,被调查方的要求。

2. 在调查的相关当事方全部签字前,竞争案件的调查员必须向他们宣读备忘录。

3. 如果调查的相关当事方拒绝在备忘录上签字,调查员必须在备忘录中注明并写明原因。

第九十二条　调查中请求证人作证

1. 调查过程中,被调查方有权请求竞争行政管理局允许证人作证。提出请求的被调查人应当承担说明义务,解释有必要允许证人出席的原因,以便行政机关做出决定。

2. 竞争行政管理局邀请证人出席的文书必须注明证人的全名和居住地、作证的时间和地点、案件的当事方和主要内容。

3. 证人证言应当记录在备忘录上,并由调查员在证人签字前向证人宣读。

第九十三条　调查报告

1. 调查结束后,竞争行政管理局首长必须将调查报告连同竞争案件的全部文书递交至竞争委员会。

2. 调查报告必须包含以下主要内容:

(1) 案件要述;

(2) 案件要点以及已证实的证据;

(3) 案件处理措施的建议。

第九十四条　可能发生刑事犯罪时竞争案件文书的移交

调查竞争案件时发现可能发生刑事犯罪,调查员必须立即建议竞争行政管理局首长考虑向有权做出刑事制裁的国家机关移交案件文书。

第九十五条　无足够依据采取刑事制裁时文书的退回

有权做出刑事制裁的国家机关根据《刑事诉讼法》认为没有采取刑事制裁的依据时,应当将文书退回给竞争事务处理行政机关,由其依照法律继续调查。本法第九十条规定的调查期限从该行政机关收到退回文书之日起计算。

第九十六条　补充调查和补充调查的期限

1. 竞争案件调查员必须应专案委员会的书面请求启动补充调查程序。

2. 该补充调查的期限自专案委员会书面请求之日起算,不得超过六十天。

第九十七条　配合以及协助调查的责任

当地政府、警察局以及其他机构组织应竞争行政管理局首长要求有配合及协助调查的责任。

第五节　调 查 听 证

第九十八条　必须召开听证会的竞争案件

竞争委员会决议权限内的竞争案件必须召开听证会。

第九十九条　召开听证会前的准备工作

1. 收到竞争行政管理局首长递交的有关竞争的调查报告和竞争案件的完整卷宗后,竞争委员会主席将签发一项建立专案委员会处理该竞争案件的裁决。

2. 自收到该调查案件卷宗之日起三十日内,专案委员会必须在以下裁决中选择一项签发:

(1) 召开一次听证会;

(2) 退回卷宗补充调查;

(3) 该案暂缓决议;

3. 作出进行听证程序裁决之日起十五日内,专案委员会必须召开听证会。

4. 若退回卷宗补充侦察,自收到再次递交的卷宗之日起十五日内,专案委员会必须在本条第2款规定的裁决中选择一项签发。

第一百条　退回卷宗补充调查

如果专案委员会认为已收集的证据不足以判断一项行为是否违反本法规定,它可以签发退回卷宗要求补充调查的裁决。

第一百零一条　竞争委员会决议权限内的暂缓决议

1. 在以下情况下,专案委员会可以在竞争委员会的决议权限内签发一项暂缓决议的裁决:

(1) 若竞争行政管理局的首长因没有充分证据证明一项行为是否违反本法规定而提议对该案暂缓决议,并且专案委员会同意上述建议是合法的;

(2) 被调查方主动终止违法行为,补偿造成的损失,申诉方主动撤回申诉;

(3) 若根据本法第六十五条第2款的规定开展竞争案件的调查,被调查方主动终止违法行为,补偿造成的损失,并且竞争行政管理局的首长提议对该案暂缓决议。

2. 暂缓决议的裁决应当送达被调查方,申诉方(若有)和竞争行政管理局。

第一百零二条　裁决召开听证会

1. 召开调查听证会的裁决应当不晚于听证会开始前十日送达裁决上列明的当事方。

2. 召开调查听证会的裁决应当说明下列事项:

(1) 被调查方;

(2) 申诉方,或者当根据本法第六十五条第2款规定启动竞争案件调查程序时的竞争行政管理局;

(3) 本法被违反的具体条款;

(4) 调查听证会召开的时间和地点;

(5) 听证会是否公开;

(6) 专案委员会成员的全名;

(7) 已经参与调查该竞争案件的调查员的全名和担任本次调查听证会的秘书的全名;

(8) 律师的全名;

(9) 翻译人员的全名;

(10) 证人的全名;

(11) 专家的全名;

(12) 有利害关系的其他人。

第一百零三条　传唤必须参加调查听证会的人员

根据召开调查听证会的裁决,专案委员会应当不晚于听证会开始前十日向必须参加本次听证会的人员送达传票。

第一百零四条　调查听证会

1. 调查听证会应当公开进行。如果调查的事项涉及国家安全或商业秘密,调查听证会可以不公开进行。

2. 下列人员应当参加听证会:

(1) 专案委员会成员和调查听证会秘书;

(2) 被调查方;

(3) 申诉方;

(4) 律师;

(5) 已经参与调查该竞争案件的调查人员;

(6) 召开调查听证会的裁决上列明的其他人员。

3. 听取全体参与人员发表的意见和相互辩论之后,专案委员会可以进行内部讨论,通过无记名投票多数表决。

第六节　竞争案件裁决的效力

第一百零五条　竞争案件的裁决

1. 竞争案件的裁决必须包含以下主要内容:

(1) 案件事实摘要;

(2) 案情分析;

(3) 如何处理此案的结论。

2. 调查听证会主席应当签署竞争案件的裁决。

3. 竞争案件的裁决必须在签署后的七个工作日内送达涉案当事方。

第一百零六条　竞争案件裁决的效力

竞争案件的裁定于签署之日起三十天后生效,除非该裁决在此期间内根据本法第一百零七条的规定被提出申诉。

第七节　对竞争案件未生效裁决的申诉的处理

第一百零七条　对竞争案件裁决的申诉

1. 如果不同意专案委员会作出的竞争案件裁决中的部分或全部，当事方有权向竞争委员会提出申诉。

2. 如果不同意竞争行政管理局的首长作出的竞争案件裁决中的部分或全部，当事方有权向贸易部长提出申诉。

第一百零八条　对竞争案件裁决的申诉

1. 对竞争案件裁决的申诉必须包括以下内容：

(1) 申诉提出的具体日期；

(2) 申诉人的姓名和地址；

(3) 被申诉的竞争案件裁决的数量和日期；

(4) 申诉的原因和请求；

(5) 申诉人的签名和盖章(若有)。

2. 必须向签发有关竞争案件裁决的机关提出上诉，如果有其他证据证明申诉的合理性和合法性的，可以一并提出。

第一百零九条　对竞争案件裁决的申诉的受理

自收到对竞争案件裁决的申诉之日起五个工作日内，签发裁决的机关必须根据本法第一百零八条的规定确定申诉是否有效。

第一百一十条　对竞争案件裁决进行申诉的法律后果

1. 对竞争案件裁决的申诉中的任何部分所涉及的内容都不能被移送执行。

2. 自收到竞争案件裁决的申诉之日起十五日内，受理该申诉的机关应充分考虑，根据本法第一百零七条的规定将申诉材料、该竞争案件的全部卷宗和对该申诉的建议提交竞争委员会或贸易部长。

第一百一十一条　对竞争案件裁决的申诉的决议期限

自收到申诉材料之日起三十日内，竞争委员会或贸易部长应当根据其职权对申诉作出决议。特别复杂的案件，期限可以延展一次，但不得超过十三日。

第一百一十二条　竞争委员会在对专案委员会作出的竞争案件裁决的申诉进行决议时的权力

当竞争委员会考虑对专案委员会作出的竞争案件裁决的申诉进行

决议时,竞争委员会有如下权力:

1. 如果认为申诉没有充足的证据支持,可以维持原裁决;

2. 如果根据法律认为原裁决不正确,可以变更或部分变更原裁决;

3. 如果存在以下情况,可以撤销原裁决,将该竞争案件的卷宗移送专案委员会再行处理:

(1) 证据尚未有效收集和证明;

(2) 委员会成员在竞争法律程序中存在违反本法规定或其他严重违法的行为。

第一百一十三条　贸易部长在对竞争行政管理局作出的竞争案件裁决的申诉进行决议时的权力

当贸易部长考虑对竞争行政管理局作出的竞争案件裁决的申诉进行决议时,拥有同本法第一百一十二条第1、2款规定的权力。如果证据尚未有效收集和证明,贸易部长有权撤销原裁决,并要求竞争行政管理局根据本法规定的程序重新审理案件。

第一百一十四条　有关申诉决议的效力

对竞争案件裁决的申诉的决议自签发之日起具有法律效力。

第一百一十五条　与申诉决议相关的诉讼程序的启动

1. 如果涉案当事方不同意有关竞争案件裁决的申诉的决议,该方有权就该决议的一部分或全部向有管辖权的省级或市级人民法院提起行政诉讼。

2. 如果法院根据本条第1款的规定对行政诉讼拥有管辖权,贸易部长或竞争委员会主席应当自收到法院调档要求之日起十个工作日内指令将有关竞争案件裁决的申诉的卷宗移送法院。

第一百一十六条　诉讼程序的结果

任何竞争案件的裁决中未受法院诉讼程序影响的部分可以继续移送执行。

第八节　对违反竞争法的处理

第一百一十七条　违反竞争法的处罚方式以及整改措施

1. 任何实施违反竞争法的行为的个人和组织都必须接受下列主要处罚方式中的一项:

(1) 警告;

(2) 罚款。

2. 根据违法行为的实质及其严重性,实施违反竞争法行为的个人和组织可能被处以下列补充处罚方式中的一项或多项:

(1) 撤销其营业执照;取消其使用执照或许可证的权利;

(2) 没收用于实施违反竞争法行为的设备和工具。

3. 除本条第1、2款规定的处罚方式之外,实施违反竞争法行为的个人和组织可能被处以下列整改措施中的一项或多项:

(1) 改组滥用市场支配地位的企业;

(2) 已经合并的企业予以拆分;企业已经收购的部分予以强制转让;

(3) 公开整顿;

(4) 取消商业合同或转让协议中的非法条款;

(5) 其他为消除违法行为的限制竞争效果而采取的必要措施。

4. 如果违法行为造成国家利益或其他公民或组织合法权益的损失,必须按照法律规定予以赔偿。

第一百一十八条　违反竞争法的罚款尺度

1. 如果违法行为包括限制竞争协议、滥用市场支配地位及垄断地位或者经营者集中,有权罚款的机关可以处以不超过实施违法行为的组织或个人该禁止行为发生的上一会计年度营业总额的百分之十。

2. 授权罚款的机关可以根据处理行政性违法的法规或其他相关法规,处理本条第1款规定以外的不公平竞争行为和其他违反本法的行为。

3. 政府应当就违反本法的行为适用罚款的尺度制定详细的规则。

第一百一十九条　处以罚款和处理违反竞争法行为的权限

1. 专案委员会和竞争委员会拥有以下权限:

(1) 签发警告;

(2) 根据本法第一百一十八条第1款的规定处以罚款;

(3) 没收用于实施违反竞争法行为的展品和工具;

(4) 适用本法第一百一十七条第3款第3、4项规定的措施;

(5) 要求有关国家机关撤销营业执照或取消其使用执照或许可证的权利;

(6) 要求有关国家机关适用本法第一百一十七条第1款第1项、

第2款第2项和第3款第3项以及第一百一十八条第2款的措施。

2. 其他经授权对有关知识产权不公平竞争行为进行罚款的机构也可以根据处理行政性违法行为的法规采取上述行为。

第一百二十条　政府工作人员和官员违法行为的处理

任何政府工作人员或官员实施了违反竞争法的行为，根据其违法的性质和严重性，予以处分或提起公诉；如果造成损失，应当根据本法规定予以赔偿。

第一百二十一条　竞争案件裁决的执行

1. 自有关竞争案件的裁决生效之日起三十日内，如果当事方未主动履行裁决，也没有根据本章第七节向法院提起诉讼，裁决的权利人有权请求相关行政部门根据其职责和部门权限执行该裁决。

2. 如果有关竞争案件的裁决涉及被执行人的财产，裁决的权利人有权要求被执行人主要办事机构、住所或可供执行的财产所在地的市或省的民事判决执行办公室执行有关竞争案件的裁决。

第六章　实施规定

第一百二十二条　效力

本法自2005年7月1日起生效。

第一百二十三条　实施指导方针

政府和最高人民法院可以为贯彻本法制定实施细则。

本法经2004年12月3日越南社会主义共和国国民大会第六次会议立法会通过。

国民大会主席

Nguyen Van An

3. 印度竞争法(2002)

(2007年修订)

从国家经济发展出发，本法旨在设立一个委员会以排除对竞争有不利影响的行为，促进和维护印度市场的竞争，保护消费者利益，确保印度市场的其他参与者的交易自由，并就其他相关事项作出规定。

本法于印度共和国53年经国会制定并颁布如下：

第一章　序　　言

1. 本法名称、适用范围及生效时间

（1）本法名为2002年印度竞争法。

（2）本法适用于除查谟和克什米尔州之外的印度全境。

（3）本法将由中央政府通过官方公报于指定之日起生效；但是，本法的不同条款可能适用不同的生效时间，这些条款中任何涉及本法生效的内容都将解释为该条款生效的依据。

2. 定义

本法的下列术语定义如下，法律另有规定除外：

（a）"收购"是指直接或间接地获取或协议获取：

（i）企业的股份、投票权或资产；或

（ii）企业管理或资产的控制权。

（b）"协议"包括任何安排、谅解或一致行为：

（i）无论此类安排、谅解或行为是否为正式的或书面的；或

（ii）无论此类安排、协议或行为是否意图通过法定程序得以实施。

（ba）"上诉法庭"是指根据第53A条第1款设立的竞争上诉法庭。①

（c）"卡特尔"是指，一个包括生产者、销售者、分销商、贸易商或服务提供者在内的联合，他们通过彼此间的协议限制、控制或企图控制产品的生产、分配、销售、价格、交易或服务的提供。

（d）"主席"是指根据第8条第1款任命的委员会主席。

（e）"委员会"是指根据第7条第1款设立的印度竞争委员会。

（f）"消费者"是指以下任何个人：

（i）基于对价的支付、承诺支付或部分支付、部分承诺而购买货物者，或在延期支付制度下是指支付、承诺支付或部分支付、部分承诺对价者之外的该货物的使用者，或在延期支付制度下获得上述支付、承诺支付对价者的同意而使用者，无论购买货物的意图是转售、其他商业目

① 2007年《竞争法（修正案）》增加。

的还是个人使用;

(ii) 基于对价的支付、承诺支付或部分支付、部分承诺而获得服务者,或在延期支付制度下是指支付、承诺支付或部分支付、部分承诺对价者之外的该货物的受益人,或在延期支付制度下获得上述支付、承诺支付对价者的同意而受益者,无论获得服务的意图是转售、其他商业目的还是个人使用。

(g)"总干事"是指根据第16条第1款任命的总干事,包括根据该条任命的分管总干事、联合总干事、副总干事或助理总干事。

(h)"企业"是指任何从事以下活动的个人或政府部门,包括商品或货物之生产、储存、供应、分销、收购或控制,或服务之提供,或投资,或获得、持有、承销、交易股票、债券或其他任何法人证券,无论上述活动是由个人或企业直接进行还是由与其位于同一地点或不同地点的单位、分公司或子公司予以实施,但不包括政府有关行使主权的活动,如中央政府部门处理原子能、货币、防卫和空间事务的活动。

对本条的解释:

(a)"活动"包括专业或职业性活动。

(b)"商品"包括新商品,"服务"包括新服务。

(c)"单位"或"部门",当涉及企业时,包括:

(i) 为生产、储存、供应、分配、收购或控制商品或货物而建立的工厂;

(ii) 为提供服务而建立的分支机构或办事处。

(i)"货物"是指1930年《货物销售法》所指的货物,包括:

(A) 生产、加工或开采的产品;

(B) 债券、股票及分配的股份;

(C) 在印度供应、分销或受控的货物,以及进口至印度的货物。

(j)"委员"是指根据第8条第1款任命的竞争委员会成员,包括委员会主席。

(k)"公告"是指在官方公报上发布的公告。

(l)"个人"包括:

(i) 自然人;

(ii) 印度教共同家族;

(iii) 公司;

(iv) 合伙企业;

(v) 个人联合或自然人团体,无论其是否组建为公司,无论其是否在印度境内;

(vi) 任何根据中央、州或省的法律法规而成立的公司,或1956年《公司法》第617条所指的国有公司;

(vii) 任何根据印度以外的国家的法律而成立的法人;

(viii) 任何根据有关合作社法律而注册成立的合作社;

(ix) 地方当局;

(x) 上述条款范围之外的法人。

(m) "行为"包括个人或企业开展的与贸易有关的任何行为。

(n) "规定"是指由根据本法制定的法规来规定。

(o) "价格",就货物的销售或服务的履行而言,是指任何有价值的对价,无论直接、间接或迟延支付,并包括任何表面看来虽然涉及其他事项但却对货物的销售或服务的履行产生影响的对价。

(p) "公共金融机构"是指1956年《公司法》第4A条规定的公共金融机构,包括国有金融、产业或投资公司。

(q) "规则"是指竞争委员会根据第64条制定的规则。

(r) "相关市场"是指竞争委员会就相关产品市场、相关地域市场或以上两者对市场所作的划分。

(s) "相关地域市场"是指一个包含特定地域的市场,在这个特定地域内,无论是货物供应或服务提供的竞争条件,还是对货物或服务的需求,都明显相同,并可据此与相邻地域区分开来。

(t) "相关产品市场"是指一个包含特定产品或服务的市场,这些产品或服务无论从特性、价格和用途上来说,都可供消费者相互替换。

(u) "服务"是指可以向潜在消费者提供的任何形式的服务,包括与银行、信息、教育、金融、保险、银会、房地产、交通、存储、材料处理、加工、电力等能源供应、餐饮、住宿、娱乐、休闲、建筑、维修、新闻信息传媒、广告等与工商业相关的服务。

(v) "股份"是指享有投票权的公司股份资本的份额,包括:

(i) 任何使持有者获得享有投票权的股份的证券;

(ii) 股票,除非股票和股份之间具有明示或暗示的区别。

(w) "法定机构"是指,为管理货物生产和供应、服务提供或两者之市场或其他相关事务,根据中央、州或省的法律法规而成立的任何管理当局、委员会、公司、理事会、学院、大学或其他法人。

(x)"贸易"是指与产品的生产、供应、分销、存储、控制或服务的提供有关的交易、营业、工业、专业或职业。

(y)"营业额"包括货物或服务的销售价值。

(z)本法中使用但没有定义的术语和表述,如果在1956年《公司法》中有定义,则分别适用其在《公司法》中的定义。

第二章　禁止特定协议、滥用市场支配地位以及联合控制

禁止特定协议

3. 限制竞争协议

(1)任何企业、企业联合、个人或个人联合,均不得订立对本国市场竞争产生或可能产生可估量的不利影响的涉及货物的生产、供应、分销、存储、取得、控制或服务的提供的协议。

(2)任何违反上述第(1)款规定的协议均为无效。

(3)在相同或相似货物贸易或服务提供领域内,企业或企业联合之间、个人或个人联合之间、个人与企业之间订立的以下限制竞争协议,或企业联合或个人联合实施的行为或作出的决定,包括卡特尔在内,应推定为对竞争产生可估量的不利影响:

(a)直接或间接地决定购买或销售价格;

(b)限制或控制生产、供应、市场、技术开发、投资或服务提供;

(c)通过分配市场区域、货物或服务种类、消费者数量或其他类似方法,分享市场、生产来源或服务提供;

(d)直接或间接地导致操纵或串通投标。

但是,本款内容不适用于有助于提高产品生产、供应、分销、存储、取得、控制或服务提供的效率的联营协议。

对本款的解释:

"操纵投标"是指第(3)款所指的从事相同或相似货物贸易或服务提供的企业或个人之间达成的某种协议,该协议将排除、削弱投标中的竞争,或者妨碍、操纵投标过程。

(4)在不同市场中处于生产链上不同阶段或层次的企业或个人之间达成的有关产品生产、供应、分销、存储、销售、价格、贸易或服务提供的协议,如果导致或可能导致对印度竞争产生可估量的不利影响,则为

违反上述第(1)款规定的协议,包括:

(a) 搭售安排;

(b) 独家供应协议;

(c) 独家分销协议;

(d) 拒绝交易;

(e) 维持转售价格。

对本款的解释:

(a)"搭售安排"是指任何以购买其他货物作为购买某种货物的条件的协议;

(b)"独家供应协议"是指以任何方式限制买方在交易中获取货物或只能与卖方或特定第三方进行货物交易的协议;

(c)"独家分销协议"是指任何限制、阻碍、抑制货物输出或供应,或为处理或销售货物而分配区域、市场的协议;

(d)"拒绝交易"是指以任何方式限制或可能限制向某些人或某类人销售或购买货物的协议;

(e)"维持转售价格"是指以买方必须遵照卖方为产品转售而指定的价格作为销售条件的协议,除非其明确说明允许低于指定的价格转售。

(5) 本条内容并不限制:

(i) 为保护下列法律授予或可能授予的权利之必要,个人所享有的制止侵权或设定合理条件的权利:

(a) 1957年《著作权法》(1957年第14号法令);

(b) 1970年《专利法》(1970年第39号法令);

(c) 1958年《贸易与商品标记法》(1958年第43号法令)或1999年《商标法》(1999年第47号法令);

(d) 1999年《货物地理标志(登记和保护)法》(1999年第48号法令);

(e) 2000年《外观设计法》(2000年第16号法令);

(f) 2000年《半导体集成电路布图设计法》(2000年第37号法令)。

(ii) 任何人享有的从印度出口货物的权利,只要协议的范围仅涉及为此出口而进行的货物的生产、供应、分销、控制或服务的提供。

禁止滥用市场支配地位

4. 滥用市场支配地位

（1）任何企业或企业集团不得滥用市场支配地位。①

（2）如果企业或企业集团实施以下行为，②则构成上述第（1）款所指的滥用市场支配地位：

（a）直接或间接地设置不公平或歧视性的：

（i）货物或服务的购买、销售条件；或者

（ii）货物或服务的购买、销售价格（包括掠夺性价格）。

对本款的解释：

本款第（i）项中货物或服务购买、销售中的不公平或歧视性条件，以及第（ii）项中货物或服务购买、销售中的不公平或歧视性价格（包括掠夺性价格）并不包括为满足竞争需要而接受的歧视性条件或价格。

（b）限制或约束：

（i）货物的生产、服务的提供或两者之市场；或者

（ii）货物或服务的技术开发，以致损害消费者利益；或者

（c）以任何方式纵容妨碍市场进入的行为；③或者

（d）以对方接受无论从自然属性还是商业用途来说均与合同内容无关的附加义务，作为合同订立的条件；或者

（e）利用其在某一相关市场上的支配地位进入或保护其他相关市场。

对本条的解释：

（a）"市场支配地位"是指企业在相关市场上拥有的一种强势地位，它使得该企业可以：

（i）不受相关市场上其他竞争力量的影响而独立行事；或者

（ii）以有利于自身的方式影响竞争者、消费者或相关市场。

（b）"掠夺性价格"是指，以低于成本的价格销售货物或提供服务，

① 2002年《竞争法》原为"任何企业不得滥用其市场支配地位"。

② 2002年《竞争法》原为"如果企业实施以下行为"。

③ 2002年《竞争法》原为"纵容妨碍市场进入的行为"。

目的在于削弱竞争或排除竞争者,此成本可能由相关规则确定。

(c)"企业集团"与第5条解释(b)含义相同。①

联合控制

5. 联合

下述情况下,一人或多人收购一家或多家企业,或企业的吸收联合或新设联合,应视为企业与个人或企业之间的联合:

(a) 如果某项收购:

(i) 收购各方,作为收购企业和被收购企业,即其控制权、股份、投票权或资产已经或正在被收购的企业,共同拥有:

(A) 在印度境内,资产价值超过一百亿卢比或营业额超过三百亿卢比;或者

(B) 在印度境内外,资产价值总计超过五亿美元,包括至少五十亿卢比在印度境内,或营业额超过十五亿美元,包括至少一百五十亿卢比在印度境内;②或者

(ii) 被收购企业将要归属的企业集团,共同拥有或将共同拥有:

(A) 在印度境内,资产价值超过四百亿卢比或营业额超过一千二百亿卢比;或者

(B) 在印度境内外,资产价值总计超过二十亿美元,包括至少五十亿卢比在印度境内,或营业额超过六十亿美元,包括至少一百五十亿卢比在印度境内;③或者

(b) 当取得某企业控制权的个人,同时已经直接或间接地控制另一家从事相同、相似或可替代货物的生产、分销、贸易或相同、相似或可替代服务的提供的企业,则如果:

(i) 控制权被收购的企业和收购企业已经直接或间接控制的企业,两者共同拥有:

(A) 在印度境内,资产价值超过一百亿卢比或营业额超过三百亿卢比;或者

① 2007年《竞争法(修正案)》增加。

② 2002年《竞争法》原为"在印度境内外,资产价值总计超过五亿美元或营业额超过十五亿美元"。

③ 2002年《竞争法》原为"在印度境内外,资产价值总计超过二十亿美元或营业额超过六十亿美元"。

(B) 在印度境内外,资产价值总计超过五亿美元,包括至少五十亿卢比在印度境内,或营业额超过十五亿美元,包括至少一百五十亿卢比在印度境内;①或者

控制权已经或正在被收购的企业将要归属的企业集团,共同拥有或将要共同拥有:

(A) 在印度境内,资产价值超过四百亿卢比或营业额超过一千二百亿卢比;或者

(B) 在印度境内外,资产价值总计超过二十亿美元,包括至少五十亿卢比在印度境内,或营业额超过六十亿美元,包括至少一百五十亿卢比在印度境内;②或者

(c) 如果某项吸收联合或新设联合:

(i) 根据具体情况,吸收联合后组成的企业或新设联合后组成的企业拥有:

(A) 在印度境内,资产价值超过一百亿卢比或营业额超过三百亿卢比;或者

(B) 在印度境内外,资产价值总计超过五亿美元,包括至少五十亿卢比在印度境内,或营业额超过十五亿美元,包括至少一百五十亿卢比在印度境内在;③或者

(ii) 根据具体情况,吸收联合后组成的企业或新设联合后组成的企业将要归属的企业集团,拥有或将要拥有:

(A) 在印度境内,资产价值超过四百亿卢比或营业额超过一千二百亿卢比;或者

(B) 在印度境内外,资产价值总计超过二十亿美元,包括至少五十亿卢比在印度境内,或营业额超过六十亿美元,包括至少一百五十亿卢比在印度境内。④

对本条的解释:

---

① 2002年《竞争法》原为"在印度境内外,资产价值总计超过五亿美元或营业额超过十五亿美元"。

② 2002年《竞争法》原为"在印度境内外,资产价值总计超过二十亿美元或营业额超过六十亿美元"。

③ 2002年《竞争法》原为"在印度境内外,资产价值总计超过五亿美元或营业额超过十五亿美元"。

④ 2002年《竞争法》原为"在印度境内外,资产价值总计超过二十亿美元或营业额超过六十亿美元"。

(a)“控制”包括控制事务或管理,由:

(i) 一家或多家企业,无论共同或单独地,控制另一家企业或企业集团;

(ii) 一家或多家企业集团,无论共同或单独地,控制另一家企业或企业集团;

(b)“企业集团”是指两家或两家以上企业存在如下各种关系,其中一家企业直接或间接地:

(i) 拥有另一家企业百分之二十六及以上的投票权;或者

(ii) 任命另一家企业百分之五十以上的董事会成员;或者

(iii) 控制另一家企业的管理或事务;

(c) 资产价值应当根据拟议兼并所在当年的前一财政年度经审计的企业会计账簿所显示的资产账面价值计算,包括折旧减损的价值,且该资产价值应当包括品牌价值,商誉价值,或著作权、专利、许可使用、集体商标、注册经营者、注册商标、注册使用者、同名地理标志、地理标志、设计或布图设计或其他类似第3条第(5)款规定之商业权利的价值。

6. 联合控制

(1) 任何个人或企业都不得进行对本国相关市场竞争产生或可能产生可估量的不利影响的联合,任何此类联合均为无效。

(2) 鉴于上述第(1)款的规定,任何拟进行联合的个人或企业,应当①以规定的方式将联合计划的详情通知竞争委员会,费用由相关规则规定,上述通知应在以下行为发生之日起三十天②内发出:

(a) 根据具体情况,相关企业董事会批准第5条(c)款规定之企业吸收联合或新设联合的计划;或者

(b) 第5条(a)款规定之收购或(b)款规定之取得控制权的协议或其他文件的执行。

(2A) 任何联合都必须等到根据上述第(2)款向委员会发出通知二百一十天后,或委员会根据第31条做出指令后才能生效,以两者中较早者为准。③

① 2002年《竞争法》原为“可基于其选择”。
② 2002年《竞争法》原为“七天”。
③ 2007年《竞争法(修正案)》增加。

(3) 在收到上述第(2)款规定之通知后,委员会应当根据第29条、第30条和第31条的规定对其进行处理。

(4) 本条规定不适用于股份认购,融资贷款或公共金融机构、外国机构投资者、银行或风险投资基金基于借贷合约或投资协议而进行的任何收购。

(5) 但是,根据具体情况,上述第(4)款规定之公共金融机构、外国机构投资者、银行或风险投资基金应当在收购之日起七天内,以规则规定的方式将收购的详情通知委员会,包括控制的详情、控制实施的情况以及不履行借贷合约或投资协议可能产生的后果。

对本款的解释:

(a) "外国机构投资者"与有关1961年《所得税法》(1961年第43号法令)第115AD条的说明中的(a)款含义相同;

(b) "风险投资基金"与有关1961年《所得税法》(1961年第43号法令)第10条第23FB款的说明中的(b)款含义相同。

第三章　印度竞争委员会

7. 委员会的设立

(1) 为本法之目的,应自中央政府公告指定之日起设立"印度竞争委员会"(以下称"委员会")。

(2) 委员会应为以上述名称成立的、永久延续并设有权力公章的法人,根据本法规定,有权获得、持有、处置动产和不动产,以自身名义缔结合同、参与诉讼。

(3) 委员会总部位于中央政府指定的地方。

(4) 委员会可在印度境内其他地方设立办事处。

8. 委员会的组成

(1) 委员会由中央政府任命的一名主席和二至六名委员组成。

(2) 主席和其他委员应当具备相应才能,正直诚实,有一定名望,在中央政府认为有助于委员会工作的领域内具有专业知识和不少于十五年的职业经验,如国际贸易、经济、商业、法律、金融、会计、管理、工业、公共事务或竞争事务,包括竞争法和竞争政策。

(3) 主席和其他委员均为全职。①

9. 委员会主席和其他委员选任理事会②

委员会主席和其他委员应由中央政府从理事会推荐的专家名册中选任,包括:

(a) 印度首席大法官或其提名人选——主席

(b) 公司事务部部长——委员

(c) 司法部部长——委员

(d) 两名在国际贸易、经济、商业、法律、金融、会计、管理、工业、公共事务或竞争事务包括竞争法和竞争政策的领域内具备专业知识和职业经验的有名望的专家——委员。

(2) 选任理事会的任期和专家名单的挑选方式应遵照有关规定。③

10. 主席和其他委员的任期

(1) 主席和其他委员,自其上任之日起任期5年,且可连任;

但是,主席和其他委员年满65岁后不得继续任职。④

(2) 因第11条规定之主席或其他委员辞职或免职,或基于死亡或其他原因而产生的职位空缺,应根据第8条和第9条规定重新任命。

(3) 在任职之前,主席和其他委员应按照指定的方式在指定的当局进行就职和保密宣誓。

(4) 因主席死亡、辞职或其他原因而出现职位空缺时,首席委员应代行主席职能,直至根据本法选出的新主席就任。

---

① 2002年《竞争法》原为"(1) 委员会由中央政府任命的1名主席和2—10名委员组成;在委员会成立的第一年内,中央政府应当任命主席和1名委员。(2) 主席和其他委员应当具备相应才能,正直诚实,有一定名望,担任或有资格担任高等法院的法官,或者在国际贸易、经济、商业、法律、金融、会计、管理、工业、公共事务、行政或其他中央政府认为有助于委员会工作的领域内具备专业知识和不少于15年的职业经验。

(3) 主席和其他委员均为全职。"

② 2002年《竞争法》原为"主席和其他委员的选任"。

③ 2002年《竞争法》原为"主席和其他委员应以规定方式进行选任"。

④ 2002年《竞争法》原为"但是在下列情况下,主席或委员不得继续任职:

(a) 主席年满67岁;

(b) 其他委员年满65岁"。

(5) 因主席缺席、患病或其他原因而无法履行其职能时，首席委员应代行主席职能，直至主席能够重新履行其职能。

11. 主席和其他委员的辞职、免职及停职

(1) 主席或其他委员可以通过向中央政府递交其亲笔签名的书面辞呈，辞去其职务；但是，除非中央政府同意其立即放弃职位，否则其应当继续任职直至收到上述辞呈之日起满三个月，或合法任命的继任者接替其职位，或其原有任职期满，以最早日期为准。

(2) 尽管有上述第(1)款规定，但是，当委员会主席或其他委员存在下列情况时，中央政府可直接以命令的形式免除该主席或委员的职务：

(a) 现在或者无论何时已经宣告破产；或者

(b) 在任职期间的任何时候，兼任任何有偿职务；或者

(c) 从事中央政府认定为违背道德的行为；或者

(d) 收受可能影响其公正履行委员职责的金钱或其他利益；或者

(e) 滥用职权使其继续任职有损公共利益；或者

(f) 生理或心理状况使其无法胜任委员工作。

(3) 尽管有上述第(2)款规定，但是，任何委员都不得仅基于该第(d)项或第(e)项的理由而被免职，除非最高法院根据中央政府的提请，根据规定程序进行调查后，宣布基于上述理由该委员依法应当被免职。

12. 特定情形下主席和其他委员的任职限制

主席和其他委员在其停止任职后两年①内，不得受雇于委员会处理的涉案企业或接受与该企业管理或行政相关的职务。

但是，本条规定不适用受雇于中央政府、州政府、地方当局或根据中央、州、省的法律法规成立的法定机构或公司，或受雇于1956年《公司法》(1956年第1号法令)第617条所指的政府公司。

13. 主席的行政管理权②

主席对委员会的所有行政管理事务拥有全面监督、指示和控制的权力。

但是，主席可以将上述权力以其认为合适的方式委派给其他委员

① 2002年《竞争法》原为“一年”。

② 2002年《竞争法》原为“行政管理委员的财政和行政管理权”。

或委员会官员行使。①

14. 主席及其他委员的薪金、津贴及其他服务条款和细则

(1) 主席和其他委员的薪金、津贴及其他服务条款和细则,包括差旅费、租房补贴、交通便利、定额津贴、养廉补贴以及医疗便利等,都应依法确定。

(2) 主席和其他委员的薪金、津贴及其他服务条款和细则在其任命之后不应发生对其不利的变动。

15. 规则缺失等不致使委员会行为无效

委员会的行动或行为不应仅由于下列原因而无效:

(a) 委员会章程规定的缺失或瑕疵;或

(b) 主席或其他委员任命的瑕疵;或者

(c) 虽然委员会的程序不合法,但不致影响案件的是非曲直。

16. 总干事等的任命

(1) 为协助委员会开展违法调查以及履行本法规定的其他职能,中央政府可通过政府公告的方式任命委员会总干事。

(1A) 分管总干事、联合总干事、副总干事、助理总干事、总干事办公室的官员或其他雇员的人数和任命方式应遵照有关规定。②

(2) 分管总干事、联合总干事、副总干事、助理总干事、总干事办公室的官员或其他雇员③,应当在总干事的控制、监督和指导下行使其权力、履行其职能。

(3) 总干事、分管总干事、联合总干事、副总干事、助理总干事、总干事办公室的官员或其他雇员④的薪水、津贴和其他服务条款和细则

---

① 2002年《竞争法(修正案)》原为"中央政府应指定若干委员作为行政管理委员,根据中央政府制定的有关规定,行使财政和行政管理权力。但是,该行政管理委员有权将自己享有的财政和行政管理权委派给其认为合适的委员会其他官员行使,前提是该官员在行使该委任权力时仍应接受行政管理委员的指导、监督和控制"。

② 2002年《竞争法》原为"(1) 中央政府可通过政府公告的方式,任命委员会总干事和其认为数量适当的分管总干事、联合总干事、副总干事、助理总干事,或其他类似顾问、咨询专家或官员,以协助委员会开展违法调查、处理案件以及履行本法规定的其他职能"。

③ 2002年《竞争法》原为"分管总干事、联合总干事、副总干事、助理总干事或其他类似顾问、咨询专家和官员"。

④ 2002年《竞争法》原为"总干事、分管总干事、联合总干事、副总干事、助理总干事或其他类似顾问、咨询专家和官员"。

应遵照相关规定。

(4) 总干事、分管总干事、联合总干事、副总干事、助理总干事、总干事办公室的官员或其他雇员①应当从以下人员中选任:正直诚实、才能突出、有调查经验并且具备会计、管理、商业、公共行政管理、国际贸易、法律或经济等领域的专业知识或其他相应资质。

17. 委员会秘书、专家、专业人员和官员及其他雇员的任命②

(1) 为有效履行本法规定职能之需,委员会可以任命一名秘书或此类官员或其他雇员。

(2) 委员会秘书、任何官员和其他雇员的薪水、津贴和其他服务条款和细则,以及此类任何官员和其他雇员的数量,应遵照有关规定。

(3) 根据规则确定的程序,为协助委员会履行本法规定职能之需,委员会可以聘请一定人数的专家或专业人员,他们应当正直诚实、能力突出,在经济、法律、商业或其他与竞争有关的领域内有专业知识和职业经验。③

第四章 委员会的职责、权力和职能

18. 委员会的职责

根据本法规定,委员会负有如下职责:消除对竞争产生不利影响的行为、促进并维护竞争、保护消费者利益以及确保印度市场其他参与者的交易自由。

委员会为在本法框架下履行其义务或行使其职能,经中央政府的事先批准,可以与任何外国的代表机构签署任何备忘录或安排。

19. 特定协议和企业市场支配地位的调查

(1) 对于任何被指控违反第3条第(1)款或第4条第(1)款规定的情况,委员会可以自行或基于以下原因发起调查:

(a) 以任何方式收到任何个人、消费者及其团体或贸易协会提供

① 2002年《竞争法》原为"总干事、分管总干事、联合总干事、副总干事、助理总干事或其他类似顾问、咨询专家和官员"。

② 2002年《竞争法》原为"登记员、委员会任何官员和其他雇员"。

③ 2002年《竞争法》原为"(1) 为有效履行本法规定职能之需,委员会可以任命一名登记员或此类官员或其他雇员。

(2) 登记员、任何官员和其他雇员的薪水、津贴和其他服务条款和细则,以及任何官员和其他雇员的数量,应遵照有关规定。"

的报告，①并缴纳了相关规则所规定的费用；或者

(b) 中央政府、州政府或法定机构的提请。

(2) 在不影响上述第(1)款规定的情况下，委员会应享有以下第3至第(7)款规定之权力和职能。

(3) 在判定某协议是否具有第3条规定之对竞争产生可估量的不利影响时，委员会应考虑以下因素：

(a) 是否对市场新进入者构筑障碍；

(b) 是否将现有竞争者排挤出市场；

(c) 是否通过阻碍进入市场来排除竞争；

(d) 是否有利于消费者利益；

(e) 是否在产品生产、分销或服务提供方面有所改进；

(f) 是否通过产品生产、分销或服务提供而促进科技进步和经济发展。

(4) 在调查企业是否占有第4条规定之市场支配地位时，委员会应考虑以下因素：

(a) 企业的市场份额；

(b) 企业的规模和资源；

(c) 竞争者的规模和地位；

(d) 企业的经济实力，包括对竞争者的商业优势；

(e) 企业的纵向一体化程度或其销售、服务网络；

(f) 消费者对企业的依赖程度；

(g) 垄断或支配地位的取得是否源于法律规定，或政府企业、公共事业企业的性质，或其他原因；

(h) 进入市场的壁垒，包括管制壁垒、金融风险、高额进入资本、营销进入壁垒、技术进入壁垒、经济规模、替代产品或服务的高成本；

(i) 均衡购买力；

(j) 市场结构及规模；

(k) 社会义务及社会成本；

(l) 与对竞争产生或可能产生的可估量的不利影响相比，拥有支配地位的企业对经济发展的贡献所具有的相对优势；

---

① 2002年《竞争法》原为“收到任何个人、消费者及其团体或贸易协会提起的违法指控”。

(m) 委员会认为与调查有关的其他因素。

(5) 为了判定某个市场是否构成本法意义上的"相关市场",委员会应当考虑"相关地域市场"和"相关产品市场"。

(6) 在判定"相关地域市场"时,委员会应考虑以下因素:

(a) 管制贸易壁垒;

(b) 当地技术要求;

(c) 国家采购政策;

(d) 充足的分销设施;

(e) 运输成本;

(f) 语言;

(g) 消费者偏好;

(h) 确保安全、定期供应或快捷的售后服务的需要。

(7) 在判定"相关产品市场"时,委员会应考虑以下因素:

(a) 产品的物理特性或最终用途;

(b) 产品或服务的价格;

(c) 消费者偏好;

(d) 内部生产的排除;

(e) 专业生产者的存在;

(f) 工业产品分类。

20. 委员会对联合的调查

(1) 基于对第5条(a)款规定之收购或(b)款规定之取得控制权或(c)款规定之吸收联合或新设联合的知晓或信息,委员会可以对此类联合是否对本国竞争产生或可能产生的可估量的不利影响展开调查。

但是,此类联合生效一年后,委员会不得再对其发起本款规定之调查。

(2) 在收到第6条第(2)款规定之通知时,①委员会应当就通知或提请所涉及的企业联合是否对本国竞争产生或可能产生的可估量的不利影响进行调查。

(3) 尽管有第5条规定,但是,中央政府应当在本法实施后两年且此后每两年,基于批发价格指数、卢比或外汇的汇率波动,与委员会协

① 2002年《竞争法》原为"在收到第6条第(2)款规定之通知或第21条第(1)款规定之提请时"。

商,以公告的方式调整第5条规定之企业的资产价值或营业额;

(4)为判定联合是否对本国竞争产生或可能产生的可估量的不利影响,委员会应适当考虑以下全部或部分因素:

(a)市场上通过进口产生的实际的或潜在的竞争水平;

(b)市场进入壁垒的程度;

(c)市场集中水平;

(d)市场上均衡势力的水平;

(e)联合可能导致其当事方能够显著地、持久地提高价格或利润率的可能性;

(f)市场上有效竞争可以维系的程度;

(g)市场上替代品获得或可能获得的程度;

(h)联合所涉的企业或个人在相关市场上单独或共同占有的市场份额;

(i)联合将充满活力的、有效的竞争者排挤出市场的可能性;

(j)市场上纵向产业链完整性的性质和程度;

(k)导致某种交易失败的可能性;

(l)创新的性质和程度;

(m)与对竞争产生或可能产生的可估量的不利影响相比,联合贡献于经济发展所带来的相对利益;

(n)联合的效益是否超过其对竞争所产生的不利影响。

21. 法定机构的咨询请求

(1)如果法定机构在处理案件的过程中,有关当事方提出该法定机构作出或拟作出的决定违反或可能违反本法规定,则该法定机构可以就此问题向委员会请求咨询。

但是,法定机构也可自行向委员会请求咨询。①

(2)收到上述咨询请求后,委员会应当在收到咨询请求之日起六十天内给予答复,相关法定机构应在考虑委员会的意见后,就此问题的裁决给出记录在案的理由。②

① 2007年《竞争法(修正案)》增加。

② 2002年《竞争法》原为"收到上述咨询请求后,委员会应当在听取涉案当事方的陈述后给予答复,相关法定机构其后应就此问题通过其认为适当的委员会的指令。委员会应当在收到咨询请求之日起60天内给予答复"。

21A. 委员会的咨询请求①

(1) 如果委员会在处理案件的过程中,有关当事方提出委员会作出或拟作出的决定违反或可能违反本法规定,且本法的实施由某一法定机构负责,则委员会可以就此问题向该法定机构请求咨询。

但是,委员会也可自行向法定机构请求咨询。

(2) 收到上述咨询请求后,该法定机构应当在收到咨询请求之日起六十天内给予答复,委员会应在考虑该法定机构的意见后,就此问题的裁决给出记录在案的理由。②

22. 委员会会议③

(1) 委员会应在规定的时间和地点举行会议,在会议上应遵守规则规定的处理事务的规范和程序。

(2) 主席因故不能参加委员会会议时,应由出席会议的首席委员主持会议。

(3) 委员会会议上提出的所有问题应由出席并投票的委员多数票决定,如果票数相同,则主席或其缺席时主持会议的委员拥有赞成票或决定票。

但是,出席委员会会议的法定人数为三名委员。④

---

① 2007 年《竞争法(修正案)》增加。

② 同上。

③ 2002 年《竞争法》原为"委员会合议庭"。

④ 2002 年《竞争法》原为"(1) 委员会的管辖权、权力和职权可由其合议庭履行。

(2) 合议庭应由委员会主席组建,且每个合议庭应不少于 2 名委员。

(3) 每个合议庭应至少包括一名司法委员。

对本款的解释:

本款中的"司法委员"是指担任或曾担任或有资格担任高等法院法官委员。

(4) 委员会主席主持的合议庭应为主合议庭,而其他合议庭则为附属合议庭。

(5) 委员会主席应组建一个或多个联合合议庭,专门处理第 5 条和第 6 条规定之企业联合事务。

(6) 主合议庭、附属合议庭、联合合议庭的惯常所在地应由中央政府以公告形式指定"。

23. 删除。①

24. 删除。②

25. 删除。③

26. 第19条规定之调查的程序④

(1) 收到中央政府、州政府或法定机构的咨询请求后或者委员会

---

① 2002年《竞争法》原为"委员会各合议庭的事务分配

(1) 当合议庭设立之后,委员会主席可通过指令的形式,就各合议庭之间的事务分配作出规定,明确每个合议庭管辖的具体事务。

(2) 如果就有关事务是否属于某合议庭管辖范围产生疑问,则委员会主席的决定应为最终裁定。

(3) 委员会主席可以:

(i) 将委员由一个合议庭调往另一个合议庭;或者

(ii) 授权一个合议庭的委员同时履行另一个合议庭的职能。

但是,如果委员会主席要将某个城市合议庭的成员调往另一个城市的合议庭,则应事先获得中央政府的批准。

(4) 考虑到所涉问题的性质,根据主席意见或中央政府法规的要求,为确保案件或事项由两个以上委员组成的合议庭进行审理,委员会主席可以作出其认为合适的一般或特别指令"。

② 2002年《竞争法》原为"合议庭成员意见分歧时案件的处理程序

如果合议庭成员在案件的任何问题上存在意见分歧,那么他们应当陈述其不同意见,并将其提交委员会主席,委员会主席可以自行审理,也可以将其提交其他委员审议,并根据多数委员(包括最初审理案件的委员)的意见作出判定"。

③ 2002年《竞争法》原为"合议庭管辖权

任何调查、诉请或咨询应由下列享有管辖权的当地合议庭发起或受理:

(a) 根据具体情况,如果存在两个或两个以上住所,在提起调查、诉请或咨询期间内,被告或共同被告中的每个人实际且自愿居住、营业或以个人身份工作并取得报酬的所在地;或

(b) 多名被告中的任何一名,在提起调查、诉请或咨询期间内,实际且自愿居住、营业或以个人身份工作并取得报酬的所在地,如果该案件中合议庭对此管辖表示许可,或者上述案件中未在该地居住、营业或以个人身份工作并取得报酬的被告对此管辖默示同意;或者

(c) 全部或部分案由的发生地。

对本条的解释:

被告,如果作为第2条第1款第(iii)项、第(vi)、第(vii)项或第(viii)项下的个人,则其营业地应当为在印度唯一或主要的营业场所、在印度的注册地或分办事处所在地"。

④ 2002年《竞争法》原为"第19条规定之诉请的调查程序"。

根据自身了解或收到第19条规定之报告后，如果其认为存在案件的初步证据，则委员会可以指示总干事对相关问题展开调查。

但是，如果委员会认为该报告的标的实质上与前一报告的标的相同或为其所涵盖，则后一报告可以与前一报告联合处理。

(2) 收到中央政府、州政府或法定机构的咨询请求或委员会收到第19条规定之报告后，如果其认为不存在案件的初步证据，则委员会应立即停止处理该事项，并发出其认为合适的指令，且根据具体情况将指令副本送达中央政府、州政府、法定机构或有关当事方。

(3) 总干事收到上述第(1)款规定之指示后，应当在委员会规定的时间内提交裁决报告。

(4) 根据具体情况，委员会可以将上述第(3)款规定之报告副本交予有关当事方。

但是，如果调查因中央政府、州政府或其他法定机构之提请而发起，根据具体情况，委员会应当将上述第(3)款规定之报告副本交与中央政府、州政府或其他法定机构。

(5) 如果上述第(3)款规定之总干事报告认为不存在违反本法规定的情况，根据具体情况，委员会应当邀请中央政府、州政府、其他法定机构或有关当事方就总干事报告提出异议或建议。

(6) 就上述第(5)款规定之异议或建议作出考虑后，如果委员会同意总干事的建议，则其应当立即停止该事项并通过其认为适当的指令，根据具体情况，委员会应当将指令传达至中央政府、州政府、其他法定机构或有关当事方。

(7) 就上述第(5)款规定之异议或建议作出考虑后，如果委员会认为有必要进行进一步调查，则其可以就该事项指示总干事或促成或自行根据本法规定进行进一步调查。

(8) 如果上述第(3)款规定之总干事报告认为存在违反本法规定的情况，且委员会认为有必要进行进一步调查，则其应当根据本法规定调查该违法情况。①

27. 委员会调查限制竞争协议或滥用市场支配地位后作出的指令

根据具体情况，在进行上述调查后，如果委员会发现有关第3条规定之协议或拥有支配地位的企业的行为违反了第3条或第4条规定，那么委员会有权作出以下指令：

(a) 根据具体情况，要求订立限制竞争协议或滥用支配地位的相关企业或企业团体、个人或个人团体停止并不再订立此类协议，或停止滥用行为；

(b) 对此类协议或滥用行为所涉及的个人或企业，处以不高于其过去三个财政年度平均营业额百分之十的罚款；

但是，如果第3条规定之限制竞争协议由卡特尔订立，那么委员会应当对该卡特尔的每个生产者、销售者、分销者、贸易商或服务提供者分别处以，相当于该协议存续期间每年利润的三倍的罚款或该协议存

---

① 2002年《竞争法》原为"(1) 根据当事人的诉请，或中央政府、州政府或法定机构之提请，或委员会自己的了解，或案件的初步证据，委员会可以指示总干事对相关问题展开调查。

(2) 总干事收到上述第(1)款规定之指示后，应当在委员会规定的时间内提交裁决报告。

(3) 当收到第19条第(1)款第(a)项规定之诉请时，如果委员会认为案件缺乏初步证据，则对该案应当不予受理并作出其认为适当的相关指令，包括征收必要的费用。

(4) 根据具体情况，委员会应当将上述第(2)款规定之报告的副本交予有关当事方，或者中央政府、州政府或其他法定机构。

(5) 如果总干事就当事人诉请所作出的调查报告指出，不存在任何违反本法规定的情况，则应当给予起诉方反驳总干事的调查报告的机会。

(6) 如果听取起诉方的陈述后，委员会仍然同意总干事的意见，那么委员会有权驳回该诉请。

(7) 如果听取起诉方的陈述后，委员会认为有必要展开进一步调查，那么委员会应当指示起诉方继续其诉请。

(8) 如果总干事就政府提请之事项所作的调查报告认为，不存在任何违反本法规定的情况，那么委员会应当进一步听取中央政府、州政府或其他法定机构对报告的意见；在获得上述意见之后，如果委员会认为缺乏初步证据，则应拒绝政府之提请，如果存在初步证据，则委员会应将该提请视为诉讼进一步展开。

(9) 如果上述第(2)款规定之总干事调查报告认为存在违反本法的情况，且委员会认为有必要展开进一步调查，那么委员会应当根据本法规定对该违法情况进行深入调查"。

在期间每年营业额的百分之十的罚款,以较高者为准;①

(c) 删除;②

(d) 要求根据委员会指令所确定的方式和程度修改协议;

(e) 要求相关企业遵守委员会作出的其他指令并遵照指令内容执行,包括费用的支付;

(f) 删除;③

(g) 通过或作出其认为适当的其他指令或指示。④

但是,如果通过本条所指的指令时,委员会认定违反本法第3、4条规定的企业是第5条解释(b)款所指的企业集团的成员,且该集团的其他成员也参与促成违法行为或对此负有责任,则委员会可以根据本条通过对该集团的其他成员不利的指令。⑤

28. 分割占有市场支配地位的企业

(1) 委员会⑥不受其他现行有效法律规定的影响,可以通过书面指令,要求分割占有市场支配地位的企业以确保该企业不滥用其支配地位。

(2) 特别是,在不影响上述权力的一般性原则的情况下,第(1)款规定之指令可就下列所有或部分事项做出规定:

(a) 财产、权利、责任或义务的转移或归属;

(b) 通过解除或减轻相关责任、义务或其他事项,对合同进行调整;

(c) 任何股份、股票或证券的创设、分配、退回或取消;

(d) 删除;⑦

(e) 企业的组建或停业清理,或修改公司章程纲要、公司章程或其他规范公司经营的文件;

(f) 企业可能改变的对其产生影响的指令条款的范围和条件及其登记;

---

① 2002年《竞争法》原为"但是,如果第3条规定之限制竞争协议由卡特尔订立,那么委员会应当对该卡特尔的每个生产者、销售者、分销者、贸易商或服务提供者分别处以,相当于其从该协议中获利的三倍的罚款或该卡特尔过去三个财政年度平均营业额10%的罚款,以较高者为准"。

② 2002年《竞争法》原为"根据本法第34条规定给予有关当事方赔偿"。

③ 2002年《竞争法》原为"建议中央政府分割拥有支配地位的企业"。

④ 2002年《竞争法》原为"通过其认为适当的其他指令"。

⑤ 2007年《竞争法(修正案)》增加。

⑥ 2002年《竞争法》原为"中央政府根据第27条第(f)款规定之建议"。

⑦ 2002年《竞争法》原为"对因企业支配地位受损的个人给予赔偿"。

（g）任何可能影响企业分割的其他必要事项。

（3）无论其他有效法律、协议、公司章程纲要或公司章程如何规定，任何因企业分割而停止任职的公司高层管理人员无权就此向企业提出赔偿要求。

29. 企业联合的调查程序

（1）如果委员会初步认为①某项联合对本国相关市场的竞争产生或可能产生可估量的不利影响，那么委员会有权向联合当事方发出通知，要求其在接到通知后的三十天内就不应对该联合展开调查的理由作出答复。

（1A）收到上述第（1）款规定之联合当事方的答复后，委员会可以要求总干事提交报告，该报告必须在委员会指定的时间内提交。②

（2）如果委员会初步认为，某项联合对竞争产生或可能产生可估量的不利影响，则委员会应当在收到当事方上述答复后的七个工作日内，或者收到第（1A）款规定之总干事报告后，以两者中较迟者为准③，以其认为适当的方式指示当事方在指示作出后的十个工作日内披露联合的详情，以使公众以及受到或可能受到该联合影响的个人知悉。

（3）如果存在的话，委员会可以邀请受到或可能受到该联合影响的个人或公众，在根据上述第（2）款公布企业联合的详情之日起十五个工作日内，向委员会提交书面反对意见。

（4）委员会可以在上述第（3）款规定的期限届满之日起十五个工作日内，要求该联合当事方补充委员会认为必要的其他信息。

（5）委员会要求补充的其他信息，应由上述当事方在上述第（4）款规定的期限届满之日起十五天内向委员会提供。

（6）收到所有信息后并在上述第（5）款规定的期限届满之日起四十五个工作日内，委员会应当继续根据第31条的规定处理有关案件。

30. 第6条第（2）款规定之通知的程序④

当某个人或企业已经根据第6条第（2）款之规定发出通知时，委员会应当就该通知进行调查，并形成第29条第（1）款规定之初步意见，并

---

① 2002年《竞争法》原为“如果委员会认为”。

② 2007年《竞争法（修正案）》增加。

③ 2002年《竞争法》原为“则委员会应当在收到当事方上述答复后的七个工作日内”。

④ 2002年《竞争法》原为“第6条第（2）款规定之披露的调查”。

按照该条每一款的规定继续进行。①

31. 特定联合的委员会指令

(1) 当委员会认为某项联合对本国竞争并未产生也不可能产生可估量的不利影响时,委员会应当通过指令的方式批准该联合,包括已经根据第6条第(2)款向委员会发出通知的联合。

(2) 当委员会认为某项联合对竞争产生或可能产生可估量的不利影响时,委员会应当禁止该联合。

(3) 当委员会认为某项联合对竞争产生或可能产生可估量的不利影响,但是这种不利影响可以通过对该联合的适当调整而消除时,委员会可以建议该联合当事方做出适当调整。

(4) 如果联合当事方接受委员会根据上述第(3)款做出的调整建议,则其应当在委员会指定的期限内进行上述调整。

(5) 如果接受调整建议的联合当事方未能在委员会指定的期限内进行调整,则该联合应当被视为对竞争产生可估量的不利影响,而由委员会根据本法相关规定进行处理。

(6) 如果联合当事方拒绝接受委员会根据上述第(3)款做出的调整建议,则其可以在委员会做出调整建议后的三十个工作日内,向委员会递交其对调整建议的修改方案。

(7) 如果委员会同意联合当事方根据上述第(6)款提交的修改方案,则其应当通过指令批准该联合。

(8) 如果委员会不同意联合当事方根据上述第(6)款提交的修改方案,则当事方有权获得三十个工作日的宽限期,并在此期限内接受委员会根据第(3)款做出的调整建议。

(9) 如果联合当事方在第6条规定的三十个工作日的期限内或第8条规定的三十个工作日的宽限期内未能接受委员会的调整建议,则其联合将被视为对竞争产生可估量的不利影响而根据本法规定处理。

(10) 如果委员会根据第(2)款规定禁止某项联合或根据第(9)款规定认定某项联合对竞争产生可估量的不利影响时,则委员会可以决定下列事项均为无效,此项指令并不影响本法规定之其他任何可能做

① 2002年《竞争法》原为"当某个人或企业已经根据第6条第(2)款之规定发出披露通知时,委员会应当就以下事项进行调查:

(a) 通知中的披露是否正确;

(b) 该联合是否对竞争产生或可能产生可估量的不利影响"。

出的处罚或提起的诉讼：

(a) 第5条第(a)款规定之收购；或者

(b) 第5条第(b)款规定之取得控制权；或者

(c) 第5条第(c)款规定之吸收联合或新设联合。

但是，如果其认为适当的话，委员会可以制定计划以实施本款规定之指令。

(11) 如果在第6条第(2)款规定之向委员会发出通知后二百一十天内，①委员会未能根据第(1)款、第(2)款或第(7)款的规定，通过任何指令或发布任何指示，则视为该联合获得委员会批准。

对本款的解释：

本款所指的二百一十天②，应当除去第(6)款所指的三十个工作日的期限以及第(8)款所指的三十个工作日的宽限期。

(12) 如果联合当事方寻求延长时间，则九十个工作日的期限应当在扣除给予当事方的延长时间后再行计算。

(13) 如果委员会已经认定某项联合无效，则第5条规定之收购、取得控制权、吸收联合或新设联合应当视为没有发生，由当局根据其他法律进行处理，联合当事方也应根据相应规定处理。

(14) 本章的任何规定不影响根据其他有效法律所提起或可能提起之任何程序。

32. 在印度境外发生但是对印度境内竞争产生影响的行为

尽管存在下列情况，根据本法第19、20、26、29和30条的规定，③委员会仍有权对此类协议、滥用市场支配地位的行为或企业联合进行调查，并根据本法规定通过其认为适当的指令，④如果此类协议、滥用市场支配地位的行为或企业联合，对印度相关市场竞争产生或可能产生可估量的不利影响：

(a) 在印度境外达成的第3条规定之协议；或者

(b) 此类协议的当事方位于印度境外；或者

(c) 滥用市场支配地位的企业位于印度境外；或者

---

① 2002年《竞争法》原为“如果在第29条第(2)款规定之公布日后90个工作日内”。

② 2002年《竞争法》原为“90个工作日”。

③ 2007年《竞争法(修正案)》增加。

④ 同上。

(d) 在印度境外进行的企业联合;或者

(e) 此类联合的当事方位于印度境外;或者

(f) 任何基于此类协议、市场支配地位或企业联合的事项、做法或行为发生于印度境外。

33. 发布临时禁令的权力①

调查期间,如果违反第3条第(1)款、第4条第(1)款或第6条的行为已经并将继续实施或即将实施,则委员会可以在其认为必要的时候,在不对相对方发出任何通知的情况下,发布禁令暂时限制当事方实施该行为,直至发布调查结果或下一步指令。②

34. 删除。③

35. 出席委员会

个人、企业④或总干事可以亲自,或授权一名或多名注册会计师、

---

① 2002年《竞争法》原为"采取临时救济的权力"。

② 2002年《竞争法》原为"(1) 在委员会调查期间,如果有书面誓词或其他证据能使委员会确信,某种违反第3条第(1)款、第4条第(1)款或第6条的行为已经并将继续实施或即将实施,则委员会可以在其认为必要的时候,在不对相对方发出任何通知的情况下,发布临时禁令以限制当事方实施该行为,直至发布调查结果或下一步指令。

(2) 在委员会调查期间,如果有书面誓词或其他证据能使委员会确信,某类货物的进口可能违反第3条第(1)款、第4条第(1)款或第6条,则委员会可以在其认为必要的时候,在不对相对方发出任何通知的情况下,下达临时禁令以限制当事方进口该货物,直至发布调查结果或下一步指令,此禁令的副本应当送达有关当局。

(3) 委员会做出的临时禁令应与民事法院发布的临时禁令一样,适用于1908年《民事程序法》(1908年第5号法令)第一附表第39号指令第2A至第5条的规定,且这些规定中任何有关诉讼的规定也适用于委员会的调查"。

③ 2002年《竞争法》原为"给予赔偿的权力

(1) 在不影响本法其他规定的情况下,任何个人可以就因任何企业违反本法第二章规定而遭受的损失或损害向委员会提出损害赔偿请求。

(2) 在对上述损害赔偿请求进行调查后,委员会可以下达指令要求相关企业向申请者支付赔偿,赔偿数额由委员会根据企业违反第二章规定给申请者带来的损失或损害的实际情况来确定。

(3) 如果遭受第(1)款规定之损失或损害的个人为数众多且拥有共同利益,则经委员会许可后,他们中的一人或多人可作为代表并基于利害当事方之利益,向委员会提出第(1)款规定之赔偿申请;1908年《民事程序法》(1908年第1号法令)第一附表第1号指令第8条有关诉讼的规定也应被解释为适用于此类申请以及此后委员会的相关指令"。

④ 2002年《竞争法》原为"原告、被告"。

公司秘书、成本会计师、法律从业者、或个人或企业的其他代表，出席委员会处理的与其有关的案件。

对本条的解释：

(a)“注册会计师”是指，1949 年《注册会计师法》(1949 年第 38 号法令)第 2 条第(1)款第(b)项定义的并且获得该法第 6 条第(1)款规定之执业资格证书的会计师。

(b)“公司秘书”是指，1980 年《公司秘书法》(1980 年第 56 号法令)第 2 条第(1)款第(c)项定义的并且已获得该法第 6 条第(1)款规定之执业资格证书的公司秘书。

(c)“成本会计师”是指，1959 年《成本及工厂会计师法》(1959 年第 23 号法令)第 2 条第(1)款第(b)项定义的并且已获得该法第 6 条第(1)款规定之执业资格证书的成本会计师。

(d)“法律从业者”是指能出席高等法院的辩护律师、律师或代诉人，包括执业助诉人。

36. 委员会规范自身程序的权力

(1) 委员会履行其职能时，在遵循自然正义原则、遵守本法的其他规定以及中央政府制定的法规的前提下，拥有规范自身的程序的权力。

(2) 为履行本法规定之职能，在处理下列事项时，委员会应当拥有 1908 年《民事程序法》(1908 年第 5 号法令)赋予民事法院审理案件时所拥有的权力：

(a) 传唤并强制个人出庭并对其进行宣誓后的询问；

(b) 要求开示证据并提交文件；

(c) 接受宣誓书面证据；

(d) 发布讯问证人或审查文件的委任状；

(e) 根据 1872 年《印度证据法》(1872 年第 1 号法令)第 123 条和 124 条的规定，要求从任何政府机构获得政府档案、文件或其复印件；

(f) 驳回或单方裁决缺席申请；

(g) 其他任何可以规定的事项。

(3) 委员会可以召集经济、商业、会计、国际贸易或其他任何其认为必要的领域内的专家，以协助委员会开展调查或其他程序。

(4) 委员会可以要求任何个人：

(a) 向总干事、秘书或其他委员会授权的官员提交，其指令中指定或规定的与交易有关的、为本法之目的需要接受检查的账簿或其他由该个人保管或控制的文件；

（b）向总干事、秘书或其他委员会授权的官员提供，为本法之目的需要的有关其交易或其掌握的其他有关其交易的信息。①

37.（删除）②

---

① 2002年《竞争法》原为"（1）委员会不受1908年《民事程序法》（1908年第5号法令）有关程序规定的约束，但应当遵循自然正义，并遵守本法的其他规定以及中央政府制定的法规，委员会有权规范自身的程序，包括其席位、口头听证的期限以及调查期限。

（2）为履行本法规定之职能，在处理下列事项时，委员会应当拥有1908年《民事程序法》（1908年第5号法令）赋予民事法院在审理案件时所拥有的权力：

（a）传唤并强制个人出庭并对其进行宣誓后的询问；

（b）要求开示证据并提交文件；

（c）接受宣誓书面证据；

（d）发布讯问证人或审查文件的委任状；

（e）根据1872年《印度证据法》（1872年第1号法令）第123条和124条的规定，要求从任何政府机构获得政府档案、文件或其复印件；

（f）驳回或单方裁决缺席申请；

（g）其他任何可以规定的事项。

（3）委员会所进行的任何程序都应当被视为《印度刑法》（1860年第45号法令）第193条和第228条规定的并符合第196条目的之司法程序，而且，委员会应当被视作1973年《刑事程序法》（1974年第2号法令）第195条和第26章规定之民事法院。

（4）委员会可以召集经济、商业、会计、国际贸易或其他任何其认为必要的领域内的专家，以协助委员会开展调查或其他程序。

（5）委员会可以要求任何个人：

（a）向总干事、登记员或其他委员会授权的官员提交，其指令中指定或规定的与交易有关的、为本法之目的需要接受检查的账簿、账目或其他由该个人保管或控制的文件；

（b）向总干事、登记员或其他委员会授权的官员提供，为本法之目的需要的有关其交易或其掌握的其他有关其交易的信息。

（6）如果委员会认为，第3条规定之限制竞争协议、第4条规定之滥用市场支配地位或第5条规定之企业联合，对本国相关市场的竞争产生或可能产生可估量的不利影响，且必须立即对消费者以及其他市场参与者的利益给予保护，则在给予有关当事方合理的口头听证的机会后，委员会可以就本法下的任何事项展开调查或作出判决"。

② 2002年《竞争法》原为"委员会指令之复审对于委员会作出的指令，如果根据本法规定当事人可以上诉但没有提起上诉，当事人可以自该指令作出之日起30天内，向委员会提出复审申请，委员会可以就复审作出其认为适当的裁定。但是，如果有足够的原因导致申请者未能在规定的时间内及时提出申诉的话，那么在上述30天的期限届满后，委员会可以再给予当事人一次申请复审的机会；然而，在未听取指令对其有利一方当事人以及总干事（当其为程序一方时）意见的情况下，任何指令不得被修改或取消"。

38. 指令之纠正

(1) 如果指令显然存在错误需要纠正,委员会可以根据本法对其作出修正。

(2) 在遵守本法其他规定的情况下,委员会可以:

(a) 主动作出第1款规定之修正;

(b) 根据指令当事方的提请,修正指令的错误。

对本条的解释:

为消除疑问,纠正指令中的明显错误时,委员会不能够修改根据本法作出的指令的实质部分。

39. 委员会罚金指令的执行①

(1) 如果个人没有缴纳本法规定的罚金,委员会应当按照规则规定的方式继续追索该罚金。

(2) 如果委员会认为根据1961年《所得税法》(1961年第43号法令)的规定追索本法规定之罚金是有利的,则其可以提请该法规定的有关所得税征税机关追索罚金,作为该法规定的应缴税款。

(3) 委员会作出第(2)款规定之追索罚金的提请后,受处罚人应被视为1961年《所得税法》(1961年第43号法令)规定之缺席固定其收入金额之人,该法第221、227、228A、229、231、232条和第二附表以及据此制定的任何法规将被视为本法之规定予以适用。

对本条的解释之一——1961年《所得税法》(1961年第43号法令)及依据该法制定的法规中任何有关该法第220条第(2)、(6)款之适用的规定都应解释为有关本法第43、45条之适用的规定。

对本条的解释之二——1961年《所得税法》(1961年第43号法令)所指的税务专员和税务官员应视为为追缴本法规定的罚金而设的税务专员和税务官员,第(2)款规定之提请也等同于税务官员应要求开具的与本法规定的罚金有关的证明。

对本条的解释之三——1961年《所得税法》(1961年第43号法令)第17D章和第二附表规定之有关上诉的内容应解释为本法第53B条规

① 2002年《竞争法》原为"委员会指令的执行"。

定之有关向竞争上诉法庭上诉的内容。①

40. (删除)②

第五章　总干事的职责

41. 总干事负责查处违法行为

(1) 总干事应当根据委员会指示,协助委员会对任何违反本法或依据本法制定的法规和规则的情况进行调查。

(2) 总干事应享有第36条第(2)款授予委员会的所有权力。

(3) 在不影响上述第(2)款的情况下,1956年《公司法》(1956年第1号法令)第240条和第240A条的规定应适用于总干事发起的调查,或者如同其适用于根据该法任命的检查员一样适用于总干事授权进行调查的人员。

对本条的解释:③

(a) 1956年《公司法》(1956年第1号法令)所指的"中央政府"应解释为"委员会"。

(b) 1956年《公司法》(1956年第1号法令)所指的"地方官员"应解释为"德里市政长官"。

---

① 2002年《竞争法》原为"委员会根据本法作出的任何指令,应被视为高等法院或主要民事法院的判决或命令,以同样的方式由委员会执行;并且,在其无法执行的情况下,委员会有权将其指令移送至下列对其享有地域管辖权的高等法院或主要民事法院,收到移送的法院应当将委员会的指令视为法院移送的判决或命令加以执行:

(a) 如果指令针对第2条第(1)款第(3)、(6)、(7)项规定之个人,则为该当事人的注册地、印度境内唯一或主要的营业地或次要营业场所所在地的法院;

(b) 如果指令针对其他个人,则为该当事人的自愿居住地、营业或以个人身份工作并取得报酬的所在地的法院"。

② 2002年《竞争法》原为"上诉任何受到委员会裁决或指令侵害的个人,有权在收到该裁决或指令之日起60天内,基于1908年《民事程序法》(1908年第5号法令)第100条规定之理由,向最高法院提起上诉。但是,如果有足够理由导致当事人无法在上述规定的期限内提起上诉,那么最高法院可以给予上诉人不超过60天的宽限期以提起上诉。然而,如果委员会的裁决或指令是在获得各方当事人同意的情况下作出的,则当事人不能再提起上诉"。

③ 2007年《竞争法(修正案)》增加。

第六章　罚　　则

42. 违反委员会指令

(1) 委员会可就其根据本法授权作出的指令或指示的遵守情况进行调查。

(2) 如果个人无正当理由不遵守委员会根据本法第27、28、31、32、33、42A和43A条的规定作出的指令或指示,根据委员会的决定,在违法情形持续期间其应当受到最高每天十万卢比的处罚,但总和最高不超过一亿卢比。

(3) 如果个人不遵守指令或指示,或者不缴纳第(2)款规定的罚金,在不损害第39条规定之程序的情况下,应对其处以德里市政长官认为适当的最高三年的监禁或最高两亿五千万的罚金。

但是,德里市政长官不应将本条规定之违法认定视为委员会或其授权之委员会官员提起的诉讼的判决。①

42A. 违反委员会指令的赔偿②

在不损害本法规定的情况下,任何个人均可向竞争法庭申请赔偿令,就其因任何企业违反委员会作出的指示,或无正当理由违反委员会根据第27、28、31、32和33条作出的决定或指令,或依据本法作出的任何批准、指示或豁免的条件或限制,或迟延履行委员会作出的该指令或指示而遭受的损失或损害。③

43. 不履行委员会和总干事指令的处罚

任何个人无正当理由不履行下列指令,则在其不履行指令期间内,委员会可以决定对其处以每日十万卢比的罚款,最高不超过一千万卢比:

---

① 2002年《竞争法》原为"(1) 在不违反本法规定的情况下,如果任何个人无正当理由违反委员会指令,或违反根据本法作出的批准、制裁、指示或豁免的条件和限制,或未能缴纳本法规定的赔偿金,则该个人将面临可长达一年的民事监禁,除非委员会豁免其民事监禁,同时,还应缴纳不超过一百万卢比的罚金。(2) 在根据本法做出指令时,委员会可针对任何个人或管理当局做出为执行该指令所必需的且不违反本法规定的具体指示;任何违反此类指示或未能履行指示规定义务的个人,委员会将对其处以不超过一年的民事监禁,除非委员会豁免其民事监禁,同时,还应缴纳不超过一百万卢比的罚金"。

② 2007年《竞争法(修正案)》增加。

③ 同上。

(a) 委员会根据第 36 条第(2)、(4)款作出的指令;或

(b) 总干事行使第 41 条第(2)款规定之权力时作出的指令。①

43A. 处罚不提供联合信息的权力②

如果任何个人或企业不向委员会发出第 6 条第(2)款规定之通知,委员会应当对该个人或企业处以高达其总营业额或联合资产的百分之一的处罚,以两者中较高者为准。③

44. 虚假陈述或遗漏重要信息的处罚

如果企业联合的当事方实施以下行为,则委员会可以决定对其处以高达五百万至一千万卢比不等的罚金:

(a) 就重要事项作虚假陈述或明知其为虚假;或者

(b) 陈述时故意遗漏明知是重要事项的信息。

45. 违反信息提供规定的处罚

(1) 在不影响第 44 条规定的情况下,如果根据本法任何提供或要求提供详情、文件或信息的个人存在以下行为,则委员会可对其处以高达一千万卢比的罚金:

(a) 明知或理应知道某些重要事项为虚假,但仍作出虚假陈述或提供虚假文件;或者

(b) 陈述时故意遗漏明知是重要事实的信息;或者

(c) 故意篡改、藏匿或毁损上述要求提供的文件。④

(2) 在不影响上述第 1 款的情况下,委员会还可以作出其认为适合的其他处罚指令。

---

① 2002 年《竞争法》原为"如果个人不履行下列指令,则在其不履行指令期间内,委员会将对其处以每日十万卢比的罚款:

(a) 委员会根据第 36 条第(5)款作出的指令;或

(b) 总干事行使第 41 条第(2)款规定之权力时作出的指令"。

② 2007 年《竞争法(修正案)》增加。

③ 同上。

④ 2002 年《竞争法》原为"(1) 在不影响第 44 条的情况下,如果根据本法任何提供或要求提供详情、文件或信息的个人存在以下行为,则委员会可对其处以高达一百万卢比的罚金:

(a) 明知或理应知道某些重要事项为虚假,但仍作出虚假陈述或提供虚假文件;或者

(b) 陈述时故意遗漏明知是重要事实的信息;或者

(c) 故意篡改、藏匿或毁损上述要求提供的文件"。

46. 减轻处罚的权力

如果被指控违反第3条规定的卡特尔的生产者、销售者、分销商、贸易商或服务供应商,已经就其被指控的违法行为作出完整、真实且至关重要的披露,则委员会可以酌情减轻其根据本法或相关法规、规则应受的处罚。

但是,如果在作出上述披露之前已经收到第26条规定之调查的报告,则委员会不能减轻对当事人的处罚。①

同时,处罚的减轻仅适用于已经②作出完整、真实且至关重要披露的卡特尔内的生产者、销售者、分销商、贸易商或服务提供者。

但是,如果披露信息的个人不与委员会保持合作直至委员会完成程序,则委员会也不能减轻对当事人的处罚。③

此外,如果在有关程序中,卡特尔内的生产者、销售者、分销商、贸易商或服务提供商存在以下行为,则上述生产者、销售者、分销商、贸易商或服务提供商将就其违法情况接受审理,并接受相应处罚:

(a) 没有遵守委员会减轻处罚的相应条件;或者

(b) 提供虚假证据;或者

(c) 披露并非至关重要。

47. 罚金汇入印度统一基金账户

根据本法收取的所有罚金将汇入印度统一基金账户。

48. 公司违法

(1) 如果公司违反本法、相关法规或规则以及据此作出的指令或裁决,则违法情况发生之时对公司经营行为负责的个人应当同公司一起,对公司违法行为承担责任并接受相应处罚。

但是,如果上述个人能够证明其对于公司违法行为并不知情或恪尽职守阻止公司违法行为,则其不必承担任何处罚。

(2) 虽然有上述第(1)款的规定,但是,如果有证据证明公司的违法行为得到了公司董事、经理、秘书或其他管理人员的同意或默许,或可归因于其疏忽,则上述人员应对公司违法行为承担责任并接受相应

① 2002年《竞争法》原为“但是,如果在作出上述披露之前,根据本法或相关法规、规则提起的有关违法调查程序或第26条规定之调查已经展开,则委员会不能减轻对当事人的处罚”。

② 2002年《竞争法》原为“最先”。

③ 2007年《竞争法(修正案)》增加。

处罚。

对本条的解释：

(a)“公司”是指法人，包括合伙企业及其他个人合伙。

(b) 在合伙企业中，“董事”是指企业的合伙人。

第七章　倡导竞争

49. 倡导竞争

(1) 中央政府在制定竞争政策(包括审查与竞争有关的法律)或其他事项时，或州政府在制定竞争政策或其他事项时，根据具体情况可以就该政策可能对竞争产生的影响向委员会作出说明，而委员会应当在收到说明之日起六十天内向中央政府、州政府给出其意见，根据具体情况中央政府、州政府可采取其认为适当的行动。①

(2) 上述第(1)款规定之委员会意见在中央政府、州政府根据具体情况制定相关政策时并无约束力；②

(3) 遵照相关规定，③委员会应采取适当的措施以推动倡导竞争、培养竞争意识并就竞争问题开展培训。

第八章　财政、账目以及审计

50. 中央政府拨款

议会依法为此拨款后，中央政府可以向委员会提供其认为实施本法所需的适当的经费。

51. 设立基金

(1) 应当设立一个“竞争基金”，并且以下经费应当纳入该“竞争基金”：

(a) 委员会获得的所有政府拨款；

---

① 2002年《竞争法》原为“(1) 在制定竞争政策(包括审查与竞争有关的法律)时，中央政府可以就该政策对竞争可能产生的影响向委员会作出说明，而委员会应当在上述说明做出之日起60天内向中央政府给出其意见，其后中央政府可制定其认为适当的政策”。

② 2002年《竞争法》原为“上述第(1)款规定之委员会意见在中央政府制定相关政策时并无约束力”。

③ 2007年《竞争法(修正案)》删除。

(b) 删除;①

(c) 根据本法规定收取的各种费用;

(d) 上述第(a)、(c)项规定之钱款②的利息。

(2) "竞争基金"将用于:

(a) 委员会主席和其他委员的薪水和津贴以及行政管理开支,包括支付给总干事、分管总干事、联合总干事、副总干事、助理总干事、登记员以及委员会任何官员和其他雇员的薪水、津贴和养老金;

(b) 委员会为履行本法职责或基于本法目的产生的其他费用开支。

(3) "竞争基金"由竞争委员会主席选任部分委员组成管理委员会对其进行管理。

(4) 上述"竞争基金"管理委员会应根据基金设立的目的使用该基金。

52. 账目和审计

(1) 委员会应当保存账目及其他相关纪录,并按中央政府规定的方式会同印度主计审计长制作年度账目报表。

(2) 委员会的账目应当定期接受印度主计审计长的审计,且因审计产生的相关费用应当由委员会支付给主计审计长。

对本条的解释:

委员会做出的可向竞争法庭或最高法院③上诉的指令无需接受本条规定之审计。

(3) 印度主计审计长和经其委任的对竞争委员会账目进行审计的人员,应当享有与主计审计长审计政府账目时相同的权利、特权和职权,特别是其还享有要求提供账簿、账目、相关凭证和其他文件的权利以及对委员会官员进行检查的权利。

(4) 经印度主计审计长或经其委任的人员审计后的委员会账目,每年应当与相应的审计报告一同提交给中央政府,同时,中央政府应将其提交给议会。

53. 向中央政府提交报告等

(1) 应中央政府之要求,委员会应当按规定或中央政府指定的时

① 2002年《竞争法》原为"委员会程序当事人缴纳的各项费用"。

② 2002年《竞争法》原为"上述(a)至(c)项规定之钱款"。

③ 2002年《竞争法》原为"最高法院"。

间和方式，不定期地向中央政府提交有关拟议或正在实施的旨在推动倡导竞争、培养竞争意识以及就竞争问题开展培训的措施的报告、陈述以及详细情况。

(2) 委员会应按规定的方式和时间，每年就其上一年度的活动作出真实、全面的年度报告，报告副本应提交中央政府。

(3) 中央政府在收到上述报告副本后应尽快将其提交议会。

第八章 A 竞争上诉法庭①

53A. 上诉法庭的组建

(1) 中央政府应当以通知的形式组建上诉法庭，即为竞争上诉法庭：

(a) 审理和处理针对委员会根据本法第 26 条第(2)、(3)款、第 27、28、31、32、33、38、39、43、43A、44、45 和 46 条规定作出的指示、决定或指令提起的上诉；

(b) 判决针对依据委员会的裁决，或上诉法庭针对委员会裁决或第 43A 条或 53Q 条第(2)款提起的上诉中作出的指令而提出的损害赔偿请求，并通过本法第 53N 条规定之损害赔偿指令。

(2) 上诉法庭的总部应由中央政府以通知的形式指定。

53B. 向上诉法庭上诉

(1) 受到第 53A 条(a)款规定之指示、决定或指令侵害的中央政府、州政府或地方当局、企业或任何个人可以向上诉法庭提起上诉。

(2) 上述第(1)款规定之上诉应当在中央政府、州政府或地方当局、企业或任何个人收到委员会的指示、决定或指令的副本之日起六十日内按照规定的形式提出，并缴纳规定的费用。

但是，如果有充足的理由致使无法在六十日内提起上诉，则六十日期满后上诉法庭仍可以接受上诉。

(3) 上诉法庭收到第(1)款规定之上诉后，可以在给予上诉方陈述意见的机会后，通过其认为适当的指令以维持、修改或取消上诉所针对的指示、决定或指令。

(4) 上诉法庭应当将其所有指令的副本送交委员会和上诉方。

---

① 2007 年《竞争法(修正案)》增加。

（5）上诉法庭应当迅速处理第(1)款规定之上诉，并尽力在收到上诉后六个月内处理完毕。

53C. 上诉法庭的组成

上诉法庭应当由中央政府任命的主席和至多两名其他委员组成。

53D. 上诉法庭主席和其他委员的任命资格

（1）上诉法庭主席应当为担任或曾经担任最高法院法官或高等法院首席法官之人。

（2）上诉法庭委员应当为具备相应才能、正直诚实、有一定名望之人，并在竞争事务方面包括竞争法和竞争政策、国际贸易、经济、商业、法律、金融、会计、管理、工业、公共事务、行政管理或其他中央政府认为有利于上诉法庭的领域内具备专业知识和至少二十五年职业经验。

53E. 选任理事会

（1）上诉法庭主席和其他委员应由中央政府从理事会推荐的专家名册中选任，包括：

（a）印度首席大法官或其提名人选——主席

（b）公司事务部部长——委员

（c）司法部部长——委员

（2）选任理事会的任期和专家名单的挑选方式应遵照有关规定。

53F. 上诉法庭主席和其他委员的任期

上诉法庭主席和其他委员自上任之日起任期五年，可以连任。

但是在下列情况下，上诉法庭主席和其他委员不得任职：

（a）主席年满68岁；

（b）其他委员年满65岁。

53G. 上诉法庭主席和其他委员的服务条款和细则

（1）上诉法庭主席和其他委员的薪金、津贴及其他服务条款和细则应遵照相应规定。

（2）上诉法庭主席和其他委员的薪金、津贴及其他服务条款和细则在其任命之后不应发生对其不利的变动。

53H. 职位空缺

如果除暂时缺席外，上诉法庭主席和其他委员出现职位空缺，中央政府应当根据本法规定重新任命，填补空缺后上诉法庭程序可以继续进行。

53I. 上诉法庭主席和其他委员的辞职

上诉法庭主席和其他委员可以通过向中央政府递交其亲笔签名的书面辞呈,辞去其职务。

但是,除非中央政府同意其立即放弃职位,否则上诉法庭主席和其他委员应当继续任职直至收到上述辞呈之日起满三个月,或合法任命的继任者接替其职位,或其原有任职期满,以最早日期为准。

53J. 特定情形下上诉法庭委员代行主席职能

因上诉法庭主席死亡、辞职或其他原因而出现主席职位空缺时,上诉法庭首席委员应代行主席职能,直至根据本法任命的新主席就任。

因上诉法庭主席缺席、患病或其他原因而无法履行其职能时,根据具体情况,中央政府应当以通知的形式授权上诉法庭首席委员或其他委员代行主席职能,直至主席能够重新履行其职能。

53K. 上诉法庭主席和其他委员的免职和停职

(1) 当上诉法庭主席或其他委员存在下列情况时,中央政府可与印度首席大法官协商免除该主席或委员的职务:

(a) 已经宣告破产;或者

(b) 在任职期间的任何时候,兼任任何有偿职务;或者

(c) 从事中央政府认定为违背道德的行为;或者

(d) 生理或心理状况使其无法胜任主席或委员的工作;或者

(e) 收受可能影响其公正履行主席或委员职责的金钱或其他利益;或者

(f) 滥用职权使其继续任职有损公共利益。

(2) 尽管有上述第(1)款规定,但是,上诉法庭主席或任何委员都不得仅基于该第(e)项或第(f)项的理由而被免职,除非最高法院法官根据中央政府的提请进行调查,并就该指控通知该主席或委员,且给予其合理的机会陈述其意见后,中央政府发布指令宣布免职。

53L. 特定情形下上诉法庭主席和其他委员的任职限制

上诉法庭主席和其他委员在其停止任职后两年内,不得受雇于上诉法庭处理的涉案企业或接受与该企业管理或行政相关的职务。

但是,本条规定不适用受雇于中央政府、州政府、地方当局或根据中央、州、省的法律法规成立的法定机构或公司,或受雇于1956年《公司法》(1956年第1号法令)第617条所指的政府公司。

53M. 上诉法庭的职员

(1) 中央政府允许上诉法庭任命其认为适当的任何官员和其他雇员。

(2) 上诉法庭任何官员和其他雇员应当在上诉法庭主席的全面监管和控制下履行其职责。

(3) 上诉法庭任何官员和其他雇员的薪金、津贴及其他服务条款和细则应遵照有关规定。

53N. 给予赔偿

(1) 在不影响本法其他规定的情况下,中央政府、州政府、地方当局、任何企业或个人可以依据委员会裁决、上诉法庭推翻委员会裁决后作出指令或者本法第42A条、第53Q条第(2)款的规定向上诉法庭提出损害赔偿请求,申请颁发赔偿令,如果任何企业违反本法第二章规定而使其遭受损失或损害。

(2) 提出第(1)款规定之损害赔偿请求时应附上委员会裁决,并缴纳规定的相关费用。

(3) 对第(1)款规定之损害赔偿请求进行调查以后,上诉法庭可以下达指令要求相关企业向申请者支付赔偿,赔偿数额由上诉法庭根据企业违反第二章规定给申请者造成的损失或损害的实际情况确定。

但是,上诉法庭在下达赔偿令前可以得到委员会的建议。

(4) 如果遭受第(1)款规定之损失或损害的个人为数众多且拥有共同利益,经上诉法庭许可后,他们中的一人或多人可作为代表并基于利害当事方之利益,提出第(1)款规定之损害赔偿请求,因此1908年《民事程序法》(1908年第1号法令)第一附表第1号指令第8条应当适用,并修改为有关诉讼或判决的规定应被解释为适用于向上诉法庭作出的申请以及此后上诉法庭的相关指令。

对本条的解释——为消除疑问,据此公布如下:

(a) 仅当委员会或处理本法第53A条第(1)款(a)项规定之上诉的上诉法庭在各自的程序中认定存在违反本法之行为,或提起本法第42A条或第53Q条第(2)款规定之赔偿时,才能向上诉法庭提起损害赔偿请求。

(b) 上述第(3)款规定之调查并非是对委员会或上诉法庭就行为违反本法与否作出的调查报告的重新认定,而是为了确定损害赔偿请求适格与否以及数额大小。

53O. 上诉法庭的程序和权力

(1) 上诉法庭不受1908年《民事程序法》(1908年第5号法令)规定之程序的约束,但是在遵循自然正义原则、遵守本法的其他规定以及中央政府制定的法规的前提下,拥有规范自身的程序包括法庭所在地的权力。

(2) 为履行本法规定之职能,在处理下列事项时,上诉法庭应当拥有1908年《民事程序法》(1908年第5号法令)赋予民事法院审理案件时所拥有的权力:

(a) 传唤并强制个人出庭并对其进行宣誓后的询问;

(b) 要求开示证据并提交文件;

(c) 接受宣誓书面证据;

(d) 根据1872年《印度证据法》(1872年第1号法令)第123条和124条,要求从任何政府机构获得政府档案、文件或其复印件;

(e) 发布讯问证人或审查文件的委任状;

(f) 复审其决定;

(g) 驳回或单方裁决缺席陈述;

(h) 取消驳回缺席陈述的命令或单方裁决缺席陈述的命令;

(i) 其他任何可以规定的事项。

(3) 上诉法庭受理的所有诉讼应视为《印度刑事法》(1860年第45号法令)第193、228条所指的、为第196条之目的司法程序,上诉法庭应视为1973年《刑事程序法典》第二十六章和第195条规定之民事法院。

53P. 上诉法庭指令的执行

(1) 上诉法庭作出的任何指令,应当以与法院的判决同样的方式执行;并且,在其无法执行的情况下,上诉法庭有权将其作出的指令移送至下列对其享有地域管辖权的法院:

(a) 如果指令是针对公司作出的,则为该公司注册地法院;

(b) 如果指令是针对其他个人作出的,则为该当事人的自愿居住地、营业地或以个人身份工作并取得报酬的所在地的法院。

(2) 尽管有上述第(1)款规定,上诉法庭可以将其作出的任何指令移送至对其享有地域管辖权的民事法院,收到移送的民事法院应当将上诉法庭的指令视为该法院自己作出的判决加以执行。

53Q. 违反上诉法庭指令

(1) 在不损害本法其他规定的情况下,如果个人无正当理由违反上诉法庭作出的指令,应对其处以德里首席市政长官认为适当的不超过一千万卢比的罚金或最高三年的监禁或两者并罚。

但是,德里首席市政长官不应将本条规定之违法认定视为上诉法庭授权之官员提起的诉讼的判决。

(2) 在不影响本法其他规定的情况下,任何个人均可以向上诉法庭申请颁发损害赔偿指令,要求企业对其因该企业无正当理由违反上诉法庭指令或迟延履行上述指令而遭受的损失或损害进行赔偿。

53R. 上诉法庭规则缺失不致其行为或程序无效

上诉法庭的任何行为或程序都不得仅因上诉法庭规则的缺失或缺陷而受到质疑或无效。

53S. 法定代表权

(1) 向上诉法庭提起上诉的人可以亲自,或授权一名或多名注册会计师、公司秘书、成本会计师、法律从业者或其他代表,出席上诉法庭处理的与其有关的案件。

(2) 向上诉法庭提起上诉的中央政府、州政府、地方当局或企业可以授权一名或多名注册会计师、公司秘书、成本会计师、法律从业者或其他代表作为代理人,获得授权之人均可出向上诉法庭提交与任何上诉有关的案件。

(3) 委员会可以授权一名或多名注册会计师、公司秘书、成本会计师、法律从业者或其他代表作为代理人,获得授权之人均可出向上诉法庭提交与任何上诉有关的案件。

对本条的解释:

"注册会计师"、"公司秘书"、"成本会计师"、"法律从业者"的含义同第35条解释。

53T. 向最高法院上诉

如果中央政府、州政府、委员会、法定机构、地方当局、企业或个人的权利受到上诉法庭的决定或指令的侵害,他们可以在上诉法庭的决定或指示送达之日起60天内向最高法院提起上诉。

但是,如果有足够理由导致当事人无法在上述规定的期限内提起上诉,那么最高法院可以给予上诉人不超过60天的宽限期以提起上诉。

53U. 惩处藐视法庭的权力

在藐视法庭方面,上诉法庭应当拥有并可以实施与高等法院同等的权限、权力和权威,为此,1971年《藐视法庭法》应作出如下修改并予以适用:

上述高等法院应解释为包括上诉法庭在内;

该法第15条所指的"总顾问"应解释为中央政府通过公告指定的法律官员。

第九章 其他规定

54. 豁免权

中央政府可以通过公告的方式,就本法或其任何条款之适用给予以下豁免,并就豁免之期限作出规定:

(a) 任何类别的企业,如果该豁免为维护国家安全或公共利益所必需;

(b) 基于印度签订的双边或多边协定、协议或条约下的义务而产生的任何行为或协议;

(c) 任何代表中央政府或州政府行使主权权利的企业。

但是,如果企业行为涉及行使政府主权权利,那么中央政府仅可以就与主权权利有关的方面给予企业豁免。

55. 中央政府下达指示的权力

(1) 在不违反本法上述条款的情况下,委员会依据本法行使权力或履行职能时,中央政府不定期下达的有关政策问题的书面指示对竞争委员会具有约束力,有关技术和行政事务的指示除外;但是,在上述指示下达之前,委员会应当有机会表达其自身意见。

(2) 有关事项是否为政策问题,应以中央政府的决定为准。

56. 中央政府解散委员会的权力

(1) 如果中央政府认为存在以下情况,则中央政府可在任何时候发出公告,解散委员会,解散的原因和期限(不超过6个月)应在公告中予以说明:

(a) 由于某些情况超出委员会的控制,以致其无法履行本法规定之职能;或者

(b) 委员会长期未能遵守中央政府根据本法作出的指示,或者未

能履行本法规定之职能,以致损害委员会的财务或行政管理;或者

(c) 存在某些情况,使得基于公共利益必须如此。

但是,在发出上述公告之前,中央政府应给予委员会合理的机会,就政府拟议的解散陈述其意见,且这些意见应当为中央政府所考虑。

(2) 当上述第1款规定之解散委员会的公告发布之后,则

(a) 主席和其他委员应当自委员会解散之日起离职;

(b) 所有本法规定之委员会的权力、职能和职责,都将由中央政府或其指定的管理当局代为行使,直至根据以下第(3)款的规定重新建立委员会;

(c) 所有委员会所有或控制的财产归属于中央政府,直至根据以下第(3)款的规定重新建立委员会。

(3) 第(1)款规定之公告所设定的解散期限届满之前,中央政府应当通过重新任命主席和其他委员的方式重新组建竞争委员会,上述第2款第(a)项下退出职位的委员并不丧失被重新任命的资格。

(4) 中央政府应当尽快将其发出的第(1)款规定之公告、有关本条规定之实施的所有行为及其原因的报告提交议会。

57. 信息披露的限制

委员会或上诉法庭[①]获得的有关企业的任何信息,事先未获得企业书面许可的情况下,不得披露;除非基于本法、其他现行有效法律的规定或基于其目的。

58. 主席、委员、总干事、秘书、任何官员和其他雇员均为公务人员[②]

委员会的主席、其他委员、总干事、分管总干事、联合总干事、副总干事、助理总干事、秘书、任何官员和其他雇员,上诉法庭的主席、委员、任何官员和其他雇员,基于本法之规定而为或欲为行为时,应视为《刑法典》(1860年第45号法令)第21条规定之公务人员。[③]

59. 善意行为的保护

不应对中央政府及其官员,委员会及其主席、委员、总干事、分管总

---

① 2002年《竞争法》原为"委员会"。

② 2002年《竞争法》原为"委员会的委员、总干事、登记员、任何官员和其他雇员均为公务人员"。

③ 2002年《竞争法》原为"委员会的主席、委员、总干事、分管总干事、联合总干事、副总干事、助理总干事、登记员、任何官员和其他雇员,基于本法之规定而为或欲为行为时,应被视为《刑法典》(1860年第45号法令)第21条规定之公务人员"。

干事、联合总干事、副总干事、助理总干事、秘书、任何官员和其他雇员，上诉法庭的主席、委员、任何官员和其他雇员①，根据本法或其他相关法规和规则，实施或有意实施的善意行为提起任何诉讼、检举或其他法律程序。

60. 本法拥有最高效力

即使其他现行有效法律与本法的规定不同，本法的规定仍然具有法律效力。

61. 排除民事法院的管辖

对于有关本法授权委员会或上诉法庭②决定的事务，民事法院不享有任何诉讼或其他程序的管辖权，并且对于本法授权委员会采取的行动或拟采取的行动，民事法院或其他管理当局不得发布禁令。

62. 允许其他法律的适用

本法之规定应对其他现行有效法律进行补充而非减损。

63. 制定法规的权力

(1) 为实施本法，中央政府可以通过公告的方式制定相应法规。

(2) 特别是在不损害上述权力的一般效力的情况下，此类法规可以就以下情况做出规定：

(a) 第 9 条第(2)款规定之选任理事会任期和专家名单的挑选方式；③

(b) 第 10 条第(3)款规定之就职、保密宣誓的形式、方式和机构；

(c) 删除；④

(d) 第 14 条第(1)款规定之委员会主席和其他委员的薪水以及其他服务条款和细则，包括差旅费、租房补贴、交通便利、定额津贴以及医疗便利；

(da) 第 16 条第(1A)款规定之分管总干事、联合总干事、副总干

---

① 2002 年《竞争法》原为“不应对中央政府及其官员，委员会及其主席、委员、总干事、分管总干事、联合总干事、副总干事、助理总干事、登记员、任何官员和其他雇员”。

② 2002 年《竞争法》原为“委员会”。

③ 2002 年《竞争法》原为“第 9 条规定之委员会主席和其他委员的选任方式”。

④ 2002 年《竞争法》原为“第 13 条规定之行政管理委员的财政及行政管理权限”。

事、助理总干事、总干事办公室的官员或其他雇员的人数和任命方式;①

(e) 第16条第(3)款规定之总干事、分管总干事、联合总干事、副总干事、助理总干事、官员或其他雇员②的薪水、津贴及其他服务条款和细则;

(f) 第16条第(4)款规定之总干事、分管总干事、联合总干事、副总干事、助理总干事、官员或其他雇员③的任职资格;

(g) 第17条第(2)款规定之秘书④、任何官员和其他雇员的薪水、津贴和其他服务条款和细则,以及上述人员的人数;

(h) 删除;⑤

(i) 删除;⑥

(j) 删除;⑦

(k) 第52条第(1)款规定之年度账目报表的制作形式;

(l) 第53条第(1)款规定之委员会应中央政府的要求提交报告、陈述和详细情况的期限和形式、方式;

(m) 第53条第(2)款规定之提交年度报告的形式和期限;

(ma) 第53B条第(2)款规定之向上诉法庭提起上诉的形式以及与该上诉有关的应缴费用;

(mb) 第53E条第(2)款规定之选任理事会的任期和专家名单的挑选方式;

(mc) 第53G条第(1)款规定之上诉法庭主席和其他委员的薪金、津贴及其他服务条款和细则;

(md) 第53M条第(3)款规定之上诉法庭任何官员和其他雇员的

---

① 2007年《竞争法(修正案)》增加。

② 2002年《竞争法》原为"总干事、分管总干事、联合总干事、副总干事、助理总干事及其他类似顾问、咨询专家或官员"。

③ 同上。

④ 2002年《竞争法》原为"登记员"。

⑤ 2002年《竞争法》原为"确保第23条第(4)款规定之某些特殊案件或事项由两人以上合议庭审理"。

⑥ 2002年《竞争法》原为"第36条第(2)款第(g)项规定之委员会享有权力的其他事项"。

⑦ 2002年《竞争法》原为"有关第49条第(3)款规定之推动倡导竞争、培养竞争意识和就竞争问题开展培训"。

薪金、津贴及其他服务条款和细则；

(me) 第53N条第(2)款规定之提起损害赔偿请求时应缴纳的费用；

(mf) 第53O条第(2)款第(i)项规定之上诉法庭应当拥有的1908年《民事程序法》(1908年第5号法令)赋予的审理案件时所拥有的其他权力；①

(n) 第66条第(2)款第(4)项规定之转移至委员会或上诉法庭的资金应由其根据具体情况处理的方式；②

(o) 法规应当或可以规定的其他事项。

(3) 中央政府根据第20条第(3)款和第54条发布的公告，以及根据本法制定的法规，应当在制定之后尽快提交议会，如果在议会会议期间内，即如果是一次会议则在三十天内，或是两次或两次以上的连续会议则在紧接上一次会议的下一次会议期满前，上下两院均同意对公告或法规进行修改，则仅公告或法规之修订版本具有效力，如果议会均不同意公告或法规之发布或制定，则此公告或法规无效；然而，上述修改或取消并不影响此前已经根据公告或法规做出的行为的效力。

64. 制定规则的权力

(1) 为贯彻本法，根据本法以及依照本法制定的法规，委员会可以通过公告的方式制定相应规则。

(2) 特别是在不损害上述条款的一般性原则的情况下，此类规则可以就以下事项做出规定：

(a) 第4条解释第(b)款规定之生产成本的确定；

(b) 第6条第(2)款规定之通知的形式以及费用；

(c) 第6条第(5)款规定之通知收购详情的方式；

(d) 第17条第(3)款规定之聘请专家和专业人员的程序；

(e) 第19条第(1)款第(a)项规定之费用；

(f) 第22条第(1)款规定之委员会会议上处理事务应当遵循的程序；

(g) 第39条第(1)款规定之缴纳罚金的方式；

---

① 2007年《竞争法(修正案)》增加。

② 2002年《竞争法》原为"第66条第(2)款第(4)项规定之中央政府处理转移资金的方式"。

(h) 规则应当或可以规定的其他事项。①

(3) 根据本法制定的规则,应当在制定之后尽快提交议会,如果在议会会议期间内,即如果是一次会议则在三十天内,或是两次或两次以上的连续会议则在紧接上一次会议的下一次会议期满前,上下两院均同意对规则进行修改,则仅规则之修订版本具有效力,如果议会均不同意规则之制定,则此规则无效;然而,上述修改或取消并不影响此前已经根据规则做出的行为的效力。

65. 排除障碍的权力

(1) 为排除本法实施过程中的障碍,中央政府可以在官方公告上发布指令,制定不与本法规定相冲突的条款;但是,本法生效两年后不得再发布上述指令。

(2) 依据本条制定的任何法规应当在其制定后尽快提交议会。

66. 废止和保留

(1) 1969 年《垄断与限制贸易行为法》(1969 年第 54 号法令)(以下称"该法")据此废止,根据该法第 5 条第(1)款建立的垄断与限制贸易行为委员会(以下称"该委员会")随之解散。

但是,尽管有本款规定,对本法生效前提起的案件和程序(包括受理的起诉和提交的咨询、申请),根据该法第 5 条第(1)款建立的垄断与限制贸易行为委员会可以在本法生效之日起两年内继续行使该法赋予的权限和权力,此时该法仍被视为没有废止,其所有条款对提起的案件、程序、起诉、咨询、申请以及其他事项参照适用。

对本款的解释——为消除疑问,据此公布如下:

本款不赋予该委员会任何判决或裁决于本法生效时或生效后依据该法提起的案件或程序的权限或权力。

(1A) 但是,该法的废止不影响:

(a) 该法以前的实施,或依据该法的正当所为或经历;

(b) 依据该法而取得、产生或导致的任何权利、特权、责任或义务;

(c) 因违反该法而导致的任何罚款、没收或处罚;

(d) 有关前述任何权利、特权、责任、义务、罚款、没收或处罚的程序或救济,且可以在视为该法没有废止的情况下提起、继续或执行该程

① 2002 年《竞争法》原为"(d) 第 19 条第(1)款第(a)项规定之费用;(e) 规则应当或可以规定的其他事项"。

序或救济，处以或做出该罚款、没收或处罚。①

(2) 随着垄断与限制贸易行为委员会的解散，解散前委任并在该委员会任职的主席、委员、调查与登记总干事、分管调查与登记总干事、联合调查与登记总干事、副调查与登记总干事、助理调查与登记总干事以及任何官员和其他雇员，应退出其相应职位，主席和其他委员将有权基于任职期限或合同服务期未满，得到不超过三个月的薪水和津贴补偿；

如果调查与登记总干事、分管调查与登记总干事、联合调查与登记总干事、副调查与登记总干事、助理调查与登记总干事以及任何官员和其他雇员，解散前以代表的身份委派至该委员会，则根据具体情况，该委员会解散后他们将分别回到各自原来的主管单位。

如果调查与登记总干事、分管调查与登记总干事、联合调查与登记总干事、副调查与登记总干事、助理调查与登记总干事以及任何官员和其他雇员，该委员会解散前为其长期雇用，则该委员会解散后他们将以中央政府指定的方式分别成为竞争委员会或上诉法庭的官员或雇员，如果该委员会没有继续发放养老金、无偿给付等款项，则他们就上述款项拥有同样的权利和特权，直至他们在竞争委员会或上诉法庭的雇用期届满，或竞争委员会或上诉法庭对其报酬和雇用条件进行正当调整。②

尽管有 1947 年《产业纠纷法》(1947 年第 14 号法令)及其他现行有效法律，但是，该委员会的调查与登记总干事、分管调查与登记总干事、联合调查与登记总干事、副调查与登记总干事、助理调查与登记总干事以及任何官员和其他雇员的工作转移至竞争委员会和上诉法庭③，并不意味着上述人员有权根据本法或其他现行有效法律获得赔

---

① 2002 年《竞争法》原为“(1) 1969 年《垄断与限制贸易行为法》(1969 年第 54 号法令)为本法所取代，根据该法第 5 条第(1)款建立的垄断与限制贸易行为委员会(以下称‘该委员会’)随之解散”。

② 2002 年《竞争法》原为“如果调查与登记总干事、分管调查与登记总干事、联合调查与登记总干事、副调查与登记总干事、助理调查与登记总干事以及任何官员和其他雇员，该委员会解散前为其长期雇用，则该委员会解散后他们将分别成为中央政府的官员或雇员，如果该委员会没有继续发放养老金、无偿给付等款项，则他们就上述款项拥有同样的权利和特权，直至他们在中央政府的雇用期届满或中央政府对其报酬和雇用条件进行正当调整”。

③ 2002 年《竞争法》原为“中央政府”。

偿，任何法院、法庭或其他管理当局都不得受理此类索赔。

此外，如果该委员会为了调查与登记总干事、分管调查与登记总干事、联合调查与登记总干事、副调查与登记总干事、助理调查与登记总干事以及任何官员和其他雇员的利益设立了养老基金、年老退休金给付、福利或其他基金，那么与工作已经转移至竞争委员会和上诉法庭①的官员或其他雇员有关的基金则应当从该委员会解散时的经费中分割出来，转移并归属竞争委员会和上诉法庭，并由竞争委员会和上诉法庭按照规定的方式处理②。

(3) 所有由该委员会负责的有关垄断交易行为或限制交易行为的案件(包括涉及不公平交易的案件)，应在上述第(1)款规定的两年期满后，立即移送至上诉法庭，并由上诉法庭根据《垄断与限制贸易行为法》的规定进行裁决。③

(4) 根据上述第(3)款规定，本法生效时或生效前，除1969年《垄断与限制贸易行为法》(1969年第54号法令)第36A条第(1)款第(x)项规定之不公平交易案件外，所有由该委员会负责的有关不公平交易的案件，应在上述第(1)款规定的两年期满前或期满时④，移送至依据1986年《消费者保护法》(1986年第68号法令)设立的国家委员会并由其按照《消费者保护法》的规定进行处理。但是，如果国家委员会认为适当，可以将其中某些案件再移送至相关的州委员会(根据1986年《消费者保护法》第9条设立)，并由州委员会按照《消费者保护法》的规定进行处理。

(5) 所有由该委员会负责的1969年《垄断与限制贸易行为法》(1969年第54号法令)第36A条第1款第(x)项规定之不公平交易案件，应在上述第(1)款规定的两年期满后，立即移送至上诉法庭，并由上

---

① 2002年《竞争法》原为“中央政府”。

② 2002年《竞争法》原为“转移并归属中央政府，并由中央政府按照规定的方式处理”。

③ 2002年《竞争法》原为“本法生效时或生效前，所有由该委员会负责的有关垄断交易行为或限制交易行为案件，包括涉及不公平交易的案件，应在本法生效时，立即移送至竞争委员会，并由竞争委员会根据《垄断与限制贸易行为法》的规定进行裁决”。

④ 2002年《竞争法》原为“应在本法生效时”。

诉法庭根据《垄断与限制贸易行为法》的规定进行裁决。①

(6) 本法生效前或生效时,除不公平交易案件外,所有由调查和登记总干事负责的调查或其他程序,应基于本法之生效,移送至竞争委员会,并由竞争委员会按照其认为合适的方式展开调查或其他程序。

(7) 本法生效前或生效时,除1969年《垄断与限制交易法》(1969年第54号法令)第36A条第1款第(x)项规定之不公平交易案件外,所有由调查与登记总干事负责的有关不公平交易案件的调查或其他程序,应基于本法之生效,移送至根据1986年《消费者保护法》(1986年第68号法令)设立的国家委员会,并由国家委员会按照其认为合适的方式展开调查或其他程序。

(8) 本法生效前或生效时,所有由调查与登记总干事负责的有关1969年《垄断与限制交易法》(1969年第54号法令)第36A条第(1)款第(x)项规定之不公平交易案件的调查或其他程序,应基于本法之生效,移送至竞争委员会,并由竞争委员会按照其认为合适的方式展开调查或其他程序。

(9) 除上述第(3)款至第(8)款的保留事项外,其他所有由该委员会处理的案件或程序均告废止。

(10) 上述第(3)款至第(8)款的特殊事项,不应损害或影响1897年《一般条款法》(1897年第10号法令)第6条关于法律废止的一般效力。

4. 蒙古国禁止不公平竞争法(1993)

第一章 基本原理

第一条 立法目的

制定本法旨在规范以下关系,即有关禁止和限制国家支配市场中的企业竞争以及禁止和限制垄断和其他阻碍公平竞争行为的关系。

---

① 2002年《竞争法》原为"本法生效之前,所有由该委员会负责的1969年《垄断与限制贸易行为法》(1969年第54号法令)第36A条第(1)款第(x)项规定之不公平交易案件,应在本法生效时,立即移送至竞争委员会,并由竞争委员会根据《垄断与限制贸易行为法》的规定进行裁决"。

第二条 禁止不正当竞争的法律

禁止不正当竞争的法律包括宪法、本法以及蒙古国其他法律。

第三条 市场支配,垄断和垄断性行为

(一)如果一个企业或一群联合起来的企业对市场中的某一种商品或类似商品的提供或服务的提供经常性占有百分之五十以上市场时,市场支配就出现了。

(二)如果一个企业全部提供了市场中的某一种商品或类似商品,垄断就产生了。

(三)如果一个企业非法利用自己的支配地位阻止其他竞争对手进入该市场或限制和阻止竞争以及消费者时,垄断性行为便出现了。

第二章 禁止市场中的垄断性行为

第四条 禁止企业非法利用其市场支配地位

拥有市场支配地位的企业禁止从事以下行为:

(一)为了制造人为的市场短缺和提高价格而中止或限制商品的生产和销售;

(二)以附合同条件的方式要求对方,使得相对于与其处于相似地位竞争的企业而言处于不平等的地位;

(三)为了排挤其他竞争企业进入市场或把对方排挤出市场而以低于商品价值的价格低价倾销自己的商品;

(四)为了把其他竞争对手排挤出市场而无任何理由地拒绝与其建立业务关系;

(五)对顾客不想要的或不完全要的商品销售设定条件而搭售另外一个单独的商品;

(六)限定消费者转售商品的价格和地域;

(七)为出售自己的商品而设定条件,即不允许向他的竞争对手购买商品;

(八)要求其他企业低价把其商品销售给自己,致使本类商品的生产和销售下降;

(九)要求竞争对手解散或拆散其公司。

第五条 禁止限制竞争的协议

禁止那些联合起来对市场占支配地位的竞争企业为了阻止竞争而

以以下形式共谋并签订协议：

（一）制定或改变价格，中止或限制产品的生产或销售范围；

（二）根据地域、生产或销售规模、产品、客户或销售商而划分市场；

（三）阻止竞争对手成为某一组织的成员，而此竞争对手加入该组织是为了高效地经营自己的生意；

（四）为了把竞争对手赶出市场而无理由地拒绝与其建立业务关系；

（五）操纵投标或报盘。

第六条　禁止竞争性企业之间的联合董事会

禁止在对市场占支配地位的企业中从事管理工作的人同时在与其竞争的企业中从事管理工作；

第七条　禁止控制其他竞争对手

（一）禁止一个在市场中占支配地位的企业为了实现其在市场中的垄断行为而购买竞争对手的股票或股份去接收他们的权利和义务，或者通过参股的方式合作成立一个新的企业。

（二）本条第一款不适用于以下情况，即从在国民经济中占主导的产品的提升中所获的利益或为了人们最基本的生活考虑而提升产品所获取的利益以及从提高某一产品在国外市场上的竞争力而所获得的利益大于其对竞争造成的损害时。

第三章　禁止对公平竞争不利的行为

第八条　禁止企业从事的行为

禁止企业从事以下对公平竞争不利的行为：

（一）传播错误、不准确或误导性的信息致使竞争对手遭受损失或者损坏他们的声誉；

（二）通过发布或传播有关自己或竞争对手的企业，或产品的产地以及产品的主要消费价格和质量的错误或不准确的信息误导消费者；

（三）通过给自己的产品作误导性的广告宣传，使消费者相信自己的产品与其他厂家生产的产品一样；

（四）任意使用他人的商标、标签或企业名称和商品的质量保证书，仿冒他人的品牌名称或包装；

（五）未经所有权人许可而销售、出版或散发其科技、产品或贸易信息。但本款不适用于未受蒙古国专利法和著作权法保护并在市场上自由流通的产品的反向工艺技术；

（六）隐瞒产品的质量瑕疵或产品质量的危险性许可。

第九条 禁止政府和地方行政机构作出决议限制竞争

（一）禁止政府和地方行政机构制定以下决议，除非法律另有规定：

1. 禁止或限制企业从事的某一行为，或生产或产品的销售；

2. 禁止或限制企业把产品从一个市场销往另外一个市场；

3. 给予某一企业优先权或优惠性的对待，或者歧视它；

4. 禁止或限制一个新的企业进入某一商业领域。

（二）禁止政府和地方行政机构之间或他们与任何一个企业谈判而采取以下决定，除非法律另有规定：

1. 提高或降低商品价格，或者保持商品价格不变；

2. 按地域、产品的生产和销售规模、产品种类、销售商和消费者划分市场；

3. 限制一个企业进入市场或把一个企业排挤出市场。

（三）为了赔偿因自然灾害或其他突发事件而造成的损失，政府所有类型的贷款和资助都不能限制竞争。

第四章 控制和规范不公平竞争的限制性行为

第十条 国家大呼拉尔的行为

国家大呼拉尔享有以下全部权利以阻止不正当竞争：

（一）为促进公平竞争的国家政策确立基础；

（二）依照法律监督政府决议的执行以确保处于市场中的企业有一个公平的竞争环境。

国家大呼拉尔发现政府（行政机构）的决定禁止或限制了公平竞争时可以行使否决权。

第十一条 政府行为

（一）当政府准备就以下事项制定决议时要和国家大呼拉尔商议：

1. 如果自然垄断企业获取极其丰厚的利润且无正当的理由而采用国家控制或调节价格时；

2. 解释能使竞争者进入自然垄断市场的条件；

3. 限制或中止进出口的行为。

（二）蒙古国的部长和国家发展委员会的主席在禁止、限制或控制不正当竞争时在其能力范围内负有以下职责并遵照以下指示：

1. 向政府提交有关监管禁止不正当法律执行情况的建议或设想以及有关改进和加强其程序问题的建议或设想；

2. 如果发现部落首领或省会首脑所作的决定与禁止不公平竞争的法律相抵触，可以向总理提交建议否决之；

3. 要求政府、地方行政机构或企业向其提供必要的信息和文件材料以便确定一个企业是否处于垄断、自然垄断或支配地位，甚至确定他是否失去以上的地位；

4. 命令解散非法利用其优势地位的垄断性的或占支配地位的企业；

5. 公布其采取的禁止、限制、规范不正当竞争的决议。

第十二条　法院的行为

（一）法院采取以下与禁止不公平竞争有关的决定：

1. 根据政府或政府授权组织提交的文件决定一个企业是否构成垄断、自然垄断或支配市场，甚至决定其是否失去任何以上地位。

2. 要求企业中止其违反禁止不正当竞争法律的行为，或要求企业全部或部分履行合同，或者撤销合同并使情况恢复到违法行为发生以前的状态。

（二）法院负责处理由于违反禁止不公平竞争法律而引起的纠纷。

第五章　其他规定

第十三条　有关不正当竞争的投诉

企业、公共组织和其他组织可基于消费者、生产者和个人利益的考虑，就有关不正当竞争的问题向下列机构提出以下投诉：

（一）向国家大呼拉尔投诉政府违反本法第十一条第一款的规定；

（二）向政府或者政府授权组织投诉企业从事本法其他条款禁止的行为或投诉中央政府和地方行政机构的行为。

第十四条　违法者的责任

（一）依照法律规定，由于违反禁止不公平竞争法而给别人造成的物质损失承担赔偿责任。

（二）法院对于因违反禁止不公平竞争法而发生的案件可采取以下惩罚措施：

1. 企业的所有人或其管理成员违反本法第4条、第5条、第7条和第8条规定，而无须承担刑事责任时将会被处以两万五千蒙币的罚金；

2. 如果法院依照本法第十二条第一款第二项的规定而作出的决定未能及时得到执行或者被阻碍执行，在此期间所获得的收入和物质性收益将会被没收并处以一万蒙币的罚金；

3. 如果企业的所有人或经理未能按照本法第十一条第二款第三项的规定向合适的政府官员提交有关信息和文件将会被处以达一万蒙币的罚金。

蒙古国国家大呼拉尔主席　那·巴嘎班迪

蒙古国国家大呼拉尔秘书处秘书长　那·芮钦岛杰

5. 菲律宾共和国有关竞争方面的法律、法规

菲律宾至今没有制定一部独立的竞争法。有关竞争方面的法律、法规散见在各种法律、法规中。

菲律宾在1987年的《宪法》中直接规定了反垄断条款。其指导思想是，不是所有的垄断都要禁止，除非出于公共利益的需要。《宪法》同样禁止任何限制贸易的联合或不公平竞争。然而，1987年《宪法》并没有对不公平竞争行为作出强制性的制裁规定。在以后的刑法典修订中(R. A. 3815 1930)，第186条规定了此项内容。这个规定类似于美国的《谢尔曼法》(1890)第二节。它具体描述了哪些行为是应该处罚的，如垄断和限制贸易的联合，并且规定了对这些行为的强制性的惩罚。“共和国法律3247”(一个旨在取缔垄断和限制贸易合并的法律)(1961)规定了恢复反竞争行为造成损害的三倍赔偿的民事责任。“共和国法律165”(1947)(专利法)和“共和国法令166”(1971)(商标法)规定了可起诉的适当民事行为和强制性惩罚。“总统令49”(1972)(著作权法)是规定侵犯著作权方面的处罚。“共和国法律8293”(1997)是有关知识产权方面的法律，并规定了设立专门的管理知识产权的机构。“共和国法律386”(1949)(菲律宾民法典)规定了不正当竞争行为造成损害的赔偿问题。“共和国法律7581”(1991)(价格法)主要为了保护消费者权益，规定价格操纵(囤积货物、投机倒把和卡特尔行为)为非法行为。“共和国法律

7394”(1932)(菲律宾共和国消费者法)规定了对商品和信用交易中的欺诈、不正当和不公平销售行为的处罚。“菲律宾公司法 Pambansa Blg. 68”(1980)规定了有关联合、吞并和合并等批准的规则和程序。“安全法案,Pambansa Blg. 178”(1982) 和“共和国法令 337”旨在规范银行和金融机构的行为,这方面还有“金融法通则”(1948)的有关规定。

近年来,国会又通过了若干法律和总统签署的各类行政法令完善竞争政策与竞争立法。

通过法律和行政法令,使贸易和投资自由化更加宽松,并且更符合国际上的一般做法,并且减少和降低了很多工业和农业产品的关税。这些法律、法令主要有:“共和国法令 8178 号”(1996),这是取消在农产品上的数量进口限制的法律;“共和国法令 7650”(1993),这个法令修改了菲律宾共和国关税和海关法第 1401 节 和 1403 节,并且废除了第 1404 节的规定;“共和国法令 8181”(1996),是为了改变税赋计算的基础,从家庭消费到流通领域,以此来弥补征收中的一些漏洞;“共和国法令 7843”(1994),也就是 1994 年的反倾销法。这部法律的颁布使关税和海关法中的反倾销规定更加合理化,并强化了其具体规则;“行政法令 264 号” (1995),主要是修改了 1978 年关税和海关法第 104 节中的某些有关进口条款的分类目录和进口税税率(总统令 1464 号);“行政法令 287 号” (1995),调整了 1978 年关税和海关法规定的某些税率,以便实施 1996 年菲律宾新时期框架下的关税减让时间表,加快实施为建立东南亚国家联盟自由贸易地区 (AFTA)而制定的普通优惠关税(CEPT)计划;“行政法令 288 号”(1995),调整了 1978 年关税和海关法第 104 节中的某些有关进口条款的分类目录和进口税税率(总统令 1464 号);“行政法令 313 号”(1996),调整了 1978 年关税和海关法第 104 节中的某些有关进口条款的分类目录和进口税税率(总统令 1464 号);“行政法令 328 号”(1996),调整了 1978 年关税和海关法第 104 节中的某些有关进口条款的分类目录和进口税税率(总统令 1464 号);“行政法令 365 号”(1996),调整了“共和国法令第 8180 号”和“8184 号”中的某些有关进口条款的分类目录和进口税税率;“行政法令 388 号”(1996),调整了 1978 年关税和海关法第 104 节中的某些有关进口条款的分类目录和进口税税率;“行政法令 390 号”,调整了 1978 年关税和海关法第 104 节中的某些有关进口条款的分类目录和进口税税率(总统令 1464 号)。其他相关的法律主要有:

1. 海运行政法令 185 号 (1994)

此法令解除了对新的经营者进入该领域的一些限制规定,解除对新进船舶经营者适用免赔额的限制;对船舶绕行或修改被批准的线路以及改变航行时间表和航行频率等方面解除了某些限制以促进竞争。"行政法令 213 号"(1994) 规定,以下几种情况下的本国运费应解除管制:① 头等和次等国内旅客船舶运输费率;② 经旅游部门批准的或符合旅游部门批准的优先线路或地区的旅游客票费率;③ 对于"A"、"B"、"C"级的运价,以及除了只有一个经营者的线路以外的所有商品。这不包括集装箱运输的价格。

2. 民航行政法令 219 号 (1995)

国际民航必须有菲律宾人指定的至少有两个官方承运人,只有当菲律宾人在各种航空服务协议项下的经常性需求不能被所指定的官方承运人遵守时,才能放宽限制允许其他承运人负责国际民航的运行。

3. 港口服务行政法令 212 号 (1994)

这个法令是为了打破政府对港口的垄断经营,并列入可以允许私有化的项目。在货物装卸和其他港口服务方面允许公平竞争。船舶的所有者、经营者、租用者或其他使用者都有权承包或经营菲律宾港口管理局(PPA)批准的管理者或他们选择的港口业务承包人的业务。

4. 行政法令 59 号 (1993)

在瓦解垄断和卡特尔方面最有成效的就是电信行业。该法令规定了其他电信公司可以与菲律宾长途电话公司(PLDT)一样从事相关的电信业务。"行政法令 109 号"(1993) 制定了政府的相关政策以推进本地交换承运人服务。从国家电信委员会授权起三年内,被批准从事国际电信业务的运营商在已经开通或未开通服务的地区被要求提供本地交换服务,包括马尼拉地区在内。"共和国法令 7925 号"(1995),名为"促进和管理菲律宾电信业和公共电信服务专递的法案",这个法案规定了菲律宾电信业的综合性指导原则。

5. 能源行政法令 215 号(1987)

这个法令允许私人企业参与发电行业。"共和国法令 8180 号"(1996)同样也规定了对石油产业解除管制。"行政法令 377 号"涉及对解除本地石油下游产业的管制规定。

6. 水务行政法令 311 号 (1996)

这个法令鼓励私人企业参与 MWSS 的运营和设备建设。

7. 国营企业私有化的行政法令 298 号 (1996)

这是总统颁布的法令,规定了通过共同投资、BOT 计划、管理者协定、租用购买安排和证券化等手段实现国营企业的私有化模式。

8. 其他有关金融方面的法令

如有关税、货币和财政改革的“共和国法令 7660 号”(规范票据方面的法令);“共和国法令 7717 号”(有关股票交易方面的法令);“共和国法令 7716 号”(有关扩大增值税方面的法令);“共和国法令 7642 号”涉及对逃税和违反国内税行为的处罚;“共和国法令 8183 号”规定了撤销限制合同双方只能使用菲律宾比索为法定货币的统一法令(共和国法令 529 号)。

有关竞争法方面现行主要的法律、法规名称

Philippine Constitution (1987)

Penal Code R. A. 3815 (1930)

Republic Act 3247(1961)

Republic Act 165 (1947) (Patent Law)

Republic Act 166 (1971) (Trademark Law)

Presidential Decree 49 (1972) (Copyright Law)

Republic Act 8293 (1997)

Republic Act 386 (1949) (Civil Code of the Philippines)

Republic Act 7581 (1991) (The Price Act)

Republic Act 7394 (1932) (The Consumer Act of the Philippines)

The Philippine Corporation Code Batas Pambansa Blg. 68 (1980)

Revised Securities Act, Batas Pambansa Blg. 178 (1982)

Republic Act No. 337 (General Banking Act) (1948)

6. 印度尼西亚共和国禁止垄断行为和不公平商业竞争法(1999)

在真主的仁慈光辉照耀下全能的印度尼西亚共和国总统

考虑到:

一、经济领域内的发展必须有利于基于印度尼西亚建国五原则和一九四五年宪法的公共利益的实现;

二、经济领域内的民主要求印度尼西亚公民能在一个健康、有效率和有效的商业环境中公平地参加产品或服务的生产和营销过程，以促进经济增长，并使市场经济良好地运行；

三、每个参加印度尼西亚商业活动的人必须处于一种公平和适当的竞争环境，以至于不会导致特定企业经济权利的集中，也不会忽视印度尼西亚共和国签订的国际合同中所作的协议；

四、为实现上面所提到的第一、二和第三条目标，在众议院提案的情况下，制定禁止垄断行为和不公平商业竞争的法律被认为是必要的。

铭记：

一九四五年宪法第五条第1款、第二十一条第1款、第二十七条第2款和第三十五条

印度尼西亚共和国众议院决定

制定：

禁止垄断行为和不公平商业竞争法

第一章　一般条款

第一条

在本法中，所调整的包括：

1. 垄断是一企业或一企业集团对特定产品和/或服务的生产和/或营销的控制。

2. 垄断行为是一个或多个企业经济权利的集中，这种集中导致了对特定产品和/或服务的生产和/或营销的控制，造成了不公平商业竞争和损害公共利益的后果。

3. 经济权利的集中是一个或多个企业对相关市场的明显的控制，这种控制可以使他们决定产品和/或服务的价格。

4. 支配地位是一个企业在相关市场上就所控制的市场份额来说没有任何显著的竞争者的状态，或就其资产实力、购买原材料和出售商品的能力以及适应特定产品或服务的供应或需求的能力来说，此企业在相关市场上的竞争者中是最好的。

5. 企业是一个自然人或一个公司，有法人资格或无法人资格，在印度尼西亚共和国境内组建、定居或参加经济活动，并单独地或集体地

通过合同在经济领域内从事各种商业活动。

6. 不公平商业竞争是发生在从事商品和/或服务的生产活动和/或营销活动的企业之间的竞争，但这种竞争是不公平的，或者触犯法律或妨碍商业竞争。

7. 合同是一个或多个企业以任何方式约束自己与其他的一个或多个企业的关系的行为，合同可以是书面的，也可以是非书面的。

8. 商业合谋是企业与其他企业之间的合作，但这种合作的目的是只为了合谋方的利益而控制相关市场。

9. 市场是购买方和出售方能在其中直接地或间接地进行产品和/或服务交易的经济机制。

10. 相关市场是与某些企业的范围或特定市场区域相关的市场，这些企业是经营相同种类或品种的产品和/或服务或这些产品、服务的替代物的。

11. 市场结构是一种市场状况，这种市场状况能提供对企业行为或市场表现的重大影响的方面的指示。市场表现是由买方和卖方的数量、市场进入和退出机会的限制、产品差异性、销售渠道和市场份额的控制组成的。

12. 市场行为是企业作为产品和/或服务的提供者或购买者时旨在实现公司的利润、资产增值、销售范围以及采用的竞争策略等公司目标而采取的行为。

13. 市场份额是企业在相关市场上在一特定年度中销售或购买它们所控制的特定产品或服务的百分比。

14. 市场价格是根据相关市场中各方达成的协议在产品和/或服务的交易中支付的价格。

15. 消费者是产品和/或服务的任何用户和/或消费者，不管其是为了自己的使用或消费还是为了别人的利益。

16. 产品是能被消费者或企业交易、使用、利用或消费的有形的或无形的、可移动的或不能移动的物体。

17. 服务是被消费者或企业使用的，在社会中交易的以工作或履行形式存在的任何服务。

18. 商业竞争监管委员会是被组建起来以监督企业实施它们的经营活动的委员会，通过监督来保证企业不会实施垄断行为和/或不公平商业竞争行为。

19. 地区法院是现行法律法规中所提到的,企业的住所所在地的法院。

第二章　原则和目标

第二条　印度尼西亚的企业在基于经济民主实施他们的经营活动时应该考虑到企业自身利益和公共利益之间的平衡。

第三条　本法的目标是:

1. 维护公共利益,提高国家经济的效率以促进公共福利;

2. 通过健康的商业竞争来创造有益的商业环境,以保证大、中和小规模企业商业机会的平等;

3. 防止企业的垄断行为和/或不公平商业竞争;并

4. 创造商业活动的效益和效率。

第三章　禁止性合同

第一部分　独　占

第四条

1. 企业被禁止出于联合控制企业和服务的生产和/或营销的目的与其他企业签订合同,因为这种目的可能导致垄断行为和/或不公平商业竞争。

2. 任何企业都可能被怀疑或被认为本条进行第1款中所提到的联合控制产品和/或服务的生产和/或营销行为,如果两个或三个企业或企业集团占有某特定产品或服务百分之七十五以上的市场份额。

第二部分　固定价格

第五条

1. 企业不得为了固定由相同市场中的消费者或客户承担的特定商品或服务的价格的目的而与其他商业竞争者签订任何合同。

2. 本条第1款中提到的规定不适用于下列情况:

(1) 在一个共同合伙企业中订立的合同;或

3. 根据现行法律订立的合同。

第六条　企业不得签订此类合同,这种合同使购买者支付的价格不同于购买相同类型的商品或服务的其他购买者所必须支付的价格。

第七条　企业不得为了固定一个低于市场价格的价格的目的,而与其他商业竞争者签订任何合同,因为这种做法会导致不公平商业竞争。

第八条 企业不得与其他企业签订此类合同,这类合同设定的条件是商品和/或服务的接受者不得以低于议定价格的价格转售或转而提供货物和/或服务,这种合同会导致不公平商业竞争。

第三部分 划分区域

第九条 企业不得出于划分市场区域或分配商品和/或服务市场的目的与其他商业竞争者签订任何合同,因为这种合同会导致垄断行为和/或不公平商业竞争。

第四部分 联合抵制行为

第十条

1. 企业不得与其他的商业竞争者签订任何将损害参与同种商业活动的其他企业利益的合同,无论参与同种商业活动的企业是国内企业还是国外企业。

2. 企业不得出于阻止其他企业的商品和/或服务的销售的目的与其他商业竞争者签订任何合同,如果这种合同:

(1) 对其他企业造成了损失或很可能造成损失;或

(2) 对其他企业在相关市场上销售或购买商品和/或服务进行了限制。

第五部分 卡特尔

第十一条 企业不得出于通过决定商品和/或服务的产量和/或市场从而影响价格的目的,与其他商业竞争者签订任何合同,因为这种合同会导致垄断行为和/或不公平商业竞争。

第六部分 托拉斯

第十二条 企业的下列做法是被禁止的:为了控制商品和/或服务的生产和/或销售,与其他企业签订合同,通过把公司合并成为一个更大的控股公司或更大的有限责任公司的合作方式,来形成和维持每个子公司或成员公司的延续。企业的这种做法之所以被禁止是因为会导致垄断行为和/或不公平商业竞争。

第七部分　商品采购垄断

第十三条

1. 企业不得出于为了控制相关市场的商品和/或服务的价格而共同控制供给的采购和接受的目的而与其他企业签订任何合同,因为这种做法会导致垄断行为和/或不公平商业竞争。

2. 如果两个或三个或一组企业控制了特定商品或服务市场份额的百分之七十五以上,则这些企业就会被怀疑或被认为如本条第1款中所说的共同控制了供给的采购和接受。

第八部分　垂直限制

第十四条　在一产品链中,如果其中每一个产品的生产都以其他产品的生产为前提,不管是直接的还是间接的,则企业不得出于控制此产品链中几个产品的生产的目的与其他企业订立任何合同,因为这会导致不公平商业竞争和/或危害公共利益。

第九部分　封闭合同

第十五条

1. 企业不得与其他企业签订任何合同,如果这种合同设定条件,规定获得了商品和/或服务的一方应该或不得把商品和/或服务再提供给特定方和/或特定地方。

2. 企业不得与其他企业签订任何合同,如果这种合同设定条件,规定获得了商品和/或服务的一方必须愿意从这个供货方公司购买其他商品和/或服务。

3. 企业不得订立关于商品和/或服务的价格或特定的折扣价格的合同,如果这种合同设定条件,规定从供货方公司获得了商品和/或服务的企业:

(1) 必须愿意从这个供货方公司购买其他商品和/或服务;

(2) 不得从作为此供货方公司竞争对手的其他企业手里购买相同或相似种类的商品和/或服务。

第十部分　与外国一方签订的合同

第十六条　企业不得与国外的一方订立任何合同,如果合同中的规定会导致垄断行为和/或不公平商业竞争。

第四章　禁止性活动

第一部分　垄　断

第十七条

1. 企业不得控制任何商品和/或服务的生产和/或销售，如果这种控制能导致垄断行为和/或不公平商业竞争。

2. 企业会被怀疑或被认为如本条第1款中所提及的控制了商品和/或服务的生产和/或销售，如果：

(1) 所提及的商品和/或服务在那时没有替代品；或

(2) 企业的这种行为导致其他企业不能参与同种类的商品和/或服务的商业竞争；或

(3) 一企业或一组企业控制了一种特定商品或服务的百分之五十以上的市场份额。

第二部分　买主垄断

第十八条

1. 企业不得在相关市场上控制商品和/或服务的生产供给的获得或成为商品和/或服务的唯一购买方，如果这种做法能导致垄断行为和/或不公平商业竞争。

2. 企业会被怀疑或被认为如本条第1款中所说的控制了商品和/或服务的供给的获得或成为了商品和/或服务的唯一购买方，如果一企业或一组企业控制了相同特定商品或服务的百分之五十以上的市场份额。

第三部分　市场控制

第十九条　企业不得通过以下方式，单独或与其他企业共同从事能导致垄断行为和/或不公平商业竞争的活动：

1. 拒绝和/或阻碍特定企业在相关市场上从事相同种类的商业活动；或

2. 阻碍其竞争对手的消费者或客户与其竞争对手建立任何商业联系；或

3. 在相关市场上限制商品和/或服务的配给和/或销售；或

4. 对特定企业实施歧视性行为。

第二十条　企业不得通过不盈利的销售，或出于在相关市场上消除或终止竞争对手的经营活动的目的设定一个很低的价格，来提供商品和/或服务，并因此导致垄断行为和/或不公平商业竞争。

第二十一条　企业不得在确定生产成本和其他构成商品和/或服务的组成部分的其他花费上弄虚作假，因为这种做法会导致不公平商业竞争。

第四部分　合　谋

第二十二条　企业不得与其他企业合谋，以安排和/或决定投标的胜方，并因此导致不公平商业竞争。

第二十三条　企业不得与其他企业合谋，以获得被归类为公司秘密的关于他们的竞争对手的商业活动的信息，并由此导致不公平商业竞争。

第二十四条　企业不得与其他企业合谋，以阻碍他们的竞争对手的商品和/或服务的生产和/或销售，并最终达到在相关市场上减少所供应的或提供的商品和/或服务的数量、质量以及所要求的准时交付特征的目的。

第五章　支配性地位

第一部分　一般规则

第二十五条

1. 企业不得利用他们的支配行地位达到以下目的，不管是直接的还是间接的：

(1) 为了阻止或阻碍消费者获取在价格上或质量上具有竞争性的商品和/或服务，强加交易条件；或

(2) 限制市场和技术的发展；或

(3) 阻碍可能会成为它们的竞争对手的其他企业进入相关市场。

2. 企业如果符合下列情况之一，就是如本条第1款所述拥有了支配性地位：

(1) 一企业或一组企业控制了一种商品或服务的百分之五十或更高的市场份额；或

(2) 两个或三个或几组企业控制了一种特定商品或服务的百分之七十五或更高的市场份额。

第二部分　兼　　任

第二十六条　正担任一个公司的董事或委员职务的人不能同时担任其他企业的董事或委员，如果上述企业：

(1) 与原来公司在一相同相关市场中；或

(2) 与原来公司在经营活动的领域和/或类型上密切相关；或

(3) 可以共同控制特定商品和/或服务的市场份额，这种做法会导致垄断行为和/或不公平商业竞争。

第三部分　股份所有权

第二十七条　企业不得拥有在相关市场中参与相同的经济部门的几个公司的大部分股份，也不得在相关市场中创建几个参与相同的经营活动的公司，如果企业拥有的这种股份所有权导致：

1. 一个企业或一组企业控制了一种商品或服务百分之五十或更多的市场份额；或

2. 两个或三个或几组企业控制了一种特定商品或服务百分之七十五或更多的市场份额。

第四部分　兼并、解散和收购

第二十八条

1. 企业不得从事可能导致垄断行为和/或不公平竞争的公司兼并或解散。

2. 企业不得获取其他企业的股份，如果这种收购行为会导致垄断行为和/或不公平竞争。

3. 政府规章中将会对本条第 1 款中提到的禁止公司兼并，以及本条第 2 款中提到的收购公司股份，规定更详细的条款。

第二十九条

1. 第二十八条中提到的公司的兼并或股份的收购，如果导致兼并或收购后公司的资产价值和/或销售额超过一定的数额，则企业必须在兼并或收购发生后三十天内向委员会报告。

2. 政府规章将会规定确定第 1 款中提到的资产价值或销售额的条款，以及关于报告程序的条款。

第六章　商业竞争监管委员会

第一部分　委员会的地位

第三十条

1. 为监督本法的执行，特设立商业竞争监管委员会，以下称为委员会。

2. 委员会是一个独立的机构，不受政府或其他各方势力或权力的影响。

3. 委员会向总统负责。

第二部分　成员资格

第三十一条

1. 委员会由一名主席、一名副主席以及至少其他七名成员组成，主席和副主席同时兼任成员。

2. 委员会的成员由总统按照众议院的批准任命和免职。

3. 委员会成员的任期是五年，可以连任一届。

4. 如果某成员任期的结束造成了委员会中成员职位的空缺，则那名特定成员的任期可以延长至一新成员被任命时。

第三十二条　委员会成员的资格如下：

1. 印度尼西亚共和国公民，在被任命时须大于三十岁并小于六十岁；

2. 忠于印度尼西亚建国五原则和一九四五年宪法；

3. 对全能的真主忠诚、虔敬；

4. 诚实、公正并有良好的合乎道德的行为举止；

5. 定居在印度尼西亚共和国境内；

6. 在商业部门中有经验，或在法律和/或经济上有知识和专长；

7. 无犯罪记录；

8. 从没有被法院宣告为破产；以及

9. 不从属于任何公司。

第三十三条　委员会成员的资格因为下列原因会终止：

1. 死亡；或

2. 自愿辞职；或

3. 定居在印度尼西亚共和国以外；或

4. 患有长期性的疾病，不管是身体上的还是精神上的；或

5. 委员任期届满；或

6. 被免职。

第三十四条

1. 委员会的组成、委员会的组织结构以及它的职责和权能将由总统指令规定。

2. 为顺利地行使其职权，委员会应该获得一个秘书处的协助。

3. 委员会可以组成一个工作组。

4. 关于委员会的组织结构、职责、秘书处的职能以及工作组的条款将由委员会的决定规定。

第三部分　职　　责

第三十五条　委员会的职责是：

1. 评估由本法第十五条和第十六条规定的可能造成垄断行为和/或不公平商业竞争的合同；

2. 评估由本法第十七条至第二十四条规定的可能造成垄断行为和/或不公平商业竞争的商业经营活动和/或企业的行为。

3. 评估是否存在本法第二十五条至第二十八条规定的可能造成垄断行为和/或不公平商业竞争的滥用支配性地位的行为；

4. 基于本法第三十六条规定的委员会的职权采取行动；

5. 对有关垄断行为和/或商业竞争的政府政策提供建议和意见；

6. 发布与本法有关的指导规则和/或出版物；

7. 向总统和众议院提供关于委员会工作成果的定期报告。

第四部分　职　　权

第三十六条　委员会的职权是：

1. 接收公众和/或企业关于垄断行为和/或不公平商业竞争的指控；

2. 对于针对企业的可能导致垄断行为和/或不公平商业竞争的任何活动和/或行动的指控，展开调查；

3. 基于公众或企业报告的情况，或委员会基于主动调查的结果对垄断行为和/或不公平商业竞争提起的起诉，展开调查和/或检查；

4. 基于调查和/或检查，对是否存在垄断行为和/或不公平商业竞争作出结论；

5. 传唤被指控违反了本法中规定的企业；

6. 传唤并带走被认为知道违反本法规定行为的情况的证人、专家证人以及任何人；

7. 要求获得调查者的协助，以带走不听从委员会传唤要求的本条第5款和第6款中提到的企业主、证人、专家证人或任何人；

8. 就调查和/或检查违反本法规定的企业的情况，要求政府机构提供信息；

9. 为调查和/或检查的目的，获取、调查和/或评估信函、文件或其他证据；

10. 决定并确定其他企业或公众是否受到了损失；

11. 把委员会的决定通知给被指控实施了垄断行为和/或不公平商业竞争的企业；

12. 对违反了本法规定的企业处以行政制裁。

第五部分 资金支持

第三十七条 委员会履行职责的资金由国家税收和支出预算以及(或)其他现行法律允许的资金来源承担。

第七章 处理案件的程序

第三十八条

1. 任何确实知道或怀疑企业违反了本法的人都可以书面报告委员会，在报告中检举人需要写明自己的身份，并描述违反本法行为的详细信息。

2. 因为违反本法行为而遭受了损失的各方可以书面报告委员会，在报告中检举人需要写明自己的身份，并描述违反本法行为以及所受损失的详细信息。

3. 委员会应对本条第1款中所提到的检举人的身份保密。

4. 委员会以后将会规定本条第1款和第2款中提到的提交报告的程序。

第三十九条

1. 根据第三十八条第1款和第2款中提到的报告，委员会应该展开初步调查，并在收到报告之日起至少三十日内决定是否有必要展开深入调查。

2. 在深入调查中,委员会应该调查被检举的企业。

3. 委员会对于从企业处获得的可被归类为公司秘密的信息应予保密。

4. 在认为必要的情况下,委员会可以从证人、专家证人和/或其他各方处听取信息。

5. 在执行本条第 2 款和第 4 款中提到的活动时,委员会成员必须取得批准。

第四十条

1. 在有违反本法的行为发生时,即使没有人提交报告检举,委员会仍可以对企业展开调查。

2. 本条第 1 款中提到的调查应该按照第三十九条规定的程序实施。

第四十一条

1. 正被调查的企业和/或其他各方应该提交调查和/或检查所要求的证据。

2. 企业不得拒绝被调查,不得拒绝提供调查和/或检查所要求的信息,或阻碍调查和/或检查的进行。

3. 如果有任何违反本条第 2 款规定的行为发生,委员会应该指派调查者根据相关法律展开调查。

第四十二条 委员会为调查的目的所可以使用的证据包括:

1. 证人证言;

2. 专家证言;

3. 信函和/或文件;

4. 控告;

5. 企业的辩解。

第四十三条

1. 委员会应该在第三十九条第 1 款中提到的深入调查开展后最多六十天内完成深入调查。

2. 如果认为必要,则本条第 1 款中所规定的深入调查的期限可以被延长最多三十天。

3. 委员会应该在最多三十天内决定是否有违反本法的行为。

4. 本条第 3 款中所提到的委员会的决定必须在向公众开放的会议上被宣布,并应立即通知所涉企业。

第四十四条

1. 在企业收到第四十三条第4款中提到的委员会的决定之日起三十日内，企业应该执行此委员会决定，并向委员会提交执行报告。

2. 企业自收到委员会决定通知之日起最多十四天内可以向地区法院提交异议申请。

3. 未在本条第2款中所规定的期限内提交异议申请的企业应该被认为接受了委员会的决定。

4. 如果企业并没有执行本条第1款和第2款中的规定，委员会应该把决定委托给调查员，调查员可以根据现行法展开调查。

5. 第四十三条第4款中提到的委员会的决定构成了调查员展开调查的充分的初步证据。

第四十五条

1. 地区法院必须在收到第四十四条第2款中所提到的企业提交的异议申请之日起十四天内审查这些异议申请。

2. 地区法院必须在开始审查异议申请之日起三十天内作出裁决。

3. 对本条第2款中所提到的地区法院的裁决持异议的各方，在收到法院裁决之日起十四天内可以向印度尼西亚最高法院提交取消裁决的申请。

4. 最高法院必须在收到取消裁决申请之日起三十日内作出决定。

第四十六条

1. 如果企业没有异议，则第四十三条第3款中所提到的委员会的决定将是终局性的，并产生法律效力。

2. 应向地区法院请求以执行本条第1款中所提到的委员会的决定。

第八章　制　　裁

第一部分　行政制裁

第四十七条

1. 委员会被授权对违反了本法规定的企业施加行政制裁。

2. 本条第1款中所提到的行政制裁如下：

(1) 废除第四条到第十三条及第十五条中所提到的合同；和/或

(2) 命令企业终止第十四条中所提到的纵向集中行为；和/或

(3) 命令企业停止被证明已经导致垄断行为和/或不公平商业竞争和/或损害公众利益的活动;和/或

(4) 命令企业终止滥用独占地位的行为;和/或

(5) 对企业造成的危害规定赔偿金;和/或

(6) 处以罚金,这种罚金最低为十亿印尼卢比,最高为二百五十亿印尼卢比。

第二部分 刑事惩罚

第四十八条

1. 对违反本法第四条、第九条至第十四条、第十六条至第十九条、第二十五条、第二十七条以及第二十八条规定的行为,处以刑事罚金,这种罚金的数额最低为二百五十亿印尼卢比,最高为一千亿印尼卢比,或施加最多六个月的监禁。

2. 对违反本法第五条至第八条、第十五条、第二十条至第二十四条以及第二十六条规定的行为,处以最低为五十亿印尼卢比,最高为二百五十亿印尼卢比的罚金,或最多五个月的监禁。

3. 对违反本法第四十一条的行为,处以最低为十亿印尼卢比,最高为五十亿卢比的刑事罚金,或最高三个月的监禁。

第三部分 附加刑事惩罚

第四十九条 关于第四十八条所提到的犯罪,依据《刑事法典》第十条的规定,可以处以以下形式的附加刑事惩罚:

1. 撤销营业执照;或

2. 禁止被证明违反本法规定的企业家在最少两年内最多五年内担任董事或委员;或

3. 终止对其他各方造成了损害的特定活动或行为。

第九章 其他规定

第五十条 本法规定的豁免如下:

1. 为执行现行法律而采取的行动和/或订立的合同;

2. 与许可、专利、商标、著作权、工业产品设计、集成电路系列和商业秘密等知识产权相关的合同,以及与特许经营相关的合同;或

3. 与商品和/或服务的产品技术标准有关的合同,如果这些合同不限制和/或阻碍竞争;或

4. 规定销售的合同,如果这种合同没有规定应该以低于合同中议定价格的价格再提供商品和/或服务;或

5. 以促进或提高公众的生活标准为目的的合作研究合同;或

6. 被印度尼西亚共和国政府批准的国际合同;或

7. 以出口为目的但并不转移国内需求和/或市场供给的合同和/或活动;或

8. 参与小规模的商业经营的企业主;

9. 只为其成员服务的合作经营活动。

第五十一条　对于能控制社会大众的需求和对国家至关重要的生产部门的产品和/或服务的生产和/或营销的垄断和/或集中活动应该由本法管制,并由国有公司和/或政府建立或指定的实体或机构实行。

第十章　过渡条款

第五十二条

1. 自本法颁布之日起,规制垄断行为和/或不公平商业竞争或与其相关的所有法律,在不抵触本法或未被本法替代的情况下,将被视为持续有效。

2. 已经订立不符合本法规定的合同和/或已实施不符合本法规定的活动或行为的企业,应该在给定的六个月期限内做出任何合理的补救。

第十一章　结束条款

第五十三条

本法自颁布之日起一年后生效。为宣扬本法,印度尼西亚共和国的政府公报应宣布本法的颁布。

本法于一九九九年三月五日在雅加达颁布

印度尼西亚共和国总统 BACHARUDDIN JUSUF HABIBIE 签署

于一九九九年三月五日在雅加达颁布

印度尼西亚共和国国务卿 ABAR TANDJUNG 签署

印度尼西亚共和国一九九九年第三十三号政府公报

对《印度尼西亚共和国禁止垄断行为和不公平商业竞争法》(1999)的说明

概　要

第一个长期发展过程中的经济发展已经促成了公共福利改进和其他方面的长足进展。各个部门中的发展政策,包括国家指导的主要大纲中规定的经济发展政策、五年发展计划和各种其他的经济政策,推动了上述的发展进程。

尽管如高速的经济增长所显示的一样,我们在第一个长期发展中已经取得了长足的进步,但随着20世纪90年代以来的经济全球化趋势以及私有经济蓬勃发展的趋势,我们仍面临很多挑战或问题。

实际上,过去30年内创造的商业机会并没有能够使我国全民都参与进各种商业部门的发展中。一方面,各种无效率的引起市场扭曲的政府政策损害了过去30年内私有经济的发展。另一方面,实际上来说,绝大多数的私有经济的发展正是得益于不公平商业竞争。

上述现象是由于决策者和企业之间直接或间接的紧密关系而导致和支持的,而这些关系使情况更加恶化。国家经济的运行并不是很符合一九四五年宪法第33条的规定,并日趋走向垄断化。

与国家决策精英有紧密关系的企业家获取了过多的特权,造成了社会差距。联合大企业以及一小群并没有真正的企业家精神的企业主是导致经济活力变得相当脆弱并不适于竞争的一个因素。

考虑到上述情形和环境,我们必须观察和调整印度尼西亚的商业经营活动,使商业世界能够以一个公平和适当的方式成长和发展,以达到创造一个公平的商业竞争环境的目的。我们还必须阻止个人或特定群体的经济权力的集中,这种经济权力集中的形式很多,包括会损害公众利益的和与社会正义目标相矛盾的垄断行为和不公平商业竞争。

因此,颁布禁止垄断行为和不公平商业竞争的法律是有必要的,该法的目的是建立法律程序和给致力于公平商业竞争的所有企业提供平等的保护。

本法为进一步加速经济发展加速,以提高公共福利提供了法律保证,也为贯彻一九四五年宪法的精神提供了法律保证。

为了根据本法的原则和目标有效地执行本法及本法的实施细则,有必要建立商业竞争监管委员会。委员会是一个独立的机构,不受政府或其他各方的制约,有权监督商业竞争并施加制裁。委员会施加的这些制裁都是行政制裁。刑事制裁由法院决定。

总的来说,禁止垄断行为和不公平商业竞争法律的内容由下列六块内容构成:

1. 禁止性合同;
2. 禁止性活动;
3. 支配性地位;
4. 商业竞争监管委员会;
5. 法律实施;
6. 其他条款。

本法根据印度尼西亚建国五原则和一九四五年宪法以及经济民主原则颁布,本法通过注意企业家利益和公共利益的平衡,欲达到以下目的:保护公共利益和消费者;通过创建健康的商业竞争来创造有益的商业竞争;在商业经营活动中创造效率和效益以促进国民经济效率,使之成为改善公共福利的一种方法。

逐条说明

第一条　意思已十分清楚。

第二条　意思已十分清楚。

第三条　意思已十分清楚。

第四条　意思已十分清楚。

第五条　意思已十分清楚。

第六条　意思已十分清楚。

第七条　意思已十分清楚。

第八条　意思已十分清楚。

第九条　因为企业可以通过垂直限制合同和水平限制合同来划分市场区域或配置销售,所以这两种合同被禁止。市场区域指印度尼西亚共和国全境或部分区域,如摄政统治区、省或其他地区区域。划分市场区域或配置销售指划分这些区域,使行为人在获得或提供商品、服务或商品和服务时能决定谁可以获得获得或提供商品、服务或商品和服务。

第十条 意思已十分清楚。

第十一条 意思已十分清楚。

第十二条 意思已十分清楚。

第十三条 意思已十分清楚。

第十四条 “控制属于一个生产链条的几种商品的生产”或人们通常所称的纵向集中指特定企业从上游过程到下游过程控制特定商品的生产过程链条,或控制一持续在特定服务中的过程。纵向限制虽然可能产生低价的商品和服务,但它会破坏公共经济的原则。这种行为只要造成了不公平商业竞争或损害了公共利益,就被禁止。

第十五条

第1款 “供应”指在买卖、出租和租借交易中提供供给,不管提供的是商品还是服务。

第2款 意思已十分清楚。

第3款

(1) 意思已十分清楚。

(2) 意思已十分清楚。

第十六条 意思已十分清楚。

第十七条 意思已十分清楚。

第1款 意思已十分清楚。

第2款

(1) 意思已十分清楚。

(2) “其他企业”指在相关市场上有能力充分竞争的其他企业。

(3) 意思已十分清楚。

第十八条 意思已十分清楚。

第十九条

1. 不得以不适当的方式拒绝或阻碍特定企业,也不得基于非经济的理由如种族差别、社会地位等拒绝或阻碍特定企业。

2. 意思已十分清楚。

3. 意思已十分清楚。

4. 意思已十分清楚。

第二十条 意思已十分清楚。

第二十一条 “在确定生产成本和其他支出上弄虚作假”以获得低于正常数额的生产要素成本是对现行法律的违反。

第二十二条　投标指为取得涉及获得商品或提供服务的特定工程合同而提交报价的行为。

第二十三条　意思已十分清楚。

第二十四条　意思已十分清楚。

第二十五条　意思已十分清楚。

第二十六条

1．意思已十分清楚。

2．如果多个公司相互支持或在生产、销售过程或生产和销售过程中直接发生联系，则这些公司就是"密切相关"的。

3．意思已十分清楚。

第二十七条　意思已十分清楚。

第二十八条

第1款　商业企业指公司或其他形式的经营组织为了获取利润而参加永久的和持续的商业经营。商业企业可以是具有法人资格的团体（如有限责任），也可以是非法人实体。

第2款　意思已十分清楚。

第3款　意思已十分清楚。

第二十九条　意思已十分清楚。

第三十条　意思已十分清楚。

第三十一条

第1款　委员会的主席和副主席应从委员会成员中选出，并由委员会成员选举。

第2款　意思已十分清楚。

第3款　意思已十分清楚。

第4款　委员会成员的任期因为避免成员职位出现空缺而延长的，延长期限不得超过一年。

第三十二条

1．意思已十分清楚。

2．意思已十分清楚。

3．意思已十分清楚。

4．意思已十分清楚。

5．意思已十分清楚。

6．意思已十分清楚。

7. “从没有被宣告为有罪”指从没有被证明犯有严重罪行或实施过下流的行为。

8. 意思已十分清楚。

9. “不从属于任何公司”指在成为委员会的成员后他/她就不得作为：

(1) 委员协会或监事会或公司董事会的成员；

(2) 执行机构或共同审计机构的成员；

(3) 为公司提供服务的人，例如咨询师、公共审计师和估价师。

(4) 公司多数股份的所有人。

第三十三条

1. 意思已十分清楚。

2. 意思已十分清楚。

3. 意思已十分清楚。

4. 疾病情况应由被授权医生的信件宣布。

5. 意思已十分清楚。

6. 因为委员不再满足委员会成员的资格要求，以及因为其他原因，会导致第二十三条所规定的委员被免职。

第三十四条

第 1 款　意思已十分清楚。

第 2 款　“秘书处”指的是支持或协助执行委员会职责的组织机构。

第 3 款　“工作组”指的是委员会任命的负责在一特定期间内协助执行特定职责的专业小组。

第 4 款　意思已十分清楚。

第三十五条　意思已十分清楚。

第三十六条　意思已十分清楚。

1. 意思已十分清楚。

2. 意思已十分清楚。

3. 意思已十分清楚。

4. 意思已十分清楚。

5. 意思已十分清楚。

6. 意思已十分清楚。

7. “调查者”指的是一九八一年第八号法律中所规定的调查人员。

8. 意思已十分清楚。

9. 意思已十分清楚。

10. 意思已十分清楚。

11. 意思已十分清楚。

12. 意思已十分清楚。

第三十七条　基本上,政府通过从国家预算和国家收入中拨款来支持委员会职责的履行。然而,考虑到委员会的广泛管辖领域和职权范围,委员会可以从不违反现行法律规定的其他途径获得资助,这种资助没有法律约束力,并且不得影响委员会的独立性。

第三十八条　意思已十分清楚。

第三十九条　意思已十分清楚。

第四十条　意思已十分清楚。

第四十一条

第1款　意思已十分清楚。

第2款　意思已十分清楚。

第3款　委员会可以委托给调查者调查的不仅包括本条第2款中所提到的行动或罪行,还包括正被委员会调查和检查的案件。

第四十二条　意思已十分清楚。

第四十三条

第1款　意思已十分清楚。

第2款　意思已十分清楚。

第3款　委员会只能在至少三个委员会成员出席的委员会会议上作出本条第3款规定的决定。

第4款　"通知"指把委员会决定的副本送达给企业。

第四十四条

第1款　三十天期限从企业或其代理人收到委员会决定的副本之日起算。

第2款　意思已十分清楚。

第3款　意思已十分清楚。

第4款　意思已十分清楚。

第5款　意思已十分清楚。

第四十五条　意思已十分清楚。

第四十六条　意思已十分清楚。

第四十七条

第1款　意思已十分清楚。

第2款

(1) 意思已十分清楚。

(2) 在其他方法之外,应该通过取消合同、转移企业的一部分给其他企业主或改变其生产链条的方法来"终止垂直限制"。

(3) 被命令停止的不是企业的全部经营活动,而只是企业的特定行为或活动。

(4) 意思已十分清楚。

(5) 意思已十分清楚。

(6) 应该把赔偿给予遭受了损失的企业和其他各方。

(7) 意思已十分清楚。

第四十八条　意思已十分清楚。

第四十九条　意思已十分清楚。

第五十条

1. 意思已十分清楚。

2. 意思已十分清楚。

3. 意思已十分清楚。

4. 意思已十分清楚。

5. 意思已十分清楚。

6. 意思已十分清楚。

7. 意思已十分清楚。

8. "参与小规模商业经营的企业"指调整小规模商业经营的一九九五年第九号法律中规定的企业。

9. "为其成员服务"指不为公众提供、而只为其成员提供服务使成员获得基本需要和生产设备需求,包括贷款和原材料;还指为其成员提供不会导致垄断行为和/或不公平竞争的产品的营销和发送服务。

第五十一条　意思已十分清楚。

第五十二条　意思已十分清楚。

第五十三条　意思已十分清楚。

一九九九年第三千八百一十七号印度尼西亚共和国政府公报增刊

7. 斯里兰卡消费者事务行政管理局法(2003)

序　言

鉴于通过对贸易、商品和服务价格的规制以更好地保护消费者、保护销售者和使生产者免受不正当贸易行为和限制性贸易行为侵害是斯里兰卡政府的政策;

鉴于斯里兰卡政府也渴望:只要可能的话,提升竞争性价格,并且保证商品和服务的销售者和生产者之间的有益竞争;

因此由斯里兰卡民主社会主义共和国议会制定以下法律:

1. 本法案被称为消费者事务行政管理局法(2003 年第 9 号文件)。

第1部分　消费者事务行政管理局的建立

2. (1) 一个称为消费者事务行政管理局(以下简称“行政管理局”)的官方机构因此建立,将由目前第 3 条向下规定的行政管理局人员组成。

(2) 通过第(1)款规定的名称,该行政管理局为一法人团体,且连续存在,有日常的印章,可以其之名起诉或被诉。

3. (1) 行政管理局由主席和不少于十人的其他人员组成。这些人员将由部长从工业、法律、经济、商业、行政、会计、科学或卫生等领域中选任有公认的资质、广泛的阅历并且在上述领域中优秀的人担当。

(2) 主席和由部长从第(1)款其他人员中选任出来的另外三名成员将是专职人员(以下简称“行政管理局专职人员”)

(3) 除了主席和其他三名专职人员外,行政管理局其他人员的薪金将由部长会同财政部长协商后确定。

(4) 该法附件条款的规定将在涉及行政管理局人员职务的任期、该行政管理局的会议和印章事宜时发生作用。

4. 主席和其他专职人员的任期为三年,从他们各自被任命时起算。他们的薪金将由部长会同财政部长协商后确定。

5. 根据第 52 条任命的行政管理局总裁将担当行政管理局的秘书。

6. 行政管理局为履行该法规定的职能,可将该法授予、加于或分配的职能委托给公职人员本人或其职能部门。该委托的条款和条件可由该公职人员同该行政管理局之间协商而定。

7. 行政管理局的目标是:

(a) 保护消费者,以防有害于消费者人身和财产的商品营销或服务条款;

(b) 保护消费者以防不正当销售行为,并且保证对于消费者利益予以适当考虑;

(c) 可能的话保证消费者有充分的机会获得竞争价格状态下的商品和服务;

(d) 受到不正当销售行为、限制性销售行为或其他形式销售行为蒙受损失的消费者,可以获得补偿的机会。

8. 行政管理局的职能是:

(a) 控制或消除:

(i) 企业间限制性销售协议;

(ii) 企业间关于价格的安排;

(iii) 对国内销售、整个或相当部分市场的经济增长滥用支配性地位;

(iv) 任何有害国内、国际销售或经济增长的竞争限制。

(b) 对反竞争行为和滥用支配性地位进行调查。

(c) 维持和促进商品和服务提供者之间的竞争。

(d) 促进和保护消费者、购买者和其他商品、服务使用者在商品和服务的价格、可获得性、供应的多样性方面的权益。

(e) 保护消费者获知商品、服务的质地、数量、效能、纯度、标准和价格以便于购买的权益。

(f) 对本法中作出规定的任何事项进行调查。

(g) 促进缺乏有效竞争市场的竞争性价格产生。

(h) 着手研究、公布报告并向公众提供有关市场行情和消费者事务的信息。

(i) 承担公私部门效率的研究。

(j) 提高涉及消费者健康、安全和保障方面的教育。

(k) 促进同其他机构之间就市场行情和消费者事务信息的交流。

(l) 促进、帮助和鼓励消费者团体的建立。

(m) 收取由该行政管理局提供服务所得的费用。

(n) 委任可推进该行政管理局职能实现所必要的任何委员。

(o) 实施其他任何对行政管理局目标实现和职能有效履行所必需的行为。

第2部分　销售管理

9. 行政管理局可以：

(a) 着手研究任何种类商品、服务的供求，以保护消费者对这类质地满意、价格合理、数量充足的商品、服务的可获得性；

(b) 为实现(a)段的目的，促进、帮助和鼓励国家或其他团体，包括消费者团体，与

(c) 就第14条的规定而言，帮助和鼓励销售者协会与行政管理局签订协议。

10. (1) 为保护消费者，行政管理局可以：

(a) 向生产者和销售者发布关于商品的标签、价格标示、包装、生产或销售的一般性指示；和

(b) 向各行各业的生产者或销售者发布特别指示，详细规定：

(i) 该商品可于何时段、何地可以出售；与

(ii) 关于商品的生产、进口、营销、存储、销售、堆放的任何其他条件；

(2) 该行政管理局在第(1)款下所发布的指示应当在政府公报上公布，并至少在一份僧伽罗语报纸、一份泰米尔语报纸和一份英文报纸上公布。

(3) 生产者或销售者不遵守第(1)款下所发布的指示犯本法所规定的罪。

(4) 任何人如果其移除、改动、涂抹、擦掉、损坏有关第(1)款所发布指示中的商品的标签、说明或价格标号；销售或者提供销售这种移除、改动、涂抹、擦掉、损坏商品标签、说明或价格标号的商品，犯本法所规定的罪。

11. 任何人销售或提供销售商品的价格超过本法第10条下所发布指示的商品标价，即犯了本法所规定的罪。

12. (1) 就保护消费者和保证所提供的商品或服务的品质而言，行政管理局可以不时在政府公报上发布通知，决定有关商品的生产、制

造、供应、存储、运输、销售和服务提供方面的标准和规格。

(2) 通过在政府公报上发布通知,行政管理局可以采纳依据1984年第6号文件——《斯里兰卡标准机构法》而建立的斯里兰卡标准机构所规定的标准和规格。这些标准和规格即为上述第(1)款中所涉及的有关商品的生产、制造、供应、存储、运输、销售和服务提供方面的标准和规格。

13. (1) 行政管理局可以对有关下述情况的申述进行调查:

(a) 不遵守第12条所规定的商品的生产、制造、供应、存储、运输、销售和服务提供方面的标准和规格;和

(b) 商品的生产和销售没有遵守生产者和销售者暗含的或其他形式的保证或担保。

(2) 第(1)款项下有关商品销售或服务提供的申述应当根据具体情况在商品销售或服务提供发生之日起三个月内以书面形式提交行政管理局。

(3) 根据第(1)款的申述进行调查时,行政管理局应当给予被生产者或销售者所诉的一方本人或其代理人陈述其意见的机会。

(4) 在对该申述做出调查后如果行政管理局认为商品的生产、销售或服务的提供没有遵守行政管理局规定或应当由行政管理局规定的标准、规格,或者商品的生产和销售没有遵守生产者和销售者暗含的或其他形式的保证或担保,行政管理局应当根据具体情况,命令生产者或销售者对受害方进行赔偿、退换所购买的商品或者退还为此商品和服务提供而支付的金额。

(5) 依据第(4)款所作的命令应当以书面形式制作并通过挂号邮件寄送给该生产者和销售者。

(6) 当生产者或销售者不履行或拒绝遵守本条第(4)款所作的命令,该生产者或销售者即犯了本法所规定的罪。而且对于命令中作为赔偿款或退款,行政管理局根据具体情况,可以为此向对生产者或销售者的营业地或住所地有管辖权的司法行政法庭提出申请,由法庭以类似罚款的方式作出退赔的处罚。虽然这种罚款的数额可能超过法庭在一般管辖权情形下所作出的罚款。

14. (1) 在行政管理局认为必要时,可与任何生产者或销售者或者生产者、销售者协会签订书面协议,并规定:

(a) 任何售卖商品不得超过的最高价格;

(b) 已经生产、销售或待售的商品的标准和规格;

(c) 其他关于商品的生产、进口、供应、存储、经销、运输、营销、标别(归类)或者销售的条件。

(2) 根据第(1)款所签订的书面协议对于授权的经销商或协会的组成成员具有约束力,就像该授权的经销商或协会的组成成员为所签订协议的一方一样,或者在其参加该协议时为该协议的一方。

(3) 上述生产者/销售者、授权的经销商、生产者/销售者协会或者该协会的成员违反根据第(1)款所达成的协议,即犯了本法所规定的罪。

(4) 根据第(1)款所签订的书面协议应当向行政管理局登记,并且应当根据具体情况在协议中包含一个附件清单,记载授权的经销商或协会成员名称及其他记述。

(5) 根据第(1)款所签订的书面协议应当在签订之日起生效,除非该协议另定生效日期。

(6) 如果行政管理局认为合适,他可以促使本条下所签订的协议在公报上公布,如果这个协议在公报上公布,那么公报上所载的文本应当被认为是该协议的内容,除非有相反的证明。

(7) 就根据该条所提起的起诉而言,行政管理局所给予某人的证书应当被法院接受,并作为初步证据证明该人为授权的经销商或者协会的成员。

15. (1) 就斯里兰卡境内的销售而言,拥有、保管或者支配商品的销售者不允许拒绝销售该商品;

(2) 对销售者任何违反第(1)款的起诉,下列情况应当是被起诉者的充分抗辩,只要被起诉者证明:

(a) 在有问题的场合,他提供了合理数量的商品,并且他所拥有的商品并不能充分满足所需要的数量;

(b) 他只从事商品的批发经营,而且买主所需的数量与正常的批发经营相悖;或者

(c) 存在问题场合的商品销售违反任何成文法律或行政管理局依据第10条所发布的一般或特别的指示。

16. 就斯里兰卡境内的销售而言,拥有、保管或者支配商品的销售者不得:

(a) 否认拥有该商品;

(b) 对于商品的销售取决于购买其他商品、有关服务支付的条件或者其他条件,除了消费者应当立即支付商品价款的条件外。

17. (1) 销售者不得在其营业地或者其他地方隐匿超过该销售者正常销售需求数量的商品。

(2) 销售者不得在其营业地或者其他地方拥有、保管或者支配的商品数量超过:

(a) 他个人或家庭成员消费的数量需求;

(b) 该销售者正常销售活动的数量需求;

(3) 除销售者之外的其他人所拥有、保管或者支配的商品数量不得超过其个人消费的数量需求。

18. (1) 当部长认为某种商品/服务对公众生活必不可少或者成为公众生活的一部分,部长在同该行政管理局磋商后根据具体情况在政府公报上发布命令,规定该种商品/服务为特种商品/服务。

(2) 生产者或销售者不得提高第(1)款项下特定商品/服务的零售或批发价格,除非事先获得该行政管理局的书面同意。

(3) 为获得第(2)款项下的该行政管理局的书面同意,生产者或销售者为此应当向行政管理局提交申请,行政管理局在必要的情况下调查后应当:

(a) 当提高价格是合理时,同意价格上涨;

(b) 当行政管理局认为有其他合理因素时,也可以同意价格上涨;

并在收到申请的三十日内将其决定通知生产者或销售者。

(4) 根据第(2)款的规定,当行政管理局未能在收到申请的三十日内作出决定,尽管有第(1)款的规定,提出该申请的生产者或销售者有权提高价格。

然而,考虑到行政管理局未能在规定的时间内作出决定是由于生产者或销售者对于行政管理局就申请而作的调查没有给予所需要的帮助,行政管理局应当有权作出临时命令以阻止该生产者或销售者提高价格,直到行政管理局对此申请作出决定为止。

19. (1) 当总裁觉得由生产者或销售者所销售的商品、提供的服务以过高的价格供应,或者认为存在市场操纵,或者认为销售商品、提供服务的市场有不尽如人意的地方,他在认为必要时,可以就以下情况同行政管理局协商:

(a) 此商品的销售、服务的提供具有经济重要性;或者

(b) 任何类别的消费者被这一过高的价格所影响。

将这些情况的问题提交理事会,由理事会对此进行调查和作出报告。

(2) 在总裁将此问题提交理事会后两个月内,理事会应当作出调查并将该调查的报告交予总裁。

20. (1) 对于第19条由总裁向理事会所提交的问题,理事会应当促使此问题为与即将进行的调查有利害关系的人员知悉,并应当将开始进行调查的日期予以适当告知;

(2) 就进行的调查而言,理事会可以书面通知任何人或任何该人的委托人根据通知中所要求的时间和地点提供通知中所要求的文件,这些文件由这些人保管、支配,并与所进行的调查有关;

(3) 当调查完结时,理事会应当按照第21条的要求,将其调查的决定及其作出如此决定的原因以其认为合适的方式公布,并根据第19条第(2)款的要求就该调查向总裁提交一份报告;

(4) 当理事会认为商品销售、服务提供的价格过高,他应当向行政管理局书面建议该种商品、服务的最高价格或者根据最高价格所确定的价格结构;

(5) 行政管理局在收到第(4)款项下理事会的建议后,应当在政府公报上发布命令,确定该商品、服务的最高价格,所发布的命令应当于该命令在公报上公布时生效;

(6) 该条中的规定不得被理解为排除理事会所进行的与前次调查的对象全部或部分有关的随后调查;

(7) 第(5)款下行政管理局所作的命令对任何人构成侵害的,该人可针对此决定向上诉法院提出上诉;

(8) 第(2)款下按照发布的通知要求所制作的文件应当被认为是机密的。除非根据法律的要求,理事会不得将文件中包含的内容泄露出去。

21. (1) 第20条第(4)款项下的建议出具之前的任何时间,理事会可以接受由生产者、销售者所提供的价格保证,该保证与理事会针对生产者、销售者的商品销售、服务提供的价格所要进行的调查有关。

(2) 当第(1)款的价格保证被接受,理事会应当:

(a) 以其认为合适的方式对该保证进行适当的宣传。

(b) 就该保证的执行进行定期评议。

(c) 在情势变迁的情况考虑:

(i) 保证不再合适和提供保证的人免除执行该保证的义务;

(ii) 是否应当对保证作出变动;或者

(iii) 是否既存保证应当被新的保证所替代;

(d) 就那些执行保证的人通知他们在执行中的失误和不足。

(3) 当根据第(2)款(c)段理事会觉得应当采取行动时,应向执行保证的人发出通知,告知:

(a) 对保证需作出变动;

(b) 需要用新的保证替代旧的保证;或者

(c) 免除执行保证的义务。

(4) 依照第(3)款的要求发出通知后,理事会应当作出一个新的决定:

(a) 同意按照理事会的建议所作的新的保证或者变动原先的保证;

(b) 同意由生产者、销售者主动提出的新的保证或变动原先的保证。

(5) 当由生产者、销售者作出的保证被理事会接受时,违反该保证即犯了本法中规定的罪。

22. (1) 当商品的销售、服务的提供以过高价格进行,而且公众、协会/组织的成员希望理事会对此事进行调查时,这些公众、协会/组织的成员可根据具体情况请求总裁将此事提交理事会调查;

(2) 总裁接到第(1)款的请求时,如果他认为有关第19条规定的事项应当由理事会进行调查,他可以将此事提交理事会,由理事会进行调查。第20条和21条的相关规定在作出适当修改后应当适用于此有关的调查。

23. 部长可在自己请求或者个人/团体请求的情况下,将有关商品销售价格、服务提供费用的问题提交行政管理局,请求其进行调查并作出报告,行政管理局应当在收到该请求的一个月内进行调查并将报告提交给部长。

24. 行政管理局可在自己请求或者个人/团体请求的情况下,对有关商品销售价格、服务提供费用的问题进行审议并据此向部长报告。

25. 根据本法中的规定,部长可以其认为合适的方式促使向他提交的报告、报告中的建议公布于众。

26.（1）除在商品自身上标价、包装上标价或按照法律所要求的其他方式标价外，销售者应当在其营业地显眼的地方张贴一个价目牌，根据具体情况详细规定其营业地可供销售商品的最高零售、批发价格；

（2）营业地应当一直保有一份完整的可供随时检查的销售商品价格清单。

27. 销售者应当向行政管理局注册缴纳由部长会同财政部长所确定的至多十万卢比的年费。

28. 销售者应在购买者要求的情况下向其签发一张收据，内中列明：

（a）销售日期；

（b）销售商品的数量；

（c）购买此数量商品的价款；

（d）交易性质，即零售还是批发；

（e）法律所要求的有关销售者收据签发的其他要求。

29.（1）销售者应在其营业地显眼处摆放一布告牌，展示行政管理局按照本法所发布的通知、指示、警告；

（2）销售者应当在布告牌上粘贴或者促使粘贴由行政管理局按照本法所发布的通知、指示、警告；

（3）除非获得行政管理局的指示或者授权，任何人对这些通知、指示、警告的移除、改动、涂抹、擦掉、损害即犯了本法中所规定的罪。

30. 销售者在交易、经营过程中，不得从事对消费者或其他销售者误导、欺骗或者可能误导、欺骗的行为。

31. 在交易、经营过程中，有关商品、服务的提供或可能提供，或者有关商品、服务的供应、使用的各种手段的促销，销售者：

（a）错误地声称商品、服务具有特定的标准、质地或级别，或者商品具有特定风格或款式；

（b）错误地声称商品是新的；

（c）宣称这些商品、服务所不具有的赞助许可、性能、特征性装饰、用途或好处；

（d）宣称该销售者所不具有的赞助许可、连锁；

（e）制造有关价格提升、下跌的有无或者多少的错误性或误导性的声明；

（f）制造有关商品/服务的需求、替代或者修正的错误性或误导性的声明；

(g) 制造有关保证、担保的存在或影响的错误性或误导性的声明；

即犯了本法中所规定的罪。

32.(1) 在商品供应、服务提供的过程中，任何人与消费者在商品供应、服务提供的合同中所含的暗示性的担保是：

(a) 所提供的服务已经尽适当的注意义务和技巧；

(b) 就设备的提供而言，与服务提供有关的任何设备的提供是相当确当的；

(c) 提供的商品、服务与本法第12条所确定的标准和规格相符；和

(d) 就商品的供应而言，该商品的供应是相当合适的。

(2) 销售者及其他向消费者提供商品/服务的任何人，在经营过程中，如果消费者明示或暗示地使销售者或其他人了解消费者对商品/服务的特定要求，或其期许服务所要实现的目的。这其中有一个暗含的担保，即：依照合同所提供的服务、与服务有关的设备供应将相当地适合于该目的、所要达到的合理期望的那种结果的性质和质量，除非条件显示消费者没有依赖或不可能依赖销售者、其他人的技能或评断。

(3) 由于违反第(1)、(2)款暗含的担保而使消费者受到损害，该消费者可根据具体情况在违反商品、服务的提供，或者与服务有关的设备供应之日起一个月内向行政管理局以书面形式提出申述。

(4) 根据第(3)款的申诉进行调查时，行政管理局应当给予被申诉的一方本人或其代理人陈述其意见的机会。

(5) 如果行政管理局在调查后认为存在违反暗含担保的情况，行政管理局应当命令该销售者、其他人根据具体情况向受害方作出赔偿、退回商品/服务提供或者与服务提供有关的设备供应的价款，作出赔偿或者退款的时间应当在命令中特别指明。

(6) 第(5)款项下所作出的命令应当以书面形式作出并以挂号邮寄的方式送达给该销售者、其他人。

(7) 当销售者、其他人不履行或拒绝遵守本条第(5)款所作的命令，该命令要求销售者、其他人在该命令中规定的时间内根据具体情况作出赔偿或退款，对于命令中要求的赔偿或退款，行政管理局可以为此向对销售者、其他人的营业地或住所地有管辖权的司法行政法庭提出申请，由法庭以类似罚款的方式进行退赔。虽然这种罚款的数额可能

超过法庭在一般管辖权情形下所作出的罚款。

33. 根据部长的要求,行政管理局应当进行公私部门效率的研究,并向部长提交报告,部长有义务将该报告提交给议会。

第3部分　促进竞争和消费者利益

34. (1) 行政管理局可在自己的请求或者个人、消费者组织、销售者协会的申诉、要求下,对有关普遍的反竞争行为进行调查;

(2) 如果第(1)款项下的调查由自己的请求而发起,调查应当在一百天内完成。

35. 就第34条而言,在交易过程中,某人进行的一系列行为本身或者将他人进行的一系列行为与其结合起来具有、意图具有或可能具有限制、扭曲或阻止竞争的效果,且这些行为与斯里兰卡境内的商品制造、供应、获得或者服务的提供、保障有关,那么这些视为普遍的反竞争行为。

36. (1) 按照第34条的要求,行政管理局可以给予在某一事件中成为调查对象的所有人,包括有利害关系的消费者组织或者协会的代表,进行在该行政管理局看来与该事件有关的陈述或者提供口头、书面证据的机会。

(2) 就第33条所进行的调查而言,行政管理局拥有地区法院所拥有的所有权限:

(a) 发布通知并要求证人到场;

(b) 要求文件制作、记录制作,和

(c) 对证人执行宣誓或确认证词。

(3) 如果有人——

(a) 在调查过程中没有充分理由而公布任何声明,或者在调查结束后作出如此公布,而这种公布使得行政管理局或其成员陷入争议。或

(b) 干扰该行政管理局的合法程序。或

(c) 在调查过程中:

(i) 没有理由而未能按照行政管理局对该人发布的通知上要求的时间和地点到案;

(ii) 拒绝宣誓或作证,或者拒绝应当及时的宣誓或作证;没有理由而拒绝或不回答由行政管理局就该事件所作调查的提问;或

(iii) 没有理由而拒绝或不履行向行政管理局制作、出示由其拥有、支配的文件或记录,而这些文件或记录在行政管理局看来与所进行的调查有关,

这些人应当被认定为藐视或不尊敬行政管理局罪,并将由上诉法院依此罪作出处罚。

(4) 当行政管理局认为某人构成藐视或不尊敬行政管理局罪时,行政管理局可以敦促总裁向上诉法院提交一份陈述其决定的证明,该证明应当由行政管理局主席签发。

(5) 在考虑第(3)款规定的情况下,上诉法院认为依藐视罪作出惩罚合适的诉讼过程中,根据第(4)款的规定意欲作为证明签发并提交给法院的任何文件应当作为决定中事实陈述的初步证据,并作为行政管理局作出决定的确切证据。

37. (1) 在按照第34条进行的调查作出结论时,行政管理局可以就该事项的决定向理事会提出申请;

(2) 第(1)款中所提交的申请应当以书面形式制作并符合就此而作的规定的格式。

38. 在按照第34条进行的调查作出结论时,如果行政管理局就该调查决定不依第37条向理事会提出申请,那些诉请、要求进行调查的个人、消费者机构或销售者协会可以根据具体情况,向理事会书面提出申请,要求理事会:

(a) 要求行政管理局就该调查所作的报告提交给理事会;

(b) 如果理事会认为报告中有足够的证据证明理事会处理该决定的申请正当时,听取并对申请作出决定。

第4部分　消费者事务理事会

39. (1) 就本法而言,在本法下设立一理事会,名为“消费者事务理事会”。

(2) 理事会将由依部长提名的以下人员组成:

(a) 一位在商法领域有广泛经验的人;

(b) 一位对工商企业管理有广泛经验的人;和

(c) 一位对销售行为和消费者事务有广泛经验的经济学家。

(3) 该理事会人员的任期为三年,并由部长决定其中一人为主席。

(4) 该理事会人员的薪金由部长与财政部长会商决定后支付。

(5) 应当任命一名秘书,负责维护理事会所有行为的记录和发送按照本法应当由理事会发出的通知。

40. (1) 理事会的作用是听取并对依照本法提交的申请、事项作出决定;

(2) 如果理事会内不能达成一致决定,多数成员的决定视为该理事会的决定。

41. (1) 根据第37、38条规定的具体情况,对向理事会提交的申请,委员会在确信:

(a) 反竞争行为存在,但该行为不对或不可能对公共利益产生影响,为此通过发布命令许可该反竞争行为存在;或者

(b) 反竞争行为存在并对公共利益产生影响,为此通过发布命令规定:

(i) 以命令中规定的方式终止此类反竞争行为;和

(ii) 就纠正或阻止反竞争行为负面影响而言,理事会认为合适的其他行动。

(2) 就本条而言,在确定某一反竞争行为对公共利益不利或可能不利时,理事会应当考虑其发现的与调查有关的任何问题,并对下列要求特别关注:

(a) 维持和促进商品和服务提供者之间的有效竞争;

(b) 促进消费者、购买者和其他商品/服务使用者在商品/服务的价格、质量方面和在本国境内商品/服务多样性方面的利益;

(c) 通过竞争促进成本的降低、新技术/产品的开发和使用,加快新竞争者进入既有市场。

(3) 根据第37、38条向理事会提出申请时,理事会应当在收到该申请的一个月内就该申请作出命令。

42. 行政管理局可以其认为合适的方式敦促理事会公布其在第41条下所作的命令。

43. (1) 理事会有权发布通知并就其进行的调查向证人讯问,通知应当经由理事会的秘书发布;

(2) 通知可以交付给通知内指定人员的方式发布,如果交付此人有困难,可以将通知留置在该人最后的住所地;

(3) 得到所发布的通知的人应当按照通知中规定的时间和地点在理事会出现,并根据通知文本的要求在其拥有或权限内提供证据或者

制作文件、记录或其他。

44. (1) 就本法中的调查而言,理事会有权:

(a) 获取、接受任何口头或者书面证据,在其认为必要或可行的情况下对证人进行讯问;

(b) 获得在宣誓或确证后的证人的口头、书面证据。如果是在法庭上提供证据,那么对证人进行宣誓、证词确认;

(2) 按照本法所进行的诉讼行为中,理事会没有遵守证据规则条款的必要。

45. 第43条下得到所发布的通知的人如果:

(a) 理事会合理地认为其没有理由未能按照通知要求的时间和地点在理事会到案;

(b) 拒绝宣誓或确认证词,或者拒绝及时地宣誓或确认证词;没有理由拒绝或未能回答在理事会看来合理的就调查中的事项所作的提问;或

(c) 没有理由拒绝或未能向理事会提供在理事会看来所必要的为发现调查事项的真相要求出示其拥有或权限范围内的文件或者其他物件;

这些人将被定为藐视、不尊重理事会罪。

46. (1) 违反第45条规定的行为、疏忽应当构成藐视、不尊重理事会罪,如果这些行为、疏忽与法院有关,那么应当构成藐视、不尊重法院罪;或

(2) 当理事会认定某人构成藐视、不尊重理事会罪时,理事会可以敦促其主席向上诉法院提交陈述其决定的证明,该证明应当经由理事会主席签署;

(3) 在考虑本条规定的情况下,上诉法院认为依照藐视罪进行处罚合适的诉讼程序中,第(2)款项下意欲作为证明而签署并提交给上诉法院的文件应当:

(a) 作为证据接收,并视为无需进一步证实的证明,除非有相反情况的存在;和

(b) 就决定中所述事实,作为由理事会制作的证明中所作决定的证据;

(4) 按照本条规定,在对所有被认为惩罚藐视或不尊重理事会的诉讼程序中,理事会的成员可以被传唤或作为证人接受讯问,所有这些

程序应当在收到第(2)款中所提交的证明之日起三个月内审理并做出处理。

47. 向理事会提供证据的人应当享有与向法院提供证据的证人就有关证据方面一样的特权。

48. 理事会可以决定其所作调查应当遵守的程序。

第5部分　行政管理局的基金

49. (1) 行政管理局应当享有自己的基金。

(2) 下列款项应当列入行政管理局的基金:

(a) 议会为不时利用行政管理局而表决拨付的款项;

(b) 行政管理局在执行其职能过程中所得的费用或其他;

(c) 从销售依照本法所没收的商品中所得的收入;

(d) 依照本法对所犯罪行施加的三分之一罚款数额;

(e) 可获得的补助或赠与;和

(f) 根据第59、73条而归入或转入基金的钱。

(3) 下列款项应当从基金中支付:

(a) 向行政管理局成员和理事会成员支付的薪金;

(b) 行政管理局认为为促进、帮助、鼓励消费者组织以及管理、发展这些组织的必要而支付的钱;

(c) 行政管理局为消费者教育、与教育有关的信息传播的必要,和任何就推进教育而言是必要的而支付的钱;

(d) 行政管理局或理事会依照本法为行使、执行和履行其权力、职责和义务所需支付的费用。

50. (1) 行政管理局的财政年度应当按照公历年度进行;

(2) 行政管理局应当保有其收入、支出、资产、负债及其他交易的账簿;

(3) 宪法第154条对有关公共法人账簿审计的规定同样适用于对行政管理局账簿的审计。

51. 1971年第3号文件的金融法第二部分的条款在作适当修改后,适用于行政管理局的财务监管及账户。

第6部分　行政管理局的工作人员

52. (1) 在部长书面同意的情况下,行政管理局可以委任一人作

为行政管理局的总裁(以下简称“总裁”);

(2) 根据第(1)款所任命的总裁为行政管理局的执行总裁,其在任何情况下应按照行政管理局的规章办事;

(3) 总裁的薪金将由行政管理局会同部长协商后确定;

(4) 在总裁因生病、不在斯里兰卡境内或其他原因不能履行职责的情况下,该局在获得部长的书面同意后,可以委托其他人暂代其位。

53. 行政管理局可以任命其认为对完成行政管理局和理事会工作所必要数量的理事、代理理事、助理理事和其他职员,这些人员的薪金经行政管理局会同部长协商后确定。

54. (1) 在行政管理局的要求下,经由本人和掌管公共行政部的部长秘书同意,任何公职部门的工作人员可以被暂时地或永久地被任命为行政管理局的工作人员,该暂时的时间经由相似过程的同意后由行政管理局决定;

(2) 当一公职部门的工作人员被暂时地任命为行政管理局的人员时,1991 年第 37 号文件的国家人员流动委员会法第 14 条第(2)款的内容在经过适当修改后将对其适用;

(3) 当一公职部门的工作人员被永久地任命为行政管理局的人员时,1991 年第 37 号文件的国家人员流动委员会法第 14 条第(3)款的内容在经过适当修改后将对其适用;

(4) 当雇用一个已与政府签订协议同意在政府中任职一段时间的人服务于行政管理局时,就履行协议项下的义务而言,该人员被视为服务于政府。

第 7 部分　一般规定

55. (1) 尽管在本法中有其他相反的规定,如果行政管理局认为有必要对某人违反本法规定、指示的行为予以调查,调查后如果确证是初犯,行政管理局可以向该人发送一书面警告;

(2) 第(1)款项下发送的警告应当由行政管理局以挂号方式发送。

56. (1) 为了准确地履行本法规定的职能,行政管理局可以要求商品/服务的生产者、进口者、经销者、出口者:

(a) 保持在该行政管理局看来所必要的有关事项的记录,记录的格式由行政管理局决定;和

(b) 在行政管理局规定的时间间隔和以规定的格式向行政管理局

提供其认为必要的有关事项的权威报告；

(2) 第(1)款(a)段所要求的记录的保存时间不超过六年。

57. (1) 在行政管理局为履行本法规定的职能而认为是必要的情况下，行政管理局或其为此授权的人员可以发出书面通知要求任何人在通知中规定的时间内提供信息、提交通知中规定的文件，接到通知的人有义务遵守该通知中的相关要求，尽管其他成文法律可能禁止该人披露所提供的信息、提交的文件。

尽管如此，本款的规定不可理解为授权行政管理局或为此授权的人通过通知要求任何人提供信息、提交文件，如果该信息的披露、文件的提供为规定税收的征收和追索的法律条款所禁止；

(2) 第56条项下所提交报告中的信息、本条通知中要求提供的信息、所提交文件中的内容不得由行政管理局公布或者向他人传达，除非在提供报告、提供信息或提交文件人同意的情况下，或者行政管理局在履行其职能的过程中(所必需)。

58. (1) 就确定本法、依本法制定的规章是否得到遵守而言，行政管理局或为此目的书面授权人员在有合理根据、在需要的情形出示其证明文件的情况下有权：

(a) 在合理的时间内进入、检查、搜查生产者/销售者从事经营的场所、存储或陈列待售商品的场所；

(b) 查封、扣押在这些场所所发现的违反本法第16、17条规定的商品；

(c) 根据本法或其他与此经营有关法律检查、复制或者查封、扣押行政管理局需要保有的记录、文件。

(2) 根据第(1)款(b)所查封、扣押的商品应当在法庭上出示，在法庭判定该生产者/销售者有罪的情况下，由法庭决定没收和处置该商品，因对商品处置所得的财产应当记入行政管理局基金的账户。

59. (1) 如果依第58条第(1)款(b)段所查封、扣押的商品具有易腐性，且行政管理局认为即刻售卖具有可行性和必要性的情况下，行政管理局应当通过在斯里兰卡以僧伽罗语、泰米尔语和英语发行的报纸上至少刊登三天关于此类商品销售的广告以促使这些商品得以售卖；

(2) 通过第(1)款程序售卖商品所得价款应当记入行政管理局为此所开设的特别账户，如果被扣押商品的人被法院宣告无罪或免除责任，售卖商品所得价款应当归于此人；

(3) 如果法院判定被扣押商品的人有罪,通过售卖商品所得价款、存储于第(2)款所提到的特别账户的账款应当归入行政管理局基金的账户。

60. (1) 任何人:

(a) 不提供或者拒绝提供——

(i) 根据第56条的规定行政管理局所要求的报告,或

(ii) 根据第57条的规定而发布通知中所要求的信息、提交文件;

(b) 故意地在所提交的报告中作错误陈述,或者故意地提供错误的信息;或

(c) 阻挠行政管理局人员依第58条的规定行使其权力的行为;

应当是犯了本法中规定的罪行,在司法行政法庭审理后判定有罪的时候承担:

(i) 在该人不是法人的情形,如果系初犯,处以不少于一千卢比不超过五千卢比的罚款,或者处以监禁:要么是不超过三个月,要么既这样罚款又监禁;如果系再犯,处以不少于两千卢比不超过一万卢比的罚款,或者处以监禁:要么不超过六个月,要么是既这样罚款又监禁;或者

(ii) 在该人是法人的情形,如果系初犯,处以不少于五千卢比不超过一万卢比的罚款;如果系再犯,处以不少于一万卢比不超过两万卢比的罚款。

(2) (a) 任何人未遵守或拒绝遵守第41条第(1)款(b)段下所制定的命令或者做出与此命令相悖的行为,应当是犯了本法中规定的罪行,在司法行政法庭审理后判定有罪的时候承担:

(i) 在该人不是法人的情形,如果系初犯,处以不少于五千卢比不超过五万卢比的罚款,或者处以监禁:要么是不超过一年,要么既这样罚款又监禁;如果系再犯,处以不少于一万卢比不超过十万卢比的罚款,或者处以监禁:要么不超过两年,要么是既这样罚款又监禁;或者

(ii) 在该人是法人的情形,如果系初犯,处以不少于五万卢比不超过一百万卢比的罚款;如果系再犯,处以不少于十万卢比不超过二百万卢比的罚款。

(b) 此外,法庭可以命令该人禁止从事与第41条第(1)款(b)段下所制定的命令有关的行为,该禁止期间由法庭决定或者直到该人遵守本段所制定的命令时为止。

(3) 任何人由于违反本法第15、16、17条的规定而犯了本法规定

的罪,在司法行政法庭审理后判定有罪的时候应当承担:

(a) 在该人不是法人的情形,如果系初犯,处以不少于一千卢比不超过一万卢比的罚款,或者处以监禁:要么是不超过六个月,要么既这样罚款又监禁;如果系再犯,处以不少于两千卢比不超过两万卢比的罚款,或者处以监禁:要么不超过一年,要么是既这样罚款又监禁;或者

(b) 在该人是法人的情形,如果系初犯,处以不少于一万卢比不超过五万卢比的罚款;如果系再犯,处以不少于十万卢比不超过二十万卢比的罚款。

(4) 任何人由于违反本法第18条的规定而犯了本法规定的罪,在司法行政法庭审理后判定有罪的时候应当承担:

(a) 在该人不是法人的情形,如果系初犯,处以不少于五千卢比不超过五万卢比的罚款,或者处以监禁:要么是不超过一年,要么既这样罚款又监禁;如果系再犯,处以不少于一万卢比不超过十万卢比的罚款,或者处以监禁:要么不超过两年,要么是既这样罚款又监禁;或者

(b) 在该人是法人的情形,如果系初犯,处以不少于五万卢比不超过一百万卢比的罚款;如果系再犯,处以不少于十万卢比不超过二百万卢比的罚款。

(5) 任何人的行为如果违反本法的条款[除本条(1)、(2)、(3)、(4)款所涉及的条款外]、条款所加的要求或者根据第72条所制定的规章而犯了本法所规定的罪,在司法行政法庭审理后判定有罪的时候应当承担:

(a) 在该人不是法人的情形,如果系初犯,处以不少于一千卢比不超过一万卢比的罚款,或者处以监禁:要么是不超过六个月,要么既这样罚款又监禁;如果系再犯,处以不少于两千卢比不超过两万卢比的罚款,或者处以监禁:要么不超过一年,要么是既这样罚款又监禁;或者

(b) 在该人是法人的情形,如果系初犯,处以不少于一万卢比不超过十万卢比的罚款;如果系再犯,处以不少于两万卢比不超过二十万卢比的罚款。

(6) 该行政管理局可以其认为合适的方式公布、敦促公布根据本法应当承担罪责人的名称和住所。

(7) 如果犯罪的人为一团体,那么

(a) 如果该团体为一法人,该法人的主管人员和高级职员,和

(b) 如果该团体为一公司,该公司的股东

应当承担罪责。

如果该主管人员、高级职员或者股东证明其对所犯的罪一无所知或已经尽其必要注意义务来阻止该罪的发生,那么他就不可以被认为有罪。

61. (1) 如果行政管理局有合理理由认为售卖的商品不符合第12条所制定的标准和规格,其可以:

(a) 书面授权一高级职员获取该商品的样品:

(i) 从经营该商品的生产者/销售者的经营场所;

(ii) 从储存或陈列待销该商品的场所;

(iii) 从运载该商品的装运工具,和

(b) 向拥有所要获取样品的商品生产者/销售者发布一指示,在该指示规定的时间内禁止所涉商品的出售或陈列代销,但该规定时间从发布之日起不得超过6个星期。

(2) 获得样品的该高级职员有义务立即将其交给一位经认可的分析师以确定该商品是否符合依本法第12条制定的标准和规格。除有特殊情况,该分析师可在收到样品之日起不超过一个月的时间内向该行政管理局提交他的报告。

(3) 在收到该分析师的报告后,行政管理局应当:

(a) 如果其发现所涉商品遵守了依本法第12条制定的标准和规格,则立即解除据第(1)款发布的指示所施加的限制;或者

(b) 如果其发现所涉商品未遵守依本法第12条制定的标准和规格,且该所涉商品正变得不适合使用或消费,则根据具体情况查封、扣押商品、寄售的商品。

(4) 依情况对第(3)款(b)段项下的那些商品、寄售商品予以查封、扣押的话,该生产者/销售者即犯了本法所规定的罪。

(5) 根据本条对所犯罪行追诉时,经总裁书面授权的高级职员手上的在本条中用来分析商品而签发的陈述与所犯罪有关的商品成分、组成的证明作为证据应当接受,并将证明中所作的陈述作为初步证据。

(6) 对本条所犯罪的追诉应当在得到总裁书面同意的情况下进行。

(7) 就本条而言,“经认可的分析师”是指该人有资格履行该项职能并得到总裁批准的人。

62. (1) 如果就第61条第(4)款的罪行所作的有罪判决中发现不

遵守标准和规格已经导致商品、寄售的商品不适于使用或消费,那么:

(a) 如果在规定的时间内未就该有罪判决向根据宪法第 154P 条所建立的相关省的高等法院上诉;或者

(b) 如果已经就该相关有罪判决向根据宪法第 154P 条所建立的相关省的高等法院上诉,并且该有罪判决得到了确认,

法院应当作出命令,没收该商品、寄售的商品归国家予以销毁,销毁方式法院可以予以指示。

(2) 依第(1)款向法院提交的有罪诉讼中,如果没有证据使法院确信不遵守标准和规格已经导致商品、寄售的商品不适于使用或消费,因而宣告被控方无罪的话,那么:

(a) 如果在规定的时间内未就该无罪判决向根据宪法第 154P 条所建立的相关省的高等法院上诉;或者

(b) 如果已经就该相关无罪判决向根据宪法第 154P 条所建立的相关省的高等法院上诉,并且该无罪判决得到了确认,法院应当作出命令,释放被扣押的商品、寄售商品。

63. 对于根据第 61 条向法院提起的诉讼,法院应当优先处理;针对有罪判决中所施加的命令的上诉也应当优先审理。

64. 不得提起的民事或者刑事案件:

(a) 针对行政管理局就其依据本法善意实施、意欲实施的行为;或者

(b) 针对行政管理局的成员、总裁、理事、代理理事、助理理事、高级职员、雇员、行政管理局的顾问或者理事会的成员就其依情况根据本法或行政管理局、理事会的指示善意实施、意欲实施的行为。

65. (1) 行政管理局向法院起诉或者被别人控告所引发的开支应当从行政管理局基金中支出;行政管理局因争讼所得的费用应当记入行政管理局基金的账户;

(2) 行政管理局的成员、总裁、理事、代理理事、助理理事、高级职员、雇员、该行政管理局的顾问或者理事会的成员就本人依本法或者行政管理局、理事会的指示实施、意欲实施的行为向法院起诉或被别人控告而引发的开支,如果法院认为该行为是善意的,该支出应从行政管理局基金中获得,除非该人已在诉讼中收回其支出。

66. 行政管理局的成员、总裁、理事、代理理事、助理理事、高级职员、雇员、顾问应当被视为:

(a) 就刑法典而言,刑法典含义上的公务人员;和

(b) 就本法项下的罪行提起诉讼而言,是1979年第15号文件刑事诉讼法典含义上的公务人员。

67. 行政管理局和理事会应当被视为反贿赂法意义上的预定机构,反贿赂法中的条款也相应地如此解释。

68. 如果生产者/销售者的代理人、雇员触犯本法的罪行,除非该生产者/销售者能证明其对所犯罪行一无所知,否则视为生产者/销售者本人触犯此罪行。

69. 如果某人被认定为触犯本法中的罪行,或者如果依本法对商品应予以查封、命令没收,行政管理局可以支付:

(a) 给提供信息致使罪行发现或者商品查封、没收的人;和

(b) 参与罪行的查明或者使得查封、没收实现的人

其认为数目合理的金钱作为奖赏。

70. 尽管与1979年第15号文件的刑事诉讼法典有相冲突的规定,本法中的任何罪行应当被认为在刑事诉讼法典的含义上,并就该法典而言是可以加以追诉审理的。

71. 就行使1979年第15号文件的刑事诉讼法典授予治安官员的权力而言,行政管理局的总裁、理事、代理理事、助理理事应当被认为是刑事诉讼法典含义上的治安官员。

72. (1) 部长可以就本法需要规定的事项、本法授权作出规定的制定规章。

(2) 特别且不损害第(1)款所授予的绝大多数权力的情况下,部长可以就下列有关事项制作规章:

(a) 规定行政管理局召开会议的方式;

(b) 规定行政管理局会议进行的方式;

(c) 规定由谁、以何种方式向参加行政管理局或理事会调查的被通知证人支付其为参加调查而产生的支出。

(3) 部长所制定的规章应在政府公报上公布,并在公布之日或者规章内规定的日期生效。

(4) 部长制定的规章在公布后应当尽快地提交给议会以请求批准,如果该规章未获批准,则该规章被认为从被拒绝批准之日起废除,但是不影响废除前依规章所作的任何事情的效力。

(5) 部长所制定的规章被认定为废除的通知应当在政府公报上公

布。

73.（1）（a）1979年第1号文件消费者保护法特此废除。

（b）尽管废除上述法案：

（i）（aa）依此被废除法第3条而公布的经销方案；

（bb）依此被废除法第6条由国内贸易委员所发布的一般性指示；

（cc）依此被废除法第8条由国内贸易委员所确定的标准和规格；

（dd）依此被废除法第10条由国内贸易委员与生产者/销售者、生产者/销售者协会所签订的书面协议；

在本法实施日前仍有效的话，应当被认为是由行政管理局发布的经销方案、发布的指示、确定的标准和规格、签订的书面协议。

（ii）在本法实施日前存储于依此被废除法的第33A条所建立的消费者保护基金账户的钱应当自本法实施之日起转入依本法所建立的基金。

（iii）在本法实施前仍有效的依此被废除法第34条所制定的规章，如果不和本法的条文相冲突，应当被认为是依本法所制定的规章，并且可以依照本法规定作相应的修改、补充、废除。

（iv）在本法实施之前未审理完结的由在职权范围内代表国内贸易部门的检察总长所提起的诉讼，或者针对该检察总长的控告，应当被认为是由行政管理局提起的诉讼，或者是针对行政管理局的控告，并且可以继续审理下去。

（v）在本法实施之前由主管法院作出的尚未履行完毕的支持前述检察总长的裁决和命令，或者反对前述检察总长的裁决和命令，应当被认为是对行政管理局作出的支持或者反对的裁决和命令，并可据此执行，和

（vi）经由国内贸易部门或者代表国内贸易部门利益所发生债务、义务、资产和负债和将要处理的事项，应当被认为是由行政管理局或代表行政管理局的利益而发生、处理。

（2）（a）1987年第1号文件公平贸易理事会特此废除。

（b）尽管废除上述法案：

（i）在本法实施前存储于依此被废除法第30条所建立的基金账户的钱应当自本法实施之日起转入依本法所建立的基金；

（ii）在本法实施前由公平贸易理事会所进行的调查仍未完结的，应当被认为是由行政管理局依本法所进行的尚未完结的调查，并可依

本法的规定由行政管理局继续进行并完结；

（iii）在本法实施前，依此被废除法第18条所提出的请求、提交的问题仍未完结的，应当被认为是依本法向行政管理局提出的请求、提交的问题，行政管理局可依本法相应地作出调查和审查；

（iv）依此被废除法由公平贸易理事会作出的命令、提交的报告，应当被认为是行政管理局作出的命令、提交的报告；

（v）在本法实施前未审理完结的由公平贸易委员会提起的诉讼，或者针对公平贸易委员会的控告，应当被认为是由行政管理局提起的诉讼，或者针对行政管理局的控告，并可继续审理下去；

（vi）在本法实施之前由主管法院作出的尚未履行完毕的支持公平贸易委员会的裁决和命令，或者反对公平贸易委员会的裁决和命令，应当被认为是对行政管理局作出的支持或者反对的裁决和命令，并可据此执行；

（vii）在本法实施前仍有效的依此被废除法由部长所制定的规章，如果不和本法的条文相冲突，应当被认为是依本法所制定的规章，并且可以依照本法规定作相应的修改、补充、废除；

（viii）在本法实施前该理事会的高级职员和雇员：

（a）如果行政管理局向他们发出雇佣要约并且他们接受该要约，行政管理局应当以不低于在本法实施前他们可接受的雇佣条件和条款予以雇佣；或者

（b）如果他们没有得到行政管理局发出的雇佣要约，或者虽然已经获得要约但是拒绝了该雇佣要约，他们应当有权获得由部长所决定的数额的赔偿，和

（ix）由公平贸易理事会或代表公平贸易理事会利益所发生的债务、义务、资产和负债、已经生效的合同和协议、所将要处理的事项，应当被认为是由行政管理局或代表行政管理局的利益而发生、生效和处理。

（3）价格控制法（第173章）特此废除。

74. 自本法生效之日起，其他成文法中涉及“价格控制督察员”的，应当理解为行政管理局的相关，这些高级职员是为履行有关商品定价规章职能而由行政管理局任命的。

75. 除非上下文另有含义，该法中：

“消费者”的含义是：通过对价获得由生产者/销售者所提供商品/服务的实际或潜在的使用者。

"理事会"的含义是:据本法第39条所建立的消费者事务理事会。

"燃料"包括所有液态、气态的石油制品、石油、其他气体、煤或润滑油。

"商品"的含义是:任何食品、饮料、药品、燃料及其他。

"地方当局"的含义是:市议会、市政局、村议会(Pradeshiya Sabha,选举产生的农村社区代表组成的基层单位),并包括依法创立/成立的行使、履行、执行与议会、村议会行使、履行、执行权力、责任和功能有关或相似的权力、责任和功能。

"价格"的含义是:任何种类的要价。

"省议会"的含义是:根据宪法第17A章所建立的省级议会。

"生产者"的含义是:任何从事以下活动的人:

(a) 制造物品或食品;

(b) 通过化学过程或其他手段对物品、商品进行装配或组合;或者

(c) 为销售而将物品或商品进行改造。

"服务"的含义是任何种类的实际或潜在使用者可获得的服务,并包括:

(a) 银行业、金融业、保险业、航运业、娱乐业;

(b) 对商品的建造、制造、生产、供应、存储、维护、修理、处理、清洁、加工或改动;

(c) 与商品的进口、出口或供销有关的服务;

(d) 商品或旅客的运输;

(e) 对商业性楼宇及其所属周围土地的清洁;

(f) 包括电力、水、气和电信在内的通用服务的供销;

(g) 信息技术和交流的提供;

(h) 像会计、审计、法律、医学、健康、测量、建筑、工程之类的专业服务。

"销售者"的含义是任何从事以下活动的人:

(a) 向其他人批发销售或供应商品;

(b) 以零售价格向消费者供销商品;

(c) 为了供销而进口商品;

(d) 以对价提供服务。

76. 如果本法的僧伽罗语文本与泰米尔语文本不一致,以僧伽罗语文本为准。

77. 尽管本法中前列条款有不同规定,本法有关反竞争行为的条款不适用于在本法实施前仍有效的、根据与政府签署协议所作的商品或服务供应;在该协议确定的有效期内,该商品或服务的供应不适用于本法的有关反竞争条款。

附件　第3条(4)款

1. 下列人员没有资格被任命为或继续为行政管理局成员:

(a) 如果他是,或成为议会议员、省议会议员或地方当局成员;

(b) 如果他没有或被终止斯里兰卡公民资格;

(c) 如果他被斯里兰卡或其他国家的法律认定或宣告为精神失常;

(d) 如果他正在或已被斯里兰卡法院或其他国家法院判定为监禁;

(e) 如果他已因失职而从行政管理局免职。

2. 除主席、专职人员外,行政管理局的其他成员除非由于死亡、辞职或免职而空出职位外,应当从其被任命之日起任职三年,且除被免职外,有资格被再次任命;

被任命为代替死亡、辞职、免职成员职位的成员,其任期为他前手未完之任期。

3. (1) 除主席、专职人员外,部长可以通过在政府公报上刊登命令的方式免去因失职、身体或精神无行为能力人的职务,本段所指的该任职务的免除自该公报刊登命令之日起生效;

(2) 本段(1)项下对成员的免职不得在法庭上被传唤审问。

4. 除主席、专职人员外,任何行政管理局成员可随时通过寄信的方式向部长说明其辞职申请,该辞职的申请应当在获得部长书面同意后生效。

5. 在发生因死亡、辞职或免职而使职位空缺的情况下,部长可在考虑第3条规定后任命其他人来填补该空缺。

6. 除主席、专职人员外,其他行政管理局成员因生病、体弱或离开斯里兰卡超过三个月的时间而暂时未能履行其职责,该成员有义务书面告知部长相关情况,部长可在考虑第3条规定后任命其他成员在此期间暂代其位。

7. (1) 如果主席或专职成员因生病、体弱或离开斯里兰卡而暂时未能履行其职责,部长可任命其他成员暂代其位;

(2) 部长可以通过在政府公报上刊登命令的方式,免去因失职、身

体或精神无行为能力的主席或者专职成员的职务,职务的免除自公报上刊登命令之日起生效;

(3) 主席、专职成员可根据情况随时通过寄信的方式向部长说明其辞职申请,辞职的申请应当在获得部长书面同意后生效。

8. (1) 行政管理局主席如果出席会议,那么应当由他来主持会议;如果他没有出席,应当由专职成员中的一人来主持会议;如果主席与专职成员均缺席会议,那么出席会议的人应当从出席的人中选出一名来主持该会议;

(2) 行政管理局会议的法定人数应当是四人;

(3) 主席,或者主席缺席而主持会议的成员除有自己本来的一票外,还有决定性一票的投票权;

(4) 按照本段和根据第71条所制定的规章的规定,行政管理局可以对会议的召开和会议上业务处理的程序作出规定。

9. 不能仅仅由于职员空缺的存在或者成员任命中的不足而将行政管理局采取的行动、作出的决定、进行的诉讼程序认定为无效。

10. (1) 行政管理局的图章由主席保管;

(2) 使用图章应当有主席签字的证明或者其他授权证明该图章使用的成员的签名。

11. 与行政管理局行动对象的事项、或者意欲作出决定的事项有直接或间接利害关系的行政管理局成员应当在行政管理局会议上公布其有利害关系的实质并不参加与此事项有关的任何行动或决定。

8A. 埃及保护竞争及禁止垄断行为法(2005)

人民议会已决议通过《保护竞争及禁止垄断行为法》,在此予以公布。

第一条　本法适用于对竞争的保护和对垄断行为的禁止。

第二条　内阁总理是有权实行本法的大臣。

第三条　本法的实施条例应当自本法生效之日起一个月内根据总理法令颁布。

第四条　本法应当在官方公报上公布,并自本法公布之日起三个月后开始生效。

本法应当压印政府公章,并作为法律的一部分实施。

阿拉伯埃及共和国总统　胡斯尼·穆巴拉克

2005年2月15日

埃及保护竞争及禁止垄断行为法

第一条　经济活动应当根据本法规定,以不阻碍、限制或损害竞争自由的方式进行。

第二条　为了实施本法,下列术语和词组具有所指示的意思:

主体,是指自然人和法人、经济实体、社团、金融协会和团体、个人组织、各种形式的公司和阐述在符合本法条文和宗旨的实施条例中的其他相关团体。

产品,是指物品和服务。

执法机构,是指依据本法设置的保护竞争及禁止垄断行为的执法机构。

委员会,是指保护竞争及禁止垄断行为执法机构的理事委员会。

第三条　在本法适用中的相关市场,包括两个因素,即相关产品和地理区域。相关产品,是指实际上和客观上具有彼此可替代的产品。地理区域,是指在考虑潜在的竞争机会且该竞争机会与符合本法条文和宗旨的实施条例设定的标准一致时,竞争条件具有同质性的特定区域。

第四条　在本法适用中,相关市场优势是指在上述所指的市场中占有百分之二十五以上市场份额的主体具有的能够有效影响该市场中的交易量和交易价格的能力,且其竞争者没能限制该种能力。

执法机构应当依据本法实施条例确定市场优势的形势。

第五条　本法适用于在境外实施的对埃及境内的竞争自由产生阻碍、限制和损害的并依据本法构成犯罪的行为。

第六条　禁止任何相关市场中的竞争主体之间达成旨在产生下列结果的协议或合同:

(一)提高、降低或固定交易中主要产品的销售或采购价格;

(二)依据地理区域、分配中心、顾客类型、物品、季节或时期分割或分配产品市场;

（三）协同进行或限制参与政府采购的投标、拍卖、谈判和其他叫牌；

（四）限制生产、分配或市场交易，或者依据服务的性质、规模限制其分布，或者对获取服务实施限制或设定条件。

第七条　禁止主体和其供应者或顾客达成旨在限制竞争的协议或合同。

第八条　禁止具有相关市场优势地位的主体从事下列任何一种行为：

（一）导致在特定时期或特定时段产品停止加工、生产或分配的行为；

（二）限制和任何主体进行产品的销售或采购交易，或者完全终止和该主体的交易，从而在某种程度上限制了该主体在任何时候进入或退出市场的自由；

（三）在具有垂直关系的主体中依据地理区域、分配中心、顾客、季节或时期限制特殊产品的分配；

（四）在协议或合同中强加依据交易性质或商业习惯与交易无关的义务或产品，作为达成产品销售、购买合同或协议的条件；

（五）歧视对待在销售、购买价格或交易方面具有相似商业地位的买者或卖者；

（六）拒绝生产或供应在经济上具有生产或供应可能性的偶发性短缺产品；

（七）指使与其交易的主体不要允许竞争者有机会使用他们的设施或服务，尽管在经济上是可行的；

（八）以低于边际成本或平均可变成本的价格销售产品；

（九）迫使供应者不与竞争者交易。

实施条例应当具体规定实行本条的条件和程序。

第九条　本法不适用于由政府经营的公用事业。

执法机构根据相关当事人的申请，当公共利益或实现消费者的利益大于限制竞争自由产生的影响时，可以对由私法规定的公司经营的公用事业，豁免本法第六条、第七条和第八条中的部分或全部行为。豁免应当根据本法实施条例规定的规则和程序实行。

第十条　内阁在征求执法机构的意见后，可以颁布法令确定一段特定时期内一种或一种以上生活必需品的销售价格。

由政府达成的旨在实行这种价格的任何协议不得被认定为反竞争行为。

第十一条 应当设立一个称为“保护竞争和反垄断委员会”的执法机构。该执法机构应当设立在开罗。该机构具有公共法律人格。该机构隶属于主管部长,且具有以下特殊职责:

(一)接受调查、检查申请,收集信息或者颁布法规启动与反竞争协议和行为有关的这些措施。上述行为应当根据实施条例规定的程序进行。

(二)接受涉及两个或两个以上主体资产、所有权、使用权、股份的取得、联合、兼并、合并或联合经营的即时报告。

本法实施条例应当具体规定提交报告的日期、材料、文件和提交程序。

(三)建立有关经济活动的综合数据库,并定期更新和完善,为执法机构保护竞争提供各方面服务。建立数据库并指导必要的研究以发现危害竞争的行为。

(四)采取本法第二十条规定的措施。

(五)对与规制竞争有关的法律草案和法规提出意见。

(六)与涉及共同利益的其他国家相关部门进行协调。

(七)组织旨在对本法和自由市场原则有一定程度了解的培训和教育。

(八)发布期刊,其内容为执法机构采纳和贯彻的决议、建议、程序和措施以及与执法机构有关的其他事情。

(九)制作关于执法机构活动的年度报告、将来计划和建议交主管部长报经理事委员会批准,并抄送人民议会和协商会议。

本法实施条例应当确定执法机构遵循的调查和证实被认为触犯本法行为的程序。

第十二条 执法机构受理事委员会管理。理事委员会根据主管部长的法令由下列人员组成:

(一)一名具有卓越经历的全职主席;

(二)一名来自国务会议并由国务会议主席选任的级别相当于副主席的顾问;

(三)四名由主管部长提名的代表相关政府部门的成员;

(四)三名专家成员;

（五）六名分别代表商会联合总会、埃及工业联合会、银行业联合会、国内协会联合总会、消费者保护联合总会和埃及总工会的成员。每个联合会或工会应当指派自己的代表。

委员会任期为四年，经改选可履行下一任期。

关于理事委员会组成的法令应当包含委员会主席和成员的报酬的规定。

第十三条　委员会应当在主席的建议下每月至少召开一次会议和在必要时随时召开。委员会会议应有十名成员的法定人数出席方为有效。委员会决定必须经成员的绝大多数投票通过。

如果委员会成员在委员会所审议的案件中存在利益，或者其与案件的任何一方具有四代以内亲属关系，或者其现在或曾经代表其中任何一方，则该成员无权参与案件的审议或表决。

委员会可以邀请会议专家协助其工作。该专家不享有表决权。

实施条例应当根据本法具体规定委员会的构成、会议召集程序和操作规则。

第十四条　执法机构仿效公共服务机构具有独立的预算。预算中的任何盈余资金应当从一个财政年度转移至下一个财政年度。执法机构的资产包括如下部分：

（一）在国家总预算中划拨给执法机构的拨款；

（二）委员会所接受的不违背其宗旨的转让财产、捐赠和其他任何资产；

（三）根据本法产生的各种手续费收入。

第十五条　执法机构设有一名全职执行理事。该理事的任命、报酬和职责由主管部长根据执法机构的建议以法令决定。

执行理事在法庭和第三方面前代表执法机构。

执行理事应当参加委员会会议，但不具有表决权。

执法机构的理事委员会得颁布执法机构工作体制的条例和适用于其雇员的财政和管理规则，使这些雇员不受制于适用于政府雇员的条例和规则。这种条例应当由主管部长以法令形式颁布。

第十六条　提交或移转给执法机构的受本法管辖的案件在审查、起诉或正在作出决定期间，执法机构的雇员不得泄露与此案有关的任何信息、数据或其原始资料。

这些信息、数据或其原始资料不得被用于与提交该案无关的任何目的。

执法机构的雇员在终止雇佣后的两年内不得在受过审查或正被审查的主体中供职。

第十七条 根据司法部部长的法令确定的执法机构雇员,经主管部长批准和委员会建议,在适用本法过程中,得享有强制执行权。

为审查执法机构关注的案件,该雇员有权查阅记录和文件,并有权从政府机关或非政府机构获得任何信息或数据。

第十八条 实施条例应当规定执法机构提供服务的收费项目。每个案件收费不得超过一万埃镑。

第十九条 主体可以向执法机构报告违反本法的任何行为。

第二十条 违反本法第六条、第七条和第八条规定的,执法机构应当责令违法者在委员会确定的时期内或之前恢复原状和排除妨害。否则,违反本法第六条、第七条的协议或合同无效。

对不恢复原状或排除妨害的,委员会可以立即或在告诫期满后发布决定阻止违禁行为。

上述规定的适用不影响因这些违法行为而产生的责任。

第二十一条 违反本法的案件,在主管部长或其代表未提出申请时,不得提起刑事诉讼或与此相关的程序。

在作出最终判决前,主管部长或其代表对违法行为可以决定两倍最低罚金以上两倍最高罚金以下的补偿。

该决定视为放弃提起刑事诉讼,并导致与受诉案件相同的案件相关的刑事诉讼的终止。

第二十二条 违反本法第六条、第七条和第八条的,应当处三万埃镑以上一千万埃镑以下的罚款。此处罚不影响其他任何法律给予更严厉的处罚。

未没收违反本法而得的产品,法庭可责令缴纳相当于违法所得价值的罚款。

第二十三条 违反本法第十六条的,应当处一万埃镑以上五万埃镑以下的罚款。此处罚不影响其他任何法律给予更严厉的处罚。

第二十四条 最终判决认为确实属于本法第二十二条规定的行为,该判决应当在官方公报和两份广泛发行的日报上公布,其费用由该违法者承担。

第二十五条 对违反本法的法人负有实际管理责任的人,如果具备实际违法知识和在履行管理职责中有过失的，应当承担与该法人违法行为一样的责任。

法人的雇员以法人名义或代表法人违反本法的，法人应当对罚金和规定的补偿金承担连带责任。

8B. 埃及保护竞争及禁止垄断行为法实施条例(2005)

根据《宪法》和《保护竞争及禁止垄断行为法》，总理根据国务会议的意见作出如下决定：

第一条　附在此后的《保护竞争及禁止垄断行为法》开始实行。

第二条　本法令在官方公报上公布，并自公布之日起开始生效。

阿拉伯埃及共和国总理 艾哈迈德·纳齐夫博士

2005年8月16日

埃及保护竞争及禁止垄断行为法实施条例

第一编　一般规定和定义

第一章　一般规定

第一条　在适用本条例时，法律是指根据2005年第3号法令颁布的《保护竞争及禁止垄断行为法》。主管部长是指总理。

执法机构是指根据法律设立的主管保护竞争和禁止垄断行为的部门。委员会是指具有前述职责的执法机构的理事委员会。

第二条　经济活动应当根据法律和本条例的规定，以不阻碍、限制或损害竞争自由的方式进行。

第三条　法律和本条例适用于下列行为：在境外达成的合同、协议或其他安排，对埃及境内的竞争自由造成阻碍、限制或损害的，根据法律构成犯罪的所有行为。

第二章 定 义

第四条 在适用法律和本条例时,规定在以下条文中的单词和词组具有明确的意思。

第五条 主体:是指自然人或法人、经济实体、社团、联盟、协会和金融组织,无论其设立方式、财政体制、国籍、总部或主要活动中心怎样。

上述所指的主体包括关联团体。该关联团体由两个或两个以上主体组成,每个主体具有独立法律人格,其中一个主体的大多数股份或债券被其他主体直接或间接所拥有,或者一个主体拥有两个主体的大多数股份或债券。

关联团体也包括由另一个主体实际控制的主体或人。实际控制是指通过安排、协议或者拥有股权或债券,不管其比例多大,而控制经营管理或决定的形成。

第六条 相关市场:相关市场包括两个因素,即相关产品和地理区域。每一个因素应当依据下列来确定:

(一) 相关产品,是指从消费者角度看实际上和客观上具有可替代的产品。在界定相关产品时,应当依据下列因素:

1. 产品在性能和用途上的相似性;

2. 由于价格或其他竞争因素的相对变化,消费者从一种特定产品转向另一种产品的可能性;

3. 由于价格或其他竞争因素的相对变化消费者从一种产品转向另一种产品,销售者是否依此变动作出商业决定;

4. 其他主体进入产品市场的相对难易度;

5. 消费者获得替代性产品的可能性。

(二) 地理区域,是指具有同质性竞争环境的地理上的区域。在界定地理区域时,应当考虑竞争的潜在可能性和下列因素:

1. 购买者由于价格或其他竞争因素的相对变化而从一个地理区域转向另一个地理区域的能力;

2. 由于价格或其他竞争因素的相对变化购买者从一个地理区域转向另一个地理区域,购买者是否依此变动作出商业决定;

3. 其他主体进入相关市场的相对难易度;

4. 产品从一个地理区域运往另一个地理区域的运费、保险费和从其他市场、地理区域或国外向一个地理区域提供相关产品的期限；

5. 关税和基于国内与国际不同标准而产生的非关税壁垒。

第七条　优势地位：认定相关市场中主体的优势地位，应当依据下列因素：

（一）该主体占有相关市场百分之二十五以上份额。该份额依据特定时期内相关市场的两个因素即相关产品和地理区域一起计算；

（二）该主体对相关市场中的产品价格和供应量的有效影响能力；

（三）该主体的竞争者不能限制该主体的上一项能力。

第八条　认定该主体具有第七条第二项和第三项的情形，应当依据下列因素：

（一）该主体在相关市场的份额和与现存竞争者相比较具有的地位；

（二）该主体早期在相关市场的行为；

（三）相关市场中竞争者的数量及其对市场结构的相对影响；

（四）该主体及其竞争者获得生产必需的原材料的能力；

（五）其他主体进入相关市场的壁垒。

第九条　竞争主体：竞争主体是指现在或将来有能力在相关市场中从事相同业务的主体。

第二编　竞争主体间的协议和合同

第十条　相关市场中竞争主体间达成的协议和合同包括口头的和书面的。

第十一条　禁止相关市场中竞争主体间达成的协议或合同具有下列内容：

（一）提高、降低或固定交易产品的销售或采购价格。价格的确定涉及分期回报、担保期限、售后服务和其他影响采购或销售决定的合同条件；

（二）根据地理区域、分配中心、顾客类型、物品、季节或时期分割或分配产品市场；

（三）协同进行或限制参与政府采购的投标、拍卖、招标和其他叫牌。认定这些协同行为，应当依据下列因素：

1. 提出相似的出价，包括达成计算价格和确定出价条件的共同规则的协议；

2. 对提出出价的主体达成一致意见，包括对根据交替或者依据地理上或顾客类别的原因将要获得招标的主体的先前赞同；

3. 对虚假出价达成一致意见；

4. 对阻止主体提出或参与提出出价达成一致意见。

（四）限制生产、分配或市场交易，或者依据服务的性质、规模限制其分布，或者对获取服务实施限制或设定条件。

第三编　主体和供应商或顾客之间的协议或合同

第十二条　禁止主体和供应商或顾客之间达成限制竞争的协议或合同。

认定主体和供应商或顾客之间达成的协议或合同是否限制竞争，应当由执法机构依据下列因素进行调查：

（一）协议或合同对市场竞争自由的影响；

（二）因协议或合同而产生的消费者的利益；

（三）维护产品质量、信誉、安全和安全需求的要素及其在一定程度上不构成对竞争的损害；

（四）协议或合同与调查活动中现有的商业惯例相符程度。

第四编　相关市场优势地位的滥用

第十三条　具有相关市场优势地位的主体禁止从事下列行为：

（一）导致在特定时期或特定时段产品完全或部分停止加工、生产或分配的行为。该时期或时段是指足以导致对竞争自由造成阻碍、限制或损害后果的时间。

（二）限制和其他主体进行销售或采购交易，或者完全停止和其他主体进行交易，从而在一定程度上限制了其在任何时间进入或退出市场的自由。这涉及强加财务条件或义务、滥用合同条件和强加在交易活动中不常有的条件。

如果认定该主体没有能力履行合同的义务，则对上述行为不予禁止。

（三）在具有垂直关系的主体中依据地域、分配中心、顾客、季节或时期限制特殊产品的分配。垂直关系是指具有优势地位的主体与供应商的关系或者与顾客的关系。

（四）在协议中强加根据交易本身性质或商业习惯与交易无关的义务或产品，作为达成一种产品的出售或购买合同或协议的条件。

（五）歧视对待在销售、购买价格或交易方面具有相似商业地位的买者或卖者，从而在一定程度上弱化了他们与其他人竞争的能力，或者导致其中一部分人退出市场。

（六）完全或部分拒绝生产或提供在经济上具有生产或提供可能性的偶发性短缺产品。

偶发性短缺产品是指在相关市场中其供应量只能满足一小部分需求的产品。

（七）为了维护相关市场优势地位，指使与其交易的主体不要允许竞争者使用他们的设施或服务，尽管这在经济上是可行的。

这些设施或服务包括与具有市场优势地位主体进行交易的主体私人所有的、竞争者进入或留在市场所必需的设施或服务。

（八）以低于边际成本或平均可变成本的价格销售产品。

边际成本是指在特定时间内在一定产量水平下，增加或减少一个单位产量所引起成本总额的变动部分。可变成本是指在特定时间内随主体提供的产品数量的变化而变化的成本。

平均可变成本是指把总成本除以产量计算出来的每单位产量的成本。

认定一种产品是否以低于边际成本或平均可变成本的价格销售，应当依据下列因素：

1. 该销售是否将具有优势地位主体的竞争者排除出市场；

2. 该销售是否阻止具有优势地位主体的竞争者进入市场；

3. 具有优势地位主体的竞争者在将其竞争者驱逐出市场后是否有能力提高价格；

4. 以低于边际成本或平均可变成本的价格销售产品的时期是否导致出现以上表述的情形。

（九）强加义务要求供应商不与其竞争者进行交易。

不进行交易是指完全限制与竞争者进行交易，或者减少交易量，从而在一定程度上将竞争者排除出市场或者阻止潜在竞争者进入市场。

第五编　公用事业和必需品

第一章　公用事业

第十四条　法律和本条例不适用于由政府经营的公用事业。与该公用事业有关的决议、协议、合同和业务不属于法律中第六条、第七条和第八条规定的行为范围。

第十五条　私法中规定的并经营公用事业的公司,在达成与该公用事业有关的协议、合同或从事业务前,该行为属于法律中第六条、第七条和第八条禁止从事的行为的,当公共利益或实现消费者的利益大于限制竞争自由产生的影响时,可以向执法机构申请对此协议、合同或业务禁止的豁免。

第十六条　本条例第十五条规定的申请应当依据下列程序和方式进行:

(一)在达成协议或合同或者在从事与申请的事项相关的业务前,申请应当以书面形式提交执法机构主席。申请材料应当包括用以说明理由的详尽报告书,表明从其协议、合同或业务中产生的公益或者给消费者带来的利益的说明书。申请书应当附支撑证据。

(二)主席应当在第一次预定的会议或根据需要由主席决定召开的会议上,将申请材料提交委员会审查。

(三)委员会可以委托执法机构的职能部门审查申请,并要求其在委员会规定的不超过三十日的时间内提出审查报告。委员会根据执法机构执行理事的申请可以延长三十日。

(四)职能部门可以要求相关当事人或其他人补充信息和数据。职能部门可以召开有申请人参加的听证会。

(五)在完成报告后,职能部门应当将有关申请的报告交执行理事,由其提交委员会在第一次预定的会议审查。

(六)委员会应当根据获得的公共利益或实现消费者的利益大于限制竞争自由产生的影响作出同意豁免的决定。否则,应当拒绝豁免。同意豁免的决定可以附加要求申请人为一定行为或不为一定行为的义务。

(七)执行理事负责将委员会决定以挂号信形式寄至申请人,并对申请人在回执上签收负责。拒绝豁免的决定应当公正地作出。

第十七条　执法机构授权的豁免在两年内有效。在豁免期限届满前六十日应当重新提出申请。执法机构应当依据本条例第十六条规定的同样条款和程序重新审查新的申请。

第二章　必　需　品

第十八条　部长会议在征求执法机构的意见后,可以发布法令决定在一段特定时期内一种或一种以上必需品的价格。

第十九条　执法机构应当为内阁会议履行法律中第十条规定的职责进行必要的研究,和制作执法机构关于此事的报告。

第二十条　任何由政府达成的旨在执行根据法律第十条确定的必需品的销售价格的协议均不得认定为反竞争行为。

第六编　保护竞争及禁止垄断行为执法机构

第一章　委员会会议及其工作流程

第二十一条　执法机构受理事委员会管理。理事委员会根据法律第十二条的规定由一名主席和十四名委员组成。理事委员会设立一个秘书处,其组成和工作流程根据理事委员会颁布的决议设置。

第二十二条　委员会应当在主席的建议下每月至少召开一次会议和在必要时随时召开。会议邀请应当在会议召开前四日以书面形式送达。会议邀请应当附会议议程。

委员会会议应有十名成员的法定人数出席方为有效。委员会决定必须经成员的绝大多数投票通过。

第二十三条　如果委员会成员在委员会所审议的案件中存在利益,或者其与案件的任何一方具有四代以内亲属关系,或者其现在或曾经代表其中任何一方,则该成员无权参与案件的审议或表决。委员会成员应当在听证会开始前或对所提案件表决前以书面形式披露前述情况。

第二十四条　委员会可以邀请会议专家协助其工作。该专家不享有表决权。

第二十五条　委员会每一次召开会议后,会议记录应当有规律地记录在特殊的登记簿上,并由主席和会议秘书签字。

第二章　委员会职责

第二十六条　委员会应当履行下列职责：

（一）为内阁依据法律第十条规定的确定一段特定时期内生活必需品的销售价格提供意见；

（二）接受捐赠给执法机构的不违背其宗旨的转让财产、捐赠和其他任何资产；

（三）颁布执法机构工作体制的法规和适用于其雇员的财政和管理规则，使这些雇员不受制于适用于政府文职雇员的条例和规则，并将该法规提请主管部长颁布；

（四）推荐在适用法律过程中享有强制执行权的雇员，该雇员应当依据司法部部长颁布的法令和经主管部长批准确定；

（五）批准执法机构活动的年度报告、将来计划和建议；

（六）对与规制竞争有关的法律草案和法规提出意见。

上述规定的职责不含法律和本条例其他条款规定的其他职责。

第二十七条　委员会可以委派其成员或由该成员组成的分委员会执行具体的职能或者监督执法机构活动的各个方面。该成员或分委员会随后应当向委员会提交执行职能或监督的报告。

第二十八条　委员会主席应当履行下列职责：

（一）协调与其他国家相关部门涉及共同利益的事情，并向委员会提交报告；

（二）制作执法机构活动的年度报告、将来计划和建议，并提交委员会批准；

（三）提名执法机构执行理事，并将名单交主管部长；

（四）对旨在对法律和自由市场原则有一定程度了解的培训和教育的组织活动进行监督；

（五）对定期报告，包括由执法机构及其相关实体制作的决定、建议和采取的程序与措施进行监督。

第三章　费　　用

第二十九条　依据法律第九条提交豁免申请和重新提交豁免申请的，应当在提交申请时缴纳一万埃镑，并将收据附在申请书后面。

第三十条　申请审查，或者申请颁发执照，或者复印执法机构许可流传的文件,应当缴纳一百埃镑。

第七编 投诉,调查、检查与收集信息程序和报告书的接受

第一章 投 诉

第三十一条 任何主体都可以向执法机构报告违反法律的行为。执法机构接受前述投诉或对前述情况进行调查不得收取任何费用。

第三十二条 投诉应当以书面的形式向执法机构提出。投诉应当提交下列材料和文件:

(一)投诉人姓名、地址、职业、身份和与投诉案件的利害关系以及支撑文件;

(二)被投诉人的姓名、地址及其活动性质;

(三)违法类别;

(四)投诉所依据的证据及其相关可以取得的文件;

(五)投诉人所遭受的可以取得的损害迹象。

未提交上述材料和文件的,执法机构不得审查任何投诉。

第二章 调查、检查与收集信息程序

第三十三条 执法机构处理所有的投诉。执法机构在无投诉的情况下,也可以对涉嫌反竞争的协议和行为的案件启动调查、检查与收集信息程序,并发布法令启动前述行为。

第三十四条 调查、检查涉嫌反竞争的协议和行为或者违反法律的行为及收集此方面信息的程序应当依据以下条文进行。

第三十五条 投诉应当以特殊的记录方式予以登记。投诉人有权获得登记号和登记材料。

执法机构主动进行调查、检查与收集信息的案件或者执法机构发布法令启动这些行为的案件应当以另一种特殊的记录方式予以登记。

与登记的案件相关的任何程序以及为此颁布的决定或规定,应当以上述两种记录方式有规律地予以登记。

第三十六条 投诉应当提交给执行理事。执行理事应当保证投诉符合本条例第三十二条规定的材料和文件,并将符合规定的投诉交

职能部门和将情况介绍通知主席。

第三十七条 职能部门应当在自接到介绍之日起九十日内对执行理事提交的投诉案件采取调查、检查与收集信息程序。制作与采取的所有程序相关的材料。

执行理事对主席决定的案件指派职能部门采取上述程序。

第三十八条 享有强制执行权的雇员在表明身份和向案件当事人出示证件后,有权采取下列程序:

(一)为处理提交给执法机构的案件查阅记录和文件,从政府机关或非政府机构获得任何信息或数据;

(二)在得到执行理事的书面许可后,在工作期间进入受调查主体的工厂或总部,并在需要的时候请求公共部门予以协助;

(三)为调查和讯问违反法律的主体,可以采取必要的收集信息的程序。

第三十九条 职能部门在完成调查、检查和收集信息程序后,应当向执法机构的执行理事提出意见。执行理事在接受意见后,应当在第一次预定会议上将其认可的意见提交委员会。

第四十条 委员会在审查关于正在处理的案件的报告后,可以发布公正的决定以终结此事,或者责令执法机构中的职能部门进行深入的调查、检查和收集信息。

第四十一条 违反法律第六条、第七条和第八条的,执法机构应当责令其立即或在委员会规定的时间内恢复原状和消除危害。

执行理事应当将恢复原状的命令以挂号信的方式通知违法者,并由其在回执上签字。

对不恢复原状或消除危害的,委员会可以立即或在告诫期满后发布决定阻止违禁行为。

第四十二条 在不影响本条例第四十条规定的情况下,委员会可以将有关现有案件的报告提交给主管部长或其代表提起刑事诉讼。

第四十三条 执行理事应当将委员会关于投诉和正在处理的案件的决定以挂号信的方式通知利害关系人或主体,并由其在回执上签字。

第三章 报告书的接受

第四十四条 执法机构应当自两个或两个以上主体取得资产、所有权、使用权、股份、联合、兼并、合并或联合经营之日起三十日内接受主体提出的报告。

第四十五条　报告应当以书面形式提交给执法机构。报告必须具备下列材料：

（一）报告者姓名、其他利害关系人及其国籍、管理中心和活动总部；

（二）已通知的法律处置措施及其日期和由此而产生的法律地位；

（三）已获得的许可证和批准。

上述提到的所有材料应当附在报告书后面。

9. 南非共和国竞争法(1998)

作出以下修正：

1999 年竞争法修正案,1999 年第 35 号法令(1999 年 9 月 1 日开始实施)

2000 年竞争法修正案,2000 年第 15 号法令(2000 年 9 月 1 日开始实施)

2000 年竞争法第二修正案,2000 年第 39 号法令(2001 年 2 月 1 日开始实施)

为建立一个竞争委员会调查、控制以及评价限制性行为、滥用市场支配地位和合并,为设立竞争裁判庭裁定上述行为,并且为设立竞争上诉法院以及其他相关事项,制定本法。

导　言

南非人民认为:以往南非的种族隔离制度和其他歧视性的法律和做法导致了国家经济的所有权和控制权过度集中,对反竞争贸易行为约束不足,并且不公正地约束了所有南非人民充分和自由地参与经济活动。

（本段为 2000 年竞争法第二修正案第 22 条修正内容）

经济必须开放,使更多的南非人民有更大的自主权。

令人信赖的竞争法和有效的机构实施该法,都是建立一个高效运作的经济体制所必需的。

能平衡劳动者、业主以及消费者各方面的利益,并且致力于发展的、高效率的、有竞争力的经济环境将使所有南非人受益。

为了:

使所有南非人享有平等的机会,公平地参与国家经济;

南非能有一个更加有效和高效的经济体系;

建立消费者有权选择而且可以自由选择他们想要的商品和服务的质量和品种的市场;

为南非人在国际市场上有效竞争创造更好的条件和环境;

限制特定贸易行为的做法会破坏一个有竞争的经济;

将经济所有权的转让与公众利益相协调;

建立独立的机构监察经济竞争;并且

落实共和国的国际法义务,

本法由南非共和国国会制定通过,具体如下:

第一章　竞争法定义、解释、目的及适用范围

1. 定义及释义

(1) 本法中

(i)"收购公司",意为公司①:

(a) 由于第12条所列的任何情形下的交易行为,将直接或间接地得到,或成立直接或间接的控制权,控制另一家公司的全部或部分业务;

(b) 能直接或间接控制(a)项所述的公司的全部或部分业务;

(c) 全部或者部分业务都被(a)项或(b)项所述的一家公司直接或间接控制。

(ii)"协议",当在有关禁止行为中使用时,包括合同、协议或(非正式)协议,不论是否具有法律上的强制执行力。②

(iii)"民事法庭"指高等法院或地方法院,参照宪法第166条(c)项和(d)规定。

(iv)"投诉"指一个人依照第49条B(2)款(b)项提交投诉。③

---

① (i)项为新增内容,2000年竞争法第二修正案第1(a)项修订。

② (ii)项为竞争法第二修正案第1条(b)款修正内容。

③ (iv)项为新增内容,2000年竞争法第二修正案第1条(c)项修订。

(v)“机密资料”指一个公司的贸易、商业或工业信息,具有特殊的经济价值,不为公众或他人知晓。

(vi)“合作行为”指公司间的合作或相互协调行为取代自己的独立行动,通过直接或间接的联系实现,但它并不构成一项协议。

(vii)“宪法”指1996年《南非共和国宪法》(1996年第108号法令)。

(viii)“必要设施”是指不能够被复制的基础设施或资源,并且没有这些设施,竞争者们不能适度地向他们的顾客提供商品或服务。

(ix)“过高的价格”是指商品或服务的价格:

(a)和商品或服务的经济价值没有合理的关联;并且

(b)比(a)项中所指的价格高。

(x)“排他性行为”是指妨碍或阻止公司进入或扩大市场的行为。

(xi)“公司”包括个人、合伙或信托机构。

(xii)“商品或服务”,当使用于特殊的商品或服务时,包括任何其他能够合理取代它们的商品或服务,考虑到一般的商业惯例和地理上的、技术上的和时间上的限制。

(xiii)“横向关系”是指竞争者之间的关系。①

(xiv)“市场权力”是指公司独立于竞争者、客户或供应商,具有的控制价格或排除竞争或控制增值的程度的权利。

(xv)“成员的利益”的含义在1984年《封闭公司法》中有陈述(1984年第69号法令)。②

(xvi)“部长”指贸易和工业部部长。

(xvii)“国家机关”的含义列于宪法第239条。

(xviii)“合并当事人”是指收购公司或目标公司。③

(xix)“处所”包括土地,或任何楼房、建筑物、车辆、船舶、小船、船只、航空器或货柜。

(xx)“规定”是指法规中的规定。④

(xxi)“主要收购公司”是指符合第1款中收购公司的定义的任何

---

① 曾经关于利益的定义在2000年竞争法第二修正案的第1条(d)项中被删除。

② 第(xv)项为新增内容,2000年竞争法第二次修正案第1条(e)项修订。

③ (xviii)项为新增内容,2000年竞争法第二修正案第1条(f)项修订。

④ 该项为2000年竞争法第二修正案第1条第(g)项修正内容。

公司。①

(xxii)“主要目标公司”是指符合第 i 项或第 ii 项中目标公司的定义的任何公司。②

(xxiii)“私人住所”是指占有建筑物的任何部分作为居住地,或者建筑物的任意部分或室外生活区域从属于或完全用于居住目的。

(xxiv)“禁止行为”指第二章规定的禁止行为。

(xxv)“公共规则”是指任何国家的、省的或当地政府的法律或法规,或由监管机构或依照任何法定权力发行的任何许可证、关税、指令或类似的授权。

(xxvi)“注册工会”是指依照 1995 年《劳工关系法》(1995 年第 66 号法令)第 96 条登记注册的工会。③

(xxvii)“规章”是指根据本法所制定的规章。

(xxviii)“管理当局”是指依照国家或省级立法所建立的实体,负责管制某产业或者产业的部门。

(xxix)“被告”系指依照本法投诉其禁止行为的公司。

(xxx)“横向限制竞争协议”系指本法第 4 条中所列的任何协议。

(xxxi)“纵向限制竞争协议”系是指本法第 5 条所列的任何协议。

(xxxii)“小企业”的含义列于 1996 年《全国小企业法》(1996 年第 102 号法令)。

(xxxiii)“目标公司”系指公司④:

(a) 全部或部分业务被收购公司直接或间接控制,该控制是由于进行了第 12 条中所列的任一情形下交易的结果;

(b) 由于进行了 12 条中所列的任一情形下的交易,将直接或间接转移,直接或间接控制的全部或部分业务给收购公司;

(c) 全部或部分的业务直接或间接地被上述两款所述的公司控制。

(i)“本法”,包括法规和附表。

(ii)“纵向关系”系指公司和它的供应商、客户,或其两者之间的关系。

---

① (xxi)项为新增内容,2000 年竞争法第二修正案第 1 条(h)项修订。

② 该项为新增内容,2000 年竞争法第二修正案第 1 条(h)项修订。

③ (xxvi)项为新增内容,2000 年竞争法第二修正案第 1 条(i)项修订。

④ 该项为新增内容,2000 年竞争法第二修正案第 1 条(j)项修订。

附:

(1A) 当履行某一行为的时间为某一特定数量的工作日,该段时间必须计算为①:

(a) 除第一天,任何公众假期,周六和周日;

(b) 其中包括最后一天。

(2) 本法必须解释为:

(a) 与宪法一致并且要实现第2条中列出的目的;

(b) 遵守南非共和国的国际法律义务。

(3) 任何人解释或适用本法可以适当地考虑外国和国际法律。

2. 竞争法的目的

本法的目的是促进和维持南非共和国的竞争,为了:

(a) 提高经济的效率、增强经济的适应性和推动经济发展;

(b) 向消费者提供有竞争力的价格和产品选择;

(c) 促进南非人民就业,提高他们的社会和经济福利;

(d) 扩大南非参与世界市场的机会和认可外国竞争在南非的作用;

(e) 确保小型和中型的企业有一个公平的机会参与经济活动;并且

(f) 促进所有权的更大范围的扩展,特别是增加历史上处于不利地位的人的所有权。

3. 法律适用

(1) 本法适用于所有南非的或对南非有影响的经济活动,除非:

(a) 依照宪法第23条和1995年《劳工关系法》(1995年第66条法令)的劳资双方就工资等问题的谈判;

(b) 界定在1995年《劳工关系法》第213条的集体协议;以及

(c) ……②

(d) ……③

(e) 联合一致的旨在实现非商业的社会经济目标或类似目的的行为。

---

① 该项为新增内容,2000年竞争法第二修正案第1条(k)项修订。

② 该项已被删除,2000年竞争法第二修正案第2条(a)项修订。

③ 该项已被删除,2000年竞争法第二修正案第2条(a)项修订。

附：

(1A)

(a) 当本法适用于受到其他监管机构管辖的某一产业或产业的部门，并且该监管部门的权力是调整本法第二章或第三章中规定的行为，那么本法应被解释为具有对该行为的并行管辖权。

(b) 依照本法或者其他公共规章所行使的并行管辖权的行为一定要尽可能与第21条第1款(h)项和第82条第1款及第2款中所包含的任何可适用的协议保持一致。①

(2) 对本法的所有目的来说，一个人是在历史上处于不利地位的人，如果该人：

(a) 是其中的一类人士，在1993年南非共和国宪法生效以前，由于种族原因受到不公平的歧视而处于不利地位；

(b) 是一个社团，其中的大部分成员是(a)款中的人士；

(c) 是一个社团以外的法人，由(a)款所提到的人士拥有和控制过半数已发行股本或成员的利益，并能控制它的多数表决权；

(d) 是一个法人或社团，由第(a)款、(b)款或(c)款所指的人士拥有和控制过半数已发行股本或成员的利益，并能够控制多数表决权。

第二章 禁止行为

第一部分 限制竞争行为

4. 禁止横向限制竞争行为

(1) 公司之间的协议或者协调一致的行为或者公司间交往的决定是被禁止的，如果双方是处于横向联系的关系，而且如果②：

(a) 它很大程度上阻止或者减少了市场上的竞争，除非该协议或者采取协调一致行为或者决定的一方，可以证明该种行为产生的技术、效率或其他有利于竞争的增益超过了这种影响；或者

(b) 它涉及下列任何一种横向限制竞争行为：

(i) 直接或间接地限定购买或销售的价格或者任何其他贸易条件；

(ii) 通过分配顾客、供应商、地区或特定类别的货品或服务划分市

① 该项为新增内容，2000年竞争法第二修正案第2条(b)项修订。

② 第(1)款为2000年竞争法第二修正案第3条第(a)项和(b)项修正内容。

场;或者

(iii) 串通投标。

(2) (1)(b)项中所指的被认定为横向限制竞争协议被认定为存在于两个或两个以上的企业之间,如果①:

(a) 其中的一家公司在另一家公司有重要的利益关系,或者至少有一名共同的董事或大股东;而且

(b) 公司间有合并行为涉及横向限制竞争协议。

(3) 第(2)款中的推论可能被推翻,如果其中的一家公司、董事或股东能证实一个合理的基础关系,并可以得出结论认为第(1)款(b)项的行为是市场中正常的商业反应。

(4) 第(2)款及第(3)款的"董事"是指②:

(a) 1973年《公司法》中所定义的公司的董事(1973年公司法第61条);

(b) 1984年《封闭公司法》所定义的封闭公司的一员(1984年封闭式公司法第69条);

(c) 受托人的信托公司; 或者

(d) 拥有公司相当地位的个人

(5) 第(1)款的内容不适用于以下公司之间的协议或合作行为:

(a) 公司完全拥有的子公司是1973年《公司法》的第1条第5项中列明的公司,子公司掌控的附属公司或者他们之间的联合体;

(b) 具有类似于(a)中的公司的单独经济实体的组合公司。

5. 禁止纵向限制竞争行为

(1) 禁止处于纵向关系上的双方订立协议,如果该协议严重阻止或削弱了市场中的竞争,除非该协议的一方能证明协议产生的任何技术、效率或其他有利于竞争的结果超过了该影响。

(2) 禁止限制转售价格的行为。

(3) 尽管有第(2)款,供应商或生产者可向商品或服务的经销商推荐最低转售价格,如果:

(a) 供应商或生产商明确向经销商指出,这一建议不具约束力;而且

---

① 第(2)款为2000年竞争法第二修正案第3条第(c)项修正内容。

② 第(4)款为2000年竞争法第二修正案第3条(d)项修正内容。

(b) 如果该产品上有它的价格,说明"建议价"应接近它上面的价格。

第二部分　滥用市场支配地位

6. 限制适用的部分①

(1) 部长与竞争委员会磋商后,必须确定:

(a) 在南非国内的年度营业额或资产的限度,无论是在一般的或与之相关的特定产业,本部分都不适用于产值低于这一限度的公司;

(b) 适用于该年度营业额或资产的限度的计算方法。

(2) 部长可以与竞争委员会协商后作出关于第(1)款内容的新的决定。

(3) 在作出本部分内容的决定之前,部长必须与竞争委员会协商后在宪报刊登公告:

(a) 为实现本部分内容的目的设定出建议的限度和计算方法;同时

(b) 对该提案邀请书面意见。

(4) 在发布本条第(3)款内容的公告后的六个月内,部长必须与竞争委员会协商后,在宪报刊登公告:

(a) 为实现本条目的设定限度和计算方法;

(b) 限度的有效期。

7. 主导企业

一个企业在市场中是处于主导地位,如果:

(a) 它有不少于45%的市场份额;

(b) 它有不少于35%但低于45%的市场份额,除非它能证明它不具有市场支配力;

(c) 市场份额低于35%,但它具有市场支配力量。

8. 禁止滥用支配地位

禁止具有支配地位的企业:

(a) 收取过高的价格损害消费者。

(b) 拒绝给予竞争者有权使用重要设施,当这种给予从经济上看非常便利。

① 第6条为2000年竞争法第二修正案第4条修正内容。

(c) 从事一种排外的行为,而不是第(d)项所列的行为,如果反竞争行为的效果远远大于它的技术、效率或其他有利于竞争的增益。

(d) 从事下列任何一种排他性的行为,除非该公司能够表明技术、效率或其他有利于竞争的收益远远大于反竞争的效果:

(i) 要求或诱使供应商或顾客不与竞争者交易;

(ii) 拒绝供应稀缺商品给竞争者,当供应那些商品经济上是可能且合理的;

(iii) 销售货物或劳务时,条件是买方单独购买与合同目的无关的商品或服务,或者迫使买方接受与合同目的无关条件;

(iv) 低于它们的边际或平均可变成本销售货物或劳务;

(v) 购买竞争对手必需的供应稀缺的中间产品或资源。

9. 禁止具有支配地位的企业价格歧视

(1) 销售货物或劳务的具有支配地位的企业的行为将因为价格歧视被禁止,如果:

(a) 它很可能严重阻止或减少竞争;

(b) 在等价交易中,它涉及销售相同质量和等级的货物或服务给不同的购买者;而且

(c) 它涉及在不同的买家之间的价格歧视,关于:

(i) 货物或服务收费价格;

(ii) 关于货物或服务的任何折扣、津贴、回扣或者信贷给予或准许;

(iii) 有关货物或服务方面的服务条款;

(iv) 有关提供货物或服务方面的服务的报酬支付。

(2) 尽管有第(1)款规定,涉及有关(c)项中所列的行为区别对待购买者,不被禁止为价格歧视,如果具有支配地位的企业证实该差别待遇:

(a) 仅造成了合理的差别,而且这种差别是由于成本或者制造、分销、销售、促销或者来自不同地区的运输或提供给不同的购买者的商品或服务的质量等成本的差别;

(b) 由于要善意地满足对方竞争者提供的价格或利益而做出的行为造成的;

(c) 为了应对影响商品或服务市场的变化的情势,包括:

(i) 为了应对实际或即将恶化的易腐货物的任何行为;

(ii) 应对过季商品的任何行为;

(iii) 按照清算或没收程序进行的销售;

(iv) 善意的停业进行的商品或服务的销售。

第三部分　法律适用的豁免

10. 豁免①

(1) 公司可以申请竞争委员会免除适用本章法律:

(a) 如果一种协议或行为符合第(3)款的要求;或

(b) 如果某种类别的协议或行为符合第(3)款的要求。

(2) 在接到就第(1)款规定的申请时,竞争委员会必须:

(a) 因为指定的条件给予有条件或无条件豁免,如果该协议或行为或者该类协议或行为符合第(3)款的要求;或

(b) 拒绝给予豁免,如果:

(i) 该协议或行为或者该类协议或行为,不能满足第(3)款的要求;或者

(ii) 该协议或行为或者该类协议或行为不构成本章认定的禁止行为。

(3) 竞争委员会可以根据第2款(a)项给予豁免,如果:

(a) 该协议或行为或者该类协议或行为对公司的限制达到了(b)款所涉及的目的;

(b) 该协议或行为,或者该类协议或行为,有助于实现任何下列目的:

(i) 维持或促进出口;

(ii) 提升小企业或者被控股公司或者历史上处于弱势地位的人拥有的公司的能力,使他们成为具有竞争力的企业;

(iii) 为停止某一产业的衰退需要改变生产能力;或

(iv) 稳固部长指定的任何产业,与部长商议后负责该行业。

(4) 公司可以向竞争委员会申请,免除其协议或行为适用本法规定,或者某类协议或行为,当它们涉及知识产权的行使,包括权利的获得或保护,有关于1967年《表演者保护法》(1967年第11号法令)、1976年《植物育种者权利法》(1976年第15号法令)、1978年《专利法》

① 第10条为2000年竞争法第二修正案第5条修正内容。

(1978年第57号法令)、1978年《版权法》(1978年第98号法令)、1993年《商标法》(1993年第194号法令)和1993年《外观设计法》(1993年第195号法令)。

附:

(4A) 当接到依照第(4)款规定提起的申请时,竞争委员会可以因为特定条件给予豁免。

(5) 竞争委员会可以根据第(2)款第1项或(4A)款撤销其所给予的豁免,如果:

(a) 豁免的给予是基于虚假或不正确的信息;

(b) 豁免的条件没有实现;或

(c) 给予豁免的原因不再存在。

(6) 在根据第(2)款规定给予豁免或者依照第(5)款规定撤销豁免以前,竞争委员会:

(a) 必须在宪报刊登豁免申请公告,或者意图撤销该豁免公告;

(b) 必须从公告发出之后给予相关主体20个工作日,以书面申诉为何豁免不应被授予或撤销;

(c) 可以进行对相关协议或行为或者相关种类的协议或行为的调查。

(7) 竞争委员会通过在宪报刊登公告,必须对本节规定的任何豁免的给予、拒绝或撤销发出通知。

(8) 相关的公司或者重大经济利益会受到竞争委员会根据第(2)款、(4A)款或(5)款作出的决定影响的任何其他人,可按规定对该决定向竞争裁判庭提出上诉。

(9) 在根据第(2)(b)(ii)项规定作出拒绝给予豁免决定后的任何时间,竞争委员会:

(a) 可以依照指定方式撤销其拒绝给予豁免的通知;

(b) 如果撤回其拒绝的通知,必须重新审议豁免的申请。

第三章　合并控制[①]

11. 合并的限度和种类

(1) 部长与竞争委员会磋商后,必须确定:

---

① 第三章为2000年竞争法第二修正案第6条修正内容。

(a) 南非国内年度营业额,或资产的较低和较高之间的限度,或者在一般的或与之相关的特定产业的年度营业额和资产综合值的较低和较高之间的限度,为了确定第(5)款中规定的合并的种类;以及

(b) 年度营业额或资产的计算方法,以适用于与之相关的各个限度。

(2) 部长可以与竞争委员会商议后就第(1)款规定作出新的决定。

(3) 在依照本条作出决定之前,部长在与竞争委员会协商后,必须在宪报刊登公告:

(a) 为实现本条目的设定建议限度和计算方法;

(b) 对该提案邀请书面建议。

(4) 在发布本条第(3)款内容的公告后的六个月内,部长必须与竞争委员会协商后,在宪报刊登公告:

(a) 为实现本条款宗旨设定新的限度和计算方法;

(b) 限度的有效期。

(5) 为实现本章目的:

(a) "小型合并"是指合并或合并的提案,其价值等于或低于(1)(a)项设定的较低的限度;

(b) "中型合并"是指合并或合并的提案的价值介于(1)(a)项中设定的较低和较高的限度之间;

(c) "大型合并"是指合并或合并提案的价值等于或高于(1)(a)项中设定的较高的限度。

12. 合并界定

(1) (a) 依照本法的目的,当一个或一个以上的公司直接或间接地收购或控制另一家公司的整个或部分的业务时,构成合并。

(b) (a)项中所述的合并可以通过任何方式达成,包括通过:

(i) 购买或租赁相关企业的股份、利息或资产;或

(ii) 与其他相关企业的合并或其他结合。

(2) 个人控制公司,如果该人:

(a) 实际拥有该公司半数以上的已发行股本;

(b) 在大会可能投票时有权投过半数的选票,或者有能力控制过半数的表决权,不论是直接拥有或通过控制实体拥有;

(c) 能够任命或否决公司大多数董事的任命;

(d) 是一家控股公司,该公司是1973年《公司法》第1条第3款第

a项中所述的公司的子公司；

(e) 就信托公司来说，能有能力控制公司董事的过半数的表决权，能任命过半数以上的董事或者委派或改变该信托公司的大多数利益的人；

(f) 就封闭公司来说，是在封闭公司里拥有大多数的成员利益或者能直接控制或有权控制过半数的成员表决权；

(g) 有能力对公司的决策作出重要影响，其控制的方式依商业惯例与(a)至(f)中所指的相似。

附：

12A. 合并审议

(1) 任何时候需要考虑合并时，竞争委员会或竞争裁判庭必须初步决定合并是否有可能实质阻碍或减少竞争，通过评估第(2)款中所列的因素，并且：

(a) 如果显示合并很有可能实质性阻碍或减少竞争，然后要决定：

(i) 该合并是否有可能产生在任何技术上的、效率上的或其他有利于竞争的增益，将大于并抵消任何阻止或减少竞争的影响，这种增益可能来自于或者很可能产生于合并，并且如果合并被阻止，则很可能得不到该增益；

(ii) 合并是否可以或不可以通过评估(3)项中所列的因素来证明具有重大的公共利益；或者

(b) 此外，要确定合并是否可以或者不可以通过(3)项中所列的因素来证明是否有重大的公共利益。

(2) 在决定合并是否有可能实质阻碍或减少竞争时，竞争委员会或竞争裁判庭必须评估相关市场的竞争力度，以及公司合并后在市场表现的竞争力或合作的程度的可能性，并充分考虑到市场中任何有关竞争的因素，其中包括：

(a) 进口市场中竞争的实际和潜在水平；

(b) 进入市场障碍的解除，包括关税和规章制度壁垒；

(c) 市场集中的程度和趋势，以及合并的历史；

(d) 市场上抵消力量的强弱；

(e) 市场的动态特性，包括成长、创新以及产品的差异；

(f) 市场中纵向整合的性质和程度；

(g) 是否某一主体的业务或部分业务的合并或合并的建议已经失

败或很可能会失败;以及

(h) 合并是否会导致去除一个有效的竞争者。

(3) 在决定是否可以或不可以公共利益为理由合并时,竞争委员会或竞争裁判庭必须考虑合并将影响:

(a) 某一特定产业部门或地区;

(b) 就业;

(c) 历史上处于不利地位的人所拥有的小企业或公司竞争的能力;

(d) 民族工业在国际市场上的竞争能力。

13. 小型合并的通知和实施

(1) 小型合并的当事人

(a) 不需将该合并通知竞争委员会,除非委员会根据第(3)款规定要求它这样做;

(b) 可以不经批准实行合并,除非根据第(3)款规定需要通知竞争委员会。

(2) 小型合并的当事人,可以在任何时候自愿将该合并通知竞争委员会。

(3) 在小型合并实施后的六个月内,竞争委员会可要求当事人按照规定的方式和形式将该合并通知委员会,如果该委员会认为,考虑到第12A条规定,合并:

(a) 可能实质性阻碍或减少竞争;或

(b) 不能符合公众利益。

(4) 第(3)款所列的合并的当事人,不能采取任何进一步措施来实施该合并,直到合并已被批准或有条件地被批准。

(5) 在合并的所有当事人已经按规定的方式和形式完成其所有通知要求后的20个工作日内,竞争委员会:

(a) 可以对它需要审议的合并提案延长一段时间,这段单一的期限不超过40个工作日,并且在这种情况下,它必须向发出该合并通知的任何当事方发出延期证书。

(b) 在根据第12条A审议合并后,必须按规定的形式发出证书:

(i) 批准合并;

(ii) 由于任何条件批准合并,;

(iii) 禁止合并的实施,如果它没有得到执行;或

(iv) 宣布合并计划被禁止。

(6) 如果第(5)款规定的20个工作日届满后,竞争委员会并没有发出该款所指的任何证书,或者(5)(a)项所述的延展期间届满后,该委员会并没有发出(5)(b)项中提到的证书,该合并必须被视为已得到批准,存在第15条的规定情形的除外。

(7) 竞争委员会必须:

(a) 在宪报刊登其决定的公告;

(b) 发布书面的决定理由,如果:

(i) 它禁止或有条件地批准合并;或

(ii) 合并的当事人要求它这样做。

附:

13A. 其他合并的通知和执行

(1) 中型或者大型合并的一方当事人必须按规定的方式或形式通知竞争委员会其合并。

(2) 进行中型合并或者大型合并时,主要收购企业和主要目标公司必须各自提供一份第(1)款所述的通知书给:

(a) 代表其相当数量员工的任何注册的工会组织;

(b) 有关的雇员或有关的雇员代表,如果没有这样的注册工会。

(3) 中型或大型合并的当事人不能实施这一合并,直到它被竞争委员会根据第14条第(1)款(b)项,竞争裁判庭根据第16条第(2)款或竞争上诉法庭根据17条有条件地或无条件地批准了该合并。

附:

13B. 合并调查

(1) 竞争委员会可以指派监察员调查任何合并,也可指定一人或多人协助监察员。

(2) 竞争委员会可以要求合并的任何一方提供与合并有关的附加信息。

(3) 任何人,不论是否是当事方或者是合并程序的参加者,均可自愿提交任何与合并有关的文件、宣誓书、声明或其他相关资料。

14. 竞争委员会中型合并程序

(1) 在中型合并的所有各方按照规定的方式和形式完成了其通知要求后的20个工作日内,竞争委员会:

(a) 可延展其要审议的合并提案的期限,该独立的延展期限不超

过40个工作日，在这种情况下，必须向任何发出该合并通知的当事方发出延期证书；或

(b) 在根据第12A条考虑合并后，必须按规定的形式出具证书：

(i) 批准合并；

(ii) 不受任何条件的批准合并；

(iii) 禁止执行合并。

(2) 如果第(1)款规定的20个工作日届满后，竞争委员会并没有发出该款所述的任何证书，或者(1)(a)项中指的延展期间届满后，该委员会并没有发出(1)(b)项中提到的证书，该合并必须被视为已得到批准，但须以第15条的规定为限。

(3) 市场竞争委员会必须：

(a) 在宪报刊登决定的公告；

(b) 发布决定的书面理由，如果：

(i) 它禁止或有条件地核准合并；或

(ii) 合并的一方当事人要求它这样做。

附：

14A. 竞争委员会大型合并程序

(1) 接到大型合并的通知后，竞争委员会：

(a) 必须提交该通知给竞争裁判庭和部长；并且

(b) 在大型合并的各方都已经完成规定的通知要求的40个工作日之后，必须要求竞争裁判庭和部长提出有理由的书面建议，是否合并执行应该被：

(i) 批准；

(ii) 不受任何条件的批准；或

(iii) 禁止。

(2) 竞争裁判庭可以基于竞争委员的申请延长作出某一特殊合并的建议的期限，但法庭可能不会一次给予延期超过15个工作日。

(3) 如果当第(1)款所述的期限届满时，或者第(2)款所述的延展期限届满时，竞争委员会既没有申请延期或视情况而定进一步延长，也没有转交一项建议给竞争裁判庭，合并的任何一方可以不经委员会建议直接向竞争裁判庭申请开始审议这一合并提案。

(4) 在接到第(3)款所述的一方当事人的申请时，法庭必须就该合并确定诉讼程序的日期。

15. 合并批准的撤销

(1) 竞争委员会可撤销自己关于小型或中型合并的批准或有条件批准的决定,如果:

(a) 该决定是基于错误的信息,合并的一方对此负责;

(b) 欺诈而获得批准;或

(c) 公司违反了隶属该决定的义务。

(2) 若竞争委员会基于第(1)款撤销其批准合并的决定,它可以禁止该合并,即使本章所列的任何时间限制都可能已经失效。

16. 竞争裁判庭对合并的审批程序

(1) 若竞争委员会批准:

(a) 基于任何条件的小型或中型合并,或禁止此类合并后,合并的任何一方可按规定的形式,以书面形式请求竞争裁判庭审议合并的条件或合并的禁止;或

(b) 中型合并,或基于任何条件批准的此种合并,根据第13A条要求必须给予合并通知的个人,可以按照规定的形式,以书面形式请求竞争裁判庭审议批准,或有条件地批准。只要该人曾参与竞争委员会的程序。

(2) 当依据第14A条(1)款或者依照本条第(1)款的要求接手从竞争委员会转交的大型合并和合并提案时,竞争裁判庭必须依照第12条规定,在指定的时间内审议合并以及提案或要求:

(a) 批准合并;

(b) 基于任何条件批准合并;

(c) 禁止执行合并。

(3) 基于竞争委员会申请,竞争裁判庭可撤销自己的批准或有条件批准合并的决定;第15条的规定适用于根据本条规定的撤销决定,但应依情形进行必要变通。

(4) 竞争裁判庭必须:

(a) 将根据本条第2款或第3款所作的决定公布于政府公报;

(b) 对任何相关决定均发布书面理由。

17. 竞争上诉法院合并程序

(1) 在依照第16条规定竞争裁判庭发布决定通知后的20个工作日内,可向竞争上诉法院依照它的规则提起对该决定的上诉,由:

(a) 合并的任何一方;或

（b）任何依照第 13A 条（2）款的规定要求给予合并通知的人，只要该人参加了竞争裁判庭的诉讼程序。

（2）竞争上诉法院可以：

（a）驳回竞争裁判庭的决定；

（b）通过指定或删除限制或者增加或删减条件修改决定；

（c）确认决定。

（3）如果竞争上诉法院驳回竞争裁判庭的决定，上诉法院必须：

（a）批准合并；

（b）不受任何条件批准合并；或

（c）禁止执行该合并。

18. 合并审查程序中的介入

（1）为了解释第 12A 条（3）款中提到任何公共利益，部长可以按照规定的方式在竞争委员会、竞争裁判庭或者竞争上诉法院程序之前，作为一方当事人参加任何中型或大型合并。

（2）尽管有与本法案相反的情况，竞争委员会不能依照第 13 条（5）款（b）项或者第 14 条（1）款（b）项作出决定，且竞争裁判庭不得依照第 16 条第（2）款规定发布命令，如果：

（a）合并构成：

（i）《银行法》（1990 年第 94 号法令）第 37 条中规定的允许的股权合并；

（ii）1990 年《银行法》（1990 年第 94 号法令）第 54 条规定的交易的合意；以及

（b）财政部部长已以指定的方式，向委员长发出通知指明合并的当事人的姓名，并证明：

（i）合并是（a）（i）项或（ii）项中所述的合并；

（ii）该合并符合公众利益，并仅受 1990 年《银行法》（1990 年第 94 号法令）管辖。

（3）第 13 条（6）款和第 14 条（2）款并不适用于财政部长已发出了第（2）款所述的证书的合并。

第四章　竞争委员会、竞争裁判庭、竞争上诉法院

第一部分　竞争委员会

19. 竞争委员会的设立及构成

(1) 现设立一个机构,称为竞争委员会,其:

(a) 在全国范围内均具有管辖权;

(b) 是一个法人组织;

(c) 必须依照本法行使其职能。

(2) 竞争委员由委员长以及一个或多个副委员长组成,他们由部长依照本法案规定任命。①

20. 竞争委员会的独立性

(1) 竞争委员会:

(a) 是独立的机构,并且只服从宪法和法律的规定;

(b) 必须公正,并且必须没有恐惧、没有偏袒或没有偏见地履行其职能。

(2) 竞争委员会的委员长、每位副委员长和每一位工作人员,绝不能:

(a) 从事任何可能破坏委员会完整性的活动;

(b) 参加任何与他自己有直接经济利益或者类似个人利益的调查、审理或者决定等相关活动;

(c) 因履行委员会的公务而将取得的任何机密信息供个人使用或者从中谋利;

(d) 泄露任何第(2)款(c)项中所指的信息给任何第三方,除非属于该人在委员会中的公务职能需要。

(3) 各国家机关必须协助委员会保持其独立性和公正性,并能够有效地履行其权力和职责。

21. 竞争委员会的职能

(1) 竞争委员会负责:

(a) 贯彻措施,以增加市场透明度;

(b) 贯彻措施,以提升公众对本法条例的认知;

---

① 第(2)项为2000年竞争法第二修正案第7条修正内容。

(c) 调查和评价第2章中规定的所谓的违法行为；

(d) 依照第2章规定，批准或拒绝豁免的申请；

(e) 有条件或者无条件地批准、禁止或者依照第3章中规定接到通知后合并；

(f) 依照第63条规定谈判并作出同意指令；

(g) 将事项转交给竞争裁判庭，并且依照本法要求出席法庭；

(h) 与相关监管机构协商达成协议，以统筹和协调行使对相关产业或部门竞争事项的管辖权，并确保使用本法原则的一致性；

(i) 参与任何相关监管机构的程序；

(j) 建议或从任何监管机构中接受建议；

(k) 审查立法和公共规则，并向部长报告任何有关允许无竞争的规定；

(l) 处理竞争裁判庭中牵涉到它的任何事情。

(2) 除上述(1)中所列的职能，竞争委员会可以：

(a) 向部长报告与适用本法有关的任何事项；

(b) 调查，并向部长报告与本法目的有关的任何事项；

(c) 履行本法或其他法律分配给它的任何职能。

(3) 部长必须在国会中将任何依照第(1)款(k)项规定所提交的报告，以及任何依照第(2)款规定所提交的报告列入议事日程，如果该报告与本法的目的具有重要关联①：

(a) 在委员会收到该报告后的十个工作日内；或者

(b) 如果国会不在当时开会，则在下次会议开始后的十个工作日内。

(4) 部长在与委员会协商一致后，通过在宪报上刊登通知，可以制定与委员会职能相关的规则，包括②：

(a) 形式；

(b) 期间；

(c) 所需资料；

(d) 增加的定义；

(e) 申请费；

---

① 第(3)项为2000年竞争法第二修正案第8条(a)款修正内容。

② 第(4)项为2000年竞争法第二修正案第8条(b)款修正内容。

(f) 机密资料的获取；

(g) 参与竞争委员会程序的方式和形式；

(h) 程序。

22. 委员长任命

(1) 部长必须任命具有合适的资格和在经济学、法学、商业、工业或公共事务有经验的人为委员长，任期为五年。

(2) 部长可以在委员长的任期届满时重新任命一个人作为委员长。

(3) 委员长是竞争委员会的最高行政长官，主要负责委员会的全面管理和执行依照本法制定的职能，而且必须：

(a) 履行本法授予的委员长的职责；

(b) 管理和指导委员会的各项活动；

(c) 监督委员会的工作人员。

(4) 部长在与财政部长协商一致后，必须确定委员长的劳动报酬、津贴、福利待遇，以及其他雇佣条款及条件。

(5) 委员长在书面通知部长的一个月后，可以辞去委员长职务。

(6) 部长：

(a) 必须开除委员长的公职，如果该人有第28条(3)款(a)项—(d)项中的任何不符合条件的情形；

(b) 除(a)款中规定的情形，仅有以下情况可以罢免委员长的公职：

(i) 严重不当行为；

(ii) 永久丧失工作能力；或

(iii) 从事任何可能影响竞争委员会完整性的活动。

23. 副委员长的任命

(1) 部长必须至少任命一人，并有可能任命其他具有合格的条件和在经济学、法学、商业、工业或公共事务有经验的人为副委员长，以协助委员长执行竞争委员会的职能。

(2) 部长必须指定一名副委员长履行委员长的职责，每当：

(a) 委员长因为任何原因不能履行委员长的职责；

(b) 委员长职位空缺。

24. 监察员任命

(1) 委员长可以指定在竞争委员会工作的任何人或者其他合适的

人成为监察员。

（2）部长可以与财政部长协商一致后，确定支付给第(1)款中任命的人员的报酬，不包括不在竞争委员会全职工作的人员。

（3）监察员必须提供一份由委员长签署的任命证书，说明该人已依据本法被任命为监察员。

（4）当监察员依据本法履行任何职责时，监察员必须①：

（a）持有依照第(3)款发给监察员的任命证书；并且

（b）出示该证书给：

（i）受监察员行使职能影响的人；

（ii）要求查阅证书的人。

25. 竞争委员会工作人员

委员长可以：

（a）聘任工作人员或者与其他人签订合同，以协助竞争委员会履行其职责；

（b）与有关部长和财政部长协商后，确定每一位工作人员的报酬、津贴、福利待遇等事项和聘用的条件。

第二部分　竞争裁判庭

26. 竞争裁判庭的设立和组成

（1）现设立一个机构，称为竞争裁判庭，它：

（a）在整个国家具有管辖权；

（b）是一个法人机构；

（c）是一个法庭；

（d）必须按照本法行使其职能。

（2）竞争裁判庭由总统任命的一名主席和不少于三个但不超过十个的男性或女性构成。他们全职或者兼职工作，由部长提名或者在部长的倡议下由公众提名后经部长推荐产生。②

（3）总统必须：

（a）在本法正式生效时任命竞争裁判庭的主席和其他人员；

（b）委派人员填补竞争裁判庭的空缺。

---

① 第(4)项为2000年竞争法第二修正案第9条修正内容。

② 第(2)项为2000年竞争法第二修正案第10条修正内容。

(4) 第20条应情景需要作出相应解释后适用于竞争裁判庭。

27. 竞争裁判庭职能①

(1) 竞争裁判庭可以：

(a) 裁决第2章规定的任何禁止的行为，以决定是否禁止的行为已经发生，且如果已经发生，依照本法采取救济措施；

(b) 裁决其他可能依照本法所审议的相关事项，并依照本法作出命令；

(c) 审理上诉或者重审竞争委员会可能根据本法作出的决定；

(d) 作出依照本法履行其职能所必要的或者附带性需要的决定或者命令。

(2) 第21条第(4)款依相应情景作出相应解释后适用于竞争裁判庭，并且该部分提及的委员长的条文应被解释为是对竞争裁判庭的主席规定的参考。

28. 竞争裁判庭成员资格

(1) 竞争裁判庭的主席和其他成员，总体来看必须：

(a) 具有南非人口的广泛的代表性；

(b) 由受过法律训练和具有法律工作经验，能够满足第31条第(2)款(a)项要求的人员构成。

(2) 竞争委员会的每个成员必须：

(a) 是南非的公民，并且通常居住在南非；

(b) 具有合适的资格并且在经济学、法学、商业、工业或公共事务很有经验；

(c) 符合第二章说明的目的和原则。

(3) 某人将不是竞争裁判庭的成员，如果该人：

(a) 是任何政党、运动团体、组织机构，或者政治党派性机构的负责人；

(b) 是无力偿债的破产者；

(c) 被一个有管辖权的法院判定精神上不正常；

(d) 被宣判犯有1993年《南非共和国宪法》(1993年第200号法令)生效后规定的违法行为，判决已经生效，并被判处监禁，不可选择罚款。

---

① 第27条为2000年竞争法第二修正案第11条修正内容。

29. 竞争裁判庭成员任期

（1）竞争裁判庭主席以及其他成员的任期为五年。

（2）总统在竞争裁判庭成员任期届满时可以再重新任命其为成员，但是任何被任命为竞争委员会主席的人均不得连任两次以上。

（3）主席在书面通知部长后的一个月时，可以：

（a）从竞争裁判庭辞职；

（b）辞去主席职务，但仍然可作为竞争裁判庭成员。

（4）竞争裁判庭除主席以外的成员在书面通知部长至少一个月后可以辞职。

（5）总统基于部长的建议：

（a）必须罢免竞争裁判庭的主席或任何其他成员公职，如果该人具有第28条第3款规定的不合格条件；

（b）除了（a）项规定的内容，可以罢免主席或成员公职，仅由于：

（i）严重不当行为；

（ii）永久丧失工作能力；

（iii）参与任何可能破坏法庭完整性的活动。

30. 竞争裁判庭副主席

（1）总统必须经部长推荐任命竞争裁判庭的成员为法庭的副主席。

（2）副主席履行主席的职能，每当：

（a）主席职位空缺；或

（b）主席因为一些其他原因暂时无法履行其职能。

31. 竞争裁判庭诉讼程序

（1）主席负责管理竞争裁判庭的案件，且必须分派每个提交给法庭的事项给三个竞争裁判庭成员组成的专家组。

（2）根据第（1）款分配事项，主席必须：

（a）确保至少有一名小组成员，受过法律培训和具有法律经验；

（b）指定小组的一个成员，管理该小组的诉讼程序。

（3）如果因为根据第32条退出审理、辞职、生病或死亡，小组的成员不能完成分配给该小组的事项的程序时，主席必须：

（a）在其他小组成员受到第（2）款第（a）项限制之前，主持该事项的审理程序或；

（b）终结该小组的诉讼程序，组建其他的可能包括原小组其他成员的小组,并指导该小组进行新的审理。

(4) 专家小组关于该事项的决定必须采用书面形式并且要包括该决定的理由。

(5) 如果竞争裁判庭可能要依照本法延长或者减少规定的期间,法庭的主席或者主席指派的其他成员,可以单独作出决定①:

(a) 延长或减少该期间;或者

(b) 宽恕受该期间约束的行为的延期履行。

(6) 主席的决定或者第(5)款中所述的其他人员的决定,或者其他事项下专家小组多数成员的决定,是竞争裁判庭的决定。②

32. 竞争裁判庭成员冲突和利益披露

(1) 竞争裁判庭成员不能代表法庭专家小组的任何人。

(2) 如果在审理中,竞争裁判庭成员认为竞争裁判庭事项涉及第20条第2款(b)项中所述的成员的经济或者其他利益,成员必须:

(a) 立即向主席和审理的主持成员充分披露利益的事实和性质;

(b) 从任何进一步参与该审理活动中退出。

33. 竞争裁判庭成员任期届满后执行

如果竞争裁判庭成员任期届满时其处理的问题仍在进行之中,则仅得就该问题继续以法庭成员身份行事。

34. 竞争裁判庭成员薪酬和福利

(1) 部长在与财政部长协商后,可以决定竞争裁判庭主席、副主席和其他成员的薪酬、津贴和福利。

(2) 部长不能在竞争裁判庭成员的任职期间减少成员的薪水、津贴或者福利。

(3) 部长可以决定未包括在本节规定的其他任职条件。

35. 竞争裁判庭工作人员

主席可以:

(a) 聘任工作人员或者与其他人签订合同,以协助解决竞争裁判庭履行其职能;

(b) 与部长以及财政部长协商后,确定工作人员的报酬、津贴、福

---

① 第(5)项为新增内容,2000年竞争法第二修正案第12条修订。

② 第(6)款以前是第(5)款,是2000年竞争法第二修正案第12条修正内容。

利待遇、其他事项以及聘用的条件。

第三部分　竞争上诉法院

36. 竞争上诉法院的设立及组成

(1) 现设立一个法庭,称为竞争上诉法院,它:

(a) 是宪法第166条(e)款所述的法院,与高等法院具有相似地位;

(b) 在整个南非具有管辖权;并且

(c) 是记录在案的法院。

(2) 竞争上诉法院由至少三位法官组成,由总统采取司法委员会建议任命,每位法官必须是高等法院的法官。①

(3) 总统必须指定竞争上诉法院的一位法官为法院的审判主席。②

(4) 司法部长在与竞争上诉法院审判主席协商后,可以指派高等法院的任何法官在竞争上诉法院中担任法官。③

(5) 当竞争上诉法院的审判主席职位空缺,或者当审判主席因为一些原因暂时不能履行其职责,法院的高级法官必须履行审判主席的职责。④

37. 竞争上诉法院职能⑤

(1) 竞争上诉法院可以:

(a) 重审竞争裁判庭的任何决定;或

(b) 审议来自竞争裁判庭的上诉,就其:

(i) 任何的最后决定,而不是第63条规定的同意命令;或者

(ii) 任何临时的或暂时的决定,依照本法规定可能会引起上诉。

(2) 竞争上诉法院可以作出任何判决或者作任何命令,包括:

(a) 确认、修订或废止竞争裁判庭的决定或命令;或

(b) 在合适的条件下将事项转回给竞争裁判庭作进一步的审理。

38. 竞争上诉法院事务

(1) 竞争上诉法庭的审判主席:

---

① 第(2)项为2000年竞争法第二修正案第1条修正内容。

② 第(3)项为新增内容,2000年竞争法第二修正案第1(1)条(b)项修订。

③ 第(4)项为2000年竞争法第二修正案第1条(b)项修正内容。

④ 第(5)项为2000年竞争法第二修正案第1条(b)项的新增内容。

⑤ 第37条为2000年竞争法第二修正案第2条修正内容。

(a) 负责监督和指导法院的工作;

(b) 必须主持法院的诉讼程序,或指定另一名法官主持竞争上诉法院特别诉讼程序①;

(c) 通过在宪报刊登公告,制定法院的程序规则。

(2) 依照(2A)款的规定,审判主席必须将法院的每个事项分派给三名法官组成的小组。②

附:

(2A) 审判主席,或者审判主席指定的竞争上诉法院的其他法官,可以独立审议③:

(a) 依照竞争上诉法院的规则,对临时性决定提起的上诉;

(b) 有关机密资料使用的决定的申请;

(c) 依照竞争上诉法院的规则,上诉许可的申请;

(d) 暂停开庭和执行重审或者上诉的申请;

(e) 程序方面的申请。

(3) 根据(2A)款规定的法官的独立决定,或者对特别事项审理的小组的多数决定是竞争上诉法院的决定。④

(4) 如果法官,或者根据第(2)项规定审理事项的其他法官不能完成该事项的程序,审判主席必须⑤:

(a) 在指派其他法官之前指导该事项的诉讼程序;

(b) 终结该小组的诉讼程序,组成新的可能包含前小组法官的小组,并指导该小组重新审理该事项。

(5) 竞争上诉法院的决定必须以书面形式作出且要包括该决定的理由。

39. 成员任期⑥

(1) 审判主席和竞争上诉法院的其他法官在任命时由总统决定固定的任期并且履行职务,直到:

(a) 任期届满;

---

① (b)项为新增内容,2000年竞争法第二修正案第3条(a)项修订。
② 第(2)款为新增内容,2000年竞争法第二修正案第3条(b)项修订。
③ (2A)款为新增内容,2000年竞争法第二修正案第3条(c)项修订。
④ 第(3)款为2000年竞争法第二修正案第3条(d)项的修正内容。
⑤ 第(4)款为2000年竞争法第二修正案第3条(e)项的修正内容。
⑥ 第39条为2000年竞争法第二修正案第4条的修正内容。

(b) 法官不再是高等法院的法官时;或者

(c) 法官书面通知总统辞职。

(2) 第33条的规定根据相应情况作出相应解释后适用于竞争上诉法院的审判主席和其他法官。

(3) 根据1989年《法官薪酬和就业条件法》(1989年第88号法令)的规定适用于高等法院法官的任期、薪酬以及工作的条件,不受被任命为竞争上诉法院法官的任期的影响。

第四部分 竞争委员会和竞争裁判庭的有关行政事务

40. 财务情况

(1) 竞争委员会的经费来自:

(a) 国会为委员会拨付;

(b) 依照本法规定支付给委员会的费用;

(c) 依照第(6)款规定的委员会多余钱款的投资和存储收入;

(d) 其他来源。

(2) 竞争委员会的财政年度是从该年4月1日到下一年3月31日为止,竞争委员会的第一财政年度是从该年度本法生效之时到下一年3月31日为止。

(3) 每年在部长决定的时间,竞争委员会必须向部长提交竞争委员会预期的收入和支出报告,并就下一财政年度要求国会拨款。

(4) 竞争委员会必须以委员会的名义在南非注册的银行或者其他注册的金融机构开立并持续使用账户,而且:

(a) 委员会收到的任何钱款必须存入该账户;

(b) 委员会的每一笔支出必须从该账户划出。

(5) 竞争委员会账户的支票必须由委员会决议为该目的授权的两人代表签字。

(6) 竞争委员会可以将它不需立即用的钱款投资或者储存起来:

(a) 在南非的任何注册的银行或者金融机构储存临时的或者短期存款;或

(b) 根据1984年《公司为公众存款法》(1984年第46号法令)第2条规定的在公司的投资账户。

(7) 依照1999年《公共财政管理法》(1999年第1号法令)的目

的,委员长是竞争委员会账户的管理者。①

(8)……②

(9)在每年财政年度结束的六个月内,委员长必须根据既定的会计惯例、原则和程序编制财务报表,包括:

(a)一份反映竞争委员会财政年度前期收入和支出适当的和足够的细节的陈述;

(b)显示其财政年度截止时的资产、负债及财务状况的资产负债表。

(10)审计长必须审计竞争委员会每年的财政记录。

41. 年度报告

(1)竞争委员会财政年度结束后的六个月内,委员长要准备并按规定提交给部长一份年度报告,包括:

(a)依照第40条第(9)款规定的审计财务报表;

(b)依照第40条第(10)款规定的审计报告;

(c)依照本法列出的其职能的执行报告;

(d)陈述在上一财政年度为实现本法目的取得的进展的声明;

(e)其他任何部长在宪报刊登的决定的消息。

(2)部长必须将依照第(1)款将提交的年度报告列入国会议程③:

(a)在从竞争委员会接受该报告的十个工作日内;

(b)如果国会当时没有开会,则在下次会议开始时的十个工作日内。

42. 竞争裁判庭的适用规则

第40条和41条根据相应情景作相应解释后适用于竞争裁判庭。除一些条款特别适用于委员长外,都必须解释为适用于竞争裁判庭主席。

43. 法律责任

(1)1957年《国家责任法》(1957年第20号法令)应相应情景作相应解释后适用于竞争委员会和竞争裁判庭,该法所提到的"有关部门的部长"必须被解释为委员长或者主席,视情况而定。

---

① 第(7)项为2000年竞争法第二修正案第13条(a)项修正内容。

② 第(8)项已删除,2000年竞争法第二修正案第13条(b)项修订。

③ 第(2)款为2000年竞争法第二修正案第14条的修正内容。

(2) 竞争裁判庭成员、竞争上诉法院成员、委员长、工作人员或者合约人员都不对任何善意的提交给国会或者依照宪法或者本法作出的报告、裁决、观点或者建议负法律责任。

第五章　调查与裁决程序[①]

第一部分　机密资料

44. 举报人要求保密权利

(1) (a) 任何人当向竞争委员会或竞争裁判庭提交资料时,可要求确定该资料为机密资料;

(b) 任何(a)项所述的要求必须按规定的形式作书面陈述,解释为什么资料是机密的。

(2) 竞争委员会受第(1)款所述的要求的约束,但在其将投诉转交给竞争裁判庭诉讼时的任何期间均可以决定该资料是否是机密资料。

(3) 竞争裁判庭可以:

(a) 决定资料是否是机密的;

(b) 如果认为资料是机密的,作出有关使用该资料的恰当的指令。

45. 信息披露

(1) 任何人试图使用属于诉求的机密资料,可以按照规定的方式和形式向竞争裁判庭申请,竞争裁判庭可以:

(a) 决定资料是否属于机密资料;

(b) 如果认为是机密资料,作出有关使用该资料的恰当的指令。

(2) 在根据第 44 条第(3)款规定竞争裁判庭作出指令后的十个工作日内,相关主体可以向竞争上诉法院根据其规则对决定提起上诉。

(3) 从资料进入竞争委员会或者竞争裁判庭直到相关的最后决定被作出,竞争委员会和法庭必须看待其为机密的,如果:

(a) 竞争裁判庭已经决定其为机密资料;或

(b) 是依照本条规定的诉求。

(4) 一旦有关资料被最后确定,其保密范围仅限于竞争裁判庭或者竞争上诉法院接受的机密资料的范围。

---

① 第五章为 2000 年竞争法第二修正案第 15 条修正内容。

45A. 限制使用信息

(1) (a) 当依照本法作出任何决定,竞争委员会依照(b)项,可以在作决定时审议机密资料;

(b) 如果委员会决定的理由将泄露任何机密资料,该委员会必须在出版该理由的至少十个工作日前提供给当事方拟议理由的副本。

(2) 一方当事人可以在接收到拟议理由的副本经过上述(b)项规定的期间后,向竞争裁判庭遵照其规则申请恰当的指令来保护相关资料的机密性。

(3) 相关当事人可以依照第(2)款规定向竞争上诉法院遵照其规则提起对竞争裁判庭的决定的上诉。

(4) 如果当事人依照第(2)款规定向竞争裁判庭提出申请,竞争委员会不能公布拟议的理由,直到法庭或竞争上诉法庭视情况已就此事项作出了一项命令。

第二部分　搜查和传唤的权力

46. 经许可进入和搜查的权力

(1) 高等法院法官、区域法官或者地方法官可以发出许可证进入及搜查任何属于该法官或者地方法官管辖范围内的处所,如果宣誓或誓词的信息中有合理理由使人相信:

(a) 禁止的行为已经发生、正在发生或可能发生在这些处所;

(b) 与本法规定的调查有关的人拥有或者控制那些处所。

(2) 进入和搜查许可证可以在任何时候发出而且必须具体:

(a) 确定可能进入和搜查的处所; 并且

(b) 授权一名督察或警务人员进入及搜查处所及做任何在第48条所列的事情。

(3) 进入及搜查许可证有效期至下列情形之一的事件发生:

(a) 许可证被执行;

(b) 许可证被颁发它的人取消,或者该人不在时,由相似权利人取消;

(c) 颁发它的目的已经不存在;或

(d) 颁发起后一个月届满。

(4) 进入和搜查的许可证只能在白天执行,除非颁布它的法官、区域法官或者地方法官授权在合理的情况下可以在晚上执行。

(5) 根据第(2)款颁布的许可证授权的人可以进入和搜查许可证指定的处所。

(6) 在许可证开始立即执行前,执行该许可证的人必须:

(a) 如果要被搜查的处所的主人或者控制该处所的人在场:

(i) 向该人提供身份证明并说明为什么可以执行许可证的权力;

(ii) 将许可证的副本交给该人或者上面有其名字的人;

(b) 如果那些人都不在场,则在该处所的明显可见的地方附上许可证的副本。

47. 未经许可进入和搜查的权力

(1) 监察员在没有许可证授权下根据第42条第(2)款的规定可以进入和搜查除私人处所以外的处所。

(2) 在依照本条规定进入和搜查前,行使搜查权的监察员必须向业主或者控制该处所的人提供身份证明,并向其解释进行搜查的权力,而且必须:

(a) 取得该人同意进入和搜查处所;或

(b) 有合理理由让人相信如果依照第46条申请就会颁发许可证并且取得许可证迟延会挫伤进入和搜查的目的。

(3) 没有许可证的进入和搜查只能在白天进行,除非在夜间进行是在合理的和必要的情况下。

48. 进入及搜查权限

(1) 根据第46或47条规定授权进入及搜查处所的人可以:

(a) 进入那些场所;

(b) 搜查那些处所;

(c) 搜查那些处所的任何人,如果有合理理由相信该人拥有的物品或者文件与调查有关;

(d) 检查任何有关该调查的在该处所的任何物品或者文件;

(e) 调查业主或者处所控制人的任何物品或者文件的信息或者调查该物品或者文件的人的信息或其他可能有信息的人;

(f) 摘录或者复制处所里的任何与调查有关的书或文件;

(g) 使用该处所的任何计算机系统,以:

(i) 搜寻该计算机系统包含的或可得到的数据;

(ii) 复制该数据的任何记录;

(iii) 检查和拷贝该计算机的任何输出;

(h) 联系并且如果有需要,从其处所撤离后实施有关调查的任何检查和保卫行为。

(2) 第49A条第(3)款适用于依照本条规定的监察员作出的答复或陈述。

(3) 监察员根据第46条或47条行使进入和搜查,可以由警察协同。

49. 进入和搜查行为

(1) 任何依照第48条进入和搜查任何处所的人必须严格按照指令实施进入和搜查行为,并顾及每个人的权利、尊严、自由、安全和隐私。

(2) 任何根据48条第(1)款(c)项规定的搜查,只有女监察员或警务人员可以搜查女性,并且只有男监察员或警务人员可搜查男性。

(3) 根据第48条规定进入和搜查处所的人在询问任何人前必须:

(a) 告知该人有权得到辩护人或者律师的协助;

(b) 允许该人行使该权利。

(4) 任何人从被搜查的处所拿走任何东西,必须:

(a) 向业主或者该处所的控制人开具收据;

(b) 拿走该物品的目的达到后尽快归还。

(5) 在搜查时,一个人可以拒绝允许查阅或者拿走一件物品或文件,理由是它含有保密的资料。

(6) 如果物品或文件的所有者或者控制人依照第5款拒绝给予物品或者文件给执行搜查的人检查,执行搜查的人可以要求有管辖权的地方法官或者高等法院的法官为安全保管的目的扣押和转移物品或文件,直到法庭决定其是否属于机密资料。

(7) 根据第46条规定被授权进入和搜查处所的警察或者根据第46条或者第47条被授权协助监察员进入和搜查处所的人,可以通过使用合理需要的武力克服进入和检查的阻碍,包括破门或破窗进入处所。

(8) 在根据第(7)款规定使用武力前,警察必须声明要求进入而且必须说明进入的目的,除非有合理理由使人相信这样做会使某些人破坏或销毁属于搜查对象的物品或者文件。

(9) 竞争委员会可以赔偿任何人因为搜查强行进入处所遭到的损失,当对处所负责的人都不在场的情况下。

附:

49A. 传票

(1) 在依照本法实施调查的任何期间内,委员长可以传唤任何能够提供调查对象信息,或者拥有或控制任何账簿、文件或者其他与调查内容有关的物品的人。

(a) 在传票指定的地点和时间由委员长或者委员长授权的人询问;

(b) 在传票中指定的时间和地点交付或者提供给委员长或者委员长授权的人以账簿、文件或者传票中详细说明的其他物品。

(2) 被监察员或者被委员长或者第(1)款规定的其他人执行调查询问的人,必须诚实地并尽其能力回答问题,但是如果该问题为自我归罪问题,该人没有义务回答。

(3) 依照本条所行使的任何对个人的自我归罪的回答或者陈述不能作为刑事诉讼程序的抗辩或者陈述对抗的证据,除非是刑事诉讼中的伪证罪,或者该人行为触犯了第72条或者73条(2)款(d)项,则该抗辩或者陈述能与证明指控的犯罪有关。

第三部分 投诉程序

附:

49B. 提起诉讼

(1) 委员长可以对声称的限制性行为提起诉讼。

(2) 任何人都可以:

(a) 以任何方式或形式向竞争委员会提交有关声称的禁止行为的相关资料;

(b) 按规定的形式对声称的禁止行为提起诉讼。

(3) 一旦依照本条提起或接到投诉,委员长必须指派一名监察员尽可能快地调查该投诉。

(4) 在调查期间,委员长可以指派一人或多人协助监察员。

49C. 临时救济措施

(1) 任何时候,不论是否已经开始对声称的禁止行为开始审理,投诉人都可以就该声称的行为向竞争裁判庭申请临时指令。

(2) 竞争裁判庭:

(a) 必须给被告一个合理的机会陈述意见;

(b) 可给予临时指令,如果这样做是公正合理的,并考虑下列因素:

(i) 与声称的禁止行为有关的证据;

(ii) 防止对申请人的严重或不可弥补的损害的必要性;

(iii) 便利的平衡。

(3) 本部分规定的任何诉讼程序,举证标准和高等法院管理普通法申请临时禁令的举证标准相同。

(4) 本部分规定的临时命令可能不会超越早前的:

(a) 对声称的禁止行为的审理的结论;

(b) 临时命令发出后的六个月时。

(5) 如果临时命令已经发出,并且该命令发出后六个月时该事项的审理还没有结束,竞争裁判庭、基于正当理由、可以延长该临时命令至更长的期间,但不超过六个月。

(6) 申请的任何一方均可以根据本条规定向竞争上诉法院申请重审竞争裁判庭的决定。

(7) 申请人可以根据本条规定对竞争裁判庭拒绝给予临时命令的决定向竞争上诉法院上诉。

(8) 被告可以依照本条规定对竞争裁判庭的具有决定性或不可挽回的影响的命令向竞争上诉法院上诉。

49D. 同意命令

(1) 如果在投诉调查结束时或之后,竞争委员会和被告商定了适当的命令,竞争裁判庭不需要审查任何证据便可断定该协商是第58条第(1)款(b)项规定的同意命令。

(2) 审理请求同意命令后,竞争裁判庭必须:

(a) 作出由竞争委员会和被告提议和商定的命令;

(b) 在作出命令前指出在起草命令时必须作出的变化;或

(c) 拒绝作出命令。

(3) 经投诉人同意,同意命令可以包括对投诉人的损害赔偿金。

(4) 同意命令并不妨碍投诉人申请:

(a) 依照第58条第(1)(a)项(v)或(vi)的声明;或

(b) 依照第65条给予的民事赔偿金,除非同意命令中包括了给投诉人的赔偿金。

50. 投诉结果

(1) 投诉开始后的任何时间,竞争委员会均可以将投诉转交给竞争裁判庭。

(2) 投诉提交的一年后,委员长必须:

(a) 根据第(3)款规定,将投诉转交给竞争裁判庭,如果它确定禁止行为已经成立;

(b) 在其他情况下,按规定的方式向投诉人发出不转交通知。

(3) 当竞争委员会根据第(2)款(a)项规定将投诉转交给竞争裁判庭,它:

(a) 可以:

(i) 查阅投诉人提交的投诉的所有详情;

(ii) 查阅投诉人提交的投诉的一些详情;

(iii) 补充投诉人提交的投诉的细节;

(b) 必须依照第(2)款(b)项所述对不转交给竞争裁判庭的任何详情发出不转交通知。

(4) 在特定案件中:

(a) 竞争委员会和投诉人可以根据第(2)款的规定准许同意延长期限;或

(b) 当(1)项规定的期间截止时,经竞争委员会申请竞争裁判庭可以延长该期间。

(5) 如果竞争委员会没有将投诉转交给竞争裁判庭,或者没有在第(2)款规定的时间内或者第(4)款规定的延长期间内发出不转交通知,则委员会必须被视为已经在相关期限届满时发出了不转交通知。

51. 转交给竞争裁判庭

(1) 如果竞争委员会向投诉人发出了不转交通知,则投诉人可以根据竞争裁判庭的程序规则向其直接提交投诉。

(2) 不论是根据第 50 条第(1)款规定由竞争委员会还是根据第(1)款规定由投诉人转交给竞争裁判庭,都必须遵循规定的形式。

(3) 竞争裁判庭的主席必须在宪报刊登通知,公告每个转交给竞争裁判庭的投诉。

(4) 根据第(3)款刊登的公告必须包括:

(a) 被告的名称;

(b) 转交事项的行为的性质。

第四部分　法庭审理和命令

52. 竞争裁判庭审理

(1) 竞争裁判庭必须按其规则依照本法对每个事项进行审理。

(2) 根据第(3)款及(4)款规定，竞争裁判庭：

(a) 必须尽可能迅速地按照自然公正的原则进行公开审理；并且

(b) 可以以非正式的或者以纠问的方式进行审理。

(2A) 尽管有第(2)款(a)项的规定，法庭的主席可以就审理的事项命令：

(a) 法庭审理如果没有听到口头证据，或者该口头证据将在审理中提交；

(b) 通过电话或电视会议审理，如果有利于司法公正和方便。

(3) 尽管有第(2)款的规定，主持审理的法庭成员可以阻止公共成员或者特定的人或特定种类的人出席诉讼：

(a) 如果提交的证据是机密资料，但限于非此不足以保护此等信息的情形，否则资料得不到保护；

(b) 如果审理要求该行为；或

(c) 其他在高等法院民事程序中合法的原因。

(4) 审理结束时，竞争裁判庭必须根据本法规定作出命令，而且必须将其决定以书面理由作出。

(5) 竞争裁判庭必须向当事人和其他公众成员提供每份审理的记录，根据第(3)款(a)项的保护机密资料的规定的情形除外。

53. 参与审理的权利

(1) 以下人士可以亲自或通过代理人参加审理，而且可以对证人提出问题并检查审理中提交的任何账簿、文件或者其他物品：

(a) 如果是根据C部分规定的审理：

(i) 委员长或者委员长指派的任何人；

(ii) 投诉人，如果：

(aa) 投诉人转交投诉给竞争裁判庭；或

(bb) 根据竞争裁判庭主持成员的意见，投诉人的利益不被其他的参与者完全代表；那么只能仅限于投诉人的利益被完全代表的要求的范围。

(iii) 被告；

(iv) 任何其他与审理有重大利益关系的人，除非依照竞争裁判庭的主持成员的意见，该利益被其他参与者充分地代表，但以充分代表该起诉人利益所必需为限；

(b) 如果审理是根据第10条或者附表1：

(i) 豁免的申请人；

(ii) 竞争委员会；

(iii) 上诉人，如果该上诉人不是豁免的申请人；

(iv) 第10条第8项所及之向竞争委员会提交了陈述的利害关系人，除非依竞争裁判庭主审成员的观点，该人利益可为另一参与人充分代表，但以该人利益被充分代表所必需为限；

(v) 部长或行政会议成员，如果根据附表1商议。

(c) 如果根据第三章的审理：

(i) 合并的任何一方；

(ii) 竞争委员会；

(iii) 任何有权根据第13A条第(2)款的规定接到通知的人以及向委员会表示想按照规定形式参加审理的人；

(iv) 部长，如果部长已表示有意参加；

(v) 竞争裁判庭确认为参与者的其他人。

(d) 如果根据A部分的审理：

(i) 拥有审理事项的资料的人；

(ii) 披露的信息是审理事项的任何人；

(iii) 竞争委员会；以及

(iv) 法庭确认为参与者的其他人。

54. 主持审理人员的权力

主持审理的竞争裁判庭的成员可以：

(a) 命令或传唤任何人在任何指定的时间和地点出席；

(b) 就宣誓或誓词询问任何人；

(c) 传唤或命令任何人：

(i) 提供审理目的所需的任何书籍、文件或物品；

(ii) 履行任何其他与本法有关的行为；

(d) 作出说明禁止或限制发布任何提交给竞争裁判庭的证据；

(e) 接受参与者的口头意见；并且

(f) 接受参与者提交的任何其他资料。

55. 程序规则

(1) 根据竞争裁判庭的程序规则,竞争裁判庭主持审理的成员可以决定审理程序中的任何事项,考虑到案件的情形以及第52条第(2)款的要求。

(2) 竞争法可以容忍程序中产生的不符合技术要求的规则问题。

(3) 法庭可以:

(a) 接受任何相关的口头证词、文件或其他东西为证据,不论是否:

(i) 是在宣誓或誓词的给予的或证实的;

(ii) 将在法庭上被接纳为证据。但

(b) 拒绝接受任何不必要的重复的口头证词、文件或其他。

56. 证人

(1) 每一个到竞争裁判庭审理中作证的人,必须回答任何相关问题。

(2) 在刑事案件中法律关于证人的权利的规定同样适用于在审理中提供信息的人。

(3) 竞争裁判庭可以命令一个人回答任何问题,或提供任何物品或文件,即使它这样做会自我归罪。

(4) 第49A条第(3)款适用于证人根据本条提供的证据。

57. 诉讼费用

(1) 根据第(2)款的规定以及竞争裁判庭的程序规则,每一方当事人参与审理必须承担自己的费用。

(2) 如果竞争裁判庭:

(a) 没有对被告作出不利判决,主持审理的竞争裁判庭成员可以判被告获偿诉讼费,根据第51条第(1)款规定判决提交投诉的原告承担诉讼费用;或

(b) 作出对被告不利的判决,主持审理的竞争裁判庭成员会可以判决由被告承担全部费用,根据第51条第(1)款提交诉讼的起诉人则获偿诉讼费。

58. 竞争裁判庭命令

(1) 除了根据本法的其他权力,竞争裁判庭可以:

(a) 作出与禁止行为相关的恰当的命令,包括:

(i) 阻止任何禁止行为;

(ii) 根据结束禁止行为的合理要求责令一方供应或分发货物或劳务给另一方；

(iii) 依据第59条实施行政处罚，依照或者不依照本条的其他额外的指令；

(iv) 命令剥夺，依照第60条规定；

(v) 为实现第65条的目的，宣布一个公司的行为是本法中的禁止行为；

(vi) 宣告全部或任何部分的协议无效；

(vii) 责令基于合理要求有权使用必要设施；

(b) 根据第49D条确认一项同意协定作为竞争裁判庭的命令；或

(c) 根据第13条第(6)款及14条第(2)款的规定，基于正当理由宽恕任何不遵守：

(i) 竞争委员会或竞争裁判庭规则；或

(ii) 本法列出的时间限制。

(2) 任何时候，竞争裁判庭可以在审理中休庭一段合理时间，如果有理由相信审理涉及的一个禁止行为可能符合第10条规定的豁免资格。

(3) 尽管有本法的其他规定，如果竞争裁判庭根据第2款在审理中休庭，被告可以在休庭期间申请豁免。

59. 行政处罚

(1) 竞争裁判庭可以实施行政处罚，仅由于：

(a) 根据第44条第(1)款(b)项，第5条第(2)款或第8条(a)、(b)或(d)项规定的禁止行为；

(b) 根据第4条第(1)款(a)项、第5条第(1)款、第8条(c)款或第9条第(1)款规定的禁止行为，如果该行为是竞争裁判庭以前判定的相同公司的禁止行为的重复；

(c) 违反或者不遵守竞争裁判庭或者竞争上诉法庭的临时的或者最后的命令；或

(d) 如果合并的双方当事人：

(i) 没有根据第3章规定给予合并通知；

(ii) 违背竞争委员会或竞争裁判庭禁止该合并的决定，继续实施合并；

(iii) 违背竞争委员会根据第13条或14条的规定或者竞争裁判庭

根据第16条批准该合并的条件,继续实施该合并;

(iv) 不符合本法要求,没有经过竞争委员会或者竞争裁判庭的批准后实施合并。

(2) 根据第(1)款规定实施的行政处罚不能超过公司在上一财政年度的国内和出口的年度营业额的10%。

(3) 在决定一个恰当的惩罚时,竞争裁判庭必须考虑下列因素:

(a) 违反行为的性质、持续时间、严重性和程度;

(b) 违法行为造成的任何损失或损害;

(c) 被告的行为;

(d) 违法行为发生时的市场情况;

(e) 违法行为产生的利益的程度;

(f) 被告与竞争委员会和竞争裁判庭合作的程度;

(g) 被告是否曾被发现有违反本法的行为。

(4) 本法规定的罚款缴付必须依照宪法第213条的规定缴入国家财政基金。

60. 剥夺

(1) 如果实施的合并是第3章规定的违法行为,竞争裁判庭可以:

(a) 命令合并的一方出售因为合并得到的任何股票、利息或其他资产;或

(b) 宣布支配合并的协议的条款无效。

(2) 竞争裁判庭,除了根据第58条增加或者代替作出命令,可以命令公司或者其他任何人出售该公司的任何股票、利息或资产,如果:

(a) 有否违反第8条的行为;并且

(b) 禁止行为:

(i) 不能依照本法的其他条款得到充分的救济;或者

(ii) 是该公司曾被竞争裁判庭认定为禁止行为的重复性行为。

(3) 竞争裁判庭根据第(2)款作出的命令没有强制力或者影响,除非得到竞争上诉法院的确认。

(4) 根据第(1)款或者第(2)款规定可以作出设置一个履行期的命令,以及其他竞争裁判庭认为恰当的条件,以及相关当事人的商业利益。

第五部分　竞争上诉法院的上诉和重审

61. 上诉

(1) 个人受到竞争裁判庭的决定的影响,可向竞争上诉法院提起上诉或者申请重新审查,如果该决定符合竞争上诉法院的规则第 37 条规定,法院有权就该事项审议上诉或者重审。

(2) 竞争上诉法院可以依法律和公平的要求责令审理中的任何一方支付费用,或者责令审理中一方的任何代理人支付费用。

62. 上诉管辖权

(1) 竞争裁判庭和竞争上诉法院就以下事项具有排他管辖权:

(a) 第二章、第三章和第五章的解释和适用,除了:

(i) 就第 2 款提出的问题或者事项;或

(ii) 由部长根据第 18 条第(2)款发出的重审证明书;并且

(b) 第 21 条第(1)款、第 27 条第(1)款和第 37 条所指的职能,除了第(2)款所指的问题或事项。

(2) 除了本法所给予的竞争上诉法院的其他管辖权,法院有权管辖:

(a) 关于一个已实施的行为或者提交给竞争委员会或者竞争裁判庭的行为是否是在本法给予的他们的各自的管辖权范围内的问题;

(b) 任何依照本法所产生的宪法事项;

(c) 关于事项是否属于第(1)款规定的排他管辖权的范围内的问题。

(3) 竞争上诉法院的管辖权:

(a) 是依照第(1)款的规定,在其排他管辖权范围内对一事项具有的最后决定权;

(b) 是依照第(2)款规定的管辖权,对该事项既没有排他管辖权,也没有最终决定权。

(4) 依照第(2)款规定就竞争上诉法院就某一事项决定的上诉的管辖权归属于最高上诉法院或者宪法法院,除第 63 条和他们各自的规则规定的情形外。

(5) 为进一步澄清,竞争裁判庭和竞争上诉法院就禁止行为的金额的评定以及损害赔偿金的给予没有管辖权。

63. 上诉许可

(1) 依照第 62 条第(4)款规定的上诉权:

(a) 受到任何法律约束：

(i) 该条明确限制上诉的权利；

(ii) 明确给予、限制或排除任何上诉的权利；

(b) 该争议事项不受金钱价值的限制；

(c) 其存在不受争议事项不能以金钱衡量的事实的影响。

(2) 依照第62条(4)款规定可向最高上诉法院提出上诉，或者向宪法法院提出，如果它涉及一个宪法问题，仅：

(a) 经过竞争上诉法院的许可；或

(b) 如果竞争上诉法院拒绝准许，则经过最高上诉法院或者宪法法院的许可，视情况而定。

(3) 法院依照本条给予上诉的许可可能附带一些适当的条件，包括要求申请者提供上诉费用的保障。

(4) 如果竞争上诉法院拒绝给予上诉许可，命令申请人支付费用，最高上诉法院或宪法法院可能会改变该命令给予上诉许可。

(5) 向竞争上诉法院申请上诉许可，必须按照竞争上诉法院的要求，以规定的方式和形式做出。

(6) 向宪法法院申请上诉许可，必须按照其要求，以规定的方式和形式做出。

(7) 1959年《最高法院法》(1959年第59号法令)第21条(1A)款至(3)款(e)项，依相应情景作相应解释后适用于本法中的向最高上诉法院提出的上诉许可的申请。

(8) 向最高上诉法院申请上诉许可的人必须将该申请通知给竞争上诉法院登记员。

第六章　执　　行[①]

64. 命令的地位和执行

(1) 竞争委员会、竞争裁判庭或者竞争上诉法院的任何决定、判决或者命令可以像最高法院的命令一样被保留、执行或者实施。

(2) 竞争委员会可以在最高法院以自己的名义就竞争裁判庭的强制行政惩罚赔偿提起诉讼。

(3) 根据第(2)款的诉讼在行政惩罚强制实施的三年后不能提起。

① 第六章为2000年竞争法第二修正案第15条修正内容。

65. 民事诉讼和管辖

(1) 依照本法,本法并不使得一项被认为是禁止性协议或者可能是无效的协议的条款无效,除非竞争裁判庭或者竞争上诉委员会宣布该条款无效。

(2) 如果在民事法院的诉讼中,一方当事人提出一个相关行为的争议是本法中的禁止行为,则该法院不需要审议该争议:

(a) 如果提出的争议是竞争裁判庭或者竞争上诉法院已经作出命令的问题,则法院必须就该问题适用竞争裁判庭或者竞争上诉法院的决议;

(b) 否则,该法院必须将该争议提交给竞争裁判庭审议,如果该法庭认为:

(i) 该问题的提出很不必要或是在无理取闹;

(ii) 该问题的解决需要诉讼的最后结果决定。

(3) ……①

(4) ……②

(5) ……③

(6) 个人因为禁止行为受到损失或者损害:

(a) 不得就其损害的评估的金额在民事法庭提起诉讼,如果该人是依据第 49D 条第(1)款确认的同意命令而得到损害赔偿;

(b) 如果根据(a)款有权提起诉讼,则在提起诉讼时,必须按规定的形式提交给法庭的记录者或者书记员,或者竞争上诉法院的审判主席:

(i) 证明构成诉讼理由的行为依照本法被认为是禁止行为;

(ii) 陈述竞争裁判庭或者竞争上诉法院的裁决的日期;

(iii) 在竞争裁判庭或者竞争上诉法院作出裁决时列出本法条的规定。

(7) 第(6)款(b)项所指的证书是内容确凿的证据,对民事法庭具有约束力。

(8) 对竞争裁判庭依据第 58 条作出命令的上诉或者申请重审,可

---

① 第(3)款已删除,2000 年竞争法第二修正案第 15 条修订。

② 第(4)款已删除,2000 年竞争法第二修正案第 15 条修订。

③ 第(5)款已删除,2000 年竞争法第二修正案第 15 条修订。

以就相同事项暂停民事法院中提起的诉讼的权利。

(9) 个人对禁止行为提起的损害赔偿诉讼成立于:

(a) 竞争裁判庭就某一事项作出的决议影响该人的那天时;或

(b) 在案件上诉时,就该事项的上诉程序结束时。

(10) 依照1975年《利息率法》(1975年第55号法令)第2A条第(2)款(a)项的目的,依照本法,与损害赔偿有关的债务的利息,将在第(6)款所指的证书颁发之时开始。

66. 命令改变

(1) 竞争裁判庭或者竞争上诉法院行使自己的职能或者基于受到决定或者命令影响的个人的申请,可以改变或者撤销它的决定或者命令:

(a) 在受影响的一方缺席的情况下错误地寻求或者给予了命令;

(b) 其中有不明确之处或明显错误或遗漏的,但范围仅限于纠正这种模糊、错误或遗漏;

(c) 基于对诉讼所有当事方的错误而作出或者给予。

67. 提起诉讼的限制

(1) 对禁止行为的投诉在行为停止三年后不能提起。

(2) 依照本法本条或其他法条规定,对与任何曾经是竞争裁判庭诉讼程序中被告行为的重复性行为的公司提起的投诉不能提交给竞争裁判庭。

68. 证据标准

依照本法规定的任何程序,除依照第49C条或者刑事程序外,证据标准是总的可能性的衡量。

第七章 违法行为

69. 违反保密规定

(1) 揭露任何人或者公司取得的任何有关的机密资料是一种违法行为:

(a) 依照本法执行任何职能;

(b) 是提起投诉的结果或者依照本法参加的任何的程序。

(2) 第(1)条并不适用于信息披露:

(a) 为了妥善管理或执行这项法令;

(b) 为了司法公正;或

(c) 应监察员、委员长、副委员长或者竞争裁判庭成员有权接受该资料的要求。

70. 阻碍行政行为

阻挠、反对、妨碍或不适当地影响依照本法施加给执行权力或者履行指定的义务的人。

71. 缺席传唤①

实施违法行为的人,根据第49A条规定被指示或被传唤参加审理:

(a) 没有充足理由不按照指定的时间、地点出席或者参加出席直到其理由被允许;

(b) 按要求出席,但是:

(i) 拒绝宣誓或作出确认; 或

(ii) 未能按要求提供一本书、文件或其他物品,如果它是被该人拥有或在该人的控制下。

72. 未能完全或如实回答②

一个已经宣誓或者作出确认的人实施违法行为:

(a) 除第49A条第(3)款或者第56条的规定外,未能尽其最大的能力充分地回答任何问题;

(b) 提供虚假证据,明知它是假的。

73. 不遵守法令

(1) 一个人违反或者不遵守竞争裁判庭或者竞争上诉法院的临时的或者最后的命令,即为实施违法行为。

(2) 一个人违法行为③:

(a) 做的事情不正当地影响了竞争裁判庭或竞争委员会就有关任何事项所作的调查;

(b) 先于竞争裁判庭或者竞争委员会就一项调查的决定行动,影响诉讼程序或结果;

(c) 做出与调查有关的事情,如果诉讼程序在法庭发生,将被视为藐视法庭;

---

① 第71条为2000年竞争法第二修正案第16条修正内容。

② 第72条为2000年竞争法第二修正案第17条修正内容。

③ 第(2)项为2000年竞争法第二修正案第18条修正内容。

(d) 明知而向竞争委员会提供虚假资料;

(e) 诽谤依其职权行事的法庭、竞争上诉法院或二者的任何成员;

(f) 故意中断诉讼或在进行审理时行为不端;

(g) 行为违反进入及搜查许可证要求;

(h) 未经授权,但是宣称依照第 46 条或 47 条具有授权:

(i) 进入或搜查处所;

(ii) 拿走或删除一篇文章或文件。

74. 处罚

(1) 依照本法,任何人被判犯有违反行为,具有法律责任:

(a) 当涉及违反第 73 条第(1)款时,最高可被罚款不超过 500000 元或监禁期限不超过十年,或并处罚款和监禁;

(b) 在任何其他情况下,最高可被罚款不超过 2000 元或监禁期不得超过六个月,或并处罚款和监禁。

75. 地方法院实施处罚管辖权

尽管其他法律另有相反的规定,地方法院有权实施本法赋予的任何处罚。

76. (废除)①

77. 证明事实

(1) 依照本法进行的任何刑事法律程序:

(a) 如果声称在一家公司的一个人是或者曾经是一名雇员,则这个人必须被推定为该公司的一名雇员,除非相反证明成立;

(b) 如果被证实虚假陈述,登记或记录或虚假信息出现在一本书、文件、计划、绘图或电脑存储介质中,则持有该物品的人必须推定为制造该陈述、登记、纪录或资料的人,除非相反证明成立;

(c) 由竞争裁判庭主席或竞争上诉法院的审判主席发出的命令,是竞争裁判庭或竞争上诉法院命令内容的确凿的证据。

(2) 一份陈述、登记或记录,或资料,在任何书籍、文件、计划、绘图或计算机存储介质中,可接纳为证据,或者接纳为事实是由该人做出、登记、记录或存储它,除非证明此人没有做出、登记、记录或贮存。

---

① 第 76 条已被删除,2000 年竞争法第二修正案第 19 条修订。

第八章　一 般 规 定

78. 规则

通过政府公报刊登公告部长可为实现本法的目的要求制定规则。

79. 指导方针

(1) 竞争委员会可以编写指导方针，指导委员会依照本法规定在其管辖权内对任何事项进行规定。

(2) 第(1)款中制定的指导方针：

(a) 必须在政府公报刊登；但

(b) 不对竞争委员会、竞争裁判庭或竞争上诉法院在行使各自的裁量权或对本法的解释具有约束力。

80. 官方印章

通过在政府公报刊登公告总统可对每个竞争委员会、竞争裁判庭和竞争上诉法庭规定一个官方印章。

81. 法所约束的国家

本法约束南非共和国。

82. 与其他机构关系

(1) 监管机构，就公共规则而言，在一个特定行业中就第 2 章或者第 3 章中规定的行为具有管辖权：

(a) 必须与竞争委员会协商达成协议，第 21 条第(1)款(h)项规定的情形除外；

(b) 就其管辖权内的某一特殊事项，可以通过上述协议行使管辖权。

(2) 第(1)款(a)及(b)项在相应情景中作相应解释后适用于竞争委员会。

(3) 除第 21 条第 (1)款(h)项所指的事项，根据第(1)款的协议必须：

(a) 为行使共同管辖权查明并确定程序；

(b) 促进监管当局和竞争委员会的合作关系；

(c) 提供信息交流和机密资料的保护；

(d) 在政府公报刊登。①

---

① 第(1)、(2)、(3)项为新增内容，2000 年竞争法第二修正案第 20 条修订。

(4) 总统可以将南非共和国有关的任何义务分配给竞争委员会执行,比如与本法目的相关的国际协议、与国外同类机构交流信息。

83. 过渡性安排和法律废除

(1) 除附表3,附表2所指明的法律,以及就那些法律所发布或宣传的所有的声明,规章或者通知,现予废除。

(2) 废除附表2所指明的那些法律不影响附表3中规定的任何过渡性安排。

84. 本法的简称及生效

(1) 本法被称为竞争法,并于总统在政府公报刊登公告的日期之时生效。

(2) 总统可设定本法不同条文生效的不同日期。

(3) 除非文义另有所指,否则表明本法的条文指明的本法生效的时间应被解释为该条文生效的时间。

附表1　豁免的专业规则

第一部分①

(1) 行业协会的规则限制严重阻碍或减少了市场中的竞争,可按指定的方式向竞争委员会依照第(2)项规定申请豁免。

(2) 竞争委员会可根据第2章A部分的条款在一定期限内豁免行业协会的全部或部分规则,如果考虑到国际上应用的规则,那些规则中的限制会严重阻碍或削弱市场中的竞争,有理由要求维持:

(a) 行业标准;或

(b) 行业的普通职责。

(3) 在接到依照第(1)项的申请时,竞争委员会必须:

(a) 在政府公报刊登该申请的通知;

(b) 允许有利害关系的当事人自该通知刊登的20个工作日起,就该申请发表意见;

(c) 就该申请与主管部长或行政会议成员协商。

(4) 在审议该申请以及有关该申请提交的资料以及其他信息,并与负责的部长或行政会议的成员商议后,委员会必须:

① 第一部分为2000年竞争法第二修正案第21条修正内容。

(a) 按照规定的形式发布通知给申请人给予豁免,或拒绝该申请;

(b) 作出决定的书面理由; 并

(c) 在政府公报刊登该决定的公告。

(5) 竞争委员会按照规定的方式可基于正当理由随时撤销依第(4)项给予的豁免,在任何时间后,它:

(a) 在政府公报中通告其撤销豁免的意图;

(b) 允许有利害关系的当事方在该通知发出后的20个工作日内就该豁免发表意见;

(c) 与主管部长或执行委员会成员协商。

(6) 一个行业规则被豁免,或其豁免被撤销,仅在政府公报刊登该豁免或者撤销的通知之后生效。

(7) 竞争委员会必须供公众查阅所有行业规则已得到豁免,或获豁免被取消的记录。

(8) 行业协会,或任何其他人与竞争委员会根据第(4)项作出的决定具有重大利益关系,可按规定的方式和形式向竞争裁判庭就该决定提起上诉。

(9) 本附表中:

“行业协会”是指本附表B部分所指的协会;

“行业规则”即指规范行业协会的规则,并对其成员具有约束力;

“规则”,包括公共规则、行为规章和原则声明。

第二部分

为本法的目的,行业协会是:

(a) 为下列每一行业,依照该行业名称下法令所注册的行业的管理机构;

(b) 任何其他协会,如果竞争委员会认为它代表(a)款所述的行业的成员的利益:

会计师和审计师

《公共会计师和审计师法》, 1991年(1991年第80号法令)

建筑师

《建筑师法》, 1970年(1970年第35号法令)

工程师

《南非工程师行业法》,1990年(1990第114号法令)

房地产经纪人

《房地产经纪人法》, 1976 年(1976 年第 112 号法令)

律师和辩护人

《律师法》,1979 年(1979 年第 53 号法令)

《辩护人资格法》,1964 年(1964 年第 74 号法令)

自然科学

《自然科学专业法》,1993 年(1993 第 106 号法令)

质量鉴定人

《质量鉴定法》,1970 年(1970 年第 36 号法令)

鉴定人

《专业及技术鉴定法》,1984 年(1984 第 40 号法令)

城市与区域规划师

《城市与区域规划法》,1984 年(1984 年第 19 号法令)

估价师

《估价法》,1982 年(1982 年第 23 号法令)

医科

《医科,牙科及辅助医疗服务行业法》,1974 年(1974 第 56 号令)

《护理法》,1978 年(1978 第 50 号法令)

《牙科技师法》,1979 年(1979 年第 19 号法令)

《药剂学法》,1974 年(1974 年第 53 号法令)

《兽医及辅助兽医行业法》,1982 年(1982 第 19 号法令)

《家庭脊椎指压治疗者和医疗服务行业联盟法》,1982 年(1982 年第 63 号法)

其他

部长在宪报公布的依照本附表的条文适用的其他行业协会。

附表 2　法律废除(第 83 条)

法号及年份	简称	废除程度
1979 年第 96 号法令	1979 年《维护和促进竞争法》	全部
1980 年第 58 号法令	1980 年《维护和促进竞争法修正案》	全部
1983 年第 62 号法令	1983 年《维护和促进竞争法修正案》	全部
1985 年第 12 号法令	1985 年《维护和促进竞争法修正案》	全部
1986 年第 5 号法令	1986 年《维护和促进竞争法修正案》	全部
1987 年第 96 号法令	1987 年《维护和促进竞争法修正案》	全部
1990 年第 88 号法令	1990 年《维护和促进竞争法修正案》	全部

附表3　过渡性安排①

(1) 依照1979年《维护和促进竞争法》(1979年第96号法令)第6条第(2)款(a)项的规定,或者该法第14条第(1)款第(c)项的要求,该法中有关"收购"所下的定义,必须考虑到本法的目的,依据相关规定,为:

(a) 为本法生效后给予的有条件的批准,依照第14条第(1)款(b)项(ii)由竞争委员会批准,或依照第15条第(2)款(b)项由竞争裁判庭批准;或

(b) 本法生效后若合并已被禁止,依照第14条第(1)款(b)项(iii)由竞争委员会作出,或依照第15条第(2)款(c)项由竞争裁判庭作出。

(2) 依照1979年《维护和促进竞争法》(1979第96号法令)第11条第(1)项的规定,必须被视为已确认为本法第63条规定的一项同意,并且在本法生效以后的12个月内有效。

(3) 1979年《维护和促进竞争法》(1979年第96号法令)第14条第(5)款规定的豁免的给予,必须被视为已根据本法第10条给予,并且在本法生效后的12个月内有效。

(3A) 依照1979年《维护和促进竞争法》(1979年第96号法令)规定,部长发布的通知与该法定义的"限制协议"或者"垄断地位"有关,必须被视为本法第60条第(1)款(a)项的命令,并且在本法生效后的12个月内有效。

(4) 任何其他法规涉及:

(a) 1979年《维护和促进竞争法》(1979年第96号法令),必须被视为涉及本法;

(b) 1979年《维护和促进竞争法》(1979年第96号法令)定义的"限制协议"或者"垄断情形",必须被视为本法中的"禁止行为"的参考;

(c) 1979年《维护和促进竞争法》(1979年第96号法令)第1条定义的"收购",必须被视为本法中"合并"的参考;

(d) 1979年《维护和促进竞争法》(1979年第96号法令)第3条设

---

① 附表3为1999年竞争法修正案第1条修正内容。

立的“竞争委员会”,必须被视为竞争委员会的参考;

(e) 1979 年《维护和促进竞争法》(1979 年第 96 号法令)所述的竞争委员会的主席,必须被视为本法第 22 条所述的委员长或者本法第 26 条所述的由部长决定的竞争裁判庭的主席。

(4A) 本法公布至生效期间发生的任何交易,以及在本法生效后可能构成中型或大型合并的交易,被视为本法生效后 12 个月期间的违反第 3 章的合并并且受第 62 条第(1)款的约束,除非:

(a) 该交易已经依照 1979 年《维护和促进竞争法》(1979 年第 96 号法令)被竞争委员会批准;或

(b) 交易已依照(4B)条发出通知。

(4B) (4A)条所述的交易的任一方,在本法生效后的三个月内,可以依照本法第 13 条规定将该交易通知竞争委员会,如果是中型或者大型合并。

(4C) 第三章的条文,应不同情景要求,适用于(4B)项下发出通知的交易。

(4D) 本法生效后,任何 1979 年《维护和促进竞争法》(1979 年第 96 号法令)第 15 条所述的特别法庭中未决的上诉,必须被视为依照本法第 36 条所述的按照规定的方式向竞争上诉法院提起的上诉。

(4E) 除第(1)条至第(3A)条的规定的情形外,竞争上诉法院可在审理完(4D)条的上诉后,作出根据 1979 年《维护和促进竞争法》(1979 年第 96 号法令)第 15 条第(10)款规定特别法庭可能作出的决定,并且本法的条款适用于该决定,如果它是竞争上诉法院依照本法作出的决定。

(4F) (1) 尽管有第 6 条和第 11 条的规定,部长依照那些条款初次做出的限度的决定必须在本法生效之前作出。

(2) 尽管有第 6 条第(2)款及 11 条第 (2)款的规定,第(1)项所述的初次决定于本法生效之时产生效力。

(5) 在本法生效之时,依照 1994 年《公共服务法》任命的官员或者职员服务于 1979 年《维护和促进竞争法》(1979 年第 96 号法令)设立的竞争委员会,他们仍然是《公共服务法》下的官员或者职员,受贸易和工业部管理。

(6) 如果第(5)项所述的官员或者职员被任命为竞争委员会的官员或者职员,他们对养老金贡献的累积的价值以及由他们的雇主所对养老金所贡献的累积的价值,可以转到委员会为职员利益所设立的养老基金。

附　录

(说明:从过渡期条款中抽出2000年竞争法修正案和2000年竞争法第二修正案内容,为便于参考以下重复列出)。

1. 2000年竞争法修正案

竞争上诉法院

"本法生效之前担任审判主席或者竞争上诉法院的法官的任何人,在本法生效后继续担任这一职务,受到本法第39条的约束。"

2. 2000年竞争法第二修正案

过渡性条文

(1) 本条中:

(a)"最主要的法",指1998年竞争法(1998年第89号法令),在本法生效时即存在;

(b)"修正的主要法案",指本法修正的主要的法案。

(2) 尽管修正后的法律有第6条第(3)款及(4)款的规定,以及第11条第(3)款和第(4)款的规定,贸易和工业部部长可以在本法生效时在政府公报刊登公告确定一个新的限度和计算方法。

(3) 依照第(2)款所作的决定在本法生效之日起产生效力,如果这个决定是:

(a) 主要法案修正后的第6条,适用于竞争委员会、竞争裁判庭或竞争上诉法庭在本法生效之前的任何未决的程序;

(b) 主要法案修正后的第11条,适用于竞争委员会在本法生效之前的任何未决的程序。

(4) 竞争委员会根据主要法案的第14条第(3)款的规定作出的建议必须被视为根据主要法案修正后第14条第(1)款(b)项作出的决定,如果:

(a) 由于第(3)款(b)项的结果,合并被归类为中型合并;并且

(b) 竞争委员会在本法生效之时尚未就该合并作出任何指令。

(5) 竞争委员会、竞争裁判庭或竞争上诉法庭在本法生效之前的任何未决的程序,必须在主要法令修正前完成,除了根据主要法令修正后的第21条第(4)款或27条第(2)款,或者竞争上诉法院的规则另有

规定。

(6) 为更清晰,主要法令修正后的第 18 条第(2)款及第(3)款适用于竞争委员会或竞争裁判庭在本法生效之前未决的合并。

10. 巴西保护竞争法(1994)

联邦行政机关政府公报

1994 年 6 月 13 日

经济防卫管理委员会作为一个独立机构,负责反垄断措施规范的制定及实施。

2000 年根据第 10149 号法令修订。

第一编　总　　则

第一章　立法目的

第 1 条　本法规定之反垄断措施旨在与自由交易、公开竞争、财产社会化、保护消费者以及限制滥用经济权利等宪法原则保持一致。

单立款　本法将所保护的法律权利赋予全社会。

第二章　适用范围

第 2 条　在不违反巴西签订的协议和条约的情况下,全部或部分在巴西境内履行或其结果在巴西境内产生影响的行为,适用本法。

单立款　在巴西境内经营或者拥有分支机构、代理处、子公司、办事处、组织机构、代理人或代表的外国公司视为位于巴西境内。

第二编　经济防卫管理委员会

第一章　独立机构

第 3 条　根据 1962 年 9 月 10 日第 4137 号法律设立的拥有全国性权力的经济防卫管理委员会自本法生效之日起应当成为向司法部报告工作并在联邦地区拥有总部和管辖权的联邦独立机构,并适当履行本法规定的职责。

第二章　经济防卫管理委员会

第4条　经济防卫管理委员会由一名主席和六名委员组成,成员必须年满三十岁,具备法律或者经济方面的专业知识,品行高尚。经参议院批准后由总统任命。

第1款　委员会的主席和委员任期两年,可以连任一届。

第2款　委员会的主席和委员在特定职责范围内履行责任,除宪法另有规定,不得兼任其他职位。

第3款　经济防卫管理委员会主席辞职、死亡或者终止职务的,在不影响委员职责的情况下,由委员会中资深或者年长的委员(按此顺序)于任命新主席前,暂时代理主席职位。

第4款　经济防卫管理委员会委员辞职、死亡或者终止职务的,新委员的任期为被取代委员剩余的任期。

第5款　发生前款所述情形或委员任期届满,导致委员会成员少于第49条规定的人数,本法第28条,第31条,第32条,第33条,第35条,第37条,第39条,第42条,第45条,第46条单立款,第52条第2款,第54条第4、6、7、10款,第59条第1款规定的期限自动中断,案件应予中止,新任期自重新确立法定最低人数后立即起算。

第5条　经济防卫管理委员会主席或委员只有在故意犯罪被终审判处刑罚或违反1990年12月11日颁布的第8112号法律和1992年6月2日颁布的第8429号法律规定的纪律规范,以及本法第6条的禁止性规定的情况下,才可由参议院决定并经总统要求,予以免职。

单立款　除经委员会批准,任何经济防卫管理委员会的委员连续三次缺席常会或者累计缺席常会二十次的,该委员任期自动终止。

第6条　委员会主席和委员不得:

(一)以任何方式和名义收受酬金、比例佣金或补偿金;

(二)从事自营业务;

(三)在事实上担任任何民商事或其他类似公司事实上的控股方、行政人员、经理、代理人或律师;

(四)就其专业事务发表意见,即使在理论层面上,或担任公司顾问;

(五)在媒体上对未决案件发表意见,或以其他方式藐视法庭宣布的命令、表决和判决,除非是对案件记录、技术性工作或是法庭履行职责的批评；

（六）参与政治或者政党性活动。

第三章　经济防卫管理委员会的职权

第7条　经济防卫管理委员会应：

（一）确保遵守本法及其实施细则，以及委员会内部规章；

（二）依照法律规定处罚故意破坏经济秩序的行为；

（三）裁决司法部经济法实施秘书处提起的诉讼；

（四）依职权裁决司法部经济法实施秘书处秘书提起的上诉；

（五）在规定期限内，采取措施制止破坏经济秩序的行为；

（六）批准终止承诺和履行承诺，并要求司法部经济法实施秘书处对履行情况进行监督；

（七）裁决对司法部经济法实施秘书处或委员会报告官采取的预防措施提起的上诉；

（八）将决定告知有关当事人；

（九）向个人、机构、主管部门以及其他公共或私人实体收集信息，并对信息依法负有保密义务，同时决定为履行职责所需的调查；

（十）要求联邦行政部门和机构、州、市、联邦地区和地方当局切实遵守本法；

（十一）开展检验、检查和研究活动，逐案批准各自的专业费用及其他费用，这些费用由依照本法应受处罚的公司承担；

（十二）在获依本法第54条批准的情况下，分析各种行为或活动，并根据案件情况要求作出履行承诺；

（十三）请求法院执行其决定；

（十四）要求任何联邦公共机构或实体提供服务和工作人员；

（十五）决定实施由经济防卫管理委员会首席检察官办公室做出的行政行为和诉讼行为；

（十六）与巴西境内的机构或实体签署合同和协议，如与外国或国际组织签署文件须经司法部批准；

（十七）对其职权范围内的事项提供咨询；

（十八）告知公众破坏经济秩序的形式；

（十九）起草并通过委员会的内部实施规则、决议标准和内部服务机构，其中包括委员会和首席检察官办公室的休假制度，在此期间，时效以及第54条第6款规定的期限中止；

（二十）根据宪法第二部分第37条的规定，制定适用于经济防卫管理委员会工作人员的规章制度；

（二十一）依据本法起草预算方案；以及

（二十二）在首席检察官空缺、被免职或负伤的情况下任命可替代的人选。

第四章　经济防卫管理委员会主席的职权

第8条　经济防卫管理委员会主席应：

（一）在法庭内外作为经济防卫管理委员会的法定代表人；

（二）主持经济防卫管理委员会会议，并享有表决权及决定票权；

（三）在委员会会议上以抽签方式分配议程；

（四）召集会议并组织相关议程；

（五）遵守以及促成遵守经济防卫管理委员会的决定；

（六）要求经济防卫管理委员会首席检察官办公室为执行委员会的决定和裁决采取一切诉讼行为；

（七）签署终止承诺，并要求履约承诺；

（八）提请经济防卫管理委员会批准预算方案以及委员会服务人员的委任；以及

（九）指导、调整和监督经济防卫管理委员会的行政事务工作。

第五章　经济防卫管理委员会委员的职权

第9条　经济防卫管理委员会委员应：

（一）对提交至经济防卫管理委员会的案件和事项进行表决；

（二）作为报告成员对案件发出指令并作出决定；

（三）向经济防卫管理委员会提交其所需的来自个人、机构、主管部门以及其他公共或私人实体的资料和文件，并对资料和文件负有保密义务，以及为履行职责之需要展开调查；

（四）对违法行为采取预防措施，并处以每日罚金；

（五）进一步履行内部规章规定的所有职责。

第六章　经济防卫管理委员会首席检察官办公室

第10条　首席检察官办公室对经济防卫管理委员会的职责包括：

（一）为经济防卫管理委员会提供法律援助并在法庭上为其辩护；

（二）对经济防卫管理委员会的决定和裁决安排司法执行；

（三）在经济防卫管理委员会初步批准后，请求法院采取措施以遏制破坏经济秩序的行为；

（四）对涉及破坏经济秩序的案件，在经济防卫管理委员会听取国家司法部长所派代表的陈述并初步同意后，达成庭内和解；

（五）对经济防卫管理委员会职权下的案件发表意见；

（六）确保遵守本法；

（七）进一步履行内部规则下的职责。

第11条　首席检察官应为巴西公民，品德高尚且具备精深的法律专业知识，由司法部提名，经参议院协商和批准后由总统任命。

第1款　首席检察官应出席经济防卫管理委员会会议，但不享有表决权。

第2款　对经济防卫管理委员会委员的任期、连任，资格的取消、职务终止以及更换的规则同样适用于首席检察官。

第3款　首席检察官空缺、临时离职、负伤时，无需联邦参议院的批准，委员会全体会议即可指定并由经济防卫管理委员会主席任命一履行职责不超过九十日的替代人选，该替代人员在替代期间有权获得薪资。

第三编　共和国司法部长与经济防卫管理委员会

第12条　共和国司法部长在听取高级委员会的意见后，任命一名共和国司法部办公室成员，处理提请经济防卫管理委员会审查的案件。

单立款　经济防卫管理委员会可以要求共和国司法办公室促成委员会决定或终止承诺的执行，也可根据1993年5月20日颁布的第75号法律补充法令第6条第14项(b)提起诉讼。

第四编　司法部经济法实施秘书处

第13条　司法部经济法实施秘书处依法组建，由秘书领导，该秘书由司法部长从品德高尚且具备精深法律或经济专业知识的巴西公民中提名，并由总统任命。

第 14 条 司法部经济法实施秘书处应：

（一）监管和跟踪市场行为，保证法律实施；

（二）为防止破坏经济秩序，对某一产品或服务的相关市场具有绝对支配地位的个人或法人，持续跟踪其商业活动，为此目的，有权要求其提供相应的资料和文献，并依法负有保密义务；

（三）对涉嫌破坏经济秩序的行为进行初步调查，以启动行政程序；

（四）确认理由或证据不充分，缓议初步调查案卷；

（五）向个人、机构、主管部门以及其他公共或私人实体收集信息，并依法负有保密义务，决定为履行其职责应予采取的行动；

（六）启动行政程序以调查和制止破坏经济秩序的行为；

（七）依职权要求经济防卫管理委员会暂停初步调查和行政程序；

（八）将由经济法实施秘书处发起的，且有证据证明破坏经济秩序的案件提请经济防卫管理委员会复审；

（九）在协商一致的情况下，签署终止承诺，并将其提交经济防卫管理委员会，同时监督其履行情况；

（十）在适当情形下，建议经济防卫管理委员会签署履行承诺，同时监督其履行情况；

（十一）采取预防措施以阻止破坏经济秩序的行为，并确定履行的最后期限以及不履行每日处以的罚金；

（十二）受理和证实将由经济防卫管理委员会裁决的案件，包括咨询和监督对委员会决定的履行情况；

（十三）建议公共机构采取保证本法得以遵守所必需的一切措施；

（十四）开展学习和研究，以期完善反垄断政策；

（十五）向公众告知破坏经济秩序的各种行为方式，和制止这些破坏行为的措施；以及

（十六）履行本法规定的其他职责。

第五编 破坏经济秩序的行为

第一章 总 则

第 15 条 本法适用于个人、股份有限公司或有限责任公司，以及任何事实上或法律上已成立的个人团体或法人团体，无论其是否具有

独立法律人格抑或其所从事的活动隶属法定专属权。

第16条　公司及其主管人员对各种破坏经济秩序的行为承担连带责任。

第17条　在事实和法律上属于同一经济体的公司或实体对破坏经济秩序的行为承担连带责任。

第18条　当存在任何滥用权力或权利,违反法律,或者任何违反实施细则或公司章程的事实和行为时,被指控破坏经济秩序当事人的法律人格应被否认;由于经营不善导致附属公司破产、无力偿还公司债务、中止或暂停经营的,也应否定其法律人格。

第19条　本法所述的反垄断措施不排除依其他法律对其实施的处罚。

第二章　违法行为

第20条　不仅恶意行为,任何意图或可能产生下列影响的行为,即便此影响没有并未产生,均视为破坏经济秩序的行为:

(一) 限制、抑制或以其他方式损害公开竞争或自由交易;

(二) 控制某一产品或服务的相关市场;

(三) 任意提高利润;以及

(四) 滥用市场支配地位。

第1款　竞争效率导致的市场支配地位并不构成上述第二项所规定的违法行为。

第2款　一个企业或联合企业作为产品、服务或相关技术的供应商、代理商、购买者或融资人控制一定份额的相关市场,视为具有市场支配地位。

第3款　一个企业或联合企业占有相关市场百分之二十的份额,则推定具有前款规定的支配地位,经济防卫管理委员会的特定经济部门有权更改该份额比例。

第21条　有下列情形之一的,视为破坏经济秩序,适用第20条规定:

(一) 在销售某一产品或服务时,与其他竞争者串通设置或提供价格和条件;

(二) 在竞争者之间采用统一或协定的商事惯例;

(三) 分割成品、半成品或服务市场,原材料或中间产品市场

（四）限制新公司的市场准入；

（五）对其他某一产品或服务的竞争企业、供应商、买方或融资人的设立、经营或发展设置障碍；

（六）对竞争者的融资、原材料、设备或技术资源以及销售渠道设置障碍；

（七）在大众媒体广告中要求或授予独家经营；

（八）在价格、公众利益或行政竞价上事先达成一致；

（九）以欺诈手段影响第三方价格；

（十）通过制订协议限制或控制技术的研究和开发、产品或服务的生产，抑制产品和服务生产销售的投资，以控制某一产品或服务市场；

（十一）向特定产品或服务的经销商、零售商、代理商强行规定零售价、折扣、付款条件、最小或最大量、利润率，以及任何与第三方业务有关的营销条件；

（十二）通过制定销售或服务的价格差异或差别性经营条件，歧视某一产品或服务的购买者或供应商；

（十三）拒绝根据通常符合商业惯例和政策的付款条件所进行的对某一产品或服务的销售；

（十四）因终止一方拒绝遵守不合理或非竞争性的条款或业务条件，在不定期内阻止或终止业务关系的发展；

（十五）毁坏、损坏或占有原材料、半成品或成品，以及毁坏、损坏或限制任何用于生产、销售或运输上述原料或产品的设备；

（十六）占有或排除他人使用知识产权或专利技术；

（十七）无正当理由抛弃、导致抛弃或导致破坏农作物或农作物产量；

（十八）不合理地以低于成本的价格销售商品；

（十九）从关贸总协定反倾销、反补贴协议非缔约国以低于成本的价格进口商品；

（二十）无正当理由，停止或大幅度减少生产；

（二十一）无正当理由，部分或完全停止公司活动；

（二十二）保留产品或消费品，为确保收回生产成本的除外；

（二十三）以获得另一产品或缔结服务合同为条件销售产品，或以缔结另一服务合同或购买产品为条件提供服务；

（二十四）滥用价格优势或不合理地提高产品或服务价格；

单立款　参照下列事项识别滥用价格或不合理提高价格,并对其他相关经济或市场环境予以考虑:

(一)相对于任何成本的变动或质量的提高,某一产品或服务的价格及其价格的提高;

(二)将先前生产产品的价格与没有实质性改变的市场替代品相比较;

(三)在相似竞争市场类似产品或服务的价格及其改进后的价格;以及

(四)存在的协议或安排导致某一产品或服务价格的提高,或成本的增加。

第22条　(否决)

单立款　(否决)

第三章　处　罚

第23条　下列反垄断处罚应适用于:

(一)对公司处以最近一个财政年度税前收入总额百分之一到百分之三十的罚款,且罚款不应低于可计算的违法所得;

(二)对公司违法负有直接或间接责任的管理人员个人专门处以公司罚款百分之十到百分之五十的罚款;以及

(三)对于其他不从事经营活动的、具有或不具有法律人格的个人、公共或私人法律实体,以及事实上或法律上的单位团体或个人团体甚至临时团体,在无法适用根据其销售总额进行罚款时,罚款数额为六万至六百万 UFIR,或依据其他指标确定罚款数额。

单立款　对于重复违法行为,处以双倍罚款。

第24条　在不影响前款规定的情况下,出于事态紧急和公共利益的需要,以下所列对违法行为的罚款可以个别或累计作出:

(一)在法院指定的报纸上以一半版面刊登对违法者的判决摘要,刊登应一周内连续两日,持续一周到三周,费用由违法者自行承担;

(二)在涉及与联邦政府、州政府、市政府、联邦地区政府或相关机构签订购买、销售、工作、公用事业合同等情形,持续五年以上无资格获得官方融资或参与竞拍程序;

(三)在巴西消费者保护单上列明违法者;

(四)建议适当的公共机构:

1. 对违法者的专利实施强制许可;以及

2. 拒绝违法者对联邦到期未付债务的分期付款请求,或者全部或部分取消税收优惠或公共补贴;

(五) 公司分立、转移公司控制权、出售公司资产、部分中止公司活动以及其他为此目的所需的反垄断措施。

第25条 危害经济秩序的任何行为或情势在经济防卫管理委员会对其影响作出裁决后仍未得到遏制,或者在此规定的预防措施或终止承诺不被遵守的,应对其处以每日五千以上财政参考单位——UFIR或其他标准的罚金,根据违法情况的严重程度与违法者的经济地位,该罚金可以增至二十倍。

第26条 不合理地拒绝、隐瞒、篡改或拖延经济防卫管理委员会、司法部经济法实施秘书处、经济监管秘书处或其他公共机构依照本法要求的资料或文件的,构成违法行为,应处以每日五千UFIR的罚金,根据违法者的经济地位,该罚金可以增至二十倍。

第27条 适用本法规定的处罚时应考虑:

1. 违法的严重程度;

2. 违法者的主观过错;

3. 违法者的违法所得;

4. 违法事实的存在或潜在威胁;

5. 对公开竞争、巴西经济、消费者或第三方的损害或潜在威胁的程度;

6. 对市场的消极影响;

7. 违法者的经济地位;

8. 重复违法行为。

第四章 时 效

第28条 (已被废止)

第五章 诉讼事由

第29条 为维护其自身或1990年9月11日颁布的第8078号法律第82条所规定的利害关系人的利益,受害方可以通过请求法院采取反垄断措施以及赔偿损失的方式维护其个人及其相关的利益,不管相应的行政程序在诉讼活动中是否应予维持。

第六编　行政程序

第一章　初步调查

第30条　司法部经济法实施秘书处可以依职权或利害关系人合理的书面请求，展开初步调查；只要涉嫌破坏经济秩序的证据尚不足以构成立即启动行政程序之必要，任何此种调查的结果便不应披露。

第1款　在初步调查中，司法部经济法秘书处秘书可以采用第35条规定的任何措施，包括要求被告予以解释。

第2款　因参议院或众议院指控而启动的行政程序不适用初步调查。

第31条　在初步调查结束六十日内，司法部经济法实施秘书处秘书应决定相应行政程序的启动或中止，对中止的决定可依职权上诉至经济防卫管理委员会。

第二章　行政程序启动与调查取证

第32条　行政程序应在对主要事实认定、正式起诉或初步调查结束后八日内，经由司法部经济法实施秘书处秘书签署注明待证事实的命令开始。

第33条　被告应在被传唤之日起十五日内提出答辩。

第1款　首次传唤应具备完整的行政程序制度规则的进程说明与正式的指控诉状。

第2款　应先通过邮寄回执方式亲自传唤被告，倘若失败，则通过联邦行政机关的政府公报与被告住所地或总部所在地广泛发行的报纸予以公告，并且根据案件情况对接收通知与出版物所需时间予以适当考虑。

第3款　在后续程序中的任何传唤都应在联邦行政机关的政府公报上予以公告，并应载明被告名称及其律师。

第4款　被告的票据持有人、经营管理者，或者委任的律师，可以参加行政程序，并且可以充分使用司法部经济法实施秘书处与经济防卫管理委员会的案件记录。

第34条　被告经适当告知不予答辩的后果但在合理期间内仍未答辩的，法庭将作出缺席判决，且视为被告承认对其所作的指控。该后果影响此后所有阶段，无论该阶段是否提前作出通知。缺席的被告无须借助先前行为即可参加诉讼程序的任何阶段。

第35条 司法部经济法实施秘书处应在答辩期间结束后决定调查取证；在依法对案件情况之机密性予以适当考虑的前提下，司法部经济法实施秘书处可以要求被告，无论是私人还是公司、公共部门或是代理机构，在十五日内提供资料、说明或文件，并依法负有保密义务。

单立款 司法部经济法实施秘书处要求的包括听取证词在内的调查取证，应在四十五日内完成，如有正当理由，则可延长四十五日。

第36条 联邦权力机构、独立代理机构的官员、联邦政府所有的公司以及混合所有制公司，应给予经济防卫管理委员会或司法部经济法实施秘书处所要求的一切协助与配合，包括准备职权范围内的技术报告等，否则追究其法律责任。

第37条 被告应在提出答辩后四十五日内提交证据，新的证据应在调查取证期满前提交。

单立款 被告可以要求听证，听证会时间、地点由司法部经济法实施秘书处秘书确定，且证人不得超过三人。

第38条 任何行政程序的采取均应函告财政部经济政策秘书处——经济监管委员会。在调查取证期满前，财政部经济政策秘书处可以在其职权范围内就所涉事项发表意见。

第39条 在调查取证阶段结束后五日内，被告经传唤作出最终陈述。司法部经济法实施秘书处秘书作出案件解决的详细报告，并将案卷移交经济防卫管理委员会复查或提请中止，中止的决定依职权可上诉至经济防卫管理委员会。

第40条 为及时查明事实，司法部经济法实施秘书处秘书、经济防卫管理委员会委员及其职员应尽最大努力推动与完成初步调查与行政程序，否则追究其法律责任。

第41条 对司法部经济法实施秘书处秘书的决定不得上诉。

第三章 经济防卫管理委员会行政裁决

第42条 行政程序获许可的，经济防卫管理委员会主席向报告官随机分配可予受理的行政诉讼，报告官将在二十天内就诉讼发表意见。

第43条 报告官可以要求补充调查，或依照第35条规定要求提供补充资料。报告官认为现有资料不足以对案件作出最终决定的，可以允许提交新的证据。

第44条　对于报告官的认定,任何人可以在得到主席的允许后向经济防卫管理委员会提供相关事项的澄清说明。

第45条　委员会的裁决日期应至少提前五日通知当事方,首席检察官与被告或其律师,分别有十五分钟的时间对委员会的裁决发表意见。

第46条　经济防卫管理委员会证实破坏经济秩序的决定应包括:

(一)关于违法行为与有权机关采取反垄断措施的指示的详细报告;

(二)前款行为开始与结束的期限;

(三)应予适用的罚金;以及

(四)对违法行为每日处以的罚金。

单立款　经济防卫管理委员会的决定应在五日内在联邦行政机关的政府公报上予以公布。

第47条　经济防卫管理委员会应监督被告对其决定的遵守情况。

第48条　完全或部分不遵守经济防卫管理委员会决定的情况,应向主席报告。主席有权请求首席检察官通过法院方式予以执行。

第49条　经济防卫管理委员会的决定应由出席委员不少于五位的会议以多数票通过。

第50条　对经济防卫管理委员会的决定不得行政复议,应予立即执行,但可以建议司法部办公室在其职权范围内采取任何法律措施。

第51条　行政程序应受经济防卫管理委员会规定与内部规则的约束。

第四章　预防措施与终止程序

第52条　有迹象表明或有充分理由相信被告对市场直接或间接造成了,或可能造成不可挽回或实质性的损害,或其提交的最终结果无效,司法部经济法实施秘书处秘书或报告官员可以主动或根据经济防卫管理委员会检察官的请求,在行政程序任何阶段采取预防措施。

第1款　司法部经济法实施秘书处秘书或报告官员批准的预防措施有权要求立即停止损害行为,并恢复原状,如有必要,也可依照第25条规定每日处以罚金。

第2款　对司法部经济法实施秘书处秘书或经济防卫管理委员会

报告官采取预防措施的决定,可以在五日内向经济防卫管理委员会上诉,但不中止执行。

第五章　终止承诺

第53条　经济防卫管理委员会或司法部经济法实施秘书处秘书可以同意在行政程序调查阶段作出的终止损害行为的承诺,该项承诺不应被视为对调查事项的认可或对过错的承认。

第1款　承诺应包含:

(一)被告在调查中立即停止损害行为;

(二)违背承诺将处以第25条规定的每日罚金;以及

(三)被告定期发布其市场表现,并向相关权力机构报告其公司结构、管理、活动与住所变更情况。

第2款　终止承诺并不能撤销案件。完全符合承诺中所有条件的,经过规定的时间后,案件予以中止。

第3款　承诺规定的条件确实对被告过于苛刻的,经济防卫管理委员会可以修改承诺,但此种修改不应损害第三方或社会利益,且不破坏经济秩序。

第4款　终止承诺构成法庭职权以外执行的依据;不予履行或妨碍监管的,依照第60条规定立即申请执行终止承诺。

第七编　监管机制

第一章　对行为与协议的监管

第54条　任何可能限制或者抑制公开竞争,以及可能导致操纵某一产品与服务相关市场的行为,应提交经济防卫管理委员会复审。

第1款　符合下列情况的,经济防卫管理委员会可以批准本条规定的任何行为:

(一)意图累积或选择性地

1. 提高生产率;

2. 改进产品或服务的质量;或

3. 促进效率的提高,并且有利于技术或经济的发展。

(二)盈利所得按比例分别分配给参与方和消费者或最终用户。

(三)不实质性阻碍某一产品或服务的部分相关市场中的竞争。

（四）为此目的实施的行为应严格要求达到既定目标。

第 2 款　在不损害最终消费者或用户的前提下，任何符合本条上述规定至少三项要求的行为可以认为合法，只要该行为是为了公共利益或是巴西经济增长所需。

第 3 款　本条规定的行为也包括用于任何形式的经济集中行为，不管该行为是通过兼并其他公司、组织以控制其他公司，或是最后导致占相关市场百分之二十以上份额的其他形式的公司，或是任何参与者的最近资产负债表显示其年度收入总额已达四亿雷亚尔。

第 4 款　本条规定的行为应预先或在出现后不超过十五个工作日内，随同相应文件的三个副本一并提交司法部经济法实施秘书处。司法部经济法实施秘书处应迅速将副本分别转交给经济防卫管理委员会与经济监管秘书处。

第 5 款　未在前款规定期限内提交的，经济防卫管理委员会应在不违背第 32 条规定的公开行政程序的前提下对其处以六万 UFIR 至六百万 UFIR 的罚款。

第 6 款　在收到经济监管秘书处三十日内签发的技术报告后，司法部经济法实施秘书处应在相同期限内公布该报告，并将案件与证据文件转交经济防卫管理委员会，该案件应在六十日内予以解决。

第 7 款　本条规定的任何行为经批准后生效，且效力溯及至行为发生时；如果经济防卫管理委员会未在前款规定的六十日内作出决定，视为已被批准。

第 8 款　须经经济防卫管理委员会、司法部经济法实施秘书处或经济监管秘书处审查的案件，解释与文件未提交的，第 6 款与第 7 款规定的期限中止。

第 9 款　在本条规定的行为不符合中止条件或已对第三方产生财政或其他影响的情况下，经济防卫管理委员会拒绝批准该行为的，应采取诸如解散、分立、出售资产、禁止部分行为等一切可行措施，以彻底或部分减少行为或程序对经济秩序造成的破坏，尽管这样会导致损害第三方的民事责任。

第 10 款　公众公司的股权控制变更或合并登记分别由证券委员会、巴西产业贸易旅游部商务登记部门向司法部经济法实施秘书处报告，且不得违背对当事方的义务。倘若可行，司法部经济法实施秘书处应在五个工作日内予以审查。

第 55 条 前条规定的批准行为是基于有关当事人提供的错误或误导信息作出的,从而施加了不适当的义务,或者没有达到所追求的利益的,经济防卫管理委员会可以依职权或司法部经济法实施秘书处请求,对该批准予以审查。

第 56 条 商务登记部门或其他国家机构无需对公司的组织、改制、融合或重组进行备案,但以下几种情形除外:

(一) 对主要事项的详尽陈述;

(二) 各方的利益,以及股本条款;

(三) 各方名称与身份;

(四) 总部所在地址以及分支机构所在地址;

(五) 公司管理人员名称与身份;

(六) 公司存续期间;以及

(七) 已发行股票的数量、种类与价值。

第 57 条 解散条款除应说明当事各方确定的所占资产、承担责任的数额外,还应说明理由。

第二章 履行承诺

第 58 条 履行承诺是指根据第 54 条相关当事人承担的将其行为提交经济防卫管理委员会审查的义务,以确保符合该条第 1 款规定的条件。

第 1 款 履行承诺应考虑该特定产业的国际竞争程度、承诺对就业水平的影响等相关因素。

第 2 款 履行承诺应规定在预定期间内达到的数量与质量目标,司法部经济法实施秘书处监督其履行情况。

第 3 款 无正当理由而未能遵守履行承诺,经济防卫管理委员会应撤销其根据第 55 条作出的批准,并启动行政程序,采取可行措施。

第三章 磋 商

第 59 条 (已被废止)

第八编 经济防卫管理委员会裁决的法院强制执行

第一章 程 序

第 60 条 经济防卫管理委员会作出的罚金以及作为或不作为的

裁决,构成法庭职权以外执行的依据。

第 61 条　征收罚金应依照 1982 年 9 月 22 日颁布的第 6830 号法律实施。

第 62 条　法院对罚金的征收以及对作为或不作为义务的执行,应要求实际履行;无法实际履行的,应提供与实际履行有同等效果的救济。

第 1 款　当作为或不作为义务的实际履行不能实现或不能获得与实际履行效果相当的结果时,只能提起损害赔偿诉讼。

第 2 款　损害赔偿金的支付不影响罚金的适用。

第 63 条　执行可采取一切方式,包括必要的介入公司经营。

第 64 条　对经济防卫管理委员会作出的裁决,可以选择在联邦地区法院或对被执行人的总部或住所有管辖权的法院申请执行。

第 65 条　反对执行依据的动议或类似行为不停止执行,除非提供与罚金数额相当的保证金和法院要求的担保,以确保案件的最终裁决包括每日罚金得以执行。

第 66 条　基于破坏经济秩序的严重程度,并有充分理由相信会产生不可挽回或实质性的损害的,尽管有罚金或保证金,法院仍可以决定立即采取执行所需的全部或部分措施。

第 67 条　对正在进行的破坏行为的每日罚金适用期限为经济防卫管理委员会设置的自愿履行的终期至实际履行的始期。

第 68 条　经济防卫管理委员会作出的执行决定优先于其他诉讼活动,人身保护令与上级命令除外。

第二章　司法介入

第 69 条　为确保实际履行,法院可以司法介入公司,并指定委托管理人。

单立款　司法介入的判决应理由正当,且明确规定所指定之委托管理人的活动事项。

第 70 条　被执行人在四十八小时内以不称职或不中立为由反对法院指定的委托管理人,并且该主张在三日内以证据正式证明的,法院应在相同期间内就此问题作出裁决。

第 71 条　法院采纳对委托管理人的反对主张的,应在五日内指定新的委托管理人。

第72条 产生的义务已被切实履行的,司法介入可以提前终止。

第73条 法院的司法介入仅限于要求与法院裁决一致的行为,并且适用期间不得超过一百八十日;委托管理人应对其行为与疏忽承担责任,特别是在滥用权力与违背任命初衷的情形下。

第1款 委托管理人必须遵守1976年12月15日的第6404号法令第153—159条关于适用范围的规定。

第2款 委托管理人有权获得法院规定的补偿。法院可随时更换委托管理人;委托管理人破产,被控积极或消极腐败、渎职或违反职责时,法院可更换委托管理人。

第74条 公司管理人员妨碍委托管理人履行职责的,法院可以撤销该管理人员的职务。此类管理人员应依照公司章程予以更换。

第1款 公司管理人员在采取本条所规定的程序后继续妨碍委托管理人适当行事的,法院应采取第2款规定的措施。

第2款 公司大多数管理人员拒绝协助法院指定的委托管理人的,法院应指令委托管理人接管公司经营管理。

第75条 委托管理人应:

(一) 履行或决定履行执行阶段要求的一切行为;

(二) 向法院报告其发现的公司经营管理中的违法行为;以及

(三) 向法院提交其行动的月度报告。

第76条 司法介入产生的费用由被执行人承担。

第77条 司法介入期满后,委托管理人应向联邦法院提交其行为的详尽报告,建议撤销或中止案件,或者在未及时履行执行决定时请求延长介入期限。

第78条 任何反对或妨碍司法介入的行为,以及在司法介入结束后任何直接或间接、整体或局部消除司法介入效果的行为,将依照刑法典第329条、第330条及344条之规定追究其阻挠、反抗或威胁执行程序的刑事责任。

第九编 最终与临时条款

第79条 (已被否决)

单立款 (已被否决)

第80条 经济防卫管理委员会首席检察官由司法部正式委任,与经济防卫管理委员会主席及其委员构成一独立机构。

第81条　行政机关应在六十日内向国会提交法案，内容涉及新独立机构的永久编制人员与经济防卫管理委员会主席、委员以及首席检察官的职责及其报酬。

第1款　经济防卫管理委员会无专门人员的，为出席法庭代表该独立机构等目的，可通过委任等方式临时任命政府工作人员至该独立机构任职，被委任人员先前的报酬及其他福利均不受影响。

第2款　经济防卫管理委员会主席应准备一份独立机构所需公务员的名单，提交委员会批准，名单由司法部经济法实施秘书处起草。

第83条　民事诉讼法以及1985年7月24日颁布的第7347号法律与1990年11月11日颁布的第8078号法律同样适用于前述行政与法院程序。

第84条　前述罚金在实际支付时换算为巴西货币，按照1985年7月24日颁布的第7347号法律缴至国库。

第85条　1990年12月27日颁布的第8137号法律第七部分第4条应作如下理解：

"第4条……

7. 在其市场控制范围内，无正当理由提高某一产品或服务的价格。"

第86条　刑事诉讼程序法第312条应作如下理解：

"第312条　犯罪事实已被确认，或者有足够证据证明的，为维护刑事诉讼程序中的公共或经济秩序利益，或确保刑法的实施，可以采取预防性关押措施"。

第87条　增列下列条款，1990年9月11日颁布的第8078号法律第39条应作以下理解：

"第39条　除其他滥用行为外，某种产品或服务的提供者不得

……

4. 对意欲采购但无法立即付款的客户拒绝销售产品或提供服务，法律特别规定的仲裁案件除外；以及

5. 无正当理由提高某一产品或服务的价格"。

第88条　增列下列条款，1985年7月24日颁布的第7347号法律第1条应作以下理解：

"第1条　在不影响共同诉讼的前提下，本法适用于因下列事由提

起的精神或财产损失诉讼：

……

5. 破坏经济秩序”。

单立款　1985 年 7 月 24 日颁布的第 7437 号法律第二部分第 5 条应作下述理解：

“第 5 条

2. 包括保护环境、消费者、经济秩序、公开竞争，或者艺术、美学、历史、旅游以及自然遗产等公共目的；……”

第 89 条　经济防卫管理委员会应被邀请协助法院作出决定，包括本法的适用。

第 90 条　磋商期限依照 1962 年 9 月 10 日颁布的第 4137 号法律第 74 条、1991 年 1 月 8 日颁布的第 8158 号法律第 13 条修改规定，并适当参照本法第二编第一章规定。

第 91 条　本法不适用于倾销与补贴案件，此类案件依照 1987 年 1 月 16 日与 22 日分别颁布的第 93941 号法令与第 93962 号法令适用《关于实施关税与贸易总协定第 6 条的协定》。

第 92 条　与本法规定不一致的下列法律失效：1962 年 9 月 10 日颁布的第 4137 号法律；1991 年 1 月 8 日颁布的第 8158 号法律；1990 年 3 月 14 日颁布的第 8002 号法律，1994 年 5 月 27 日颁布的第 8880 号法律第 36 条除外，但 1994 年 5 月 27 日颁布的第 8880 号法律第 36 条依然有效。

第 93 条　本法自公布之日起生效。

参考书目

一、中文资料

[1] 何勤华、李秀清主编:《东南亚七国法律发达史》,法律出版社 2002 年版。
[2] 刘剑文、崔正军主编:《竞争法要论》,武汉大学出版社 1996 年版。
[3] 吕明瑜:《竞争法》,法律出版社 2004 年版。
[4] 曹天玷主编:《现代竞争法的理论与实践》,法律出版社 1993 年版。
[5] 孙琬钟主编:《反不正当竞争法实用全书》,中国法律年鉴社 1993 年版。
[6] 高凛:《国际经济法热点问题研究》,中国民主法制出版社 2007 年版。
[7] 刘继峰:《竞争法学原理》,中国政法大学出版社 2007 年版。
[8] 吕明瑜:《竞争法制度研究》,郑州大学出版社 2004 年版。
[9] 王晓晔:《竞争法学》,社会科学文献出版社 2007 年版。
[10] 孔祥俊:《反不正当竞争法新论》,人民法院出版社 2001 年版。
[11] 孔祥俊、刘泽宇、武建英编著:《反不正当竞争法:原理·规则·案例》,清华大学出版社 2006 年版。
[12] 丁邦开等:《竞争法律制度》,东南大学出版社 2003 年版。
[13] 孔祥俊:《反不正当竞争法原理》,知识产权出版社 2005 年版。
[14] 倪振峰编著:《竞争法案例教程》,复旦大学出版社 2005 年版。
[15] 谢晓尧:《竞争秩序的道德解读:反不正当竞争法研究》,法律出版社 2005 年版。
[16] 庞清燕等编著:《竞争法案例·学理精解》,中国经济出版社 2004 年版。

[17] 邱本:《市场竞争法论》,中国人民大学出版社 2004 年版。
[18] 王晓晔:《竞争法研究》,中国法制出版社 1999 年版。
[19] 孔祥俊:《公平交易执法前沿问题研究》,工商出版社 1998 年版。
[20] 种明钊主编:《竞争法》,法律出版社 2008 年版。
[21] 蒋悟真:《论竞争法的基本精神》,上海三联书店 2008 年版。
[22] 王瑾、徐伟:《构建和谐社会与竞争法的完善》,载《法学与实践》2006 年第 1 期。
[23] 王慧:《试论反不正当竞争法的立法完善》,载《法制与社会》2008 年第 30 期。
[24] 刘进:《南非竞争法执法体系与实践述评》,载《西亚非洲》2008 年第 6 期。
[25] 刘进:《印度 2001 年新竞争法述评》,载《南亚研究季刊》2004 年第 2 期。
[26] 毛芳:《印度竞争法发展探析》,湘潭大学 2006 年硕士学位论文。
[27] 瞿栋:《南非竞争法述评》,湘潭大学 2006 年硕士学位论文。

二、外文资料

[1] Nipon Poapongsakorn, The New Competition Law in Thailand: Lessons for Institution Building, Review of Industrial Organization, Kluwer Academic Publishers, 2002, Vol. 21, p. 185.
[2] John Agnew, Competition Law, Harpercollins Press, 1986.
[3] Inter-American Development Bank, Organisation for Economic Co-operation and Development, Competition Law and Policy in Latin America: Peer Reviews of Argentina, Brazil, Chile, Mexico and Peru, OECD Publishing, 2006.
[4] Taylor & Francis Group, Barry J. Rodger, Competition Law, Cavendish Publishing, 2001.
[5] R. S. Khemani, World Bank, Organisation for Economic Co-operation and Development, A Framework for the Design and Implementation of Competition Law and Policy, World Bank Publications, 1999.
[6] Frank H. Columbus, Asian Economic and Political Issues, Nova Publishers, 2003.
[7] Van Hoa Tran, Competition Policy and Global Competitiveness in Ma-

jor Asian Economies, Edward Elgar Publishing, 2003.

[8] Kōichi Hamada, Mitsuo Matsushita, Chikara Kōmura, Institute of Southeast Asian Studies, Seikei Daigaku Center for Asian and Pacific Studies, Seikei Daigaku, Dreams and Dilemmas: Economic Friction and Dispute Resolution in the Asia-Pacific, Institute of Southeast Asian Studies, 2000.

三、访问网站

[1] http://www.globalcompetitionreview.com/

[2] http://www.hg.org/antitrust.html

[3] http://www.competitionlawassociation.org.uk/

[4] http://www.jftc.go.jp/eacpf/06_02.html

[5] http://www.kluwercompetitionlaw.com/

后　记

本书是在"上海市哲学社会科学规划课题(2006BFX005)"和"上海市教育委员会重点学科建设项目——国际法(J51103)"的基础上形成的。从2006年起,我们开始着手翻译一些发展中国家的竞争法,先选择了6个国家,后又增加到12个。参加课题的主要成员有徐士英教授、司平平教授,还有我们的研究生。山东鲁东大学教师尹雪萍承担了越南竞争法的翻译和研究工作,并对泰国和蒙古两个国家的竞争法律作了校对;上海外贸学院教师李墨丝承担了印度竞争法的翻译和研究工作,并对印度尼西亚的竞争法作了梳理和分析;北京大学经济法研究生柯航峰对埃及竞争法作了分析,并翻译了部分法律;研究生董开星、谈中正、黄颖慧、楼春晗和胡金颖都参加了课题的研究工作,并分别对斯里兰卡、巴西和南非的竞争法进行翻译、梳理和资料分析。研究生李学科、蔡海燕和李双也参加了课题的前期资料分析和翻译工作。

本书选择了10个发展中国家的竞争法律制度进行分析。除了法律文本的介绍外,我们还从这些国家的政治、经济和法律传统入手,比较全面地分析了这些国家竞争法从颁布到实施所面临的问题,并透视了发展中国家在经济全球化过程中竞争法的立法与竞争政策、竞争文化以及与竞争法实施中的能力建设密切相关的问题。我们试图通过对发展中国家竞争法的立法与执法问题的研究,对完善中国竞争法律制度进行有益的探索。

感谢北京大学出版社的王业龙先生,以及编辑徐音、丁传斌,他们对本书的出版付出了辛勤的劳动。